言語의 進化

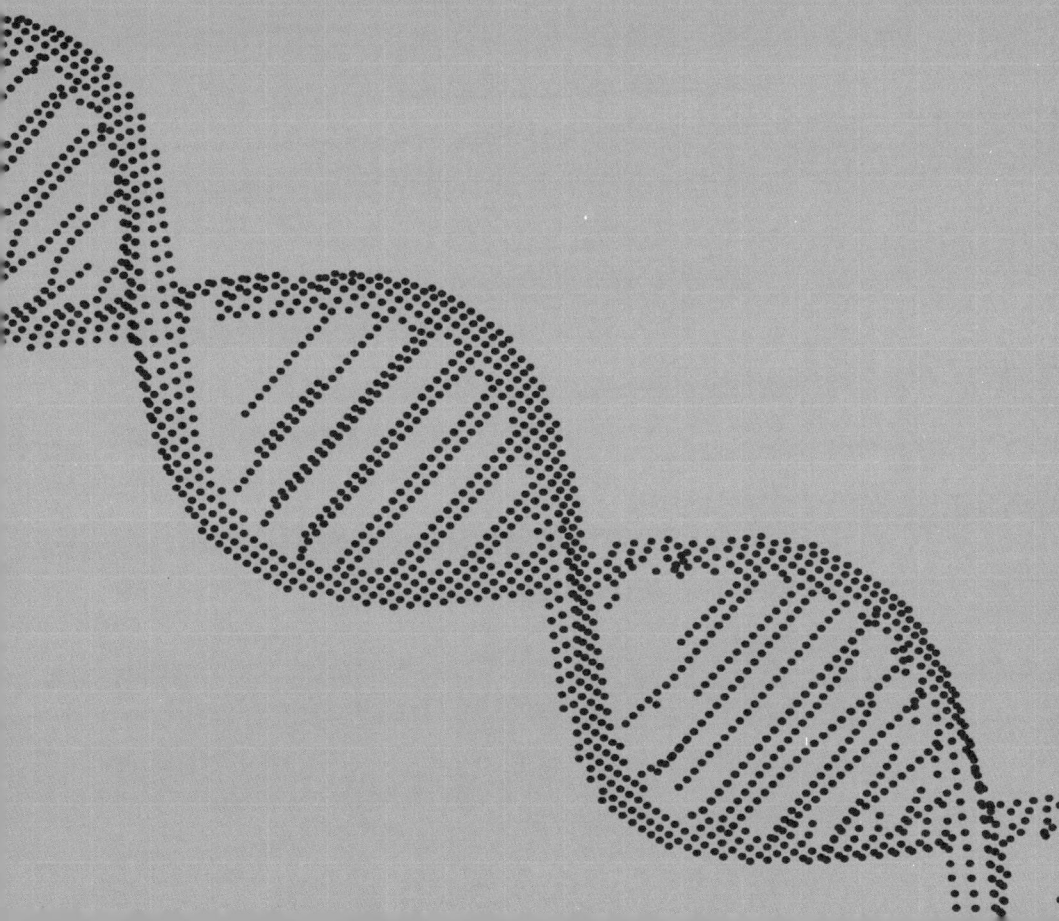

언어학자 김진우 유고집

言語의 進化

김진우 저

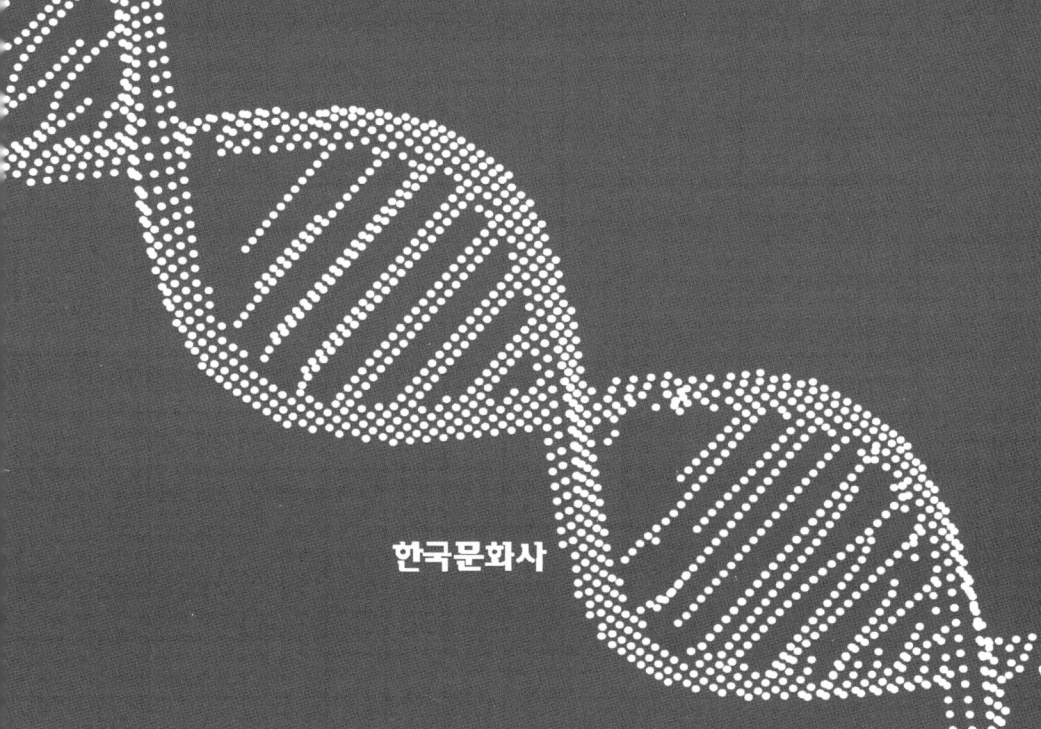

한국문화사

언어의 진화

1판 1쇄 발행 2023년 8월 15일

지 은 이 | 김진우
펴 낸 이 | 김진수
펴 낸 곳 | 한국문화사
등　　록 | 제1994-9호
주　　소 | 서울시 성동구 아차산로49, 404호(성수동1가, 서울숲코오롱디지털타워3차)
전　　화 | 02-464-7708
팩　　스 | 02-499-0846
이 메 일 | hkm7708@daum.net
홈페이지 | http://hph.co.kr

ISBN 979-11-6919-137-1　93710

- 이 책의 내용은 저작권법에 따라 보호받고 있습니다.
- 잘못된 책은 구매처에서 바꾸어 드립니다.
- 책값은 뒤표지에 있습니다.

오류를 발견하셨다면 이메일이나 홈페이지를 통해 제보해주세요.
소중한 의견을 모아 더 좋은 책을 만들겠습니다.

■ 서문

나는 지금으로부터 15년 전인 2006년에 『언어의 기원』이라는 책을 냈었는데, 그때까지만 해도 아직 촘스키가 2002년에 생물학자인 하우저(Hauser)와 피치(Fitch)와 함께 쓴 이른바 「HCF」 논문의 영향에 대한 평가가 제대로 이루어지지 않고 있었기에, 그것의 내용을 마지막 부분에서 최대로 객관적인 입장에서 소개하는 것이 이 책에서 할 수 있는 일의 전부였다. 사실은 이때 이미 일부에서는 이 논문의 출현의 의미를 '노아의 방주'에 빗대고 나설 만큼 거창하게 보기도 했다. 그렇지만 나는 그런 호들갑은 머지않아서 사라지게 될 것이라는 판단 아래에서, 그것의 내용을 일단 사실대로 소개하는 것을 이 책이 할 수 있는 일의 전부로 생각했었다.

그런데 다행히도 그것이 나온 지 거의 20년이 지난 뒤인 오늘날에 있어서의 그것의 영향에 대한 나의 평가는 내가 일찍이 첫 번째 책에서 내렸던 평가가 크게 잘못된 것이 아니었음을 확인시켜주었는데, 그런 확인 작업의 개요를 정리한 것이 바로 『언어의 진화』라는 제목의 이번 책이다. 그러니까 이번 책은 2006년의 책의 한 후속서나 자매서라고 볼 수 있다. 지난 20년에 걸쳐서의 「HCF」 논문의 영향을 고찰하다 보니까 나는 크게 두 가지 사실을 발견하게 되었는데, 그중 첫 번째 것은 그동안에 언어진화 연구의 학계에는 진화론자와 언어학자가 각각의 진영을 이루게 된 나머지 결국에는 각자가 시종일관 '자기만의 노래를 부르는 식'의 일종의 평행선적인 현상이 나타나게 되었다는 것이다.

그중 두 번째 것은 자기의 최소주의 이론을 근거로 해서 만들어낸 촘스키의 언어습득설은 그가 의도했던 대로 다윈(Darwin)의 진화이론을 기저원리로 삼은 기존의 학계를 뒤집기에는 역부족이었다는 사실이었다. 예컨대 지금으로서는 그 누구도 그가 구상하는 생물언어학이 언제쯤에가서 본격적으로 그가 제안하는 언어습득설의 타당성을 실증할 수 있게 되는지 예측할 수 없었다. 아쉽게도 그의 1960년대의 경험주의에 대한 도전은 성공적이었는 데 반하여, 그의 2000년대의 진화론에 대한 도전은 그렇지가 못했던 것이다.

끝으로 나는 이번에도 예전처럼 김진수 사장님의 사려 깊은 배려에 대하여 심심한 사의를 표하고 싶다. 이번에 이렇게 전문적인 책이 출판되게 된 것은 다 그의 배려 덕분이다.

■ 차례

■ 서문__5

제1장 언어진화 연구의 네 가지 특징
1.1. 궁극성 ·· 11
1.2. 난삽성 ·· 27
1.3. 혼잡성 ·· 49
1.4. 지속성 ·· 64

제2장 진화론과 최소주의 이론의 대결
2.1. 『HCF 논문』의 충격 ·· 85
　1) 세 가지 합의점 ·· 85
　2) 낮은 평가 ·· 94
2.2. 다윈의 진화론 ·· 98
　1) 자연도태설 ·· 98
　2) 유전적 효과 ·· 106
2.3. 촘스키의 최소주의 이론 ······································ 112
　1) 발전의 역사 ·· 112
　2) 최소주의 이론의 특징 ······································ 126

제3장 음운체계 진화론과 문법체계 진화론 간의 경쟁
3.1 다중적 언어체계와 촘스키의 영향 ······················ 155
3.2 음운체계 진화설 ·· 166
　1) 자연스러운 현상 ·· 166
　2) 네 가지 접근법 ·· 169

3.3. Jackendoff의 문법 진화론 ······························· 183
    3.4. Tomasello의 의사소통 기원론 ···························· 198

제4장 가창설

    4.1. 네 가지 특이성 ·· 213
    4.2. 루소와 헤르더의 언어기원론 ······························ 226
        1) 루소의 자연주의적 언어기원론 ······················ 227
        2) 헤르더의 이성주의적 언어기원론 ··················· 236
    4.3. 다윈에서 예스페르센까지 ··································· 246
    4.4. 피치의 이론 ·· 261

제5장 몸짓설

    5.1. 원형언어설로서의 대표성 ··································· 271
    5.2 과학적 언어기원론의 전범 ·································· 289
    5.3 실증적 사실들 ··· 301
        1) 언어습득 시의 몸짓언어 ······························· 305
        2) 비언어적 의사소통 체계로서의 몸짓언어 ········ 310
        3) 청각장애인의 손짓언어(수화) ························ 316
        4) 영장류의 신호적 동작 ································· 319
    5.4. 거울신경체계 이론 ·· 322

제6장 사회적 지능 발달설

    6.1 제3의 반 촘스키적 언어진화설 ··························· 335
    6.2. Dunbar의 마음의 이론설 ·································· 346
    6.3. Worden의 사회적 지능설 ································· 356
    6.4. Deacon의 상징체계설 ······································ 374

제7장 진화언어학의 전망과 결론

    7.1 생물언어학 대 진화언어학 ································· 393
    7.2. 평행선의 현상과 Bickerton의 이론 ····················· 406
        1) 평행선의 현상 ·· 406
        2) Bickerton의 이론 ·· 408

7.3 생물학적 접근법의 재해석 ································· 421
7.4 생물학적 진화 대 문화적 진화 ····························· 438
   1) 다윈의 경우 ··· 439
   2) 원형언어설의 경우 ······································ 442
7.5 거시적 접근법의 한계성 ····································· 455
7.6 결론 ··· 462
   1) 동상이몽적인 동기 ······································ 462
   2) 평행선적인 현황 ·· 467
   3) 진화론의 굳건한 전통 ··································· 473

  ■ 참고문헌 ··· 481

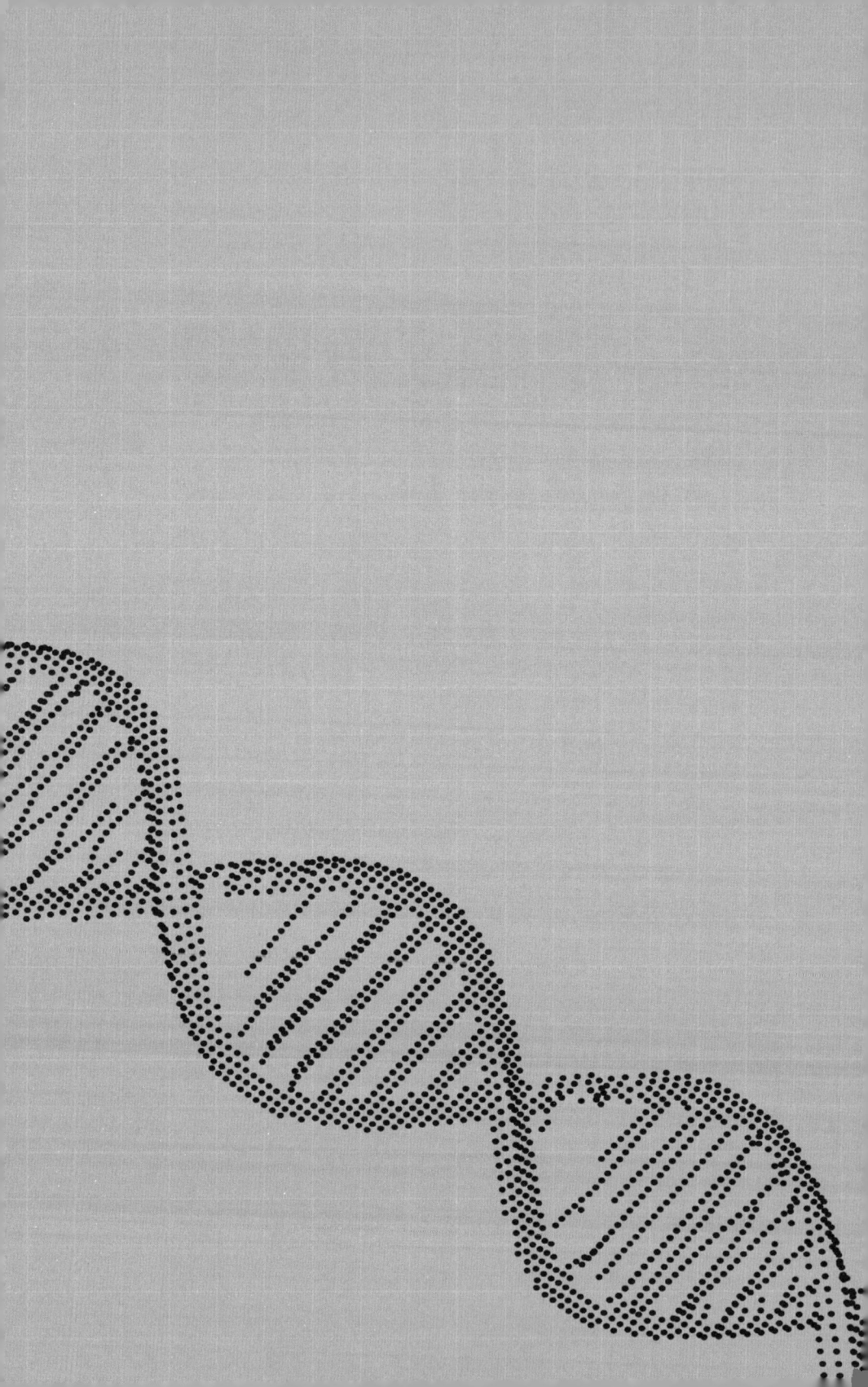

제1장
언어진화 연구의 네 가지 특징

1.1. 궁극성

    흥미롭게도 지난 5, 60년간의 촘스키의 언어연구는 적어도 두 가지 면에서 언어진화 연구는 학문적 탐구의 궁극성을 드러내는 것이라는 사실을 보여주고 있는데, 그 이유는 첫 번째로는 그는 처음부터 자기식의 연구방법을 중심으로 해서 과학적 연구방법의 궁극성을 검토해왔고, 그 다음으로는 오늘날에 이르러서 그가 자기나름의 반진화론적 언어 진화론을 내놓게 되었기 때문이다. 돌이켜 보면 파리 언어학회에서 언어기원론에 관한 논의를 금지시킨 것은 지금으로부터 150여 년 전인 1866년이었다. 이로써 언어학자들은 그 전 세기 동안에 이어왔던 로크와 루소, 헤르더 등에 의한 철학적 논쟁에 종지부를 찍었을 뿐 아니라, 언어학은 철학과 전혀 다른 학문, 즉 하나의 과학임을 모두에게 알릴 수 있었던 것이다. 그러나 진작 20세기에 이르러서 언어학(linguistics)이라는 정식 이름을 내걸고서 언어학자들이 언어연구에 과학적 접근법을 적용하기 시작한 지 불과 몇십 년 만에 그때의 결정은 무의미한 것이었음이 만천하에 드러나고 말았다.

이런 판단의 근거로는 우선 두 가지 사실을 들 수 있는데 그중 첫 번째 것은 언어진화의 문제만을 전문적으로 다루는 'EVO LANG'이라는 국제학회가 1996년에 발족했다는 사실이고, 그중 두 번째 것은 2002년에 《Science》의 제298호에 진화론자인 하우저와 피치가 언어학자인 촘스키와 함께 이른바 'HCF 논문'을 게재했다는 사실이다. 첫 번째 사실은 현재 적지 않은 수의 언어학자와 진화론자, 신경언어학자, 생물언어학자, 인류학자들이 언어진화의 문제를 본격적으로 다루고 있다는 것을 증거하고 있고, 두 번째 사실은 그동안까지 진화론자와 언어학자 간의 일종의 평행선을 그어오던 학풍에 새롭게 학제적 협력과 조화를 모색할 수 있게 하는 돌파구가 마련되었다는 것을 증거하고 있다.

이와 관련하여 특기할 사실은 일찍이 1974년에 Massino Piatelli-Palnarini가 'Biolinguistics(생물언어학)'이라는 이름의 언어학과 진화생물학, 신경학, 철학 등이 주로 참여하는 새로운 학제적 학문의 탄생을 주장하고 나선 이후 머지않아서 이것의 주된 연구과제는 언어의 기원이나 진화의 문제가 된 나머지 이 이름은 오늘날에 와서는 언어진화 연구의 대명사처럼 되어 버렸다는 점이다. 이후 이에 맞서서 나타난 학문의 이름이 'Evolutionary Linguistics(진화언어학)'인데, 진화라는 어휘가 직접적으로 표면에 드러나 있어서인지 학자들 간의 선호도는 여전히 생물언어학 쪽으로 크게 기울어져 있다. 이들 중 어떤 이름이 더 많이 쓰이든지 간에 연구자들은 모두가 이미 언어진화 연구를 하나의 독립된 첨단 학문으로 간주하고 있다는 것은 틀림이 없는 사실이다.

그런데 사실은 오늘날에 전문적으로 언어의 문제를 다루는 사람치고서 그의 궁극적인 과제는 언어의 뿌리를 밝히는 것이라는 것을 모를 리가 없는데, 그 이유는 지금은 분명히 언어는 태초에 신수되었거나 어느 날 누군가에 의해서 발명된 것이 아니라 인간 자체의 진화와 함께 오랜 기간에 걸쳐서 진화된 것이라는 것을 누구나 아무 주저 없이 인정하는 시대인 이상, 아무리 넓고 정확하게 그것의 구조적 실상을 구명했다고 해도 그가 세운 가설이나 이론은 예컨대 촘스키의 말을 그대로 빌리면 언어의 본질이나 실체에 대한 설명적 적절성을 제대로 확보하지 못한 것에 지나지 않으며, 따라서 결국에는 언어의 진화과정에 대한 일정한 이론을 제시하는 것만이 그의 가설이나 이론을 이런 비판으로부터 자유롭게 하는 유일한 방법이라는 것을 익히 알고 있기 때문이다.

이런 의미에서 볼 때 지난 5,60년 동안에 언어학자로서 촘스키가 걸어온 길은 하나의 정도나 대도였음이 분명하다. 그의 표준이론이 제시된 것은 1965년의 『Aspects of the Theory of Syntax』(통사이론의 양상)에서였는데 바로 여기에서 그는 그전의 구조주의적 연구로는 기껏해야 관찰적 적절성이나 기술적 적절성만을 유지하게 될 뿐으로서, 오직 변형생성 주의적 연구에 의해서만이 설명적 적절성을 확보할 수 있게 된다는 주장을 했었다. 그러니까 이때까지만 해도 그가 사용한 설명적 적절성이라는 말은 오직 언어기술의 차원이나 수준을 구별하는 데 쓰인 것이지, 언어진화론적 탐구의 필요성을 내세우기 위해서 쓰인 것은 아니었다.

그런데 여기에서 개진한 그의 이성주의적 언어이론의 내용이 그 후 1980년대의 보편문법과 매개변인의 이론에서 보편문법의 실체의 형식으로 구체화되면서, 그는 조금씩 언어진화의 문제도 거기에 포함시키기 시작했다. 혁신적 언어학자답게 그는 역시 언어기술이 결국에 설명적 적절성까지 지닐 수 있으려면 그것에는 언어진화에 대한 일정한 의견이나 이론의 뒷받침이 반드시 있어야 한다는 것을 깨달은 셈이다. 그러나 엄밀하게 따지면 이때의 그의 깨달음은 그의 내재이론의 정연성을 위한 일종의 논리적 구색 갖추기였지 언어학적 논쟁의 본질적인 방향 전환을 선언할 수 있을 만큼의 철학적인 것은 아니었다.

예컨대 그가 이때 내세운 내재이론의 본지를 요약하면 "X-바 이론을 위시한 몇 가지 언어적 이론이나 원리로 이루어진 보편문법은 후천적으로 학습된 것이 아니라 선험적으로 내재되어 있는 것이다"처럼 될 텐데, 논리적으로 분석해보면 이것에는 이미 선험이나 내재와 같은 언어진화론적 술어가 쓰이고 있으니까, 이 말은 일종의 언어학적 정의가 아니라 언어진화론적 정의임이 분명하다. 따라서 이때 그는 이미 크게는 진화론 자체의 타당성이고 작게는 언어 진화의 문제에 대해서 자기 나름의 의견을 내놓아야 할 의무를 지니고 있었던 것이다. 그러니까 결국 그는 내재이론이라는 이성주의적 언어이론을 내세우는 순간에 필연적으로 자기 나름의 일정한 언어진화론을 펴게 되어 있었고 그러다 보니까 자연히 언어연구의 궁극적인 과제는 언어진화론이라는 사실이 드러나게 마련이었던 것이다.

그런데 한마디로 말하면 그 후 몇십 년에 걸친 그 활동은 일찍이 1965년의 책에서 사용한 언어이론의 '설명적 적절성'의 정의를 다시 내리도록 하는 긴 과정이었다고 볼 수 있다. 물론 그 자신은 이런 평가에 동의하지 않을는지도 모르는데, 그 이유는 그가 처음에 사용했을 때의 이 술어는 구조주의적 언어기술의 한계성을 지적하기 위한 것이었지 언어진화론의 필요성을 강조하기 위한 것은 아니었기 때문이다. 그렇지만 결과적으로 그의 긴 언어연구의 역사는 우리로 하여금 이 술어의 개념과 용도는 이제 다시 정리하는 것이 옳은 일이라는 결론을 내리도록 했다. 두말할 필요도 없이 그 당시에 그가 이런 술어를 사용한 것은 그 전까지의 경험주의적 과학관을 비판하면서 어떤 것이 진짜로 과학적인 연구인가에 대한 자기 나름의 기준을 세우기 위해서였다. 그렇지만 공교롭게도 그 후 수십 년에 걸친 그의 언어연구의 역사는 과학관에는 수준이 낮은 것과 수준이 높은 것의 두 가지가 있을 수 있다는 사실만을 드러내고 말았다.

그런데 돌이켜 보면 근대에 이르러 수학이나 물리학과 같은 자연과학의 발달과 함께 새롭게 등장한 것이 바로 과학의 개념이었다. 쉽게 말하면 과학은 이때 관찰이나 자료수집, 분류, 일반화 등과 같은 귀납 내지는 경험주의적 연구법의 화신으로 군림하여 그 이전까지 전 학계를 지배해 오던 연역주의적 연구법의 입지를 최대로 축소시켰다. 쉽게 말해서 이런 변혁에는 하향적 절차 대 상향적 절차나 작용 대 반작용과 같은 필연성이나 자연성이 있었는데, 문제는 길게 볼 것 같으면 이들 두 연구법은 서로 배타적인 것이 아니라 각각의 한계성을 보완하거나 극복하는 데는 상보적으로 같이 작동해야 한다는 것이라는 점이었다. 또한 역사 전체로 보아서는 이들 두 사상은 서로 교대로 우위에 오르는 식의, 일종의 '시소게임'을 연출해 오고 있기도 했다. 그러니까 쉽게 말하면 그는 과학화라는 미명 하에 언어연구의 역사를 연역주의적인 것으로부터 경험주의적인 것으로 바꾸는 데 성공했던 소쉬르나 블룸필드의 구조주의 이론의 문제점이나 한계성을 드러냄과 동시에 앞으로 그것에 대한 대안이 될 수 있는 것은 자기의 변형생성주의 이론밖에 없다는 것을 자기 나름의 과학이론을 근거로 해서 설득하는 것을 자기의 새로운 언어학자로서의 첫 번째 과제로 여겼던 것이다.

물론 지난날의 역사가 보여주는 '시소게임'의 논리에 의할 것 같으면 일단 연역주의를 이기고 나타난 경험주의를 다시 이길 수 있는 유일한 길은 연역주의로 되돌아가는 것이었다. 그러나 지혜롭게도 그는 전통이나 고전적 연역주의의 장단점을 잘 알고 있었으며, 그래서 그는 일찍이 기호론자인 Pierce가 제안했던 아브덕션(abduction)법을 자기의 연구에서 널리 활용하기로 했다. 일단 '귀납적 연역법'으로 이름 붙일 수 있는 이 연구법은 최소의 자료 분석만으로 제대로 된 가설이나 이론을 찾아내는 것을 기본 절차로 삼는 일종의 통합적 연구법이었기에, 최고의 설명적 적절성을 지향하는 그의 궁극적인 연구 목적에 딱 맞는 것이었다.

그의 언어이론은 그동안에 적어도 서너 번의 대변신을 겪었다. 그러나 그가 1965년의 표준이론 때 쓰기 시작한 이 연구법의 양태만은 그 후 3,40년이 지난 최근의 최소주의 이론 때까지도 항상 한결같았다. 예컨대 그가 표준이론을 내세울 때 가장 강력하게 내세웠던 것이 이른바 심층구조 대 표층구조의 2중적 통사구조관이었는데, 이런 구조관의 타당성을 주장하게 되는 경우는 으레 "Visiting relatives can be a nuisance"는 왜 중의적인 문장일 수 있는가에 대한 구조적 해설을 하거나 (visiting은 현재분사로 쓰일 수도 있고, 동명사로 쓰일 수도 있음), 아니면 "She is eager to teach와 She is easy to teach(여기서의 she는 teach의 목적어임)" 간의 의미적 차이를 놓고서 자기식의 구조적 해설을 제시하였다.

그런데 최근인 2010년에, 2002년의 'HCF 논문'에서의 자기 의견의 타당함을 주장하기 위하여 「Some simple evo devo theses: how true might they be for language?」라는 글을 썼는데, 여기에서 자기의 보편문법론의 언어자료적 근거로 표준이론 때의 그것과 유사한 것을 제시하였다. 결국 여기에서도 그동안까지 그가 전가의 보도처럼 자주 제시해오던 중의성의 문제에 대한 통사적 해결 방안이 다시 제시된 것인데, 우선 부정사구의 목적어가 제대로 자리하고 있는 a)와 b)의 두 문장에서는 중의성의 문제가 대두되지 않지만, 그것이 일단 생략되게 되면, 주어인 'John'을 목적어가 상승된 것으로 볼 수도 있고 아니면 원래의 주어인 'John'은 그대로 있으면서 목적어만 탈락된 것으로 볼 수도 있는 식으로 의미 해석의 문제가 생기게 마련인데, 이런 문제를 통사적으로 해결하는 방법은 그것의 구조를 아래와 같은 괄호적 기술법으로 기술하는 것이

었다. (Chomsky 2010. p.46)(O: operator 작동자)

    a) John is ready to eat an apple
    b) John is too angry to eat an apple
→   John is ready to eat
    John is too angry too eat
⇒   John is ready (too angry) [O[to eat X]]

그런데 문제는 1965년 때부터 그는 끈질기게 자기의 이성주의적 언어관의 타당성을 강조하다 보니까 자연히 그의 연구법의 과학성이 일종의 문젯거리가 될 수밖에 없게 되었다는 데 있었다. 앞에서 보았듯이 그의 언어기술에서는 으레 어엿한 예문들이 과학적 근거의 역할을 하고 있었다. 그러나 그의 1965년의 표준이론의 핵심이론이 바로 '언어습득장치 이론(Language Acquisition Device)'이었는데, 이것의 타당성을 증명하는 데까지 '귀납적 연역법'을 쓸 수는 없는 일이었다. 간단히 말하면 이것의 요지는 어린이들의 언어습득은 후천적 학습이나 경험에 의해서 이루어지는 것이 아니라 선험적으로 내재된 언어습득 장치의 작동에 의해서 이루어진다는 것이었는데, 이 장치의 존재 여부는 이 세상의 모든 어린이가 4,5세경까지의 일종의 보편적 습득 절차에 따라서 저마다의 모국어를 배우게 되는 사실로 미루어 보아서 더이상 논의의 대상이 될 수 없다는 것이 그의 주장이었으니까 여기에서는 일종의 '연역적 비약법'이 쓰이고 있는 셈이었다.

물론 1980년대의 '원리와 매개변인의 이론'에 있어서는 그의 이런 식의 '연역적 비약법'은 더 맹위를 떨치게 되었다. 언어습득의 절차를 "유전적으로 이미 부여되어 있는 보편문법의 매개연인의 수치가 후천적인 자료 입력에 의해서 정해지는" 과정으로 보면서, 그것의 실체를 X-바이론을 비롯한 몇 가지 언어이론이나 원리의 합산체로 규정하게 되었으니까, 그 자신은 아마 이번에야말로 자기가 내세우는 귀납적 연역법의 위력을 널리 보여주게 되었다고 흐뭇해 할 것이다. 그렇지만 그가 내세우는 보편문법의 실체는 어디까지나 그의 언어이론에 의해서 추론 내지는 가정된 것에 지나지 않는다. 따라서 이때 쓰인 연구법은 결국에 더 대담해진 '연역적 비약법'일 따름이다.

그런데 그와 '연역적 비약법'의 대담성은 1990년대의 최소주의이론 때 이르러서 일종의 극단에까지 다다르게 되었다. 예컨대 2010년의 글에서는 그는 드디어 인간에 있어서의 언어 탄생의 문제를 포함한 모든 생물학적 사실이나 현상을 『Darwin』의 진화이론으로 설명하려는 생물학의 오늘날의 학풍을 자못 무능하고 비과학적인 것으로 매도하면서 인간의 언어는 두뇌의 크기가 지금의 것만큼 증가된, 지금으로부터 10만 년 전에서 5만 년 사이에 신경적 재연결이라는 돌연변이에 의해서 탄생되었다는 식의 반진화론적 언어진화설을 개진하게 되었는데, 문제는 이런 연역적 판단의 근거로 쓰이는 것은 여전히 그 특유의 언어이론뿐이었다는 데 있다.

여기에서 그가 내세운 언어이론은 이른바 '강력한 최소주의 이론'이어서 이것에서의 중핵적 발상법이 바로 '지각운동기구 및 개념의도 기구와의 인터페이스가 이루어지면서 병합'의 절차가 순환적으로 적용되어서 만들어진 결과가 곧 언어라는 것이었다. 그런데 여기에서 그가 집중적으로 설명하고 있는 것은 언어는 'I-언어', 'E-언어'로 나누어질 수 있는데 이중 오직 앞엣것만이 연구의 대상이 될 수 있다는 점과 병합에는 외적인 것과 내적인 것의 두 가지가 있을 뿐만 아니라 이 절차는 어휘생성에서도 쓰이게 된다는 점 등으로서, 생물학자가 보기에는 병합의 절차에 못지않게 중요한 이것과 지각 운동기구와 개념의도 기구 간의 인터페이스에 대해서는 아무런 설명이 없다. 그러니까 생물학적으로 보면 1980년대까지는 그의 언어진화론은 개체 발생론적인 것이었지만 이제는 그것이 계통 발생론적인 것으로 격상된 셈인데 구체적인 증거제시의 절차는 무시된 상태에서 오직 연역적인 결론만을 내리는 그의 논리에는 아무런 변동이 없었던 것이다(Ibid, p.52)

두말할 필요도 없이 성공적인 학문 탐구의 두 가지 요건은 최적의 연구 방법의 채택과 최적의 연구 주제의 선택인데, 촘스키가 이런 사실을 몰랐을 리 없다. 틀림없이 그는 처음에 자기의 변형생성이론의 탁월성을 근거로 해서 경험주의적 언어관에 대한 이성주의적 언어관의 타당성을 내세우기 시작했을 때부터 언어학은 결국에 일종의 인간학이어야 한다는 사실을 잘 알고 있었을 것이다. 너무나 당연한 일이었겠지만 그가 처음부터 그의 언어이론의 기저로 삼은 것은 언어는 인간의 종 특이적인 기구라는 사실이었는데, 이것은 곧 그가 처음부터 인간은 동물과 다른 존재라는 사실을 그의 언어이론의 기저로 삼았다는 말이나 같은 말이었다.

언어학은 결국 일종의 인간학일 뿐만 아니라 다양한 인간학 중에서도 최선의 것이 될 수밖에 없다는 소신을 그가 꾸준히 가져왔다는 것은 최근인 2016년에 『What kind of creature are we?(우리는 어떤 존재인가)』라는 철학 책 같은 책을 썼다는 사실로써 익히 알 수 있다. 이것의 첫장의 제목이 'What is language(언어란 무엇인가)'인 점으로 미루어 보아서 여기에서도 그만의 특이하면서도 되풀이되는 언어학 기저적 인간관이 펼쳐졌을 것이 뻔하지만, 마지막 장에 이르러서 그의 특이한 반진화론적인 언어진화론을 소개하게 되는 점으로 미루어 보아서 그는 이것을 자기의 지금까지의 언어연구의 총결산서로 여겼음을 알 수 있다. (Chomsky, 2016)

또한 그가 그동안 내내 이런 소신을 가져왔다는 것은 최근에 언어진화론 연구에 새로운 돌파구를 마련해준 HCF 논문의 제목이 「The faculty of language: what is it, who has it and how did it evolve(언어의 기능: 그것은 어떤 것이고, 누가 가지고 있으며 어떻게 진화했는가?)」처럼 되어있다는 사실로써도 익히 알 수 있다. 물론 이들 세 가지 의문 중 결론적이고 제일 중요한 것은 세 번째 것이다. 그렇지만 그보다 더 중요한 사실은 여기에서는 이들의 순서로 보아서 세 번째 질문에 대한 대답은 앞의 두 질문에 대한 대답으로부터 자연스럽게 나오게 되어 있다는 것이 암시되어 있다는 점이다. 그러니까 굳이 따지면 이 논문에서 논의된 사실 중 중요성이 제일 큰 것은 바로 첫 번째 질문에 관한 것이고, 그다음으로 큰 것은 두 번째 질문에 관한 것인 셈이다.

그런데 흥미롭게도 이 논문에서의 이들 세 가지 의문문의 순서는 지난 5,60년에 걸친 그의 언어연구의 궤적과 정확히 맞아떨어지는 것이다. 다시 말하면 그가 그동안에 언어연구라는 이름을 내걸고서 추적해온 과제는 크게 언어의 실체를 밝히는 것과 인간의 본성을 구명하는 일, 언어의 진화 절차를 밝히는 일이었다고 볼 수 있으니까, 그의 언어연구의 역사는 알기 쉽게 '언어학 → 인간학 → 언어진화론'과 같은 도표로 요약될 수 있다. 따지고 보면 20세기 후반에 이르러서 그로 인하여 전 학계가 이른바 '언어학적 전향의 시대'나 '촘스키적 혁명의 시대'를 맞이하게 된 것은 그의 학문적 주제나 관심의 발전과정이 이상과 같이 3단계적인 것이었기 때문이었을 것이다.

그렇지만 아마 그 자신은 자기의 언어연구의 역사를 이상과 같이 세 단계로 나누어 보려는 견해를 일종의 편의주의적인 발상법에 불과하다고 일축해 버릴지도 모르는데, 그 이유는 처음부터 한결같이 이들 세 가지 주제들이 같이 다루어져 왔기 때문이다. 또한 그가 이런 견해를 받아들이지 않을 것이 분명한 것은 이 도표에는 학문적 탐구의 비중상 압도적이고 중핵적인 것은 역시 언어학이고 나머지 두 가지는 그것으로부터 도출되게 되어있는 일종의 주변적이고 부연적인 것이라는 사실이 드러나 있지 않기 때문일 것이다.

그의 학풍에 관한 이런 사실을 가장 쉽게 확인하는 방법 중 하나는 아마 1975년에 나온 『Reflection on Language(언어에 대한 성찰)』의 내용을 다시 한번 살펴보는 것일 것이다. 한마디로 말해서 이것은 그의 표준이론의 원전격인 1965년도의 책의 한 자매서나 보완서 같은 것인데, 굳이 차이점이 있다면 이것에서는 자기의 변형생성 이론의 타당성을 언어적 사실과 그것의 기술법의 특징을 앞세워 설득하려고 하는 대신에 인간의 본성이나 속성에 관한 경험주의적 이론에 대한 이성주의적 이론의 과학적 우월성을 근거로 해서 설득하려고 있다는 점이다. 그러니까 이것은 그는 처음부터 언어적 사실이나 언어기술의 문제에만 관심이 있는 하나의 언어학자라기보다는 인간의 본성이나 자질의 문제에 관심이 있는 하나의 철학자로 자처하고 있다는 것을 실증하는 책인 셈이다.

그가 처음부터 하나의 철학자로 자처하고 있다는 것을 웅변적으로 드러내고 사실은 바로 이 책의 마지막 장인 제4장에서 「Problems and Mysteries in the Study of Human Language(인간 언어연구의 문제와 신비)」라는 제목을 내걸고서 경험주의적 이론 대 이성주의적 이론식의 철학적 대 논쟁을 벌였다는 사실이다. 제목상에 인간이라는 말이 명시되어 있는 점만으로도 익히 짐작할 수 있듯이 여기에서 논의되고 있는 것은 지식이나 지력과 관련된 인간의 본성이나 속성의 문제이다. 인간의 지식 중 최고의 것이 언어이니까. 이것의 획득 절차를 검토하다 보면 자연히 이런 추구에는 으레 문제점과 신비성이 공존하게 되어있다는 것이 익히 드러나게 되어있다고 그는 본 것이다.

다른 데서와 마찬가지로 여기에서도 그는 아래와 같은 네 개의 예문을 구조나 의미적으로 비교하는 일을 논쟁의 출발점으로 삼고 있다. 크게는 한 셋의 유사문처럼 보이는 이들 간에 일정한 구조적 차이점이 있는 점으로 미루어 보아서 우리 인간이 가지고 있는 구조나 문법적 지식은 그의 일반적인 인지력과는 무관한 것, 다시 말해서 그것은 선험적으로 내재된 것이라는 사실이 분명하다는 것이 그의 주장이었다. 구체적으로 말하면 1)과 2)에서는 'hate'의 주어가 'John's wives'이지만 3)에서의 그것은 'their wives'이다. 그러니까 이들 간에는 일정한 구조적 차이점이 있지만 모두가 정형성을 갖춘 문장인 셈이다. 그렇지만 4)만은 그렇게 볼 수 없는데 그 이유는 'hate'의 주어가 'John's wives'일 수도 없고 'Mary'일 수도 없기 때문이다.

1) John's friends appeared to their wives to hate one another.
2) John's friends appeared to Mary to hate one another
3) John's friends appealed to their wives to hate one another.
4) John's friends appealed to Mary to hate one another.(Chomsky 1975. p.140)

물론 그가 여기에서 일반적인 인지력과는 무관한 것으로 내세우는 문법적 지식은 곧 보편문법이고, 따라서 그가 보기에는 "보편문법과 유사한 구조가 인간 아닌 생명체에는 없고 사고의 표현체로서 언어를 자유롭고 적절하며 창조적으로 사용하는 능력은 인간만의 변별적 자질임"이 분명했다. 이런 의견은 두말할 필요도 없이 이미 더 이상 언어학적인 의견이 아니라 일종의 인간학적인 의견이었는데, 놀랍게도 이때 벌써 그는 "언어의 신경적 기저는 다분히 신비성의 문제이지만 특별한 신경적 구조와 다른 영장류에게서 발견되지 않는 종합적 조직이 기본적인 역할을 하고 있음은 의심할 여지가 없다."와 같은 말을 함으로써 이 문제는 오직 생물언어학적이거나 아니면 진화론적 접근법에 의해서만 접근될 수 있음을 주장하고 있다. (Ibid, p.40)

그런데 생물언어학적 연구가 미진한 것을 익히 아는 이상, 그가 자기의 내재이론이나 보편문법 이론의 타당성을 내세우는 데 심리학적 이거나 철학적 논쟁의 방법쪽에 눈을 돌리게 되는 것은 너무나 당연한 일이었다. 굳이 따지면 이런 논쟁을 통해서 그가 얻게 되는 이득은 또 하나 있었는데, 지금으로서 어떤 연구방법을 최고의 과학성과 효율성이 담보된 것으로 볼 수 있느냐에 대한 해답을 얻는 것이 바로 이것이었다. 이런 이중적 목적을 가지고서 심리학적이거나 철학적 논쟁을 벌이는 관행은 물론 1965년의 책에서부터 시작되었다. 그러니까 이 책의 마지막 장에서의 논쟁은 1965년의 책에서 벌인 논쟁을 한 단계 확장 내지는 심화시킨 것으로 볼 수 있다.

이 마지막 장에서의 논쟁은 크게 언어습득의 문제를 다룬 심리학적인 것과 인간의 본성이나 지식의 문제를 다룬 철학적인 것으로 대별될 수 있는데, 굳이 따지면 여기에서 드러난 그의 논법의 특징은 이들 두 가지를 이성주의 이론 대 경험주의 이론의 대립이라는 한 틀 안에 묶어서 같이 논의했다는 점일는지도 모른다. 더 나아가서는 이 무렵에 자기의 내재주의적 언어습득 이론에 반기를 들고 나선 사람 가운데는 화용론자도 있었기에, 결국에는 여기에서의 경험주의적 진영 내에는 심리학자와 철학자외에 일부 언어학자도 포함시키게 된 것이 그의 논법의 또 하나의 특징일는지도 모른다.

또한 여기에서 그는 이 무렵에 언어습득의 문제에 관한 한 제1자임을 자처하는 경험주의자들의 의견이나 이론의 한계성이나 허구성을 지적하는 것이 곧 자기의 내재주의적 언어습득이론의 타당성을 가장 효과적으로 실증하는 것이라는 것을 실천해 보였는데, 사실은 바로 이것이 그의 여기에서의 논법의 특징 중 제일 두드러진 것일는지도 모른다. 지혜롭게도 그는 상대 진영의 제1인자들의 이론의 한계성이나 약점을 들춰내게 되면 자기의 이론은 자연히 최고 이론의 자리에 자리 잡게 된다는 것을 너무나 잘 알고 있었던 것인데 이런 식의 정면 공격적 논법은 일찍이 1965년의 책에서부터 쓰이기 시작했다.

첫 번째로 그가 공격의 대상으로 삼은 것은 '당대 최고의 경험주의자임을 자처하던 Schwartz'가 표준이론을 발표한 지 4년 뒤인 1969년에 발표한 「On knowing a Grammar(문법지식론)」라는 논문이 있었다. Schwartz는 경험주의자답게 이 논문에서 문법습득의 절차에 대한 연구는 마땅히 여타의 기호체계의 습득절차에 대한 연구의 일부가 되어야 하며 따라서 '다른 기호체계'의 그것으로부터 벗어난 자연언어의 습득기구는 단지 우연적인 것일 뿐으로서 언어 학습의 내재적 기구는 결국에 일반적인 학습기구의 일부일 따름이라고 주장했었다. 물론 이런 주장은 촘스키의 보편문법이론이나 내재이론을 정면으로 거부하는 주장이었다. 그러나 촘스키가 보기에는 그는 이런 주장에 대한 어떤 실질적이고 과학적인 근거도 제시하지 못했고, 언어습득 절차에 관한 몇 가지 명백한 문제를 완전히 무시해 버리고 있었다. (Ibid, p.176)

두 번째로 그가 공격의 대상으로 삼은 것은 당시 최고의 경험주의적 철학자로 군림하고 있으면서 촘스키의 이성주의적 언어습득 이론이 등장하자마자 누구보다도 먼저 그리고 누구보다도 집요하게 그것의 허구성과 비과학성을 지적하고 나선 Quine의 논문과 저서들이었다. Quine은 예컨대 여러 곳에서 반복적으로 '어린이들은 언어의 대부분을 듣기와 모방에 의해서 학습한다'라고 주장했다. 그러나 촘스키가 보기에는 그는 성인들은 어린이에게 언어학습용 자료를 공급하게 된다는 사실을 그런 식으로 설명하고 있을 따름이었다. 촘스키가 보기에는 조건화나 귀납, 실물지시적 정의 등은 언어습득절차의 전부는 아니었다.

세 번째로 그가 공격의 대상으로 삼은 것은 Quine과 함께 이 당시에 촘스키의 이성주의적 언어습득 이론을 정면으로 반박하고 나선 Cohen의 논문과 저서들이었는데, 여기에서의 촘스키의 재반박의 논리나 근거는 그가 Quine의 주장을 재반박할 때의 그것과 대동소이한 것이었다. 예컨대 Cohen의 주장 중 가장 예리한 것이 "경험으로부터 학습하지 않고서 어린이들이 어떻게 x를 할 수 있게 되었는가를 설명하기 위해서 x를 할 수 있는 내재적 능력을 상정하는 것은 동어 반복적인 위장에 지나지 않는다"는 것이었는데, 촘스키의 이것에 대한 답변은 "어느 정도의 그럴싸함이 증거된 다른 접근법이 제안되기 전에는 언어학습에 대한 이론적 연구는 내재적 보편요소의 이론을 강화하는 방향으로 나아가야 한다."는 것이었다. (Ibid, p.207)

그가 네 번째로 공격의 대상으로 삼은 것은 대표적인 화용론자인 Searl의 논문이었다. 흥미롭게도 Searl은 17세기의 대표적인 이성주의 철학자인 Leibniz나 Descartes의 의견을 근거로 내세워서 촘스키의 내주 이론과 경험주의나 행동주의적 언어습득 이론 간에는 타협의 여지가 있음을 주장하고 나섰는데, 촘스키는 이런 견해는 이들 두 이성주의자들의 이론을 잘못 해석한 데서 비롯된 것에 불과하다는 것이었다. 예컨대 Searl은 일찍이 Leibniz는 내재적 언어습득 능력을 크게 '내재적 기질과 성향, 자연적 잠재력' 등으로 세분했는데, 이런 개념에 의할 것 같으면 이성주의적 이론과 경험주의적 이론 간에는 얼마든지 타협의 여지가 있을 수 있다고 주장했었다. 그러나 촘스키의 이것에 대한 반박은 "나는 Descartes에 대한 토의를 그의 글에서 언어에 대한 언급은 아주 희소했다는 말로 시작했다"는 것이었다. 촘스키는 또한 자기가 그동안에 이들 두 이성주의자의 이론을 자주 인용한 것은 "지금의 연구는 고전적 내재이론과 크게 유사성을 띠고 있는 심리학적 선험이론을 지지하고 있다"는 점을 드러내기 위해서였다는 점을 밝히고 있다. (Ibid, p.218)

그런데 사실은 Searle의 언어이론에 대한 그의 반박은 『The object of inquiry(탐구의 대상)』이라는 제목의 제2장에서 더 집중적으로 하였었는데, 무엇보다도 놀라운 사실은 바로 이 자리에서 그는 최초로 반진화론적 견해를 밝히고 있다는 점이었다. 이 자리에서 그가 반박하고 나선 것은 Searle의 "일반적으로 통사적 사실들을 이해하는 데는 의사소통에서의 그들의 기능을 이해하는 것이 필요한데, 그 이유는 의사소통이 곧 언어의 전부나 마찬가지이기 때문이다"라는 말이었다. 그가 보기에는 이런 말은 통사론의 자율성을 모르는 데서 비롯된 절반의 진리에 지나지 않았다. 그런데 통사조직의 자율성을 강조하는 자리에서 그는 "우리는 오랜 기간에 걸쳐서 이 체계가 발전하는 과정에 부과된 조건은 어떤 것들이며 10^{10}개의 신경세포가 농구공만 한 크기의 것으로 농축될 때 어떤 일이 일어났는지에 대해서 아무것도 모른다. 진화된 그 구조의 모든 자질이나 흥미로운 자질들이 자연 도태라는 말로써 설명될 수 있다고 가정하는 것은 심각한 오류이다"라는 말을 하였다. (Ibid, p.59)

이렇게 보면 촘스키가 처음부터 자기가 이번에 새롭게 제기한 이성주의 대 경험주의 간의 싸움은 결국에 철학적 접근법이나 심리학적 접근법에 의해서가 아니라 생물학적 접근법에 의해서 판가름이 날 수 있는 것이라는 것을 잘 알고 있음이 분명하다. 바꾸어 말하면 자기의 이성주의적 주장이 아무리 강력한 심리학적 내지는 철학적 뒷받침을 받고 있다고 해도, 종국적으로는 생물학적 뒷받침이 없는 한 그것은 언제라도 공격자의 것으로부터 수비자의 것으로 바뀔 수 있는, 다분히 일방적이거나 아전인수적인 주장에 불과하다는 것을 그는 잘 알고 있었던 것이다.

그런데 놀랍게도 그는 이때 이미 그가 생각하는 생물학적 뒷받침은 곧 진화론적 뒷받침이 될 수밖에 없다는 것을 익히 알고 있었다. 비록 확실한 대안은 아직 제안되지 못했을지언정, 다윈의 자연도태 이론으로는 언어진화의 문제는 설명될 수 없다는 입장을 밝혔다는 것은 그는 이때 이미 언어진화의 문제에 대해서 일가견을 가지고 있다는 것을 의미한다. 물론 이런 사실로 미루어 보아서 이때 이미 그는 언어진화론이 곧 언어학의 궁극적인 과제라는 것을 잘 알고 있었음이 분명하다. 이런 의미에서 보면 그가 오늘날까지의 자기의 언어연구의 역사를 '언어학→인간학→언어진화론'처럼 도표화하는 데 굳이 반대할 이유도 없을 것 같다.

1.2. 난삽성

언어진화 연구의 첫 번째 특징을 궁극성으로 잡고 보면 난삽성을 그것의 두 번째 특징으로 잡는 것이 논리적으로 맞는 일이라는 것을 누구나 쉽게 알아차릴 수 있을 것이다. 그 이유는 그동안의 학문의 역사는 어떤 영역에 있어서든지 간에 궁극적인 과제는 으레 탐구하기가 가장 어려운 과제라는 것을 잘 보여주고 있기 때문이다. 쉽게 말하면 그동안의 학문의 역사는 촘스키가 말하는 대로 신비스러운 문제들은 그대로 남겨둔 채 오직 해결할 수 있는 문제들을 해결하는 일에만 매달려 온 역사였는데, 신기하게도 이미 모든 신비스러운 문제들은 하나같이 궁극성과 난삽성이라는 두 특징을 동전의 양면처럼 지니고 있는 것이라는 것만은 분명하게 밝혀진 것이다.

촘스키는 일찍부터 언어에 관한 문제들을 언어의 구조적 실체와 언어습득의 절차 등과 같이 제대로 익히 해결할 수 있는 것들과 언어진화의 과정에 관한 것과 같이 아직 제대로 손을 대지 못한 채 남겨져 있는 신비스러운 것들로 대별했었는데 물론 그의 언어연구관 중 가장 주목할 부분은 바로 최근에 이르러서 신비스러운 문제를 더 이상 아직 손을 댈 수 없는 대상으로 방치해두지 않고서, 능히 해결할 수 있는 문제로 그 위상을 격하시켰다는 점일 것이다. 앞에서 이미 살펴보았듯이 이런 도전은 학문적 '오만'으로 비평받기에 딱 맞는 대담한 것인데 굳이 따지면 이런 도전은 학문적 허영심이나 야망에서 비롯된 것이 아니라 자기의 이성주의적 언어이론에 대한 마지막 과학적 증거를 갖추려는 학문적 필요성과 당위성에서 비롯되었다고 볼 수도 있다.

그러나 실제에 있어서는 자신의 언어진화론에 대한 도전으로 촘스키의 문제 대 신비식의 양분법은 무의미해진 것이나 다름이 없어졌는데, 그 이유는 역설적으로 그의 도전 이래의 이것에 대한 연구와 논쟁의 상황은 사람들로 하여금 역시 그의 양분법은 일리 있는 것이었다는 판단을 내리게 하기에 딱 알맞은 것으로 밝혀졌기 때문이다. 다시 말하면 그 자신의 의도와는 전혀 다르게, 그의 이 문제에 대한 도전은 일차적으로 그동안에 잠잠했던 이것에 대한 학자들의 관심과 연구를 다시 활성화시키는 기여를 했지만 2차적으로는 이 문제는 역시 너무나 다루기에 복잡하고 난삽한 과제이기에 그의 원래 구상대로 하나의 신비성의 대상으로 남겨 두는 것이 현명할지도 모른다고 생각하게 된 것이다.

오늘날 이 문제의 궁극성과 난삽성을 단적으로 증거하고 있고 말로는 두 가지를 들 수 있는데 그중 첫 번째 것은 Christian과 Kirby가 2003년의 『Trends in Cognitive Science』의 제7호에 실린 「Language evolution: consensus and controversies」(언어진화: 합의점과 논쟁)라는 논문에서 "인간언어의 진화는 과학에서 가장 어려운 문제이다."라고 선언한 말이다. 특별히 여기에서 눈에 띄는 점은 이것을 'the hardest problem(가장 어려운 문제)' 식으로 신비가 아니라 일종의 문제로 보고 있으면서 'in science(과학에서)' 식의 한정사를 그 뒤에 붙임으로써 결국에는 현대 과학에서 구명되어야 할 과제라는 궁극적인 사실이 밝혀져 있다는 점이다. (Chistian, S. and Kirby. R. 2003)

그중 두 번째 것은 'HCF' 논문의 공저자의 한 사람인 피치가 2010년에 낸 「Evolution of Language」라는 개설서의 결론으로 내린 말이다. 우선 「Language from a biological perspective(생물학적 전망에서의 언어)」라는 제목을 가진 제1장에서 그도 이 과제를 '과학에서 가장 어려운 문제'로 규정하고서 그 근거로 아무런 화석이 없을 뿐만 아니라 각 분야에서 쓰이는 개념이나 용어에 공통성이 없다는 사실과 다양한 직관과 가정등으로 '어떤 것이나 된다'는 식의 학풍이 이루어져 있다는 사실 등을 들었다. 그러나 그는 역시 생물학자답게 여기에서 그 제목처럼 앞으로 생물학적 접근법만이 유일한 접근법이 될 수 있다는 것을 강조하고 있다. (Fitch, 2010. p.16)

그런데 제1장 다음에는 결론과 전망이라고 제목을 붙인 제15장에 이르기까지 무려 13개의 장들이 이어지는데, 문제는 이들은 그동안까지의 연구결과를 두루 살피고 소개하는 데는 적어도 이 정도의 수의 장들이 필요하다는 것만을 새롭게 드러내고 있을 뿐, 실제로는 제1장에서 이미 지적한 문제점들에 대한 구체적인 증거들이 되고 있다는 데 있다. 그러니까 마지막인 제15장에서 그가 "인간 두뇌에서의 언어에 대한 신경 및 유전적 기저에 대한 연구는 거의 무지의 수준에 머물러 있다"는 말과 "이것은 유동상태의 분야로서, 가설과 전망으로 꽉 차 있으면서 귀중하고 확고한 결론은 몇 가지만을 드러내주고 있다"라는 말은 무려 500여 쪽에 이르는 방대한 논의에 대한 결론으로 내세우고 있는 것은 하등 이상한 일이 아니다. 그런데 실제에 있어서는 아쉽게도 구체적으로 어떤 것들이 「그 몇 가지의 귀중하고 확고한 결론」에 해당하는 것인지에 대한 명확한 언급이 없다. (Fiteh, 2010. p.512)

언어진화 연구가 결국에는 오늘날의 학문이 넘어서야 할 궁극적인 난관이라는 것을 증거하는 사실로는 몇 가지를 들 수 있는데, 그중 첫 번째 것은 고고학에서 제일 확실한 과학적 증거물로 사용하고 있는 화석에 의한 연구법이 이 연구에 있어서는 거의 쓰일 수 없다는 점이다. 쉽게 말해서 이 연구에서는 오직 오늘날의 언어의 실체를 근거로 해서 그것의 진화과정을 간접적인 증거를 가지고서 논리적으로 추리해보는 연구법만이 쓰일 수 있으니까, 이것은 본래적으로 최고의 추리의 장이 되게 되어 있는 것이다. 고고학이나 인류학에서는 마땅히 언어의 종 특이성을 근거로 해서 인간의 발달과정상에 「Homo loquens(언어인)」시대를 따로 설정할 만도 한데 그렇게 하지 않는 것은 다 그만한 이유가 있는 것이다.

언어진화에 관한 한 어떤 화석도 발견될 수 없다는 사실은 그동안에 크게 네 가지 면에서 이 연구의 방향을 바꾸어 놓았다고 볼 수 있는데, 그중 첫 번째 것은 인간에 있어서의 성대의 진화과정을 구명하는 일이 주요 연구과제로 자리잡게 되었다는 점이다. 그동안에 고고학에서는 'Homo habilis'와 'homo erectus', 'homo sapiens' 등의 화석을 발견했었다. 따라서 이들 화석을 근거로 해서 재건의 희망이 있는 것은 말소리의 원천인 성대뿐이니까 연구자들은 자연히 언제쯤에 인간의 후두가 지금처럼 하강하게 되었는가를 밝히는 것을 이것의 주요 과제로 삼게 된 것이다.

언어진화 연구의 우선권이 이렇게 성대의 진화과정을 밝히는 일에 가게 되었다는 사실은 곧 통사론과 어휘론, 음운론 등의 세 가지 큰 연구과제중 음운론이 주도 과제로 자리 잡는 결과를 가져오게 되었다는 의미인데, 물론 촘스키가 이 연구에 정식으로 참여하게 되면서 이런 경향에 상당한 제동이 걸리게 된 것도 사실이다. 그러나 언어가 이원적 구조성을 지니고 있는 한 통사론 중심의 언어진화론과는 별도로 음운론 중심의 언어진화론이 독립적으로 발달할 바탕은 이미 충분히 마련되어 있는 것이나 다름이 없었다. 오늘날에도 여러 연구자들은 저마다의 특이한 음운조직 진화이론이나 모형을 제시하고 있고, 심지어 일부 연구자는 음운변화에 관한 컴퓨터 시뮬레이션 법까지 개발하는 식으로 언어진화 연구에 있어서 음운론 중심의 하나의 큰 산맥을 이루고 있다.

그중 두 번째 것은 마치 언어진화 연구를 전담하는 학문이 바로 자기네 학문이라는 것을 하루라도 빨리 알리려는 듯이 여러 생물학자들이 서둘러서 이 연구에 참여하게 되었다는 점이다. 물론 엄밀하게 따지면 이런 변화는 최근에 이르러서 촘스키와 같은 언어학자가 이 연구의 주도권을 잡게 된 데 대한 일종의 반발일수도 있다. 그러나 「HCF」 논문의 공저자인 하우저나 피치와 같은 생물학자들이 보기에는 어차피 언어진화 연구는 두뇌의 구조 또는 기능이나 그것의 진화과정을 밝히는 일로 귀결되게 되어 있는 이상 이 연구에 그들이 참여하는 것은 너무나 당연한 의무이었다. 또한 이들이 보기에는 일부 비교학자들이 화석의 도움을 익히 얻을 수 있다는 사실을 앞세워서, 발성기관이 마치 언어가 출현되는 데 있어서 유일하며 주도적으로 참여한 기관인 것 같은 인상을 주는 것도 마땅한 일이 아니었다. 결국에 이런 판국을 재정리 할 수 있는 길은 그들 자신이 생물언어학과 같은 새로운 학제적 학문의 창설에 앞장서는 것뿐이었던 것이다.

그중 세 번째 것은 생물학자들의 생각과는 딴 판으로 촘스키가 이 연구의 주도권을 잡게 되는 현상이 일어나게 되었다는 점이다. 명칭 그대로 생물언어학이라는 신학문에서 생물이라는 말은 어디까지나 하나의 한정사일 따름이며 이것에서 실사가 되고 있는 것은 바로 언어학이라는 사실을 촘스키는 보란 듯이 실증해 보였다. 촘스키가 보기에는 일찍이 자기의 언어이론이 심리언어학의 탄생에 있어서 산파역이 되었듯이 이제는 그것이 생물언어학의 탄생에 있어서 산파역이 되어야 하는데, 그 이유는 심리학과 마찬가지로 생물학도 학문적 수준이나 능력이 아직은 언어 진화의 문제를 익히 다룰 수 있을 만큼 높고 크지 못하기 때문이었다.

촘스키가 이런 오만한 일방주의를 감행할 수 있었던 것은 물론 그에게는 예컨대 순환적 병합이론으로 명명될 수 있는 문법 체계의 진화 절차에 관한 가설이 있기 때문이었다. 언어에서의 문법체계의 중핵성을 고려할 때 언어진화에 대한 연구의 초점은 마땅히 문법체계의 진화에 관한 것에 맞추어져야 함에도 그동안에 그렇게 하지 못한 것이 이와 관련된 학계의 제일 큰 약점이고 현실이었으니까, 비유적으로 말하면 촘스키는 능히 그의 가설 하나로서 이 학계 전체를 '무혈점령'할 수 있었던 것이다. 나쁘게 말하면 그러니까 이 연구는 장래를 생물학자나 고고학자가 아닌 언어학자인 촘스키가 좌지우지하는 처지에 놓이게 되었고, 좋게 말하면 생물언어학이라는 이름을 내걸고서 언어학과 생물학이 학제적으로 이끌어 가야 할 형편에 놓이게 된 것이다.

그중 네 번째 것은 몸짓 이론이 촘스키의 병합이론과 정면으로 맞서는 이론으로까지 성장하게 되었다는 점이다. 우선 어떤 의미에서는 분명히 정보전달이나 의사소통용으로 쓰이는 우리의 몸짓은 하강된 인후보다도 훨씬 더 확실한 과학적 증거일 수 있는데 그 이유는 손짓과 같은 몸짓들은 어린이들이 언어를 습득하는 과정에서는 물론이고 성인들이 서로 간에 의사소통을 하는 데 있어서도 널리 쓰이고 있기 때문이다. 또한 비교학자들이 자주 내세우고 있듯이 이것은 인간과 비인간인 원숭이가 공통으로 사용하는 기구일 뿐만 아니라 그 기능이 지시적인 것과 상징적인 것, 표현적인 것 등으로 다양화되어 있기도 하다.

특히 언어진화 연구에 있어서 몸짓이론이 크게 주목을 받게 된 것은 몸짓은 그동안에 하나의 독립적인 의사소통 체계로 발달함과 동시에 일정한 시기에 말의 출현을 유도했을 뿐만 아니라 결국에는 그것과 일종의 연립체계를 형성해냈을 가능성이 있기 때문이었다. 이런 식으로 추리를 하다 보면 왜 이 이론이 촘스키의 병합이론에 대한 강력한 대안이 될 수 있는가 하는 것이 분명해진다. 쉽게 말해서 촘스키 식의 언어진화 이론의 요점은 언어의 문법체계만은 일종의 돌연변이에 의해서 생겨난 것이며, 따라서 언어는 원래 의사소통의 도구로서가 아니라 사고 표현의 수단으로서 발달했다고 보아야 한다는 것이었는데, 이들 두 가지를 한꺼번에 무력하고 무의미하게 만들 수 있는 것이 바로 몸짓이론인 것이다. 이것으로는 분명히 이른바 신 다윈주의를 내세워서 점진적 진화론을 주장할 수 있는 이상, 촘스키 이론의 독선이나 독주에 제동이 걸리게 되는 것은 너무나 당연한 일이었다.

쉽게 말해서 몸짓이론은 결국에 반 촘스키 주의 움직임의 본거지가 된 셈인데, 이런 사실을 웅변적으로 증거 해주고 있는 것이 바로 최근에 Tomasello가 모든 면에서 촘스키의 순환적 병합이론과는 정반대적인 몸짓 의사소통이론을 제안하고 나섰다는 사실이다. 2008년에 나온 『*Origins of Human Communication*(인간적 의사소통의 기원)』이라는 책에서 그는 "실제로 나의 진화적 가설은 최초의 인간만의 유일한 의사소통 형식은 손가락질과 몸짓 표현이었다는 것이다."와 같은 말을 함으로써 멀리는 18세기에 철학자인 Condillac이 제안했고 가깝게는 1973년에 인류학자인 Hewes가 제안했던 몸짓이론의 타당성을 다시 주장하고 나섰는데, 그에 의한 이번의 몸짓이론의 부활이 특별한 의미를 갖게 된 것은 어떤 의미로 보아서나 지금의 이 연구의 상황은 촘스키의 언어학적 진화이론이 전무후무한 파동을 일으키고 있기 때문이었다. (Tomasello, 2008. p.2)

그런데 흥미롭게도 촘스키는 1975년의 책에서 언어진화의 문제에 관한 한 자연도태와 같은 다윈의 진화이론은 설 땅이 없다라고 정식으로 말을 하기 이전에 이미 자기 특유의 강력한 반진화론적 언어진화관을 피력했었는데, 이때 문제 삼은 사례가 바로 몸짓체계에 관한 것이었다. 1975년의 책이 나오기 7년 전인 1968에 『*Language and Mind*(언어와 정신)』이라는 책이 나왔는데, 「Linguistic contributions to the study of mind: Future(정신 연구에의 언어학적 기여: 미래)」라는 제목의 제2장에서 그는 아래와 같은 말을 하였다.(Chomsky, 1968. p.70)

> 인간의 언어가 어떤 것인가를 물어보게 되면 우리는 동물의 의사소통 체계와는 어떤 뚜렷한 유사성도 없음을 확인하게 된다. 동물과 인간의 의사소통 체계가 맞아떨어지는 추상적인 수준에서의 행동이나 사고에 대한 언급 중 유용한 것은 아무것도 없다. 오늘날까지 검토되어온 동물의 의사소통 체계에 관한 사례들은 인간의 몸짓 체계의 자질 중 많은 것이 공유되고 있음을 보여주고 있으며, 따라서 이 경우에 있어서의 적절적인 연관성의 가능성을 탐험해 보는 것도 합리적인 일일는지 모른다. 그러나 인간의 언어는 전적으로 다른 원리에 기저하고 있는 것 같다. 내가 보기에는 이것이야 말로 인간의 언어를 일종의 자연적이며 생물학적 현상으로 접근 하는 사람들이 자주 간과하는 가장 중요한 점이다.

Tomasello의 몸짓설은 물론 촘스키가 고려하던 생물학과는 아무런 관련이 없다. 굳이 이름을 붙이면 이것은 일종의 문화 인류학적 언어진화설이거나 아니면 사회 문화적 언어진화설로 불릴 수 있는 것인데, 이것의 진짜 특징은 예컨대 지금의 언어진화 연구의 판세를 순환적 병합이론

대 몸짓이론이 대결하고 있는 것으로 볼 수 있는 만큼 모든 점에 있어서 철저하게 반 촘스키적인 입장을 취하고 있다는 점이다. 우선 그는 언어관과 관련해서는 촘스키식의 통사론 중심의 언어관을 잘못된 것으로 보면서 Grice식의 화용론 중심의 언어관을 맞는 것으로 내세웠다. 결국 그는 사회적 적응의 결과로 서로가 공통된 의도성을 지닐 수 있게 됨으로써 언어가 태어났다고 본 것이다. 그다음으로 그는 문법체계 발달에 대해서는 이 체계는 생물학적인 절차가 아니라 문화적 절차에 의해서 발달했다고 보았다. 세 번째로 최초의 규약언어인 음성언어의 출현과 관련해서는 그는 기존의 몸짓언어에 '업혀서(piggybacking)' 태어난 것이라는 입장을 내놓았다. 마지막으로 의미체계의 발달과 관련해서는 일상언어 철학자였던 Wittgerstein이 했던 말, 즉 "우리가 의미라 부르는 것은 원초적 몸짓언어와 연관되어 있다"는 말을 그대로 인용하면서 사회적 지력의 발달이 그것에 선행되었다는 입장을 취했다.(Tomasello, 2008. p.58)

언어진화 연구는 이렇게 보면 결국에는 그동안에 과학적 탐구라는 허울 좋은 슬로건이나 이상과는 거리가 먼 일종의 '백가쟁명의 장'이 되고 만 셈인데, 문제는 이 연구는 앞으로도 화석과 같은 과학적 증거물을 근거로 삼지 못한다는 결정적 한계성을 지니고 있게 될 것이며, 그것으로부터 유래되는 다양한 분야의 학자들 간의 추리적 싸움은 더 치열해질 가능성이 있다는 데 있다. 이런 비관적 추측을 우리로 하여금 어렵지 않게 할 수 있게 하는 사실로는 최근인 2010년에 Larson을 위시한 3명의 언어학자들이 「The evolution of human language: biolinguistic Perspectives(인간언어의 진화: 생물언어학적 전망)이라는 논문집을 편집해냈는데, 편집자들의 원래 의도는 「HCF」 논문의 출현이 기점이 되어서 언어진화 연구의 앞날에는 새로운 수평선이 열리게 되었다는 것을 알리는 것이었는지 모르지만, 그 결과는 결국에 이것은 누구나 익히 예측할 수 있듯이 앞으로 우리가 직면하게 될 가장 난삽한 과제 중 한 가지이며, 따라서 이것의 앞날은 결코 순탄할 리가 없다는 사실만을 분명히 드러내고 말았다는 사실을 들 수 있다. (Larson, R, et al (eds) 2010.)

이 논문집의 특이함은 제목상으로는 하나의 첨단학문으로서의 생물언어학의 일반적인 현황을 소개하는 것같이 되어 있으면서도 실제로는 「HCF」 논문의 내용과 이 논문에 대한 여러 관련 학자들의 반응을 집중적으로 소개하고 있다는 점인데 이런 사실로 미루어보아서 이것의 편집자들은 어차피 생물언어학의 출범에 돌파구의 역할을 한 것이 이 논문이니까 앞으로 이 학문의 발전을 이끌고 나가는 것도 역시 이 논문일 것이라는 생각을 하고 있음이 분명하다. 틀림없이 이들은 이 논문의 실체적 내용보다는 상호 대립이나 무관심의 역사를 뒤로하고서 역사상 최초로 언어학자와 생물학자가 일종의 합의점을 도출할 수 있게 되었다는 사실을 더 중요시했을 것이다.

이 책의 구성에 있어서 무엇보다도 흥미로운 점은 일단 외견상으로는 소개문을 제외한 총 14개의 논문중 세 개가 바로 「HCF」 논문의 공저자에 의한 것이니까 이 논문의 소개에 이 책의 초점이 맞추어져 있는 것 같지만 실제에 있어서는 '1개의 촘스키의 논문 대 13개의 반응 논문' 식의 특이한 구조로 되어 있다는 사실이다. 어떤 의미로 보아서나 1 대 13의 식의 비율은 압도적으로 일방적인 것임이 분명한데, 이것에서 주목할 점은 13개의 반응 논문에는 하우저의 것과 피치의 것도 들어있다는 점이다. 이것에서의 반응 논문이란 실제에 있어서는 촘스키의 의견에 동의하지 않는 반대 논문이다. 따라서 이것은 우선 곧 「HCF논문」은 쉽게 말해서 두 가지 서로 다른 의견을 같이 병렬 시켜놓은 것에 불과하다는 것을 의미한다.

그런데 우리의 입장에서 볼 것 같으면 '1 대 13'이라는 비율이 의미하는 바는 대단히 큰데, 그 이유는 누구나 이것을 통해서 바로 현재로서 촘스키의 언어진화 이론에 동의하고 있는 전문가는 하나도 없으며 따라서 이런 현실은 이 연구는 앞으로도 좋게 말하면 온갖 접근법이 다 적용되는 식의 극도로 산개된 형식의 연구로 남게 될 것이고, 나쁘게 말하면 이 과제가 결국에는 얼마나 궁극적이고 난삽한 것인가 뚜렷이 드러내게 될 것을 익히 알 수 있기 때문이다.

물론 어떤 것이 이들 14개의 논문인가를 구체적으로 살펴보게 되면 이 점이 확실해진다. 우선 두 번째 것인 촘스키의 논문은 「Some simple evo devo theses: how true might they be the language?」[간단한 이보디보 논제: 언어에 있어서의 그것의 타당성]라는 제목 밑에서 크게 첫 번째로는 자기의 '원리와 매개변인' 이론은 Francis Jacob이 주장한 'evo devo(진화발달) 이론'을 따른 것이라는 점과, 두 번째로는 자기의 최소주의 이론은 '인터페이스+병합=언어'로 요약될 수 있다는 점을 밝혀놓았다. (Larson, etal, 2010. p.52)

세 번째 것인 Ray Jackenoff의 논문에서는 「Your theory of language evolution depends on your theory of language(당신의 언어진화론은 당신의 언어이론에 달렸다)라는 제목 밑에서 왜 「HCF 논문」은 과학적이고 타당한 것으로 볼 수 없는가를 설명하고 있다. 언어적 능력에는 제1차적인 것과 (예: 허파) 제2차적인 것(예: 몸짓), 제3차적인 것(예: 성대), 제4차적인 것(예: 완전히 새로운 것) 등의 네 가지가 있는데, 이중 첫 번째와 두 번째 것은 「HCF 논문」에서 말하는 광의의 언어에 해당하는 것이고, 마지막 것은 그것에서 말하는 협의의 언어에 해당하는 것이니까, 결국에 그것에서는 세 번째 것에 대한 설명이 아예 없다는 것이었다.

간단히 말해서 똑같은 언어학이면서 그의 언어이론과 언어진화 이론은 촘스키의 것과는 판이하게 다른 것이다. (Ibid, p.65)

네 번째 것인 피치의 「Three meanings of recursion: key distinctions for biolinguistics」(순환의 세 가지 의미: 생물언어학에서의 핵심적 구별)이라는 논문에서는 원래 「HCF 논문」에서는 이 개념과 관련해서 언어는 순환이라는 식의 유연한 해석과 '순환이 조작의 전부이다.'라는 식의 강력한 해석을 놓고서 언어학자와 생물학자 간에 합의를 보지 못했었는데, 사실은 이것 외에도 '순환은 언어 외에서도 쓰이고 있는가'와 같은 문제가 제기될 수 있다는 점이 지적되고 있다. 그러니까 여기에서 그는 「HCF 논문」에서 이른바 광의의 언어(FLB) 대 협의의 언어(FLN) 식의 합의점을 언어학자와 생물학자가 도출한 것의 의의를 국외자나 일반인들이 생각하는 것만큼 대단한 것이 아니라는 점을 분명히 밝히고 있는 것이다. (Ibid, p.75.)

다섯 번째 것인 하우저의 「On obfuscation obscurantism, and opacity: evolving conceptions of the faculty of language(난처함과 몽매주의, 불투명성에 대하여: 언어 능력이라는 개념의 진화)」라는 논문에서는 간단히 말해서 「HCF 논문」의 의의와 가치를 언어학자나 생물학자로 하여금 이보 디보 이론을 근거로 한 'Evoling'이라는 학회 창설의 필요성을 깨닫게 한 것에 국한시키는 식으로 최대로 축소시키고 있다. 이 논문이 나오자 생물학과 문화인류학 측에서는 신랄한 비평들을 쏟아 냈었기에 이 논문의 작성에 직접 참여한 생물학자로서는 응당 자기변명을 할 필요를 느꼈던 것이다.

여기에서의 그의 자기변명은 크게 네 가지로 요약될 수 있는데 1) 나는 반적응주의자가 아니다. 와 2) 동물의 의사소통체계에 대한 연구는 관련성이 없다는 것이 기본 메시지는 아니다. 3) 순환만이 전부라는 가정을 하지 않았다. 4) 나는 탁상공론적인 최소주의 자가 아니다. 등이 바로 그들이다. 이렇게 보면 결국에 이 논문의 생물학 측 공저자인 두 사람 모두가 각자도생식의 자기변명을 하게 된 셈인데 굳이 이들 간의 차이를 찾면 피치의 것은 비교적 이지적인 것인데 반하여 그의 것은 다분히 감정적인 것이라는 점일 것이다. 아마 이 논문의 압권은 마지막 문장으로 Oscar Wilde의 "무시되는 것보다는 비평되는 것이 낫다."라는 말을 인용하고 있다는 점일 것이다.(Ibid, p.95)

여섯 번째 논문은 문화인류학자인 Gardenfors와 Osvath가 쓴 「Prospection as a cognitive purcurser to symbolic communication(상징적 의사소통체계의 인지적 선행자로서의 전망력)」인데, 간단히 말해서 이것은 일단 이 과제에 언어학이나 생물학적인 것과 같은 미시적 접근법 대신에 고고학이나 인류학적인 것과 같은 거시적 접근법을 적용하게 되면 「HCF 논문」의 한계성은 저절로 드러나게 되어있다는 것을 단적으로 드러내주는 것이다. 그동안 언어진화의 배경적 힘의 중요성을 강조하면서 일부 학자들은 사회적 상호 교섭을 통해서 얻어진 사회적 지력설을 내세웠었는데, 이들이 보기에는 우리 인류는 원래 이런 지력과 전혀 차원이 다른 지력을 가지고 있었는데 이른바 전망적 지력이 바로 그것이었다. 일정한 이 지력에 의해서 인류는 장래의 필요를 장기적으로 미리 계획 할 수 있었고, 그 결과 상징체계가 발달 될 수 있었고, 결국에는 언어라는 상징적 의사소통체계도 태어날 수 있었다는 것이 이들의 견해이었다. 이들은 자기들의 주장의 근거로 'Oldowan'에서 발견된 석기문화에는 장기안목적인 특색을 많이 지니고 있었다는 사실을 들었다. 그러나 생물학자 가운데는 일찍이 이른바 예기 적응이론을 내세우던 사람도 있었다는 것을 상기한다면 이들의 발상법이 꼭 인류학적인 것이라고 못박을 필요도 없는 것 같다. (Ibid, p.98)

일곱 번째 논문은 문화인류학자인 Corbalis에 의한「Did language evolve before speech(언어는 말 이전에 진화했는가?)」인데, 여기에서는 우선 이 질문이 이것에 대해서 어떤 대답을 내놓느냐에 따라서 오늘날의 언어진화 연구의 학계를 크게 두 학파로 나누어 볼 수 있을 만큼 기준적인 질문으로 보고 있다. 그런데 이 논문의 진짜 특징은 이 문제에 대한 두 가지 가설의 근거로 생물학적 발견들을 들고 있다는 점이다. 예컨대 지난 2백만 년 동안에 언어는 자연 도태의 원리에 따라서 단계적으로 탄생되어 왔다는 첫 번째 가설의 근거로는 몸짓이론의 근거로 볼 수 있는 '거울신경체계(mirror neuron system)'의 발견을 들고 있고, 언어는 20만 년 전에 Homo sapiens)가 출현하면서 일종의 돌연변이에 의해서 생겨났다는 두 번째 가설의 근거로는 'FOX P2' 유전자의 발견을 들고 있다.

문화인류학자답게 그가 이 논문에서 궁극적으로 밝히고자 하는 것은 이 연구에 있어서 그동안 내내 연구의 주도권이나 대세를 잡고 있었던 것은 역시 이들 중 첫 번째 것이고, 이들 중 두 번째 것은 최근에 촘스키에 의해서 제안된 일종의 국외자적이고 반전통적인것에 지나지 않는다는 점이었는데 이것의 근거로 내세울 수 있는 것이 바로 그가 내린 "분절적 말이 가능해지기 이전에 언어는 일종의 손짓 및 안면 체계로서 진화해 왔다."라는 결론일 것이다. 마땅히 여기에서 그는 그렇다면 왜 일종의 돌발적이고 반전통적인, 촘스키의 가설이 그동안 내내 정통성을 지켜온 가설과 맞설 정도의 세력을 갖게 되었는가에 대해 설명을 할 만도 한데, 그렇게 하지 않았다(Ibid, p.123)

여덟 번째 논문은 화용론자인 Sperber와 Origgi에 의한「A pragmatic perspective on the evolution of language(언어진화에 대한 화용론적 전망)」인데, 이것의 의의는 우선 언어학 자체 내에서 대표적인 반통사론적

이론의 자리를 지키고 있는 화용론이 언어진화의 문제의 논쟁에 참여함으로써 언어학적 견해에는 반드시 촘스키의 견해만 있을 수 있는 것은 아니라는 점을 밝혔다는 점과, 그다음으로는 그동안에 인류학자인 Dunbar 등이 내세워 온 '마음이론(theory of mind)' 이론의 타당성을 증거하고 나섰다는 점이다. 결국에 이것은 여기에 실린 세 번째 논문인 Ray Jackendoff의 논문의 제목을 새삼 연상시키는 논문인 셈이다.

이 논문의 저자들은 1980년대에 관련성이 이론이라는 가장 최신의 것이면서도 가장 강력한 반 촘스키적 내지는 반통사론적인 화용 이론을 개발한 사람들이다. 따라서 이것에서도 인간의 의사소통의 모형을 청자와 화자 간의 정보교환 절차를 단순한 기호 교환적인 것이 아니라 최대로 추리적인 것으로 보게 되는 '추리 모형'의 이론의 타당성을 드러내는 데 최선을 다하고 있다. 이들이 일찍이 내세웠듯이 이들의 화용론적 이론은 이것을 근거로 해서 인지심리학의 영역에서 익히 새로운 인지 이론을 발전시킬 수 있을 만큼 과학적인 것이었고, 또한 이것의 타당성이 일단 실증되면 촘스키의 '언어적 능력'보다 한 차원 상위의 것이 바로 '화용적 능력'이라는 것이 스스로 밝혀지는 셈이었다. 그러니까 이들은 이 정도의 설명만으로도 촘스키의 언어진화 이론의 허구성은 명백히 드러나게 되었다고 본 것이다.

그런데 이들의 보기에는 다행스럽게도 기존의 언어 진화론 가운데도 자기네들의 추리모형 이론의 타당성을 익히 실증하고 있는 것이 있었는데 이른바 마음의 이론이라는 것이 바로 그것이었다. 예컨대 Dunbar 등은 일찍부터 언어를 일단 의사소통의 도구로 보게 되면 사람들은 타인의 정신작용이나 구조는 으레 자기의 것과 같으리라는 전제를 할 수 있기 전에는 언어를 사용할 수 없었으리라는 것은 누구나 쉽게 추리할 수 있다고 내세우면서 아울러 오직 인간만이 두뇌의 발달로 이런 식의 마음의 이론을 갖게 되었다는 점과 이런 이론의 기본이 되는 것이 바로 사람들은 누구나가 'SVO'나 'OVS', 'SOV'와 같은 기본 어순을 세상에 대한 지식을 저장하는 형태로 사용한다고 인식하게 된다는 점이라는 것 등을 특별히 강조했다. 그런데 이들이 보기에는 이런 식의 설명은 일종의 인간의 인지 작용에 관한 일종의 아마추어식의 심리학적 설명이나 다름이 없었다. 이들의 관련성 이론은 그에 반하여 일종의 본격적인 인지 심리학적 이론이었다.

아홉 번째 논문은 생물학자인 D. Dor과 E. Jablonka에 의한 「Plasticity and canalization in the evolution of linguistic communication: an evolutionary developmental approach(언어적 의사소통 체계의 진화에 있어서의 가소성과 방향성: 진화 발달적 접근법)」인데, 이것은 우선 어떤 의미에서 보면 앞의 여러 논문과 마찬가지로 촘스키의 언어진화설에 대한 하나의 대안의 성격을 띠고 있으면서도, 또 다른 의미에서 보면 그들과 반대로 그것을 그대로 수용하는 입장을 나타내고 있는 것이기에 결국은 사람들로 하여금 지금의 언어진화 연구는 이제 겨우 이것의 길고 험난한 여정의 시작 단계에 들어서 있을 따름이라는 것을 깨닫게 하는데 딱 맞는 논문인 셈이다.

여기에서 내세우는 진화발달 이론은 이름 그대로 진화론과 발달론을 하나로 합친 일종의 절충이론인 탓으로 일찍이 Francois Jacob가 제안한 후 생물학계에서는 이미 상당한 지지자 집단이 형성되어 있다고 볼 수 있다. 또한 이 이론은 그동안에 생물학적 진화는 사회나 문화적 발달과 같이 진행되어 왔다고 보는 일종의 「공진화이론」이기 때문에 고전적 다윈주의 이론의 문제점과 한계성을 지혜롭게 극복한 신 다윈주의 이론으로 여겨지기도 했다. 특히 이것에서는 생물의 진화는 유전형의 변이에 의해서가 아니라 표현형의 발달에 의해서 이루어진다고 보기 때문에 진화과정에 있어서 환경변화나 문화의 힘을 중요시하는 반생물학적 학파들의 지지를 받게 되어 있었다.

그러나 모든 절충이 이론들이 다 그렇듯이, 이 이론에도 큰 문제점이 도사리고 있었는데, 실제에 있어서는 진화와 발달의 두 절차 중 어느 한쪽에 치중될 가능성이 대단히 크다는 점이 바로 그것이었다. 이런 의미에서 볼 때 촘스키의 이 이론에 대한 입장과 그의 언어이론의 발전과정간의 관계야말로 이것의 문제점을 가장 적나라하게 드러내는 실례라고 볼 수 있다. 앞에서 이미 밝혔듯이 그는 이 책 안의 그의 논문에서 자기의 '원리와 매개변인'의 이론은 Francois Jacob의 이보 디보 이론에 따른 것이라고 선언했고 또한 그의 2016년의 책에서는 '언어는 변화하지만 진화하지는 않는다'라는 말도 했다. 그러나 1980년대 이후 최근에 최소주의 이론이 나오기까지 그의 연구의 초점은 언제나 원리와 매개변인 중 첫 번째 것, 즉 보편문법의 실체를 구명하는 데만 맞추어져 있었다. 나쁘게 말하면 그러니까 예나 지금이나 그는 개별 언어의 발달과정에는 아무런 관심이 없었던 것이다. (Chomsky, 2016. p.39)

열 번째 논문은 M. Piattelli-Palmarini에 의한 「What is language, that it may have evolved, and what in evolution, that it may apply to language(진화된 것으로 여겨지는 언어는 어떤 것이며, 언어에 적용될 수 있는 진화는 어떤 것인가)'인데, 앞으로 언어진화의 연구를 진척시키기 위해서는 생물 언어학이라는 새로운 학제적 학문이 출범되어야 한다고 주창하고 나선 사람답게 이것의 저자는 여기에서 크게는 앞으로는 응당 촘스키의 생성변형 이론을 기본으로 한 언어학적 이론이 이 연구를 이끌어 가게 되어 있다는 점을 부각시키고 있다. 예컨대 이것의 전반부에서는 'I-언어'와 '모듈이론', '협의의 통사론과 같은 핵심적 개념들을 중심으로 해서 촘스키의 언어 내지는 문법이론이 자세히 소개되고 있다.

그러나 이것의 후반부에서는 역시 촘스키의 생성주의적 언어이론만으로는 이 연구가 소기의 성과를 거둘 수 없다는 점을 상기 시키고 있다. 우선 그의 언어이론의 문제점으로 두 가지를 들고 있는데, 그중 첫 번째 것은 순환의 개념과 기능에 대한 언어학적 정의는 그것에 대한 생물학적인 정의와 적지 않게 다르다는 점이었고, 그중 두 번째 것은 그의 언어이론은 어휘주의적 이론에 아무런 대비책을 가지고 있지 못하다는 점이었다. 그다음으로 이 연구가 궁극적으로 지향할 점은 'DNA'나 'RNA'와 같은 유전 부호에 대한 연구로 그의 언어이론에 설정되어 있는 여러 개념들의 실체를 밝히는 일이며, 이런 의미에서 볼 때 문화인류학자나 고고학자가 제안하고 있는 '원형언어'는 한낱 '공제의 환상'에서 나온 개념에 불과하다는 점을 지적하고 있다. (Ibid, p.150)

그 다음의 열한번째의 논문은 성도 발달론을 주창한 P. Lieberman에 의한 「The creative capacity of language, in what manner is it unique, and who had it?(언어의 창조력, 어떻게 이것은 특유의 능력이며, 누가 가지고 있는가?)」인데, 이것에서는 흥미롭게도 이 과제와 관련된 지금까지의 신경언어학이나 생물언어학적 연구 결과들을 재평가 내지는 총정리하고 있는데, 그 목적은 결국에 오직 그가 그동안에 내세워 온 '상위 후두의 성도발달 이론'만이 유일하게 생물학적 근거를 가진 언어진화이론으로 받아들여질 수 있다는 결론을 도출하기 위해서였다.

그는 우선 여기에서 일찍이 촘스키가 창조성을 인간언어의 제일 중요한 특징으로 보면서 그것의 기저적 장치가 바로 동일 규칙을 무한히 반복하거나 순환시키는 장치라고 주장한 바를 백프로 동의하고 나섰다. 물론 이런 면으로 보아서 언어는 인간만의 종특이적인 기구라는 그의 주장도 백프로 맞는 말로 보았다. 그런데 그가 보기에는 지금의 언어진화 연구의 한계성은 이상과 같은 촘스키의 주장을 신경학 내지는 생물학적으로 충분히 증거하고 있지 못하다는 점이었다. 1970년대에는 예컨대 '브로카-베르니케(Broca-Wernicke) 모형' 이론이 그런 역할을 충분히 수행하고 있다고 보았었다. 그러나 최근에 이르러 브로카 실어증은 일반적인 추상화 능력의 손실에서 비롯된 것임이 밝혀졌다. 특히 최근에는 전체적 실어증은 뇌저 신경절의 손상에서 비롯된다는 사실이 밝혀지기도 했다.

그 후 1980년대에는 FOX P2의 발견으로 드디어 전 학계는 촘스키의 언어진화 이론을 생물학적으로 충분히 검증된 이론으로 받아들이려는 경지에까지 이르기도 했는데, 얼마 뒤 Fisch와 Marcus에 의해서 이것이 언어적 유전자가 아님이 밝혀지면서 이 소동은 없던 일로 끝나고 말았다. 그가 보기에는 결국에 지금까지의 여러 뇌신경 조직에 관한 연구 중 확실한 것은 오직 매우 다양한 신경회로가 언어 사용에 동원된다는 것뿐이었고, 따라서 인간의 진화과정에서 후두의 하강과 함께 지금의 것과 같은 성도가 발달되면서 언어가 시작되었다는 자기 이론만을 가장 확실한 생물학적 언어 진화이론으로 보는 것이 너무나 당연한 일이었다. (Ibid, p.170)

그다음의 열두 번째 논문은 유전학자인 K. Stromswold가 쓴 「Genetics and the evolution of language: what genetic studies reveal about the evolution of language」(유전학과 언어진화: 언어진화에 관하여 유전학적 연구로 드러난 것)인데, 이것에서는 지금까지의 유전학적 연구는 으레 생물의 진화 과정을 구명하는 일은 크게 표현형적 병이성과 상속 가능성 간의 관계를 밝히는 일로 귀결된다는 입장에서 진행되어 왔는데, 이런 의미에서 진화연구가 편승 이론과 자연도태이론의 두 주요 이론에 의해서 주도되고 있는 것은 너무나 당연한 현상이라고 보고 있다.

여기에서 가장 흥미로운 것은 촘스키와 Piatteli-Palmarini가 그동안에 내세워온 이론을 편승(hitch-hiking)으로 이름 붙였다는 점이다. 편승이란 이름 그대로 다른 생물학적 진화과정이 진행되는 도중 어떤 기본적변화의 부산물로 하나의 기관이 탄생되는 절차를 말하는데, 여기에서는 이런 절차가 우연한 것이라는 점만을 강조하고 있지, 그것의 기본적 변화가 어떤 것이었는지에 대해서는 아무런 말을 하고 있지 않다. 이것과 대립되어 있는 것이 다윈의 진화이론을 그대로 적용한 자연도태이론인데, Pinker와 Bloom과 같은 비생물학자가 이 이론을 주장하고 나선 점이 특이했다. 결국 여기에서는 지금의 촘스키의 언어진화 이론은 생물학적 고증이라는 대단히 힘든 과제를 떠안고 있다는 점을 강조하고 있는 것이다. (Ibid, p.188)

그다음의 열세 번째 논문은 인류학자인 Tattersall이 쓴 「A putative role for language in the origin of human consciousness(인간 의식의 기원에 있어서의 언어의 추정적 역할)」인데, 이 책에 나와 있는 그의 논문에서 촘스키가 언어의 출현을 '돌연한 사건'으로 규정한 것을 커다란 인류학적 증거 내지는 보증으로 내세운 점으로 미루어보아서, 이것의 요지가 결국에는 촘스키의 언어진화 이론의 내용과 대동소이하리라 익히 짐작할 수 있는데, 이들 간의 한 가지 큰 차이점은 언어출현 절차를 일단 적응이 아닌 전능 절차로 보았을 때, 이것에서는 그때의 기존 체계를 문화 발달의 부산품으로 생긴 일종의 상징체계로 보아야 한다고 본 점이다.(Ibid, p.195)

그 다음의 열네 번째 논문은 인류학자인 Bickerton에 의한 「On two incompatible theories of language evolution」(언어진화에 관한 두 개의 양립할 수 없는 이론들) 인데, 여기에는 어떤 의미에서나 '이보 디보이론'보다 더 논쟁적이며 구체적인 내용을 내세우고 있는 탓으로 오직 자기만이 흠뻑 심취되어 있다고 볼 수밖에 없는 하나의 절충이론의 요지가 소개되어 있다. 우선 이것에서는 최근에 「HCF 논문」으로 야기된 '광의의 언어' 대 '협의의 언어' 간의 논쟁은 언어 진화의 문제와는 거의 아무런 관계가 없는 것임을 지적하고 있고, 그다음으로는 촘스키의 언어진화 이론은 원시언어의 존재를 완전히 무시하고 있다는 결정적인 한계성을 지니고 있음을 지적하고 있다.

그런데 흥미롭게도 그는 문법 출현의 절차에 관한 한 촘스키의 언어진화 이론이 맞다고 보았으며, 따라서 지금으로서는 생물학자들의 원시언어 이론과 그의 문법출현 이론을 하나로 합친 것이 최선의 언어진화 이론이 되게 되어 있다고 생각했는데, 이른바 '비구조적 연쇄체 이론'이 바로 그 결과이다. 쉽게 말해서 언어는 원래 오랫동안 어휘만 있고 문법은 없는 일종의 어휘적 의사소통체계로 존재해오다가 Homo sapiens 때 이르러 갑자기 촘스키가 말하는 「대재앙적 통사론(catastrophic syntax)」이 탄생되게 되었다는 것이 그의 생각이었다. (Ibid, p.203)

마지막인 열다섯 번째 논문은 인류학자인 P.Bingham에 의한 「On the evolution of language: implications of a new and general theory of human origins, properties, and history」(언어진화론: 인간의 기원과 자질, 역사에 기저한 새로운 일반이론의 함의)인데, 이것에서 강조되고 있는 것은 오늘날의 언어진화 이론들은 거의 다가 언어의 특성 중 어느 한 면에만 초점이 맞추어져 있는 일종의 미시적 이론들이기에 이들의 한계성을 극복할 수 있는 유일한 방법은 인간 자체의 진화와 발달과정을 전체적으로 구명하는 데 초점을 맞춘, 일종의 거시적 이론을 도출해내는 것이라는 점이다. 거시적인 입장에서 볼 때 크게 두 가지가 확실해지는데, 그중 첫 번째 것은 언어는 하나의 의사소통체계로 발달해 왔다는 점이고, 그중 두 번째 것은 사회적 협력의 필요성이 바로 언어 탄생의

원동력이었다는 점이었다. (Ibid, p.210)

이렇게 보면 결국 이 책의 모양새는 비유적으로 말해서 「HCF 논문」의 요지격인 촘스키의 논문을 중심에 놓고서 그것을 모두 14개의 반대 논문들이 전방위적으로 에워싸고 있는 셈인데, 이렇게 그 구조를 일단 도형화하고 보면 이 책은 편집자들의 원래 의도와는 관계없이 우리로 하여금 크게 두 가지 사실을 깨닫게 하는 데 일정하게 이바지하고 있다는 것이 분명해진다. 첫 번째로 이 책을 통해서 「HCF 논문」은 언어진화 연구의 학풍에 끼친 영향이 양면성을 지니고 있다고 볼 수 있는데, 그중 한 면은 이 책에 대한 이상과 같은 분석을 통해서 우선 이 연구의 열기를 다시 뜨겁게 하는 도화선의 역할을 하게 된 면이고, 그중 두 번째 면은 이 연구의 학세나 실상의 민낯이 그대로 드러나도록 한 면이다. 그러니까 그동안에 식을 대로 식은 이 논문의 가치를 놓고서 일부 사람이 이 연구의 역사는 이것 이전의 시기와 이것 이후의 시기로 대별되어야 한다는 식의 주장을 하고 나선 것은 결국에 하나의 부질없는 소동을 과대평가한 것에 지나지 않는다는 것이 밝혀진 것이다.

그런데 더 거시적이고 객관적인 시각에서 볼 것 같으면 이 책에 대한 이상과 같은 분석은 우리로 하여금 결국에 언어진화라는 과제는 대단히 난삽하고 궁극적인 과제이기 때문에 이것에 대한 연구의 앞날이 지극히 험난하고 지루할 수밖에 없다는 사실을 깨닫게 하기에 딱 맞는 분석이다. 방어자격인 촘스키가 언어학계의 제일인자라는 것은 더 말할 나위가 없고, 공격자 격인 열네 명의 필자들도 모두가 각 영역에서의 서마다 '내로라하는' 전문가들이다. 그런데 무엇보다도 중요한 사실은 이들이 내세우는 바는 '10인 10색'이라는 속담이 딱 어울리게 제각각이라는 점이다. 쉽게 말해서 아직은 이 연구에는 일정한 학파도 형성되어 있지 못하니까, 이것의 장래가 멀고 험할 것이 너무나 뻔한 것이다.

1.3. 혼잡성

언어진화 연구의 세 번째 특징으로 내세울 수 있는 것은 혼잡성인데, 바로 앞의 분석에서 익히 드러난 것과 같은 '10인 10색' 식의 탐구의 특징에 편의상 일단 이런 이름을 붙여 본 것이다. 물론 혼잡성이라는 말은 체계성이나 정연성이라는 말의 반대어이기에 한 학문이나 연구의 특징으로 쓰이기에는 적절하지 못한 말이라고 볼 수도 있다. 그러나 이 연구의 학문적 권위나 위상을 적지 않게 훼손할 위험을 무릅쓰고서 여기에서 굳이 이런 용어를 쓰기로 한 것은 첫 번째로는 이 말만큼 이 연구의 현황을 직재적으로 묘사할 수 있는 것은 없다고 판단되었기 때문이고, 두 번째로는 이 특징을 제대로 극복하느냐 못하느냐에 따라서 이 연구의 미래는 결정적으로 달라지게 되어 있다고 판단되었기 때문이다.

따지고 볼 것 같으면 이 연구가 다분히 혼잡스러운 것일 수밖에 없는 것은 우선 언어의 속성이나 구조, 기능 등이 단순하지 않기 때문이다. 이 연구의 비체계성이나 비통일성을 나타내는 말로 혼잡성이라는 말은 기피하는 사람들도 역설성이나 대립성이라는 말에는 큰 거부감을 느끼지 않는데, 사실은 이들 말들도 논의의 편의상 혼잡한 현상을 최대로 단순화한 것들에 지나지 않는다. 예컨대 지금의 이 연구의 학세는 연속주의파와 비약 내지는 비연속파로 양분되어 있는데, 전자는 대부분의 인류학자나 생물학자와 같이 몇백만 년 전의 원시나 원형언어의 존재를 인정하지 않고는 언어의 진화과정은 제대로 밝혀질 수 없다고 주장하는데 반하여 후자는 촘스키와 같이 지금의 언어는 원형 언어의 후속물이 아닌 이상 지금의 언어의 탄생과정만을 구명하는 일이 곧 이 연구의 전부가 되어야 한다고 주장하고 있으니까, 지금으로서는 누구나가 이들 간의 타협이나 통합 가능성은 아예 상상할 수도 없는 것이다.

또한 지금의 이 연구를 두 파에 의한 것으로 나누고 있는 또 다른 주제는 언어의 기능인데, 이 문제를 놓고서 두 파 간의 대립성도 지금으로서는 누구도 하나로 통합되거나 타협될 가능성을 상상할 수 없을 만큼 심각한 것이다. 이 연구에서는 오늘날 언어의 기능을 놓고서 대부분의 인류학자나 생물학자들은 언어를 서로간의 의사소통용으로 생겨난 기구로 보는 데 반하여, 촘스키와 같은 언어학자는 그것을 말하는 사람의 생각이나 사고를 나타내기 위해서 생겨난 기구로 보는 식으로, 두 가지의 서로 대립적인 의견이 제안되어 있다. 지금의 이 연구를 두 파에 의한 것으로 나누어 놓은 세 번째 주제는 바로 언어와 동물의 신호체계간의 관계인데, 엄밀하게 따지면 이 주제는 두 번째 주제에서 부차적으로 파생된 것이라고 볼 수 있다. 의사소통학파에서는 언어는 어떤 형식으로든지 동물의 신호체계와 일정한 관련성을 지니고 있다고 보는데 반하여 사고적 언어학파에서는 그런 관련성은 전혀 없다고 본다.

이와 관련하여 한 가지 흥미로운 사실은 언어가 오직 인간만의 것이라는 점을 놓고서는 이 연구가 두 파로 갈라지는 분파 현상은 나타나지 않았다는 사실이다. 물론 이 점은 촘스키가 일찍부터 인간 고유의 종특이적 특성으로 내세워왔던 점인데, 아직은 이런 주장에 이견을 나타내는 인류학자나 생물학자는 하나도 없었다. 그런데 문제는 바로 여기에서 이들은 논리적으로 궁지에 몰리게 되어있다는 점이었다. 쉽게 말해서 인류학자나 생물학자들은 일단 언어를 동물의 신호체계와 일정한 관련성을 가지고 있는 것으로 보게 되면 그것은 곧 어떻게 언어는 오직 인간만의 것으로 태어나게 되었는가에 대한 설명은 아예 포기하는 것이나 마찬가지라는 것을 깨닫게 되는 것이다.

또한 최근에 이르러서는 일부 학자들은 이 연구의 대립성을 주제에 의한 것으로 보는 대신에 학문이나 학파에 의한 것으로 보기도 하는데,

이런 결과의 직접적인 원인으로 볼 수 있는 것이 바로 「HCF 논문」의 출현이다. 이것의 세 명의 필자들은 한 명의 언어학자에 두 명의 생물학자로 구성되어 있으니까. 여기에는 비율상으로는 언어학과 생물학이라는 두 개의 학문이 1 대 2의 크기로 참여 하고 있는 셈인데, 실제에 있어서는 누구나가 그 비율을 그렇게 보지 않고서 1 대 1로 보고 있다. 그런데 대부분 사람들이 그 비율을 이렇게 보는 이유는 이래야만 두 대립적인 학문의 역사적 만남이라는 이 논문의 가치가 살아나기 때문이다. 그러나 역설적으로 보면 이 논문만큼 지금의 이 연구의 특징은 생물학과 언어학이 대립되어 있는 점이라는 것을 웅변적으로 드러내고 있는 것도 없다.

그런데 최근에 와서는 이 연구의 학문 내지는 학파적 대립성을 언어학대 생물학 식으로 보는 대신에 언어 이론 대 진화론식으로 보려는 사람도 생겨나게 되었는데, 여기에서의 언어이론은 촘스키의 언어진화 이론이고 진화론은 다윈의 자연도태설이니까, 이것을 더 촘스키 대 다윈식의 대립성으로 볼 수도 있다.

이렇게 명칭을 바꾸고 보면 대립성의 예리함이나 중후함이 최대로 증가되는 결과를 가져오기도 하는데, 그 이유는 이들은 각각 오늘날의 언어학과 생물학을 대표하는 학자들이기 때문이다. 물론 이렇게 되면 최근에 이르러서의 이 연구의 활성화 현상은 촘스키가 그 전까지의 Platon적 문제에 대한 관심을 다윈적 문제에 대한 것으로 바꾸면서 시작되었다는 점이 더욱 분명해진다. 더 구체적으로 말하면 이렇게 되면 최근에 와서의 이 연구의 활성화 현상은 촘스키의 다윈의 진화론에 대한 전면적인 공격에 의해서 유발되었다는 사실이 더욱 분명해진다.

그런데 앞에서의 Larson 등에 의한 책의 분석을 통해서 이미 드러났듯이 이 연구의 혼돈스러운 현황을 학문이나 학파 간의 대립성에서 비롯되는 것으로 보려는 마당에 해당 학문에 인류학을 포함시키지 않는 것은 크게 잘못된 것임이 분명하다. 무슨 이유에서인지 촘스키의 견해에 반대하는 인류학자의 수가 생물학자의 수보다 많음에도 불구하고 지금의 이 연구의 현황을 언어학 대 인류학 간의 대립관계로 보지는 않는다. 편의상 그것을 언어학 대 비언어학 간의 관계로 규정하면서, 인류학을 비언어학의 범주 내에 집어넣기도 한다. 아마 이렇게 된 원인 중 제일 중요한 것이 바로 이 연구에서의 대립성의 현상은 촘스키의 다윈 이론에 대한 공격으로부터 비롯되었다는 사실일 것이다.

언어진화의 문제를 다루면서 가장 궁극적이며 고전적인 주제인 '자연 대 교육'이나 '본능 대 경험'의 문제를 놓고서 학자들의 의견이 크게 대립하게 되는 것은 너무나 당연한 일인데, 이 대립성에 있어서도 두 가지 입장 중 공격자적인 입장을 취하고 있는 것이 바로 촘스키의 언어이론이다. 쉽게 말해서 그의 문법이나 언어이론에서 핵심이 되고 있는 것이 보편문법이론이나 내재이론이기에, 그의 언어진화 이론에 동의하지 않는 사람이라면 누구나 응당 제일 먼저 그의 보편문법 이론이나 내재이론의 한계성이나 허구성을 지적하고 나서게 되어있다. 그러나 이들이 내세우는 것은 양자택일적인 극단론이 아니라 두 가지 요소가 상호교섭적으로 작용한다는 식의 일종의 수정론인데, 이른바 생물학자들이 내세우는 '후성설(epigenesis)'이 바로 그것이다. 그러니까 오늘날의 언어진화 연구에서는 언어학적 내재설과 생물학적 후성설이 대립되어 있는 것이다.

그런데 사실은 오늘날 어떻게 해서 언어진화 연구에 크게는 이상과 같은 여러 짝의 대립적인 접근법이고 작게는 여러 가지의 다기화된 접근법이 적용되게 되었는가에 대한 대답은 우선 언어의 실체, 즉 언어의 기능이나 구조, 용법 내에 들어있다고 볼 수 있다. 예컨대 최근에 촘스키와 하우저 및 피치가 그들의 논문에서 언어를 광의의 것과 협의의 것으로 양분하는 식의 대타협을 보게 된 것도 따지고 볼 것 같으면 언어의 실체는 저마다의 입장에 따라서 다르게 파악될 수 있다는 한 증거이다. 나쁘게 말하면 그러니까 언어학자가 정의하는 언어와 생물학자가 정의하는 언어가 같지가 않은데, 이 연구에서만 하나의 통일된 접근법이 적용되기를 기대하는 것은 있을 수 없는 일이다.

그런데 엄밀히 따지면 촘스키가 견지하고 있는 문법중심의 언어관이 반드시 표준적인 것도 아니다. 그 의언어관은 쉽게 말해서 지금까지 언어학에서 밝혀낸 언어구조의 실체를 그대로 반영하고 있는 것이 아니다. 우선 Hockett의 유명한 이론대로 인간 언어의 제일 중요한 특징은 구조가 음운조직과 문법조직의 두 조직으로 되어 있다는 구조의 2원성이다. 그러니까 언어진화에 대한 연구도 이론상으로는 응당 음운 조직의 진화에 대한 것과 문법조직의 진화에 대한 것으로 나뉘어질 수 있으며, 따라서 일단 촘스키의 언어진화 이론이 결국에 언어의 조직이나 구조 전체를 대상으로 한 것이 아니라는 것이 자명해진다. 이런 의미에서 볼 때 피치가 2010년의 책의 서두에서 "언어의 어느 한 면을 핵심적이거나 중심적인 것으로 가려내는 시도는 잘못이다."라고 지적한 것은 촘스키의 독선적 움직임에 대한 최선의 질타인 셈이다. (Fitch. 2010. p.5)

그런데 촘스키가 전공하는 통사론이 사실은 언어의 실체를 구명하는 작업의 일부에 불과하다는 것을 가장 웅변적으로 실증하고 있는 사실은 그동안에 언어학의 발달은 대략 음운론, 어형론, 통사론, 의미론, 화용론, 담화분석론 등의 순서를 밟아 왔다는 점이다. 그러니까 이것만으로써 우리는 언어학 기저적 언어진화론자들이 택할 수 있는 접근법에는 최소한 여섯 가지가 있을 수 있다는 것을 알 수 있다. 그리고 언어학의 발달과정과도 아무 관계 없이 그동안에 이 연구의 큰 흐름은 음운론적 접근법과 통사론적 접근법이라는 두 가지 접근법에 의해서 주도되어 왔다는 사실을 고려한다면 앞으로 이 연구에 새로운 언어기저적 접근법이 등장할 가능성이나 필요성은 대단히 크다고 볼 수 있다.

앞으로 새로 등장할 가능성이 큰 것으로 판단되는 언어기저적 접근법 중 첫 번째 것은 어휘론적 접근법인데, 이런 판단을 누구나가 쉽게 내릴 수 있는 것은 우리에게는 대략 다음과 같은 언어나 어휘에 관한 일종의 상식적 지식이 있기 때문이다. 첫 번째로 우리는 우리 스스로의 경험을 통해서 언어의 기본적인 단위가 음운이나 문장이 아니라 낱말이라는 사실을 잘 알고 있다. 예컨대 음운적 단위나 규칙이 실제로 구체화되어 있는 것도 어휘이고, 통사적 원리나 규칙이 구체화되어 있는 문장도 결국에는 어휘적 집합체라는 것을 우리는 잘 알고 있다. 그러니까 누구나가 언어진화에 대한 연구도 응당 어휘 탄생의 절차에 대한 연구로부터 시작되어야 한다고 생각하기 쉬운 것이다.

두 번째로 우리는 누구나가 언어의 제일 중요한 특징 중 하나로 최고의 효율적인 상징체라는 것과 그것의 기본 단위가 낱말이라는 것을 잘 알고 있다. 따라서 상징력이 일정하게 발달되기 전에 언어가 탄생되었을 리가 없었을 텐데다가 원래 이것은 우리만의 것인 이상, 언어진화의 연구에 언어학적인 접근법 대신에 인류학적 접근법이나 문화적 접근법을 적용하는 것이 합리적인 일이라고 누구나가 쉽게 생각할 수 있다.

세 번째로 우리는 우리 스스로의 언어학습이나 언어사용의 경험을 통해서 어휘는 결국에 소리와 의미의 결합체인데 심리학적으로 보았을 때 결합의 절차는 일정한 개념이나 의미가 먼저 설정된 다음에 그것에 일정한 음성적 형태가 주어지는 식이지 그 반대가 아니리라는 것을 익히 알고 있다. 이런 사실은 곧 우리로 하여금 언어진화의 과정에 있어서 의미적 능력이나 인지적 능력의 발달이 음성적 능력이나 문법적 능력의 발달을 선도했을 가능성이 크다고 익히 추리할 수 있게 한다. 이런 사실은 또한 우리로 하여금 언어진화의 연구에 있어서는 으레 언어학적 접근법과 인류학적 접근법이나 문화적 접근법이 병렬적으로 적용되는 것이 최선의 방책이라는 것을 익히 추리할 수 있게 한다.

앞으로 새로 등장할 가능성이 큰 접근법 중 두 번째 것은 의미론적 접근법인데, 한 가지 이 접근법과 관련하여 유념할 것은 관례상 여기에서도 의미론이라는 말이 그대로 쓰이고 있는 것이지 그것이 곧 이 연구에서의 의미론의 내용이 언어학에서의 그것과 일치하는 것은 아니라는 점이다. 원래 언어학에서는 의미론은 분석이나 기술상의 태생적 난삽성 때문에 음운론이나 통사론보다 적지 않게 발달이 뒤졌음에도 불구하고 개별 어휘의 동의어 관계나 반의어 관계를 다루는 어휘의미론으로부터 문장의 진리조건이나 함의성, 전제성 등을 다루는 명제 의미론에 이르기까지 그동안에 이것은 일종의 독자적이고 전방향적인 연구영역을 구축해왔다. 그러나 그것에서의 연구결과는 언어진화 연구에 직접적으로 도움을 줄 수 있는 것은 아니었다.

그렇지만 언어란 본래 의미나 개념의 표현체라는 사실을 고려한다면 언어진화 연구에서 의미의 문제에 대한 연구가 빠진다는 것은 이론상 있을 수 없는 일이다. 그리고 언어의 기본 단위인 어휘가 하나의 상징적 표현체인 이상, 언어의 의미 조직에 대한 연구 없이 우리의 상징력의 발달과정을 구명한다는 것도 무모한 일이다. 이렇게 볼 것 같으면 이 연구에서 말하는 의미론이란 결국에 우리의 기본적 개념이나 어휘의 종류나 그들간의 상호 조직성 등을 다루는 일종의 어휘 의미론일 것이 확실하다. 예컨대 최근에 Gardenfore는 「The evolution of semantics: sharing conceptual domains(의미론의 진화: 개념 영역의 공유)」라는 논문에서 언어적 의미 체계의 두 가지 진화적 특징으로 원래 시각영역,

공간영역, 범주영역, 가치영역, 행동영역, 목표영역, 사건영역 등의 여러 영역별로 체계화되어서 발달한 점과 또한 타인과의 행동적 협조를 통해서 모두가 일정한 공유된 의미적 영역을 갖게 된 점을 들고 있는데, 그가 여기에서 제안하는 이런 유의 의미론적 이론은 어떤 의미로 보아서나 정통적인 의미론에서 논의되는 것과는 판이하게 다른 것임이 분명하다. 그러나 이 논문은 우리에게 두 가지 중요한 시사점을 던져주고 있는데, 그중 첫 번째 것은 앞으로 이 연구에 적용될 의미론적 접근법은 어휘의미론적인 접근법일 것이라는 것이고, 그중 두 번째 것은 언어의 속성이나 특성으로 볼 때 앞으로 이 연구에서 의미론적 접근법이 더 확대되고 다양한 형태로 적용될 가능성이 크다는 것이다. (Gardenfore, 2013. p.148)

앞으로 새로 등장할 가능성이 큰 접근법 중 세 번째 것은 화용론적 접근법인데, 우선 엄밀한 의미에서는 앞에서 이미 살펴본 Sperber와 Origgi의 본문이 익히 실증하고 있듯이 이 접근법은 앞으로 새롭게 시도될 접근법이라기보다는 오히려 이미 부분적으로 시도된 것을 앞으로 더욱 발전시킬 접근법으로 보는 것이 맞는 일이다. 물론 이들이 이 논문에서 관련성 이론이라는 언어학적 이론과 마음의 이론이라는 언어진화론적 이론 간의 심리학적 동질성을 설파한 사실만으로도 누구나 이 연구에 있어서의 화용론적 접근법의 가치와 당위성을 충분히 인식할 수 있다.

그러나 화용론에서 그동안에 개발된 이론에는 이들이 이 논문에서 논의하는 관련성의 이론만이 있는 것이 아니다. 언어학에서 화용론을 하나의 정식 연구 영역으로 정착시킨 것은 역시 Grice의 협력성의 이론이었고, 이것에 앞서서 이것의 이론적 터전을 마련해준 것은 바로 화행론의 시조격인 Austin의 비언표적 의미이론이었다. 그리고 Austin의 이론을 한 단계 더 발전시킨 Searle의 간접문 이론도 결국에는 화용론의 발전에 적지 않게 기여했고, 또한 Leech의 정중성의 이론이나 Brown과 Levinson의 체면이론도 일종의 신 Grice 이론으로서 크게 주목을 받았었다. 그러니까 한마디로 말해서 언어학에서는 이미 화용론의 등장으로 통사론이 언어연구의 전부가 될 수 없다는 것이 익히 실증된 셈인데, 지금의 언어진화 연구가 촘스키의 통사 이론에 주도되고 있다는 사실을 고려한다면, 이런 사실이 앞으로 언어진화 연구자들에게도 대단히 큰 의미를 지니게 되리라는 것은 너무나 명백하다.

그러나 일단 이 연구의 현황을 보다 자세히 살펴보게 되면 혼잡성을 누구나 이것의 학문적 특징으로 쉽게 내세울 수 있을 만큼 다양하고 상호 이질적인 접근법들이 이것에서 쓰이게 된 것은 언어의 속성이나 구조적 특성 때문이 아니라, 좋게 말하면 이 과제의 궁극성이나 중요성이 널리 인식된 나머지 여러 분야의 전문가들이 이 연구에 참여하게 되었기 때문이고, 나쁘게 말하면 아무런 화석도 남기지 않은 언어의 원형을 제대로 구명하는 일과 같은 극도로 어려운 과제를 수행하기에는 아직 우리 학문의 능력이 크게 부족하기 때문이라는 것을 어렵지 않게 알게 된다. 이런 의미에서 볼 때 혼잡성은 이 연구가 지녀야 할 본래적 특징인 셈이다.

이 연구의 현황을 접근법 중심으로 정리해 놓는 것이 Deacon이 2003년에 쓴 「Evolution and Language(진화와 언어)」라는 글인데, 이것 하나만 가지고도 이것의 특징은 분명히 혼잡성이라는 것을 당장 알 수 있다. 우선 이 글의 제목에서 눈에 띄는 점은 일반적인 관례와는 달리 진화라는 말이 언어라는 말보다 앞서 있다는 점이다. 굳이 따지면 언어학자가 아닌 그가 갑자기 촘스키의 개입으로 그 위상이 부당할 정도로 부상된 언어이론보다 이처럼 진화론에 더 큰 비중을 두는 것은 너무나 당연한 일일는지 모른다. 이런 사실 하나만으로도 오늘날 이 연구를 이끌어가고 있는 것은 서로 예리하게 맞선 상태에 있는 언어학적 접근법과 진화론적 접근법이라는 이름의 두 거대 접근법이라는 것을 쉽게 알 수 있다. (Deacon, 2003)

그런데 그는 우선 오늘날의 이 연구의 특징으로 두 가지를 내세우고 있는데, 그중 첫 번째 것은 이 연구가 최근에 이르러 갑자기 활발해진 것은 역시 촘스키의 도전 때문이라는 것과, 그중 두 번째 것은 이 연구의 실상은 '많은 간접적인 접근법'에 의한 이론들을 제대로 수렴시켜서 분석했을 때만 파악될 수 있다는 것이었다. 그러나 아쉽게도 실제로 그가 여기에서 제시하고 있는 접근법들의 면면을 살펴보게 되면 그런 수렴 작업이 결코 쉬운 일이 아니라는 것을 당장 알 수 있다. 약간 비꼬아서 말하면 만약에 그 작업이 쉬운 일이라면 이 연구의 특징으로 굳이 혼잡성을 내세울 필요가 없을 것이다.

여기에서 그는 크게 이런 다양한 접근법을 언어학적 접근법과 해부학적 접근법, 진화 생물학적 접근법, 컴퓨터 시뮬레이션법 등의 네 범주로 묶고 있는데, 우선 아쉽게도 그는 왜 자기의 분류법에는 인류학적 접근법이 빠져 있는가에 대해서 아무런 해명을 하지 않고 있다. 그 다음으로 그는 마지막 범주인 컴퓨터 시뮬레이션법을 제외한 나머지 세 범주의 접근법들을 각각 4, 5가지씩으로 잡고 있는데, 엄밀하게 따지면 이런 세분법도 결코 완전한 것으로 볼 수는 없다. 그러나 무엇보다 중요한 점은 누구나 이런 분류법만으로도 오늘날 이 연구에서 쓰이고 있는 접근법의 수가 적어도 열 개는 넘는다는 것을 익히 확인할 수 있다는 점이다.

먼저 첫 번째 범주인 언어학적 접근법으로는 1) 최소주의 이론적인 것과 2) 비교 및 유형언어 학적인 것, 3) 발달언어학 (언어습득론) 적인 것, 4) 수화언어적인 것 등의 네 가지를 들었는데, 여기에서 특별히 눈에 띄는 점은 어떤 의미에서는 너무나 당연한 일이었겠지만 범주 명칭의 또 하나의 명칭으로 '생성적 접근법'을 썼을 만큼 촘스키의 언어이론에 따른 최소주의 이론적인 접근법의 비중을 거의 압도적인 것으로 보고 있다는 점이다. 흥미롭게도 여기에서는 최소주의 이론의 도입으로 언어구조와 두뇌구조 간의 대응관계를 밝힐 수 있게 되었다는 점을 들고 있다. 그다음으로 두 번째 범주인 해부학적 접근법으로는 1) 실어증 연구를 기저로 한 것과 2) 두뇌발달의 연구를 중심으로 한 것, 3) 발성기관의 발달을 기저로 한 것, 4) 비교 두뇌학적인 것, 5) 언어장애 연구를 중심으로 한 것 등의 다섯 가지를 들고 있는데, 이들 중 세 번째인 발성기관의 발달에 초점을 맞춘 것 이외의 네 가지는 그동안 이 연구의 발달에 그다지 큰 기여를 하지 못했다는 공통점을 지니고 있었다. 예컨대 그동안에 신경언어학에서는 언어장애에는 '윌리엄스 증후'와 '특수 언어장애'의 두 가지가 있음을 밝혀냈는데, 이런 발견은 언어진화 연구와는 직접적인 연관성이 없었다. 결국에 그동안에 신경언어학이나 해부학적 접근법이 구명해낸 가장 귀중한 사실은 인간의 두뇌는 예전에는 미처 누구도 상상도 할 수 없을 만큼 놀랍만한 유연성을 가지고 있다는 것이었다.

세 번째 범주인 진화생물학적 접근법으로는 1) 복합적 수준의 공진화적 견해를 유지하는 것과, 2) 동물의 경계 신호체계의 연구를 기저로 한 것, 3) 새들의 노래에 대한 연구를 기저로 한 것, 4) 동물에 의한 언어학습에 관한 연구를 중심으로 한 것 등의 네 가지를 들고 있는데, 여기에서 특별히 우리의 주목을 끌 만한 것은 단연 첫 번째 것이다. 특이하게도 이 첫 번째 접근법의 이름으로는 '빠져있는 연결체가 없을 것(no missing links)'이라는 일종의 서술적인 표현이 쓰이고 있는데, 그 이유는 틀림없이 이 표현이야말로 생물학적 진화연구의 슬로건이나 다름이 없다고 판단이 되었기 때문이었을 것이다.

그런데 사실은 이 접근법이 특별히 우리의 주목을 받는 이유는 그 제목은 곧 Deacon 자신의 언어진화관을 나타내는 표현이기 때문이다. 쉽게 말하면 그는 바로 이 자리에서 자기가 하나의 반 촘스키주의자이면서 생물학적 진화론자라는 사실을 분명히 밝힘과 동시에 앞으로 이 연구를 주도적으로 이끌어갈 접근법도 생물학적 접근법일 수밖에 없다는 견해를 분명히 밝히고 있으니까, 결국에는 이 부분이 이 글 전체의 결론부인 셈이다. 흥미롭게도 그는 여기에서 일단 언어 탄생의 시나리오로 a) 희망어린 괴물의 출현과 b) 단순한 전능에 의한 것, c) 다수준의 공진화절차에 의한 것 등의 세 가지를 설정해 놓고 보면 이들 중 오직 c) 만이 생물학적으로 보았을 때 그럴싸한 것이라는 것이 당장 드러난다고 주장하고 있다. 다시 말하면 오직 c) 에서만이 대상이 무엇이든지 간에 진화론에서는 모름지기 빠져 있는 연결체가 있어서는 안 된다는 원칙이 제대로 지켜지고 있다고 본 것이다.

그런데 우리로 하여금 혼잡성을 큰 주저 없이 이 연구의 특징으로 내세울 수 있게 하는 사실 중 무엇보다도 중요한 것은 역시 언어적 조직이나 구조에 대한 정의에 따라서 명칭상으로는 하나의 접근법이면서 실제에 있어서는 두 개나 세 개의 별도의 접근법으로 나뉘어져 있다는 점이다. 이런 세분화 현상을 쉽게 확인할 수 있는 접근법이 통사적 내지는 문법적 접근법인데, 촘스키의 도전으로 오늘날 이 연구의 학세가 크게 양분되게 되었다는 점을 고려한다면 이 접근법에서부터 이런 식의 세분화 현상이 나타나게 된 것은 너무나 당연한 일이라고 볼 수 있다.

예컨대 촘스키의 통사론 중심의 언어진화 이론을 거부하는 방법에는 크게 다섯 가지가 있다고 볼 수 있는데, 그중 첫 번째 것은 사회적 내지는 문화적 인지력의 발달이 언어 발달의 선행 조건이나 기저가 되었다고 내세우는 식으로 언어라는 기구의 중심성이나 우선성을 부정하는것이고, 그중 두 번째는 그보다 한 차원 낮게 언어 자체의 중심성이나 우선성은 익히 인정하되, 그것의 중핵적 조직은 문법적 조직이 아니라 음성이나 음운적 체계라고 내세우는 것이며, 그중 세 번째 것은 아직 문법 조직을 갖지 않은 단순한 형태의 원형 언어가 지금의 언어의 전신이었다고 주장하는 것이며, 그중 네 번째 것은 몸짓체계와 같은 비언어적 의사소통 수단이 언어가 탄생되기 전에 있었다고 내세우는 것이고, 그중 다섯 번째 것은 문법의 정의를 촘스키식의 규칙이나 형식중심적인 정의와 완전히 다르게 하는 것이다.

이들 중 가장 직접적인 방법은 물론 다섯 번째 것인데, 그동안에 문법의 진화와 관련해서 제안된 접근법중 이런 방법에 속한다고 볼 수 있는 것에는 크게 다섯 가지가 있었다. 그중 첫 번째 것은 문법화 이론을 앞세우는 접근법이었는데, 이 이론을 그동안 가장 강력하게 주장해온 사람으로는 Tomasello와 Hurford, Heine 및 Kuteva를 들 수 있다. 예컨대 Tomasello는 『*Origins of human communication*(인간의사소통의 기원)』이라는 책을 통해서 인간의 의사소통체계는 언어적 능력이 아니라 사회적 인지력의 발달에 힘입어서 태어난 것이기에, 마땅히 문법은 고유의 형식적 규칙의 발달에 의해서가 아니라 기존 어휘들의 기능 전환인 문법화 절차에 의해서 생겨난 것으로 보아야 한다고 주장했다.

그런가 하면 Hurford는 「Origin and Evolution of Language(언어의 기원과 진화)」라는 글에서 지금의 언어는 단지 오래 전에 탄생된 원형언어의 후속체일 따름이며, 따라서 문법도 최초의 문법은 명사와 동사의 나열이 전부일 정도로 단순한 것이었는데, 그 후에 우리의 추리력이 연역과 귀납, 포착 등의 논리적 절차를 자유롭게 구사할 수 있을 만큼 발달되면서 점점 문법화 절차도 더 다양하고 빈번하게 일어나게 되어서 결과적으로는 문법이 오늘날의 것처럼 복잡해졌다고 주장했다. 또한 Heine과 Kuteva는 『*The Genesis of Grammar*(문법의 발생)』이라는 책에서 혼성어인 크리올(creole)의 탄생 모형을 근거로 내세워서 오랜 기간에 걸친 문법화 절차를 문법발생의 기본 절차로 보아야 한다고 주장하고 나섰다. (Hurford, 2006, Heine and Kuteva, 2007)

그중 두 번째 것은 언어를 의사소통체계나 아니면 통사적 체계로 보는 대신에 일종의 표현적 체계로 보려는 접근법으로서 이것은 간단히 말해서 문법을 사회적 지식과 통사적 지식의 합작품으로 보려는, 일종의 절충안적 접근법이다. 그런데 여기에서는 사회적 지식은 사화나 문화의 발달에 의해서 후천적으로 얻어진 것인데 반하여 통사적 지식은 내재되어 있는 생물학적 프로그램(bioprogram)에 의해서 얻어진 것으로 보고 있기 때문에, 전형적인 제3의 접근법이라고 볼 수 있다. 이것의 주창자는 Bickerton인데 흥미롭게도 그는 「Origin and Evolution of Language (언어의 기원과 진화)」이라는 글에서 자기 접근법의 타당성의 근거로 지난 200만 년 동안에 언어는 도구와 함께 점진적으로 발달했다는 점을 들고 있다.(Bickerton, 1994. p.2882)

그중 세 번째 것은 Givon에 의한 시각절차적 접근법인데, 이 이론은 문법의 탄생뿐만 아니라 인간의 인지력의 발달 자체가 시각 절차가 기본이 되어서 이루어졌다고 보는 견해이기 때문에 크게 보았을 때 분명히 인간의 진화에 관한 하나의 생물학적인 이론이면서도 작게 보았을 때는 정통적인 다원주의적 이론과 명확히 구별되는 독특한 이론이다. 이것에서는 예컨대 인간의 시각적 능력중 가장 득이한 것이 네 가지 대상을 동시에 인식하는 능력인데 그로 인하여 언어에서는 여러 형태의 절이 발달되었고, 또한 동사의 논항이 세 개인 식으로 문장의 구조가 발달한 것도 바로 그런 시각적 능력 때문이었다고 본다.

그중 네 번째 것은 Haiman에 의한 도상적 접근법인데, 어떤 의미에서는 이것은 Givon의 시각기반적 접근법을 한 단계 구체화한 것이라고 볼 수 있다. 그 이유는 심리학적으로 보았을 때 어떤 대상을 어떤 양상으로 인식하느냐 하는 것은 우선 시각작용에 의해서 결정되게 되어있기 때문이다. 이것에서는 우리의 인지작용의 제일 큰 특징은 바로 어떤 주제나 명제를 일련의 도상이나 도표처럼 인식한다는 점인데, 이런 특징이 그대로 언어화된 것이 곧 문법이라고 보고 있다. 다시 말하면 이것에서는 우리의 문법은 우리의 사고양식을 형식화한 것에 지나지 않는데 그 좋은 예가 「veni, vidi, vici.(왔노라, 보았노라, 이겼노라)」와 같은 유명한 표현이라는 것이다. 우리의 언어에는 중문이나 복문이 많은데 그들의 구조가 사건의 원인과 결과 관계나, 사태의 선후관계, 조건과 결과관계 등을 그대로 반영하고 있는것도 이것의 좋은 증거일 수 있었다.(Haiman, 2003)

그중 다섯 번째 것은 Jackendoff에 의한 공구상자적(toolkit) 접근법인데, 이것의 제일 큰 특징은 스스로를 생성언어학자로 부르고 있는 언어학자가 생성언어학의 시조격인 촘스키의 그것과는 전혀 다른 보편문법관을 내세우고 있는 이론이라는 점이다. 그는 보편문법은 분해가 되지 않는 「문법상자」가 아니라 누진적으로 진화한 문법적 「공구상자」로 정의했는데, 두말할 필요도 없이, 이런 견해를 근거로 해서 그는 결국에 촘스키의 언어진화 이론을 전면으로 거부하면서 그 대안으로 자기 특유의 의미론 중심의 원형언어 이론, 즉 이른바 8단계 언어진화 이론을 펼치게 되었다. 저마다의 언어이론에 따라서 각자의 언어진화 이론도 달라지게 되어 있다는 그의 평소의 주장을 여기에서 직접 실천해 보인 셈인데 그보다 더 중요한 사실은 물론 그는 자기 자신을 생성언어학자로 부르고 있다는 점이다.(Jackendoff, 2002. p.261)

이렇게 보면 오늘날의 언어진화 연구의 양상은 마치 학문적 연구는 모름지기 작업의 효율성과는 아무런 관계없이 진행되게 되어있다는 것을 실증이라도 하려는 듯이 극도의 무체계성과 산만성을 드러내고 있음이 분명해진다. 무엇보다 안타까운 점은 일찍이 Deacon이 지적한 대로 그동안에 적용된 접근법들은 그나마도 모두가 간접적인 것들이라는 점이다. 그러니까 이들을 한 이론이나 틀로 수렴하는 일이 결코 쉬운 일이 아닐것이라는 것은 꼭 그가 아니더라도 누구나가 익히 짐작할 수 있다. 쉽게 말하면 오늘날의 이 연구의 모습은 수직적으로나 수평적으로 최대로 다양화된 2분법들이 산개되어있는 형편이니까 누구라도 이것의 특징으로 혼잡성을 내세우게 되는 것은 너무나 당연한 일인 것이다.

1.4. 지속성

언어진화 연구의 네 번째이며 마지막 특징으로 잡을 수 있는 것은 지속성인데, 한마디로 말해서 이것은 앞으로의 이 연구의 장래를 희망적인 것으로 보장하는 특징이기에 결국에는 앞의 세 가지 특징을 정반대적 입장이나 차원에서 총정리하고 재평가하게 될만큼 중요한 특징이라고 볼 수 있다. 예컨대 오늘날의 이 연구는 1866년 이전의 그것과는 사변적인 추리 대 과학적인 탐구식으로 판이하게 구별이 되는데, 큰 의미에서 보면 바로 이점이 앞으로 이것의 장래를 다분히 희망적인 것으로 볼 수 있게 하는 궁극적인 근거인 것이다. 촘스키가 2016년의 책에서 그동안의 문헌은 모두「이야깃거리(storytelling)」일 뿐이라고 혹평했던 것은 뒤집어 보았을 때는 이제부터의 이 연구는 전혀 새로운 것임을 선언한 셈이나 마찬가지이다. (Chomsky, 2016. p.42)

예컨대 1996년의 Edinfurgh에서의 최초의「인간언어진화 학회」에서 논의된 논문은 모두 24개인데, 이들이 겉으로 보아서는 비체계적이고 다분히 추리적인 가설이나 이론같이 보일지라도 실제에 있어서는 1866년 이전의 철학적이거나 사변적인 가설이나 주장과는 판이하게 다른 것, 즉 결국에 과학적인 것이라는 것은 누구라도 당장 인정하는데, 따지고 볼 것 같으면 그 후 겨우 2,30년밖에 되지 않는 시기에 이 연구의 장래를 전망해 보는 것 자체가 다분히 비과학적인 일이다. 간단히 말해서 오늘날 이 연구에 참여하고 있는 사람은 누구나가 자기가 하고 있는 일이 어디까지나 과학적인 작업이라는 것을 깊이 인식하고 있으며, 또한 그는 자기네 작업은 지극히 시간 소모적이고 어려운 일이기에 2,30년 이내에 주목할만한 가설이나 이론을 산출하지 못하더라도 결코 실망하지 않아야 한다는 것을 잘 알고 있는 것이다.

이 연구에 참여하고 있는 전문가들이 저마다 이처럼 어엿한 과학자임을 자처하고 있는 이상, 이 연구가 앞으로도 지속적으로 계속될 것이 뻔한데, 따지고 보면 이것이 곧 과학적 독단론과 과학 간의 차이점, 즉 그것의 생명이고 힘인 것이다. 비유적으로 말할 것 같으면 등산가가 미답의 산에 도전하는 이유는 단순히 「산이 거기에 있기 때문」이듯이, 과학자들은 미지의 과제가 눈앞에 나타나는 순간에 새로운 「진리의 탐구」에 착수하고, 일단 착수한 이후에는 그 결과를 얻을 때까지 끊임없이 연구를 이어간다. 하물며 언어진화의 문제처럼 그 대상이 궁극적인 것일 경우에는 더 말할 나위가 없다.

그런데 누구라도 일단 오늘날의 이 연구의 특성과 현황을 자세히 살펴보게 되면 이것이 최대로 장기적인 연구가 될 개연성이 크다는 것을 쉽게 알아차릴 수 있다. 이런 판단의 근거가 될 수 있는 것 중 첫 번째 것은 역시 이 과제는 누구나 익히 동의할 수 있을 만큼의 궁극성을 띠고 있는 것이라는 점이다. 인간과 동물을 구별시켜주는 것이 결국에는 언어이기에, 언어의 탄생과정을 밝히는 것은 곧 인간의 뿌리를 찾아내는 것이라는 것은 누구라도 쉽게 짐작하게 마련이다. Socrates의 말대로 '너 자신을 아는 것'을 학문의 궁극적인 과제로 치면 이 연구가 바로 그런 연구의 한 가지일 수 있다는 것은 굳이 촘스키와 같은 야심가가 아닌 학자라도 어렵지 않게 짐작할 수 있는 것이다. 약간 비꼬아서 말하면 만약에 Socrates가 이 과제가 궁극적이라는 것을 몰랐더라면 이런 말을 했을 리가 없었을 것이며, 따라서 이 명제와 관련된 모든 연구는 으레 다분히 장기적이고 지속적일 것이라는 것을 누구도 쉽게 알아차릴 수 있을 것이다.

그런 근거 중 두 번째 것은 이 연구는 처음부터 이른바 학제적 성격의 학문임을 선언함으로써, 나쁘게 말하면 이것이 드디어는 최대로 혼잡스러운 학문이 될 수밖에 없는 바탕을 마련해주었고, 좋게 말하면 이것이 앞으로도 더 없이 개방된 학문으로 남아있을 수 있는 터전을 마련해 주었다. 그런데 문제는 이 연구의 경우에 있어서는 그 학제성이나 개방성이 학문 전체에 걸쳐있을 정도로 최대한 확대되어 있다는 점이다. 예컨대 생물언어학이라는 이름을 처음으로 만들어낸 Massino Piatilli-Palnarini는 이것의 구성학문으로 언어학과 진화생물학, 신경학, 철학 등의 네 가지를 잡았었다. 아마 그는 언어진화 연구는 앞으로 언어학과 생물학이 두 기본 축이 되어서 발전되어나갈 것으로 전망했을 것이다.

그러나 그의 단순한 생각은 우선 1996년의 첫 'EVO LANG' 국제학회에서 산산이 깨지고 말았다. 여기에 참석한 전문가들은 생물학적 진화와 문화적 진화는 각각 협의의 진화와 광의의 진화로 대별할 수 있는 것이기에 이 연구에는 마땅히 이들 두 가지가 모두 다루어져야 한다고 생각했었다. 또한, Tallerman이 2005년에 편집한 「Language origins: perspective on evolution」(언어기원: 진화에 대한 전망)」에는 언어학과 음성과학, 신경과학, 심리학, 생물학, 인지과학, 컴퓨터과학 등의 총 7개

분야의 전문가들에 의한 논문이 모두 17개 실려있는데, 이들 7개 분야에는 철학 대신에 인지과학과 컴퓨터공학이 들어있는 점이 특이하다. 여기에서는 흥미롭게도 앞으로의 이 연구의 모습은 어떤 식으로 컴퓨터모형화 작업을 이루어내느냐에 따라서 정해지게 되어 있다고 본 것이다.(Tallerman, 2005)

그런데 사실은 이 연구가 그 기저를 처음부터 이렇게 최대로 넓게 잡았다는 것은 일종의 야망이 아니라 모험일 수도 있는데 그 이유는 그로 말미암아 이것은 앞에서 이미 살펴보았듯이 난삽성과 혼잡성을 두 주요 특징으로 지녀야 할 정도로 대단한 비생산성과 비효율적성을 보여왔기 때문이다. 그러나 이런 관찰과 평가는 어디까지나 피상적이고 성급한 것에 지나지 않는데, 그 이유는 기본적으로 보았을 때는 학제성과 개방성은 이처럼 궁극적인 과제를 연구하는 데는 해당 학문이 반드시 갖추어져야 할 속성이기 때문이다. 특히 누구나 쉽게 여기에서 추리할 수 있는 사실은 이처럼 학문적 능력과 관심을 최대로 축적하고 집중할 수 있는 이상 이 연구는 앞으로도 끊임없이 계속되어 나갈 것이 확실하다는 점이다.

이런 판단의 세 번째 근거로 내세울 수 있는 것은 일단 「EVO LANG」 국제학회가 개최되었던 1996년을 원년으로 잡을 것 같으면 이 연구의 역사는 겨우 2,30년밖에 되지 않는다는 사실이다. 상식적으로 추리해도 적어도 몇만 년 전에 일어났을 것이 분명한 사실을 화석과 같은 고증적 자료는 아무것도 없이 오직 지금의 언어만이 근거가 될 수 있는 상태에서 이제 겨우 몇십 년 동안에 이 문제에 특별히 관심있는 소수의 전문가들이 연구하고 논의한다는 것은 간단히 말해서 하나의 새로운 연구나 학문이 이제 막 잉태되거나 시작되었다는 것을 알리고 있을 따름이다. 이 연구가 이제 겨우 초창기에 들어선 연구인 이상, 이것이 앞으로도 쉬지 않고 발전되어 나갈 것은 너무나 뻔한 일이다.

최근에 이런 역설적인 근거의 중요성을 강조한 사람은 바로 이 연구에 역사 전향적 충격을 준 촘스키이다. 예컨대 Scullo와 Boeckx가 2011년에 편집한 『The Biolinguistic Enterprise(생물언어학 연구)』라는 책에서는 총 20개의 논문 중 첫 번째 것으로 Berwick과 촘스키에 의한 「The Biolinguistic Program: the current state of development(생물언어학 프로그램: 발달의 현황)」을 싣고 있는데, 우선 여기에서 눈에 띄는 점은 물론 이 연구의 현황 파악을 생물학파와 언어학파가 서로 맞서있는 상태에서의 한파의 수장에게 시켰다는 사실이다. 이 책 전체가 결국에는 오늘날의 생물언어학이란 술어는 촘스키를 위시한 친언어학파들이 자기네 진영의 명칭으로 사용하고 있는 것이라는 것을 익히 드러내는 것이다.

크게 보았을 때 우선 이 논문의 요지는 그가 이 연구에 참여하기 시작했을 때부터 내세우던 주장의 복사판이라고 해도 과언이 아닌데, 그것의 가장 비근한 근거가 될 만한 말이 "지금으로부터 3만 년에서 5만 년 전 사이에 연산체계의 원자, 즉 어휘들이 탄생되었고, 그들을 가지고서 병합이라는 순환 절차를 작동하게 되면서 언어는 태어났다"와 같은 말이다. 그런데 이 논문에서도 모든 논의의 결론을 그동안까지의 생물학적 연구의 한계성과 불모성을 예리하게 지적하는 쪽으로 끌고 감으로써 결국에는 자기가 위대한 도전자나 승리자임을 널리 알리는 데 성공하고 있다.

그게 그렇다는 것은 이 논문의 결론이 "수백 년 동안에 미해결로 남겨진 문제 가운데는 18세기의 이론에 있어서는 어떻게 '정신적'이라는 속성들을 두뇌의 '조직적 구조'와 관련시켰는가에 대한 질문이 들어있다. 그리고 데카르트 과학의 중심적 관심이었던 언어의 창조적이고 결집된 일상적 사용에 관한 더 신비스러운 문제는 여전히 탐문의 지평에도 와 있지 못하다."처럼 되어있다는 사실로써 익히 확인될 수 있다. 흥미롭게도 그는 여기에서 단지 공격의 상대를 경험주의적 구조언어학자로부터 다윈주의적 생물학자로 바꾼 상태에서 그가 1960년대에 자기의 표준이론을 내세우던 당시의 논법과 논조를 그대로 반복하고 있다.(Berwick and Chomsky, 2011. p.41)

그런데 그가 여기에서 간과하고 있는 문제는 바로 언어기술의 과학성을 따지는 문제는 응당 언어학자의 몫이 되어야 하겠지만 언어의 진화과정을 구명하는 문제는 응당 생물학자의 몫이 되어야 한다는 점을 아예 인정하지 않고 있는 데 있다. 노골적으로 말하면 그의 입장은 어차피 오늘날의 생물학이 이렇게 신비스러운 과제를 감당할 능력이 없음이 드러난 이상 언어학이 이제는 그 자리에 들어설 수밖에 없다는 것이니까, 결국에 그가 생물언어학이라는 이름을 내걸고서 일종의 학제적 노력의 필요성을 강조하고 나선 것은 생물학자들의 반발을 달래는 수단에 지나지 않았던 것이다.

그런데 그의 이런 결론은 이번에 있어서의 그의 이 연구에 참여는 역설적으로 이것이 하나의 학문으로서 초창기에 들어섰음을 알리고 있을 따름이었다. 왜냐하면 만약에 이 연구의 수준이 그의 말대로 18세기에 이미 던져졌던 질문이 아직도 해답되지 않고 있다가 이제 겨우 그의 견해나 이론으로 그것에 대한 첫 시도를 할 수 있게 된 수준이라면 어떤 의미로 보아서나 이 연구는 하나의 완숙기를 지난 학문이 아니라 이제 시작한 초창기적 학문임이 분명하기 때문이다. 설상가상으로 아직은 분명히 그의 언어학적 견해나 발상법의 타당성이 뇌생리학적으로나 생물학적으로 실증될 가능성도 보이지 않는다. 예컨대 아직까지는 어느 생물학자도 문법의 탄생은 뇌신경 조직상의 돌연변이적인 '재조직'에 의한 것이라는 그의 주장을 실증하려고 나서지는 않았다.

그런데 사실은 그의 이런 결론이 결국에 이 연구는 이제 겨우 해답없는 질문만 공허하게 던질 정도의 초창기나 잉태기에 들어선 학문이라는 사실을 알리고 있는 것이라는 말은 곧 뒤집어 보면 이 연구의 앞날은 매우 창창하다는 사실을 알리고 있는 것이라는 말이나 같은 말이 된다. 더구나 그가 던진 명제는 모두가 "언어는 육체의 기관이다"나 "언어는 의사소통용이 아니다", "언어진화과정은 EVO DEVO이론에 의해서 설명될 수 있다"와 같이 적어도 생물학적으로 실증하기에는 난이도의 수준이 제일 높은 것들이다. 그리고 무엇보다도 중요한 사실은 이런 명제들은 대부분이 그동안에 생물학자들이 가지고 있던 개념이나 발상법과 정반대적인 것들이라는 점이다. 그러니까 상식이나 논리적으로 생각을 해보아도 이 연구의 앞날이 길고 길 것이라는 것은 너무나 자명한 일이다.

이런 판단의 네 번째 근거로 내세울 수 있는 것은 그동안에 언어학자와 생물학자 모두에게 그들 간의 치열한 논쟁의 공허성을 알리기에 충분한 몇 가지의 의미있는 뇌생리학적 발견이 있었다는 사실이다. 어차피 이 연구는 연구방법과 연구결과에 있어서의 최고의 과학성을 지향하는 학문으로 출발한 이상, 새로운 뇌생리학적 발견이 화려한 가설의 설정보다 몇 배 값있는 것이라는 것을 언어학자와 생물학자 모두가 인정하게 되어있다. 그리고 이들은 이미 어떤 성격의 뇌생리학적 발견이든지 간에 일단 발견이 되면, 그것은 언어진화 연구의 과정에 있어서 일종의 이정표적인 역할을 하게 된다는 것도 잘 알고 있었다. 또한 이들은 이 연구가 지금 일종의 발전과정을 밟고 있다는 것을 웅변적으로 실증하는 것은 오직 이런 뇌생리학적 발견뿐이라는 것도 익히 알고 있었다.

이런 발견 중 첫 번째 것으로 꼽을 수 있는 것은 1960년대에 촘스키의 내재성 이론이 각광을 받게 되자 그것에 대한 생물학적 기저 이론으로 제안되었던 것이 기념비적인 『*Biological foundations of Language*(언어의 생물학적 기저)』라는 저서를 통해서의 Lenneberg의 언어습득의 결정적 시기이론과 측위화이론이었는데, 이들을 직접적으로 뒷받침했던 'Broca' 영역과 'Wernicke' 영역의 기능에 대한 분석이 최근에 다시 이루어졌다는 사실이다. 물론 일찍이 실어증을 'Broca실어증', 즉 말하기실어증과 'Wernicke실어증', 즉 듣기실어증으로 나누는 식으로 좌반구의 이들 두 영역을 인간 고유의 언어영역으로 특정 짓는다는 것은 다분히 과학적이고 합리적인 일이라고 판단되었다. 그러나 머지않아서 일부 신경언어자나 비교두뇌학자들의 연구로 이들 언어영역에 대한 낭만적인 생각은 잘못된 것이었음이 드러나게 되었다.

　'Broca' 영역과 'Wernicke' 영역의 특수한 기능과 관련된 이들의 발견 중 가장 주목할 만한 것은 바로 두뇌 발달의 유연성이나 두뇌기능의 가소성에 대한 것이었다. 이들이 연구한 바에 따를 것 같으면 언어적 능력은 반드시 좌반구 내의 일정한 영역에서만 관장되는 것이 아니었다. 인간두뇌의 신경조직은 원래부터 놀랄 정도의 기능적 융통성을 지니고 있어서 가령 좌반구에서 언어습득이 제대로 이루어질 수 없는 경우에는 으레 우반구에서 그 일을 수행하게 되어있었다. Lieberman의 주장에 의할 것 같으면 이른바 'Broca실어증'은 단지 추상화 능력을 잃어버리는 증상에 지나지 않았고, 또한 전체적 실어증은 뇌저 신경절의 손상이 원인이었다.(Lieberman, 2010)

　'Broca' 영역과 'Wernicke' 영역의 언어적 능력과 관련된 이들의 발견 중 그다음으로 주목할 만한 것은 두뇌의 기본적 작동 절차에 대한 것이었다. 예컨대 Tallerman의 견해에 따를 것 같으면 두뇌는 으레 여러 가지 관련된 영역들이 긴밀하게 상호교섭하는 식으로 작동하게 되어있기 때문에, 언어의 주된 담당영역으로 'Broca' 영역이나 'Wernicke' 영역을 지정하려는 발상법은 잘못된 것이라는 것이었다. 그는 언어의 산출이나 청취를 이른바 분배적 처리체계에 의해서 이루어진다고 보게 되면 "기존의 영역들이 언어를 위해서 전능한" 결과가 곧 언어진화의 과정이라는 것은 분명해진다고 보았다.(Tallerman, 2010. p.317)

　이런 발견 중 두 번째 것으로 내세울 수 있는 것은 일찍이 Fisch와 Marcus에 의해서 실어증 가족인 'KE가족'의 유전자 검사를 통해서 유일한 언어 유전자로 확인되었다고 내세워졌던 'FOX P2'의 실체가 최근에 새롭게 드러났다는 사실이다. 이 유전자의 발견은 언어진화의 비밀을 단번에 풀어줄 수 있는 대단한 사건이기에, 이를 계기로 전 학계에서는 이른바 'Enart 교리'의 출현과 함께 촘스키의 내재설이 큰 힘을 얻게 되었다. 그러나 그 후 일부 유전학자들의 연구로 이것은 우선 지금의 인간만이 가지고 있는 유전자가 아닐 뿐만 아니라 언어를 전담하는 유전자가 아니라 신경세포의 성장을 촉진시키는 유전자라는 사실이 밝혀지면서 모든 기대는 거품으로 돌아가고 말았다.

　언어진화론자들을 흥분시켰던 'FOX P2' 사건은 결국에 일종의 요란한 소동으로 끝나고 말았는데도, 이 사건 하나만을 통해서 신경언어학자들은 자기네의 지금까지의 연구 결과는 최근에 언어학자들이 내세우는 바와 얼마나 동떨어져 있는가를 익히 확인할 수 있었다. 예컨대 피치는 그의 2010년의 책의 제9장에서 FOX P2는 거의 동일한 형태로 모든 포유류에서 발견된다는 사실과 KE가족은 결국에 정상적인 언어습득에 성공했다는 사실을 근거로 내세워서 "FOX P2는 확실히 음성언어와 관련된 유일한 유전자 변화도 아닐뿐더러 가장 중요한 유전자 변화도 아니다"라고 단언하고 있는데, 이 말은 곧 우리에게 직접적으로는 그동안에 FOX P2사건으로 유발된 내재이론의 소동은 일종의 신경언어학적 '해프닝'에 지나지 않는다는 것을 가르쳐주는 말이고, 간접적으로는 언어진화의 문제와 관련된 생물학적 내지는 신경언어학적 연구는 원래가 얼마나 힘든 것인가라는 것을 가르쳐주는 말이다.(Fitch, 2010. p. 362)

이런 발견 중 세 번째 것으로 내세울 수 있는 것은 1997년에 Arbib와 Rizzolatti가 이른바 '거울신경 체계(mirror neutron system)'를 발견하고 그것을 바탕으로 해서 거울체계 가설이라는 특이한 언어진화 이론을 펼치게 되었다는 사실이다. 우선 이 가설의 특징은 거울체계라는 이름의 모방의 원천 영역의 위치를 밝혀낸 다음에 이 영역의 모방적 기능이 일정한 순서대로 작동한 결과 언어는 탄생하게 되었다고 보고 있다는 점이다. 따라서 이 가설의 요지를 한 문장으로 줄여볼 것 같으면 좌반구의 'Broca' 영역과 몇 군데 주변 영역에 흩어져 있는 거울신경 체계가 바로 언어진화의 뿌리이다처럼 될 텐데, 한 가지 흥미로운 점은 이 체계가 인간고유의 것임은 틀림이 없는 일이지만, 이것의 영역은 인간의 두뇌에서뿐만 아니라 원숭이의 두뇌에서도 발견된다고 본 점이다.

그런데 Arbib 자신이 2006년에 펴낸 "Action to Language via the mirror neuron system(거울신경 체계에 의한 행동으로부터 언어로)라는 책에서 내린 이 가설에 대한 정의를 살펴볼 것 같으면 그는 언어를 다기능적이고 다양상적인 기구로 보고 있음이 당장 드러난다. 예컨대 그는 이 체계와 관련해서 「거울신경은 사회적 상호교섭에 대한 두뇌의 열쇠를 쥐고 있을지도 모른다. 각 체계는 어느 특별한 행동이나 정서를 기호화하고 있을 뿐만 아니라 다른 사람이 가지고 있는 그런 행동이나 정서를 인식할 수 있는 능력을 가지고 있을지도 모른다"와 같은 말을 하고 있는데, 이것에 의할 것 같으면 그는 언어를 사회의 구성원들 간의 복잡한 '상호교섭'으로 보고 있음이 분명하다. (Arbid, 2006. p.10)

그런데 거울이 모방의 도구라는 사실을 참작한다면 이들의 '거울신경' 체계이론의 핵심개념은 역시 모방이고, 따라서 이들의 언어진화론은 손짓 동작의 모방과 성음모방이 두 개의 나선처럼 진행된 것이 바로 언어라는 식으로 요약될 수 있다. 그런데 이들의 이 이론의 진짜 특징은 이것에서는 손짓동작의 모방 과정과 성음의 모방 과정이 나선처럼 진행되는 단계를 모두 일곱 개로 잡은 나머지 결국에는 크게는 일종의 인류학적이고 생물학적인 언어진화 모형이고, 작게는 일종의 몸짓이론 중심의 언어진화 모형을 제시하게 되었다는 점이다.

이 가설을 일단 언어진화의 7단계설로 명명하고 보면 그동안의 언어진화 연구의 역사상 어느 누구도 이처럼 구체적이고 통합적인 발전모형을 제시한 적이 없었다. 또한 이것은 분명히 반 촘스키적이거나 반 언어학적인 모형인데다가 뇌신경적 근거를 바탕으로 한 것이기에, 「HCF논문」의 내용과 가치를 놓고서 모두가 저마다의 의견을 내놓는 지금과 같은 시기에 많은 사람의 주목을 받기에 딱 알맞은 것이다. 그렇지만 구체적으로 그 내용을 살펴보게 되면 이 모형은 일종의 과학적인 모형이 아니라 일종의 추리적인 모형임이 당장 드러난다. 예컨대 언어진화의 첫단계를 '붙잡음'의 단계로 본 것부터가 다분히 추리적인 판단이다. 역설적으로 이 이론도 지금의 이 연구 분야에는 확실한 이론은 아직 단 한 가지도 없고 오직 다양한 추론만이 넘쳐나고 있다는 사실만을 실증하고 있다. 참고로 이 이론에서 제시한 언어진화의 7단계를 살펴보면 그것은 대략 아래와 같다.(Ibid, p.21)

제1단계: 붙잡음
제2단계: 붙잡음을 위한 거울체계가 인간과 침팬지의 공통조상에 의해서 공유됨
제3단계: 붙잡음을 위한 단순한 모방체계가 인간과 침팬지의 공통조상에 의해서 공유됨(다음의 세 단계에서 인과선과 원숭이

선이 갈라짐)
제4단계: 붙잡음을 위한 복잡한 모방체계가 발달
제5단계: 원형기호(protosign) 체계의 발달: 일종의 수화적 의사소통체계로서 고정된 원시적 성음 집합체로부터 개방적 성음 집합체로 발전함.
제6단계: 원형구어(protospeech)의 발달: 발성장치를 원형기호 때보다 훨씬 더 융통성 있게 통제할 수 있게 됨.
제7단계: 언어의 발달: 행동 대 목표물 식 틀로부터 동사 대 논항식 구조로 바뀌게 되면서 통사론과 의미론이 발달함. 인지적 복합성과 언어적 복합성이 공진화함.

이런 판단의 다섯 번째이며 마지막 근거로 내세울 수 있는 것은 그동안에 이 연구에 참여한 사람들은 앞으로 이들의 공동의 연구 청사진이나 연구지침으로 삼을 수 있을 만한 몇 가지 합의점을 찾을 수 있었다는 사실이다. 물론 외견상으로는 지금까지의 이들 간의 논쟁은 거의 모두가 아무런 결론을 얻지 못한 것이었으니까, 결국은 그것은 문자 그대로 논쟁을 위한 논쟁처럼 보이게 마련이다. 그렇지만 논리상 응당 어떤 점에 있어서 이들의 의견이 대립되어 있는가를 확인하는 일은 곧 앞으로의 공동의 노력이나 연구를 위한 청사진을 작성하는 데 기본작업이 되게 되었다는 점을 고려한다면 그동안의 이들간의 논쟁은 결코 무의미하고 시간 낭비적인 것이 아니었음이 분명해진다.

지금까지의 논의를 통해서 이들이 거두어들인 합의점, 즉 앞으로 이 연구가 만들어갈 기본틀의 모양을 규제하게 될 원리 중 첫 번째 것은 언어진화 연구라는 명칭답게 이 연구는 어떤 성격이나 영역의 것이든지 간에 언어의 구조나 기능 등에 관한 올바른 지식에 기저하고 있어야 한다는 것이었다. 이 연구의 지금의 현황으로 보았을 때는 이 말은 물론 촘스키의 이 연구에의 참여를 정당화할 뿐만 아니라, 더 나아가서는 통사론 위주의 그의 언어진화 이론을 전폭적으로 지지하는 말처럼 들릴지도 모른다. 그러나 여기에서의 이 말은 앞으로 이 연구가 지켜야 할 일반적인 원리의 한 가지로서 한 말이지 꼭 촘스키의 언어진화 이론을 염두에 두고 한 말은 아니다.

그러나 그의 참여가 이 원리의 제1의성을 부각시키는 데 결정적인 역할을 하게 된 것은 누구도 부인할 수 없는 사실이다. 이런 사실을 방증하는 것은 언어진화 연구의 현황을 알리는 책 가운데서 HCF논문이나 그의 통사론 기저적 언어진화 이론을 가장 먼저 소개하고 있다는 점이다. 아울러 그가 내세우는 변형생성문법의 이론과 병합이나 순환 등의 개념을 꽤 깊이 있게 소개하는 것도 지금의 이 연구의 현황을 알리는 책들의 공통점이 되었다. 예컨대 Cocchetto와 Papagno는 최근에 「Bridging the gap between brain and syntax: a case for a role of the phonological loop (두뇌와 통사론 간의 간격 줄이기: 운율적 고리의 역할의 경우)」라는 논문에서 촘스키가 즐겨 사용하던 장거리 의존성의 원리에 대한 예문의 일종을 제시하고 있다. 여기에서 그는 "Which paper did a former colleague of yours willingly submit to this volume?"에서처럼 목적어가 동사의 목적어 자리에서 문두로 이동될 수 있는 것은 오직 인간의 언어에서뿐이라고 내세우고 있다. (Cecchetto and Papagno, 2011).

이런 사실을 잘 증거하고 있는 또 하나의 사실로는 아마 『HCF 논문』의 공동 필자인 피치의 통사론에 대한 양면적인 태도를 들 수 있을 것이다. 우선 그는 생물학자답게 이 연구의 양태가 언어학자인 촘스키가 주도해가는 식으로 굳어져 가는 것은 잘못된 것으로 생각했다. 그의 2010년의 책에 의할 것 같으면 현재로 보았을 때는 언어학과 생물학이 서로 인터페이스하는 양태가 응당 이 연구가 지녀야 할 양태이지만 궁극적으로 보았을 때는 자기와 같은 생물학자들이 모든 이론 설정과 자료 수집 작업을 이끌어가는 식으로 그것이 바뀌어야 한다는 것이 그의 이 연구의 성격에 대한 견해이다.

따지고 보면 언어학의 기여성의 문제를 놓고서 그가 이런 양면적인 자세를 취하고 있었다는 것을 무엇보다도 확실하게 증거하고 있는 것은 바로 『HCF 논문』을 촘스키와 함께 썼다는 사실일 것이다. 그런데 그의 2010 책에서도 이런 증거로 충분히 내세울 수 있을 만한 사실들을 발견할 수 있다. 예컨대 그는 이 책의 서두에서 '언어의 어느 한 양상만을 핵심이나 중심부로 가려내는 것은 잘못이다.'와 같은 말을 함으로써 자기가 하나의 반촘스키주의자임을 분명히 밝히고 있다. 그러나 바로 같은 자리에서 그는 '그럼에도 불구하고 나는 인간언어의 유일성을 전적으로 받아들인다.'와 같은 말을 함으로써 자기는 하나의 친촘스키주의자이기도 하다는 점도 확실히 밝히고 있다.

촘스키의 언어이론에 대한 그의 이런 양면적인 태도는 제1장과 제3장에서 본격적으로 언어의 실체나 구조의 문제를 다루면서 더욱 뚜렷해진다. 우선 제1장에서는 그는 '언어는 실제로 의사소통 행위의 한 형식이다.'라는 말을 함으로써 자기가 하나의 반촘스키주의자임을 분명히 밝히고 있다. 그리고 바로 같은 자리에서 『HCF 논문』의 요지, 즉 언어기능은 크게 협의의 것과 광의의 것으로 나뉠 수 있다는 사실을 비롯하여, 천성대 교육 간의 논제에 있어서는 양자의 기능을 모두 인정하는 후성설이 바로 정답이라는 사실, 언어는 I-언어와 E-언어로 나뉠 수 있다는 것은 곧 언어는 문화적 진화와 생물학적 진화의 통합적 결과물임을 실증하는 증거라는 사실 등을 언급함으로써 자기가 결국에는 하나의 반촘스키주의자임을 더욱 확실히 밝히고 있다.

그러나 바로 뒤인 제3장에서는 마치 자기가 누구에게도 뒤지지 않는 열렬한 친 촘스키주의자임을 보여주려는 듯이 그는 촘스키의 언어이론의 특징을 상세히 소개하고 있다. 그는 먼저 여기에서 변형이라는 개념을 중심으로 한 그의 생성문법의 발달과정을 설명한 다음에, 최신이론인 최소주의 이론에서는 문법을 α이동의 반복으로 정의하고 있다는 점을 자세히 밝히고 있다. 그다음으로는 그는 촘스키의 언어진화 이론은 보편문법이 일련의 전능절차에 의해서 생겨났다는 식으로 요약될 수 있다는 점도 분명히 밝히고 있다. 그런데 흥미롭게도 그는 바로 이 자리에서 촘스키의 보편문법 이론에 대한 대안 이론에는 Tomasello의 문법화 이론과 자기 자신의 음악이론의 두 가지가 있음을 밝히고 있다. 특히 그는 이 가운데서 자기가 내세우는 것 쪽에 더 큰 비중을 두면서 창조적 무한성이라는 공통성이나 유사성이 있는 점으로 보아서 언어와 음악은 같은 뿌리와 절차에 의해서 태어났을 가능성이 크다는 말까지 한다. 결국 이런 점으로 미루어보아서 그가 생물학자답게 촘스키의 통사 이론에는 우호적인 입장을 취하면서 그의 언어진화 이론에는 정반대적인 입장을 취하고 있는 것이 확실하다. (Fitch, 2010, p. 114)

그러니까 결국에 그는 촘스키의 언어 이론에 대해서 이런 식의 양면적인 입장을 취하는 것이 곧 이 연구를 언어학과 생물학이 제대로 인터페이스하는 학문으로 만드는 지름길이라고 생각하고 있는 것인데, 이런 판단의 확실한 근거로 내세울 만한 것이 그가 하우저와 함께 2004년에 쓴 「Computational constraints on syntactic processing in a nonhuman primate(비인간 영장류에 있어서의 통사 절차상의 연산적 제약)」라는 논문에 '정해진 한 셋의 요소로부터 무한한 폭의 의미 있는 표현들을 생성하는 능력은 인간의 언어와 여타 동물의 의사소통 체계를 구별시켜준다.'와 같은 문장이 나오고 있다는 사실이다. 어투와 내용 등의 면에 있어서 이 문장은 누구에게나 당장 촘스키가 그의 초기의 책들에서 즐겨 사용하던 문장을 연상시키는 것인데, 이것 하나만으로도 하우저와 그가 촘스키의 언어 이론에 심취되어 있는가를 익히 알아차릴 수 있다.(Fitch and Hauser, 2004)

그동안의 논의를 통해서 이들이 거두어들인 두 번째 합의점은 아직까지는 쉽게 말해서 논의 전체의 질이 언어는 창조된 것이 아니라 진화된 것이라는 것 이외에는 특정한 정설을 찾지 못한 수준에 머물고 있어서, 결국에는 언어진화에 관한 결정적인 학설이나 이론은 하나도 없이 오로지 저마다의 추리와 가설만이 무성하다는 사실을 인정해야 한다는 점이었다. 오늘날의 이 연구의 르네상스가 촘스키의 도전적 참여에 의해서 시발된 탓이어서 그런지, 하우저와 피치와 같은 생물학자의 말 가운데도 긍정적인 서술보다는 부정적이거나 회의적인 말이 많은데, 아마 그 이유는 이들은 그 누구보다도 화석을 근거로 재건의 희망이 있는 기관은 오직 하강된 후두뿐이며 따라서 Ladefoged 등이 내세우는 성대의 진화설을 제외하고는 어떤 학설이나 이론도 아직까지는 생물학적으로 실증된 것은 아니라는 것을 잘 알고 있기 때문일 것이다.

이 합의점과 관련하여 마땅히 던져보아야 할 질문은 물론 과연 지금까지의 생물학의 일종의 한계성에 도전장을 던진 촘스키도 합의자에 포함되는 것인가일 텐데, 본인은 겉으로는 마치 자가의 이론만은 일종의 추리나 가설이 아닌 것처럼 말하고 있지만 속으로는 아직까지 생물학적으로 실증된 것이 아닌 이상 자기의 것도 결코 예외적인 것일 수 없다는 것을 잘 알고 있을 것이다. 그러니까 굳이 따지면 오늘날의 언어진화 연구의 현황은 기존의 다양한 인류학적이거나 생물학적인 가설들에 그의 언어학적 가설이 하나 더 추가되는 식으로 바뀌게 된 것이다.

이렇게 보면 이 두 번째 합의점에는 적어도 세 가지의 중요한 전제가 내포되어 있다고 볼 수 있는데, 그중 첫 번째 것은 인간의 언어는 음운조직과 통사조직, 어휘조직, 의미조직, 화용조직 등으로 구성되어 있는 데다가, 이것의 진화는 적어도 '직립인(Homo erectus)' 때부터 '현대인(Homo sapiens sapiens)' 때에 이르기까지의 몇 백만 년에 걸쳐서 이루어진 것이므로, 이것의 진화에 관한 추리나 가설은 으레 각양각색의 것이 되기 마련이라는 점이었다. 따라서 이들 가운데는 몸짓설이나 돌봄설, 마음의 이론설, 사회적 지능 발달설, 문화발달설과 같은 상식적인 것만 들어 있는 것이 아니라 음악설이나 Mithen의 'Hmmmm 모형설'과 같은 기상천외한 것도 들어 있게 마련이었다. 인류학자답게 Mithen은 2005년에 'Holistic, manipulative, multi-modal, musical(전체적, 조작적, 다양태적, 음악적)'이라는 네 가지 특성의 머리글자를 따서 이런 특이한 가설을 만들어냈다. (Fitch, p. 500)

그중 두 번째 것은 어차피 언어진화에 대한 추리와 가설은 수직이나 수평적으로 최대로 산개된 것일 수밖에 없는 이상, 그들의 가치를 동일한 것으로 보지 않고서 최대로 차별화하는 것이 이 연구의 발전에 도움을 주게 되어 있다는 것이다. 우선 오늘날 이 연구에 참여하고 있는 대부분의 사람들은 아무리 촘스키의 언어진화 이론을 그 많은 가설 가운데 한 가지로 본다고 해도 그것이 곧 그 가치를 기존의 다른 가설들의 것과 동등한 것으로 본다는 의미는 아니라는 것을 알고 있을 텐데, 그 이유는 물론 다른 가설들의 심도는 저마다 진화론의 한 증기 이론으로 간주될 수 있을 만큼 얕은 데 반하여 그의 이론의 심도는 진화론 자체의 타당성을 거부할 만큼 깊기 때문이었다.

그중 세 번째 것은 따지고 보면 추리나 가설의 종류가 전방향적이라는 사실 자체가 이 연구는 오늘날 어엿한 과학적인 학문을 지향하고 있다는 것을 무엇보다도 확실하게 실증하고 있는 증거이겠지만, 그래도 원래 추리나 가설은 어떤 종류나 성격의 것이든지 간에 아직 그것의 과학성이 완전히 검증되기 이전의 것이라는 점을 상기한다면, 저마다 과학적으로 아직 미진한 부분을 보충하는 데 최선의 노력을 다하는 것이 곧 이 연구의 수준을 격상시키는 최선의 길이라는 것이 분명해진다는 것이었다. 우선 편의상 지금의 이 연구 주체를 생물학자와 언어학자의 두 집단으로 잡고 보면 촘스키가 다윈의 진화론의 한계성을 지적하면서 그 대안으로 '이보디보설'을 내세우고 있다는 것이 크게는 이런 식의 각성을 언어학자 측에서 먼저 했다는 증거일 수도 있다.

그렇지만 사실은 생물학자들이라고 해서 이런 각성을 하지 않은 것은 아니었는데, 피치가 그의 2010년의 책의 제14장에서 다윈의 종의 기원의 가장 큰 약점은 바로 '인간의 정신적 능력과 언어에 대한 설명이 없다는 점이다'라고 말하고 있는 것이 그것의 좋은 증거이다. 물론 그동안에도 많은 생물학자들이 다윈의 진화론의 한계성을 깊이 인식한 나머지 이른바 '신 다윈주의'의 필요성을 주장하고 나섰었다. 그런데 문제는 그들은 하나같이 촘스키가 자기의 원리와 매개변인 이론은진화론에서 이보디보 이론과 일치하는 것이다라고 말을 해도 오직 침묵으로만 일관하고 있다는 점이다. (Fitch, p.472)

그런데 생물학자들의 입장에서 볼 것 같으면 촘스키의 이런 간섭은 자기 이론의 과학적 불완전성을 호도하기 위한 교묘한 술책일 수 있다. 단도직입적으로 말해서 그의 최소주의 이론에 입각한 언어 진화설은 아직까지는 생물학적으로 실증된 것이 아니다. 모든 언어진화설은 결국에는 언어학적으로가 아니라 생물학적으로 그 과학성이나 타당성이 검증되어야 한다는 것을 상기한다면 언어학자인 그가 할 일은 생물학의 수준의 낮음이나 능력의 부족함을 지적하는 것이 아니라 현재로서 수행할 수 있는 생물학적 고증 방법이 어떤 것인가의 문제를 놓고서 생물학자들의 조언을 들어야 할 텐데 아쉽게도 그는 그렇게 하지 않았다. 객관적으로 보면 언어 진화에 관한 무슨 가설이나 추리의 궁극적 문제점은 과학적 불완전성이라는 그의 지적은 자기 자신의 학설에도 해당되는 것이다.

그동안의 논의를 통해서 이들이 거두어들인 세 번째 합의점은 그동안에 추리나 가설의 모색 작업이 최대로 다양화되고 다기화된 양태에서 이루어져 온 이상, 또한 이제는 언어란 의사소통이나 사고의 기능을 위한 하나의 유기적 통합체라는 것이 익히 알려진 이상, 이 연구의 보다 효율적인 발달을 위해서는 빠른 시일 내에 이들을 하나의 통일체로 수렴해보는 것이 필요하다는 것이었다. 물론 이런 합의에는 언어의 여러 기구나 조직들은 아주 오랜 기간에 걸쳐서 점진적으로 공진화해왔다는 전제가 있었다고 볼 수 있으니까 일단은 누구나가 적어도 촘스키만은 이것에 동의하지 않았을 것이라고 생각하기가 쉽다. 그러나 그의 이론의 초점이 현대 언어의 문법조직의 탄생과정에 맞추어져 있다고 해서 그가 적어도 명시적으로는 처음에는 일정한 형태의 원시나 원형 언어가 존재했다는 사실을 거부하지는 않았다. 또한 그와 같은 대언어학자가 아무리 그의 이론이 문법조직의 중심성이나 우선성에 근거한 것이라고 해도, 언어에는 그것 외에 음운조직이나 어휘조직, 의미조직 등도 있으며, 또한 이들은 언제나 서로 밀접히 엉킨 상태에서 작동되게 되어 있다는 것을 모를 리가 없다.

물론 이런 합의가 생물학자와 언어학자 모두에 의해서 이루어진 것이라는 것을 가장 확실하게 드러내 주고 있는 사실로는 Jackendoff가 2002년의 책에서 누진적 적응주의에 입각한 8단계설을 제안했다는 사실을 내세울 수 있을 것이다. 한편 200년에는 Hobbs가 「The origin and evolution of language: a plausible, strong-AI account(언어의 기원과 진화: 그럴듯한 강력한 인공지능적 모형)」이라는 논문에서 이래와 같은

'3계열식 모형'을 제시했었는데, 여기에서 그가 기본적으로 강조하고 있는 점은 물론 앞으로 언어진화 연구에 새로운 돌파구를 마련해줄 수 있는 것은 오직 컴퓨터 모형법뿐이라는 점이겠지만, 이런 3계열식 모형을 최선의 모형으로 제시하고 있는 점으로 보아서는 그가 진짜로 강조하고 있는 것은 앞으로는 반드시 다양하게 산개된 추리나 가설들을 하나의 유기적 수렴체로 통합시키는 시도가 있어야 한다는 점이라고 볼 수 있다. (Hobbs, 2006, p. 76)

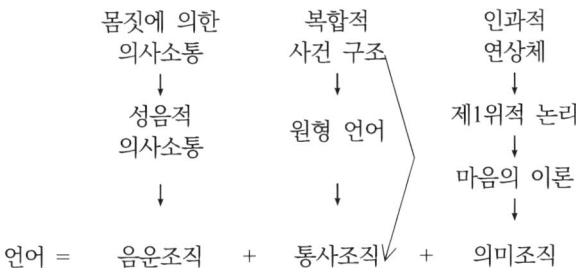

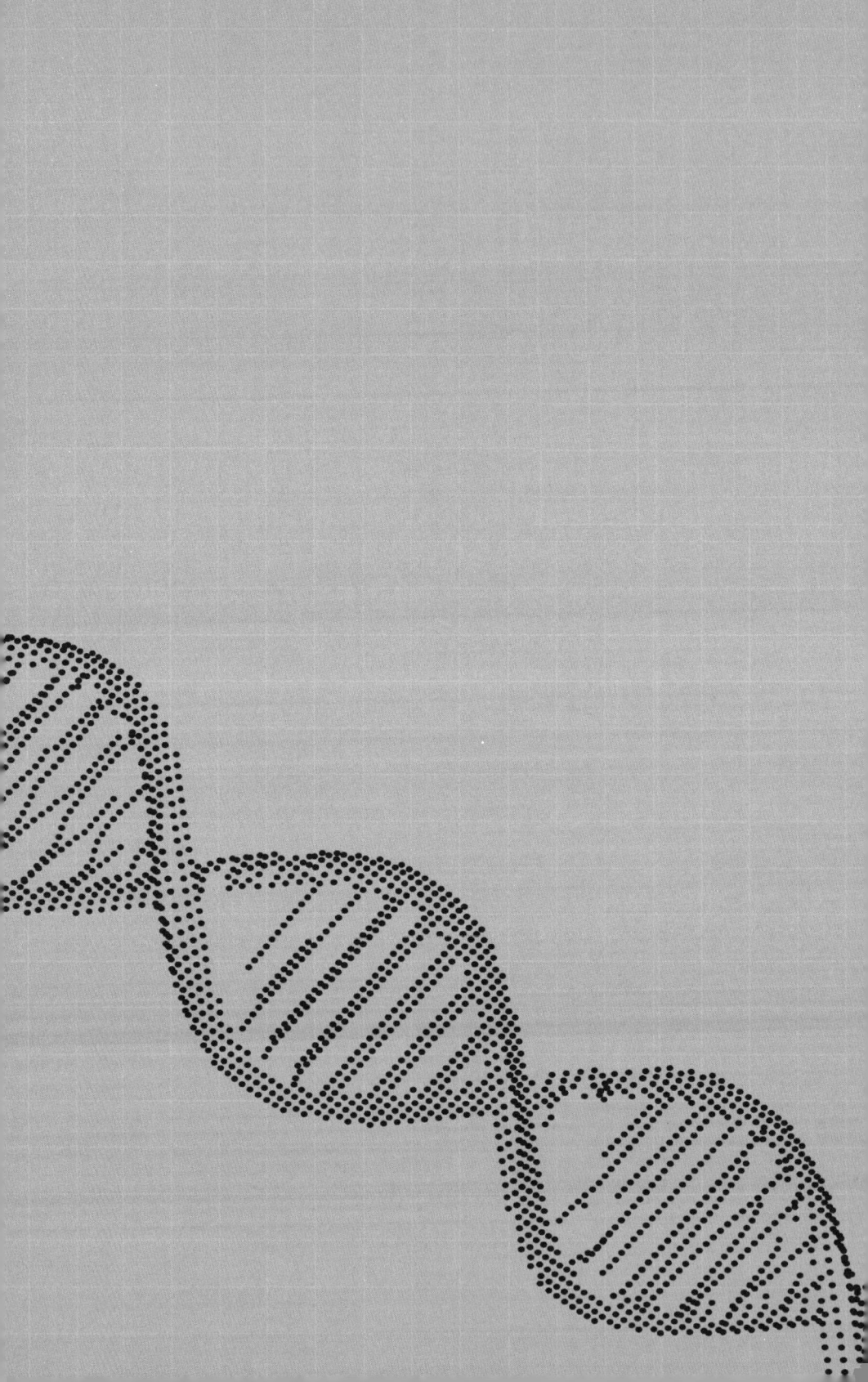

제2장
진화론과 최소주의 이론의 대결

2.1. 『HCF 논문』의 충격

1) 세 가지 합의점

1866년에 '파리 언어학회'가 이 문제에 관한 논의에 엄중한 금지령을 내린 지 약 1세기 반 만인 1996년에 'EVO LANG'이라는 이름의 국제학회가 형성된 것을 보면 언어학자들은 누구나 언어의 기원이나 진화에 대한 연구가 언어연구의 모든 것을 총결산하는 궁극적인 과제라는 것을 익히 인식하고 있다는 것이 확실하다. 굳이 Jackendoff의 말을 그대로 빌리지 않더라도 한 언어학자의 언어 진화 이론은 으레 그의 언어이론에 의해서 결정되게 되어 있는 것인데, 이것은 곧 한 언어학자의 언어이론의 실제를 파악하는 데 최선의 방법은 그의 언어 진화 이론의 내용을 알아보는 것이라는 말과 같은 말이 된다. 그런데 최근에 이르러서는 이 말의 진실성을 구체적으로 확인할 수 있는 사건이 벌어지기도 했는데, 촘스키가 생물학자인 하우저와 피치와 함께 『HCF 논문』을 씀으로써 한편으로는 생물언어학의 출범의 필요성과 당위성이 널리 알려지고, 다른 한편으로는 자기의 최소주의적 언어진화 이론의 실체가 널리 알려지는 계기가 마련된 것이 바로 그것이다.

그런데 진정한 의미에서의 이 사건의 역사적 의의는 역대의 언어학자 중 이런 시도를 한 사람은 하나도 없었다는 점이다. 일찍이 Platon과 Aristoteles가 언어 기원의 문제를 놓고서 각각 이성주의적인 견해와 경험주의적인 견해를 내놓기는 했지만 어디까지나 이런 견해들은 철학자들 간의 언어에 대한 사변적인 추리의 일부일 따름이었다. 더구나 오늘날까지 이들의 견해는 각각 자연설과 규약설이라는 이름으로 언어의 본질에 대한 연구의 두 대립적 모형으로 받아들여지고 있지, 최초의 언어 기원설로 내세워지고 있지는 않다. 굳이 따지면 또한 지난 2500년에 걸친 언어연구의 역사상 어느 언어학자도 언어기원의 문제에 의견을 내놓지 않았다는 말은 맞는 말이라고 볼 수 없는데, 그 이유는 20세기 최고의 영어학자였던 예스페르센이 『Language: its nature, development, and origin(언어: 본성과 발달, 기원)』이라는 책에서 가창설을 주장했기 때문이다. 그러나 그의 언어기원설은 그의 언어나 문법 이론의 연장선상에 있는 것이 아니라 그동안까지의 철학자들의 사변적 언어기원설의 일종으로 분류되기에 딱 맞는 것이었다. (Jespersen, 1964, p.434)

이렇게 보면 결국에 지금까지 언어학자치고서 자기의 언어이론의 연장선상이나 그것의 총결산체로서 하나의 언어기원설을 내세우고 나온 사람은 촘스키뿐이라는 말이 결코 틀린 말이 아닌데, 그렇다면 여기에서 응당 누구나 던져보아야 할 질문이 바로 도대체 어떤 사정이나 이유로 그는 이런 역사상 초유의 시도를 하게 되었는가일 것이다. 이렇게 된 사정이나 이유에는 크게 두 가지를 들 수 있다. 그중 첫 번째 것은 오랜 연구 과정 끝에 얻어낸 개념이나 이론들은 궁극에 가서는 생물학적인 고증 없이는 일종의 허구적인 개념이나 추리로 치부될 가능성이 크다는 것을 깨닫게 되었다는 사실이다.

예컨대 그는 처음부터 변형이론과 같은 언어기술적 차원의 문제보다는 오히려 내재적 언어습득 이론이나 보편문법 이론과 같은 인간 본성에 관한 문제에 더 많은 관심을 보여 왔는데, 그러다 보니 자연히 그는 그동안에 널리 퍼져 있던 철학적인 학풍을 언어학에서도 받아들이게 되었다. 그러나 그는 처음부터 자기가 추구하는 언어학은 최고로 과학적인 것이어야 된다는 신념도 가지고 있었기에, 결국에 그의 언어학은 철학적인 학풍과 과학적인 학풍 중 하나를 선택해야 할 국면에 다다르게 되었다. 그가 보기에는 개념이나 이론의 타당성을 증명하려고 생물학적인 고증작업하는 것이 곧 언어학을 과학화하는 최선의 방법이었다.

또한 그는 어차피 이른바 '촘스키 혁명'으로 전 학계가 언어학적 전향의 시대를 맞이하게 된 이상 언어학의 궁극적 과제인 언어기원론을 자기의 최종적인 연구과제로 삼는 것은 너무나 당연한 일이라고 생각했다. 대언어학자인 그는 언어의 뿌리를 밝혀내는 것은 곧 인간의 뿌리를 밝혀내는 것이라는 점과 결국에는 이런 의미에서 언어기원론은 진화론의 일부일 수밖에 없다는 점, 학문적 전통상 진화론은 으레 인류학이나 생물학의 영역이었다는 점, 오늘날 진화론 하면 으레 다윈의 자연도태설을 가리키고 있다는 점, 다윈의 진화론으로는 언어기원의 문제는 제대로 다루어질 수 없다는 점 등을 이미 잘 알고 있었다. 그러니까 그는 언어진화론이야말로 자기 학문의 긴 역사를 마무리하고 그것의 모든 것을 한꺼번에 평가받을 수 있는 일종의 운명적인 과제라는 것을 익히 알고 있었던 것이다.

이렇게 된 사정이나 이유 중 두 번째 것은 그는 언어진화론을 연구과제로 삼는 것이 작게는 지금의 생물학의 학문적 능력이나 수준이고, 크게는 지금의 학문 전체의 학문적 능력이나 수준을 한 단계 격상시킬 수 있는 방법 중 최선의 것이 될 수 있다고 판단했다는 사실이다. 그가 보기에는 인간도 하나의 생물체인 이상 우리의 학문이 제대로 발전하기 위해서는 예컨대 물리학이나 화학보다는 생물학이 더 잘 발달되어 있어야 하는데, 현실은 그렇지가 못했다. 그리고 그의 생각으로는 그나마 그동안에 생물학을 이끌어온 다윈의 진화론은 분명히 하루빨리 크게 수정 내지는 보완되어야만 했다. 이런 의미에서 볼 때 최근에 등장한 F. Jacob의 'evo devo' 이론이나 Gould와 Vrba의 전능이론 등은 일종의 신 진화이론임이 분명했다. 그런데 그의 생각으로는 이런 신 진화이론과 관련하여 특별히 주목할 점은 그것들의 진가가 드러나는 자리는 바로 인간과 동물의 차이점, 즉 언어와 같이 인간 고유의 특성을 논의하는 자리라는 점이었다. 이런 사실은 곧 생물학이 비약적으로 발달할 수 있는 단계는 그것에서 언어진화론이 주요 연구과제로 채택되는 때라는 것을 말해주고 있었다. 다시 말해서 그가 보기에는 생물학자들로 하여금 생물학의 궁극적인 과제는 곧 두뇌의 신경조직이나 생리를 구명하는 것이라는 것을 무엇보다도 확실하게 인식하게 해주는 때가 바로 언어진화의 문제를 다루는 때였던 것이다.

그런데 그가 보기에는 언어진화의 문제도 궁극적인 의미에서는 일종의 진화의 문제인 이상, 학문적 구획상으로는 이것에 대한 연구를 전담할 학문은 어디까지나 생물학이며, 따라서 이론상으로는 가급적이면 빠른 시기에 생물학자들이 자발적으로 이 연구에 손을 대는 것이 맞는 일이었는데, 현실은 그렇지 못했다. 그러니까 이번 사건으로 자칫 잘못하면 언어학자가 생물학의 영역을 침범했다는 비판을 받을 수도 있었던 것인데, 그는 지혜롭게도 이 문제를 생물언어학이라는 이름의 학제적 학문을 출범시킴으로써 해결했다. 물론 이것의 참여학문으로는 응당 철학을 위시하여 인지과학, 심리학, 인류학 등이 들어가게 되어 있으니까,

그의 입장에서 볼 것 같으면 이것의 출범은 학문의 세계를 천하통일하는 길이기도 했다.

그런데 두말할 필요도 없이 그가 이번에 작게는 생물학의 수준과 능력을 한 단계 격상시키고, 크게는 제금의 학문의 세계를 천하통일하겠다는 야심을 갖게 된 것은 최소주의 이론이라는 이름의 자기 특유의 통사이론을 가지고 있기 때문이었다. 1995년에 나온 'The Minimalism Program(최소주의 프로그램)'에 의할 것 같으면 최소주의 이론이란 간단히 말해서 문법을 이동 규칙 하나의 순환적 작동으로 정의할 수 있을 만큼 그동안에 으레 다양하고 복잡한 변형 규칙과 통사적 원리들의 적용으로 설명되던 것으로부터 최소주의적인 것으로 바꾸게 된 이론이다. 결국 이것은 1957년의 초기이론으로부터 시작해서 1965년의 표준이론과 1981년의 원리와 매개변인의 이론을 거쳐온 그의 마지막 통사이론인 셈이다.

물론 이와 관련하여 무엇보다도 놀라운 사실은 그는 이렇게 장기간의 언어학적인 절차에 의해서 얻어낸 자기의 통사이론의 타당성을 생물학적으로 실증하는 일은 바로 언어의 진화과정을 밝히는 일과 같은 일이라고 생각하게 되었다는 점이다. 이런 문법의 탄생 절차에 대하여 그는 문법은 지금으로부터 5만 내지는 10년 전에 신경망의 재연결로 돌발적으로 태어났는데, 이런 절차는 마땅히 적응이 아니라 전능으로 보아야 한다는 식의 자기 특유의 반진화론적인 설명까지 내놓았다. 그가 지적하는 이 시기는 이미 인간의 진화과정상 특별한 의미를 지닌 시기로 인정되어오던 시기인데, 그 이유는 바로 이때가 인간의 인지적 능력이 폭발적으로 신장된 때였기 때문이었다.

아마도 그는 자기의 이런 시나리오가 생물학자들로부터는 긍정적인 반응보다는 부정적인 반응을 더 많이 일으키게 될 것이라는 것을 잘 알고 있었을 것인데, 이런 의미에서 볼 때 이번 사건도 학문적 논쟁 절차의 일부로 보기보다는 그의 도전적이고 고매한 학자적 기질의 발로로 보는 것이 맞을지도 모른다. 그렇지만 그의 시나리오가 발표된 이후의 다양한 반응을 보면 이것이 결국에 지금까지 다분히 침체되어 있던 이 연구에 전에 없던 새로운 활기를 불어넣었다는 것은 부인할 수 없는 사실이다. 간단히 말해서 역사상 어느 누구도 그처럼 생물학자들에게 앞으로 연구할 과제의 청사진을 제공한 적이 없었는데, 이런 사실 하나만으로 이번 사건은 일종의 역사적 사건이라는 것을 익히 알 수 있다.

앞에서 이미 말이 나왔듯이 촘스키는 예컨대 『HCF 논문』의 발표로써 자기가 정식으로 언어진화 연구에 참여하게 되었음을 만천하에 선언하기 이전부터 단편적으로나마 꾸준하게 이것에 관한 견해를 밝혀왔다. 그의 견해는 쉽게 말해서 다윈주의로 불리는 기존의 진화론의 한계성이나 부적절성을 지적하는 식의 일종의 부정적 접근법에 의한 견해이었다. 물론 그가 이런 반진화론적 언어진화 이론을 내세우는 데 제시한 근거는 자기 특유의 언어기술법에 의해서 발견된 언어적 사실들이었다. 그러니까 최소주의적 시나리오의 제일 큰 특징은 역시 반진화론적인 시나리오라는 점이었다.

그가 언어연구를 시작한 때부터 쉬지 않고 쉬지 않고 언어진화의 문제에 깊은 관심을 가져왔다는 것은 그가 1982년에 생성문법의 실체를 Huybregtes 등과 대화를 나누던 중에 아래와 같은 말을 했다는 사실로써 익히 확인할 수 있다. 일핏 보아서는 여기에서 언급되고 있는 그의 언어진화 이론은 그의 최소주의적 언어진화론과는 크게 다른 것처럼 보인다. 그 이유는 간단히 말해서 여기에 제안되어 있는 것은 개념적 능력의 진화과정과 연산적 능력의 진화과정을 별개로 보는, 일종의 '2계열식 모형'인 데 반하여 최소주의적인 것은 문법적 능력의 진화과정을 유일한 언어진화과정으로 보는 '단일계열식 모형'이기 때문이다. 그러나 자세히 살펴보면 이들 간에는 앞엣것에서 뒤엣것이 도출된다는 식의 밀접한 상관성이 있음을 발견하게 된다. 그 당시에는 문법적 능력을 연산적 능력으로 불렀다는 사실을 고려한다면 그 후에 이르러 두 능력 중 오직 연산적 능력에만 초점을 맞추는 식으로 이론이 바뀌게 된 셈인데, 그의 입장에서 보면 이런 변화는 필수적인 것이었을 것이다. 여기에서 한 가지 첨언할 점은 그의 '2단계열식 모형'은 Jackendoff가 2002년에 제안한 '8단계 모형'의 원형 같은 인상을 준다는 점이다.

> 개념적 능력은 우리로 하여금 지각하고 범주화하며 상징화할 수 있게 할 뿐만 아니라 기초적인 수준에서 추리도 할 수 있게 할지도 모른다. 그러나 그 체계는 오직 연산적 능력과 연결이 되었을 때만 진정으로 강력해진다. 내 생각으로는 서로 별도로 진화과정을 밝기 시작한 두 체계가 어느 날 우연히 환상적일 만큼 효과적인 방식으로 상호교섭을 하게 되었을 때 인류의 진화에는 큰 약진이 있었을 것이다. (Chomsky, 1982, p.20)

이런 의미에서 보면 객관적으로는 2002년에 『HCF 논문』과 같은 하나의 학제적 논문이 나왔다는 것은 분명히 언어진화 연구의 중흥기를 알리는 이정표인 사건이겠지만 촘스키 개인의 언어진화론의 발전 과정을 보면, 그것은 그가 그동안의 독야청청적인 강경론자로부터 생물학자에게 공조의 손을 내미는 유화론자로 변신했음을 알리는 사건이라고 볼 수 있다. 이 논문의 역사적 의의를 일반적으로는 언어의 기능을 광의의 것(FLB)과 협의의 것(FLN)으로 나눔으로써 생물학자와 언어학자가 서로 협조적으로 언어진화의 문제를 연구할 수 있게 되었다는 점을 들고 있는데, 이것은 곧 그의 생물학자에 대한 태도가 그동안까지 공격일변도적인 것에서 공조적인 것으로 바뀌었다는 것을 의미한다.

그런데 문제는 이렇게 언어의 실체를 두 가지로 나누다보면 자연적으로 연구의 주제나 과제가 두 가지로 나뉘는 결과가 나타나서 자칫 잘못하면 이 연구에서 서로 이질적이고 평행선적인 가설들만이 산출될 가능성이 있다는 것이었다. 실제로 이런 가능성은 결코 하나의 비판적 예측이 아니라 모두의 눈 앞에 펼쳐진 현실이라는 것은 앞에서 이미 살펴본 바와 같은 피치의 2010년의 책의 내용이나 Larson 등의 2010년의 책의 내용 등이 잘 증거하고 있다. 둘 다 이 논문이 발표된 2002년으로부터 8년 뒤에 나온 것이니까 이 논문이 관련 학계에 던진 충격의 정확한 반응임이 분명하다.

그런데 사실은 이 논문의 내용을 살펴보게 되면 이런 가능성의 씨앗을 이미 이것이 품고 있다는 것을 당장 알 수 있다. 이 논문의 중핵부는 크게 두 가지라고 볼 수 있는데, 그중 첫 번째 것은 언어의 기능을 두 가지로 나눈 부분이다. 흥미롭게도 여기에서는 언어적 기능을 아래의 도표처럼 두 개의 동심원으로써 설명하고 있는데, 이것에 따르면 이른바 'FLN'이란 내심원에 해당하는 부분이고, 'FLB'는 그것을 에워싸고 있는 큰 원의 부분이다. 그런데 우선 바깥쪽의 큰 원은 개념적 및 의도적 기능을 담당하는 부분과 지각과 동작의 기능을 담당하는 부분, 기타의 기능을 담당하는 부분 등으로 나뉘어 있다. 이런 사실은 물론 내심원은 그렇지 않다는 점과 대비가 된다. 그다음으로 큰 원의 둘레에는 소화와 순환, 기억, 호흡 등으로 네 가지 생리적 기능들이 열거되어 있어서, 이들이 결국에는 언어 기능 전체의 기지가 되고 있음이 밝혀져 있다. 세 번째로 이 원과는 별도로 외부적 환경이라는 제목 밑에 생택적 요소와 물리적 요소, 문화적 요소, 사회적 요소 등이 열거되어 있어서 언어가 기능하거나 작동하는 데는 으레 유기체 밖의 요서들이 크게 작용되게 되어 있음이 밝혀져 있다. 그러니까 이것에 따를 것 같으면 'FNL'은 적어도 세 개 층의 생리적 내지는 환경적 요소의 영향을 받게 되어 있는 셈이며, 또한 언어진화설도 그중의 어떤 요소에 초점을 맞추느냐에 따라서 여러가지로 달라질 수 있다.

외부적 환경	유기체의 내부
생태적	기억 ... 소화
물리적	FLB 기타 / FLN 순환성 / FLB 개념적 의도적
문화적	
사회적	호흡 / FLB 지각 동사 / 순환

 그중 두 번째 것은 이 논문의 끝에 가서 다음과 같은 세 가지 합의점이 그것의 결론으로 제시되고 있는 부분이다. 1) 언어의 기능 중 인간 특유의 요소와 동물과 공유하는 요소를 밝혀내는 데 있어서 언어학자와 생물학자가 더 이상 이론적 토의에 매달리지 말고서 협조적으로 실증적이고 비교적인 연구를 해나가기로 했다. 2) 광의의 언어기능 대부분은 다른 종들과 공유하는 것이지만, 협의의 언어기능은 인간 특유의 것이라는 가설은 앞으로 더 많은 실증적인 연구가 있어야 하는 것이라는 데 합의했다. 3) 비교적 접근법을 통해서 언어기능의 공유적 및 특유적 자질에 대해서 새로운 통찰을 할 수 있게 될 뿐만 아니라 그것의 진화력에 관한

새로운 가설도 얻을 수 있게 되리라는 데 합의했다.

이들 세 가지 합의점의 내용을 살펴보게 되면 우선 언어의 기능을 논의하는 부분에서 보였던 언어학자에게 생물학자가 보였던 양보의 방향이 결론 부분에 이르러서는 거꾸로 언어학자가 생물학자에게 양보하는 식으로 바뀌고 있음을 알아차릴 수 있는데, 이것을 통해서 우리는 적어도 겉으로 보아서는 이 양자가 교대로 한 번씩 양보하는 식의 타협의 기본술이 절묘하게 작동하고 있는 논문 같지만, 실제에 있어서는 언어학자가 생물학자에게 크게 양보하고 있는 특이한 논문이라는 것을 익히 알아차릴 수 있다. 간단히 말해서 이 논문의 가치는 이것에 의해서 촘스키가 기존의 생물학자에 대한 일방적이고 고답적인 자세 대신에 유연하고 협조적인 자세를 취하게 되었다는 것이 널리 알려지게 되었다는 점인 것이다.

2) 낮은 평가

그런데 이 논문의 가치를 이렇게 일반적인 세평보다 낮게 잡는 이유는 바로 세 가지 합의점 중 첫 번째 것부터가 이것이 발표된 지 십여 년이 지난 오늘날에 와서도 제대로 지켜지지 않고 있기 때문이다. 지금의 이 연구의 현황은 언어진화의 문제를 놓고서 '언어학자와 생물학자가 더 이상 이론적 토의에 매달리지 말고서 협조적으로 실증적이고 비교적인 연구를 해나가기'는커녕 오히려 이 논문이 발표된 이후 더 뚜렷하게 평행선적인 이론이나 주장만을 되풀이하고 있음을 여실히 보여주고 있다.

이 논문의 허구적 가치와 관련해서 여기에서 한 가지 특기할 만한 사실은 이것이 발표된 바로 그 학술지에 Beaver와 Montalbetti가 「Noam's Ark(노암의 방주)」라는 논문을 실어서 이것의 가치를 앞으로 전 학문의 패러다임의 변화를 기대할 수 있을 만큼 높게 잡았다는 사실이다. 이것의 제목은 우선 성경에 나오는 'Noah's Ark(노암의 방주)'를 연상시키는데, 여기에 쓰인 'Noam'은 촘스키의 이름이니까, 놀랍게도 그의 역할을 Noah의 그것과 비유될 만큼 큰 것으로 이들은 본 것이다. 실제로 이 논문에서는 '하우저 등은 어떻게 실증적으로 인간의 언어의 진화적 기저를 밝혀낼 수 있는가에 대한 큰 발걸음을 내딛었다'나 '언젠가에는 다윈의 정서력 중심의 언어관과 촘스키의 연산력 중심의 언어관을 하나로 통합시킬 수 있는 이론이 나올 수도 있겠다는 희망도 갖게 되었다'와 같은 말들을 발견할 수 있다. (Beaver and Montalbetti, 2002)

그러나 안타깝게도 이 당시의 이들의 이 논문에 대한 평가는 지나치게 낙관적이고 원망적인 것에 지나지 않았다는 것을 그 후에 벌어지는 정반대적인 양상들이 웅변적으로 실증하게 되었다. 예컨대 앞에서 이미 인용한 피치의 말을 다시 인용하면 '자기 자신을 포함하여 어느 누구도 언어진화에 대해서 적절하고 종합적인 견해를 가지고 있지 않으며', 따라서 '이 연구는 가설과 전망만이 가득 차 있으면서 귀중하고 확실한 결론은 거의 없는 영역'으로 남아 있는 것이, 이 논문이 발표된 지 8년이 지난 2010년을 기준으로 한 지금의 이 연구의 현황인 것이다. 더 구체적으로 말하면 이 연구에 참여한 연구자들은 하나같이 그동안에 다윈의 정서력 중심의 언어관과 촘스키의 연산력 중심의 언어관을 하나로 통합시킬 수 있는 희망을 갖게 되기는커녕 자기네가 마주하고 있는 과제는 오늘날의 과학이 풀어야 할 과제 중 가장 어려운 것이라는 것만을 확인하게 된 것이다.

앞에서 이미 언급이 있었듯이 논리적으로 따졌을 때 이 논문의 주제는 응당 그것의 세 가지 부제 중 세 번째 것인 '그것은 어떻게 진화했는가?'에 대한 하나의 해답을 제시하는 것일 텐데, 이것에서 내린 결론은 오직 앞으로 비교적인 접근법으로 더 많은 실증적 연구를 한다는 것뿐이었으니까, 이것은 결국에 앞으로는 생물학자와 언어학자가 언어진화 연구에 공동으로 참여하게 된다는 것을 널리 알리는 일종의 선언적인 논문이었던 셈이다. 굳이 따지면 언어학자인 촘스키가 의도적이든지 아니면 비의도적이든지 간에 이 연구의 주관 학문은 어디까지나 생물학이라는 것을 확인해준 것이 이 논문을 통해서 얻어낸 최고의 수확이었다고 볼 수 있다.

그러나 이 논문의 진가는 이것이 이 연구 전체에 준 영향이 가히 충격적이라는 데 있었는데, 이런 의미에서 보면 촘스키가 원래 이것을 통해서 성취하려고 했던 의도는 백프로 성취되었다고 볼 수 있다. 우선 그는 2002년 이후 이 논문의 진가가 제대로 드러나도록 하는 데 나름대로의 최선을 대했다고 볼 수 있는데, 그 수단은 물론 이것과 관련된 책이나 학술지에 쉬지 않고 자기의 언어이론과 언어진화설에 관한 해설적 논문들을 발표하는 것이었다. Larson 등의 2010년의 책에 실린 「Some simple evo devo theses: how true might they be for language?」라는 논문이 잘 드러내고 있듯이, 그의 논문의 특징은 진화론자를 대상으로 한 것이라는 점이었다.

그런데 위 논문의 제목이 말해주듯이 그의 논문에서는 논의나 설명의 초점이 으레 진화론에 대한 비평에 맞추어져 있었다. 예컨대 이것에서는 마치 진화론자들의 동정심을 유발시키려는 듯이 자기의 원리와 매개변이 이론은 François Jacob의 'evo devo' 이론을 따른 것이라고 주장하고 있는데, 진작 이 이론이 발표되었던 1982년의 책에서는 이런 말을 찾아볼 수 없다. 한편 그는 바로 같은 논문에서 다윈의 『종의 기원』에 대해서 지나칠 정도로 혹독하게 비평하고 있는데, 다른 논문에서의 진화론에 관한 그의 논지를 참작할 것 같으면, 쉽게 말해서 자기는 철저한 반다윈주의자임을 드러내는 것이 진화론에 관한 그의 견해의 전부였다고 볼 수 있다. 그러니까 그가 갑자기 'eve devo' 이론을 옹호하고 나선 것은 진화론자들을 회유하기 위한 일종의 전략이었다고 볼 수도 있다.

그런데 그의 도전이 충격적일 수 있었던 것은 후속된 논문에서마다 일단 최소주의적 언어진화설로 이름 붙여질 수 있는 자기 특유의 반진화론적 언어진화설을 주장하고 나섰기 때문이었다. 예컨대 지금으로부터 3만 내지는 5만 년 전에 신경체계의 재연결이라는 일종의 전능 사태가 일어난 나머지, 병합의 규칙이 순환적으로 적용되는 생성적 문법조직이 탄생되었다는 것이 그의 언어진화설의 요지인데, 어떤 의미로 보아서나 이런 언어진화설은 그동안에 인류학이나 생물학에서 거론되어오던 기존의 언어진화설과 판이하게 이질적인 것이었다.

너무나 당연한 말이 되겠지만 그의 언어진화설은 그의 이성주의나 내재주의적 언어관에 기저하고 있었다. 쉽게 말하면 우리 언어의 특징에는 선험적으로 내재된 보편문법이 바로 문법조직의 핵심부라는 점과 최소의 규칙과 최적의 연산절차로 새로운 문장을 무한하게 창출할 수 있다는 점, 언어는 오직 우리만이 가지고 있는 종특이적인 기구라는 점 등이 있는데, 제대로 된 언어진화론이라면 마땅히 어떻게 이런 특징이 생겨나게 되었는가를 제대로 설명할 수 있는 것이어야 한다는 것이 그의 주장이었다.

그런데 생물학자의 입장에서 볼 것 같으면 그의 이렇게 신기한 언어진화설은 어디까지나 현대언어의 언어적 사실을 근거로 해서 구상된 일종의 추리나 가설에 불과한 것이지, 생물학적인 고증 철차를 거친 이론은 아니었다. 이들이 보기에는 예컨대 'What did you know how the guy drank?'라는 문장이 하나의 비문이라는 사실을 오직 인간에 있어서만이 인후가 지금처럼 하강되어 있다는 사실과 동등한 증거로 본다는 것부터가 다분히 비상식적인 일이었다. 또한 이들이 보기에는 언어는 마땅히 이른바 I-언어와 E-언어로 대별되어야 한다는 발상법이나, 문법조직은 으레 언어조직의 전부처럼 다루어져야 한다는 발상법도 일종의 극단주의적인 발상법임이 분명했다. 따라서 일부 Berwick과 같은 일부 친촘스키파를 제외하고는 생물학자들은 모두 그의 언어진화설에 즉각 반기를 들고 나섰다. (Berwick, 1998, p. 322)

그 결과 이 연구에는 크게는 언어학적 이론과 생물학적 이론이 평행선을 이루는 현상이고, 작게는 문법조직의 진화과정을 구명하는 것을 이 연구의 중심 과제로 삼는 현상이 일어났다. 이런 현상과 관련하여 특기할 사실은 언어학적 이론 대 생물학적 이론의 대결 양상이 '1 대 1' 식이 아니라 '1 대 다수' 식이었다는 점이다. 이런 양상은 물론 촘스키의 언어진화설은 오직 하나뿐이기 때문에 일어난 것이었다. 비유적으로 말하면 그의 언어진화설은 '일당백'의 전투를 하게 된 셈인데, 이런 사실 하나만으로 『HCF 논문』이 이 연구에 준 영향이 가히 충격적이었다는 것을 익히 알 수 있다.

2.2. 다윈의 진화론

1) 자연도태설

일반적으로 자연도태설로 불리는 다윈의 진화론은 현대에 이르러서 생물학을 비롯한 대부분의 학문이 주제와 연구법상 지금의 것처럼 발전하는 데 길잡이가 되었던 대 이론이다. 특히 그의 두 번째 책에서 그가 인간의 창조설 대신에 인간의 진화설을 내세운 사건은 일찍이 희랍에서 인간의 학문이 시작한 이래 학문 전체의 양상과 향방을 최대로 바꾸어

놓은 충격적인 사건이었다. 그런데 촘스키의 생각으로는 그의 진화론의 '아킬레스 건'은 바로 인간의 종특이적인 기구인 언어의 진화의 문제에 대해서 확실한 의견을 내놓지 않았다는 점이었다.

그런데 그가 보기에는 더 큰 문제는 오늘날의 생물학이 그의 진화론에 기저하고 있다는 사실이었다. 더 구체적으로 말하면 그의 생각으로는 앞으로 과학이 발전하는 데 큰 걸림돌이 되고 있는 것이 대부분의 생물학자들은 으레 그 진화론에 철저하게 세뇌된 다윈주의자들이라는 점이었다. 따지고 보면 이것이 바로 촘스키가 자기의 언어진화설을 소개할 때마다 공격의 포문을 우선 다윈의 이론에 향하게 하는 이유이었다. 그가 보기에는 언어도 분명히 일종의 생물학적 현상인데, 그렇다고 해서 이것이 곧 생물학적이라는 말을 그도 오늘날의 대부분의 생물학자들이 사용하는 것과 같은 의미로 사용하는 것은 아니었는데, 자기의 이런 입장을 가장 간명하게 밝히는 방법은 역시 다윈의 이론의 한계성이나 잘못됨을 지적하는 것이었다.

그는 물론 다윈의 언어에 관한 지식은 감히 언어를 하나의 생물학적 체계로 볼 만큼 전문적이고 과학적인 것이 못 되었다는 것을 잘 알고 있었다. 그러니까 그가 자신만만하게 1991년의 「Linguistics and Cognitive Science: problems and mysteries(언어학과 인지과학: 문제와 신비)」라는 논문에서 '왜 언어는 다른 생물학적 체계들과 그렇게도 다른가 하는 것은 하나의 문제이고 심지어 신비이다.'와 같은 말을 하게 된 것은 하등 새삼스러운 일이 아니었다. 언어를 생물학적 체계로 본다는 것은 곧 크게는 다윈의 진화론에 대한 도전이고 작게는 지금의 생물학에 대한 도전이라는 것을 익히 알고 있었기에 그는 기회가 있을 때마다 이와 비슷한 말을 되풀이 해왔던 것이었다. (Chomsky, 1991)

그런데 그가 50세가 되던 1859년에 나온 『종의 기원』은 『*On the*

Origin of Species by means of natural selection on the preservation of favoured races in the struggle for life(자연적 선택이나 생의 투쟁에 있어서의 선호된 인종의 보존이라는 수단에 의한 종의 기원에 대하여)』라는 원명이 잘 말해주고 있듯이 원래 하나의 종으로서의 인류의 진화관정을 구명하는 데 초점을 맞춘 이론이었지 언어와 같은 그의 어느 한 특성을 해명하는 데 초점을 맞춘 이론은 아니었다. 그리고 이 책은 그 자신의 말대로 자기가 독창적으로 만들어 낸 것이 아니라 아래와 같은 세 가지 명제를 과학적으로 토의하기 위해서 그동안에 Thomas Malthus와 Lyell 등을 위시한 여러 사람이 내세웠던 가설과 연역, 관찰 등을 하나로 통합시킨 것이었다. 그의 공로는 그러니까 역사상 최초로 아직 발상법 단계에 머물러 있던 진화사상을 검증 가능한 이론의 수준으로 격상시키고, 이것의 타당성을 실증할 수 있는 증거들을 제시한 데 있었다. 그렇지만 무엇보다도 중요한 사실은 이 책에서 제안된 그의 진화이론은 머지않아서 대부분의 과학자들에 의해서 과학적인 것으로 받아들여진 나머지, 드디어 과학계 어디에서나 다윈적 방법의 승리를 목격할 수 있게 되었다는 점이었다. (Goudge, 1978, p. 180)

(1) 오늘날 지구에 있는 모든 생물은 아주 먼 과거의 적은 수의 아주 다른 종들로부터 길고 점진적인 수정의 절차에 의해서 내려왔다.
(2) 종의 변환의 주된 원인은 자연적 선택인데, 이것은 변이적이고 유전적인 특성을 가진 생물의 집단에서 작동하게 되고, 그 결과 생존의 투쟁에 있어서 그것에 유리하거나 불리하게 작용하는 특성의 범위에 따라서 그 집단에는 상이한 생존과 재생의 현상이 일어나게 된다.
(3) 자연적 선택은 생존 가능한 집단들이 아주 다른 생명의 조건들에 적응해가는 절차이다. 이것은 또한 이들 적응들을 개선하려는 경향도 가지고 있고, 적응이 잘못된 종들을 소명시키기도 한다.

그런데 이로부터 12년이 지난 1871년에 그의 두 번째 책인 『Descent of Man and Selection in Selection to Sex(인간의 하강과 성 관계에서의 선택)』이 출간되었는데, 바로 이 책에서 그는 촘스키에게 공격의 빌미를 제공할 수 있을 만한 말을 하였다. 먼저 이 책의 59쪽에서의 '서로 다른 언어들과 상이함이 뚜렷한 종들의 형성 과정은 이들 모두가 일종의 점진적 절차에 의해서 발달되었다는 증거를 보이고 있다'와 같은 말이나, 그다음으로 바로 뒤인 61쪽에서의 '생존경쟁을 통해서 일정한 선호된 어휘들이 생존하고 보존되는 과정은 바로 자연적 선택이다'와 같은 말들은 언어의 형성 과정을 종의 탄생과정과 동일시할 정도로 그의 언어관은 아마추어적인 것이었음을 잘 드러내주는 말들이다. 그러니까 촘스키가 앞으로의 언어진화에 대한 연구는 마땅히 다윈의 고전적 진화이론의 틀에서 완전히 벗어나는 일로부터 시작되어야 한다고 생각하게 된 것은 너무나도 당연한 일이었다.

그런데 사실은 이 책의 53쪽에, 예컨대 '음악적 원형언어설'로 불릴 수 있는 그의 본격적인 언어 기원설이 제시되고 있는데, 물론 이것 역시 크게 보았을 때는 촘스키의 비판과 공경의 대상이 되기에 딱 맞는 것이다. 그러나 피치는 흥미롭게도 그의 2010년의 책에서 이것을 대단히 가치 있는 이론으로 높이 사고 있는데, 그 이유는 그 자신도 음악적 원형언어설을 가장 친진화론적 언어기원설로 보고 있기 때문일 것이다. 우선 여기에서는 그의 언어관은 1) 언어는 인간과 동물을 구별시키는 기구라는 점과 2) 언어능력은 성도가 아니라 뇌에 들어 있다는 점, 3) 언어는 본능이 아니어서 후천적으로 합습되는 것이라는 점 등을 중심으로 해서 이루어져 있다는 점을 밝히고서, 그다음에는 그의 언어진화의 과정을 1) 지능발달의 단계와 2) 감정표현의 수단으로 음성의 모방력이 발달하는 단계, 3) 성간의 선택의 수단으로 언어가 쓰이는 단계 등의 세 단계로

잡는 식으로 구체화시키고 있다. (Fitch, 2010, p. 472)

다윈의 진화론은 그런데 엄밀한 의미에서 볼 것 같으면 생물의 탄생 과정에 관한 하나의 완성된 이론이라기보다는 하나의 연구적 틀이나 가설 같은 것이었다. 아무리 자기 이론의 핵심사상은 바로 생물은 으레 환경에 적응하게 되어 있다는 발상법이라고 해도, 자연적 환경은 언제나 변하게 되어 있다는 것을 그는 잘 알고 있었다. 또한 그는 자기 이론은 궁극적으로 적절한 유전 이론의 뒷받침이 없이는 성립될 수 없다는 것을 익히 인식한 나머지 이른바 '범생설(pangenesis)'라는 자기 특유의 유전 이론을 제안하기도 했다.

그런데 그의 유전이론은 그의 진화론의 타당성에 반대나 회의적 의견을 가지고 있던 사람들에게는 최고의 논점으로 쓰이게 되었다. 그의 유전이론의 요점은 생물의 세포들은 많은 수의 '아구(gemmule)'를 생산해서 번식기관을 통해서 다음 세대에게 전수시킨다는 것이었는데, 바로 여기에서 문제가 되는 것이 예컨대 사람의 경우 전수되는 '아구'의 생산자는 부모라는 이름의 두 사람이라는 점과, 이들이 자식에게 전수시키는 아구의 수는 자식에 따라 달라진다는 점이었다. 그러니까 그는 이런 특성을 고려해서 유전적 혼합성의 이론을 제안하게 되었는데, 무엇보다도 중요한 사실은 그 결과 그는 '자연적 선택이 진화를 어느 특수한 방향으로 편향시키려고 할 때마다 유전의 혼합성은 그 효과를 중화시킨다'와 같은 말을 하게 되었다는 점이다.

두말할 필요도 없이 이상과 같은 그의 말은 반대론자들로 하여금 그의 자연선택 이론은 결국에 종의 다양성을 제대로 설명하기에는 허점투성이의 이론에 불과하다는 생각을 갖게 하기에 충분하였다. 일찍이 Hull이 정확히 지적했듯이 이들이 보기에는 '다윈은 개인적 발달의 모형에 따라서 종의 진화과정을 설명하려고만 했지, 그것이 어떤 내적 힘에 의해서 움직인다거나, 아니면 Lamark식 방식으로 환경에 의해서 유발된다는 생각은 하지 못했다. 특히 형태학자들의 입장에서 볼 것 같으면 다윈이 진화에 있어서 시간적 차원을 중요한 요서로 잡은 것은 큰 잘못이었다. 이들은 수학자들이 타원이 원으로 변환되는 절차를 비시간적인 절차로 보듯이, 종의 진화과정도 궁극적으로는 비시간적인 시각에서 파악되어야 한다고 보았다. (Hull, 1995, p. 178)

20세기에 이르자 이런 반대론자들의 의견은 드디어 '신 다윈주의'를 탄생시키게 되었는데, 이때는 바로 Mendel의 유전이론이 생물학계를 뒤흔든 때이라서, 자연히 생물학자들의 논쟁은 다윈의 범생설과 그의 유전이론 간의 차이를 밝히는 데 모아졌고, 그 결과 신 다윈주의자들은 다윈의 진화론과 Mandel의 유전이론은 하나의 통합된 이론으로 합쳐질 수 있다고 보게까지 되었다. 그런데 놀랍게도 이들이 만들어낸 신 진화이론은 '아무리 다른 요소들이 작용한다고 해도 역시 자연적 선택만이 진화를 이끌어가는 유일한 힘'으로 볼 만큼 다원적인 것이었다. 이들이 보기에는 자연적 선택이라는 개념에 의해서만이 생물들이 보이는 복잡한 적응의 현상은 제대로 설명될 수 있었다.

그렇지만 이런 통합이론을 신 다윈주의 이론의 대표 이론으로 치면 역시 신 다윈주의 이론과 고전적 다윈주의 이론 간에는 일정한 차이점이 있음을 알 수 있다. 우선 신 다윈주의 이론에서는 고전적 이론의 취약점은 진화의 현상을 지나치게 단순화한 점으로 보고서, 진화의 원인적인 요서를 무시하다 보니 자연히 그것의 비율과 수준에 있어서의 다양성의 문제를 비롯하여 선택적 압력의 다양성의 문제, 종분화를 수반하지 않는 진화의 문제 등을 정식으로 논의하게 되었다. 더 나아가서 신 이론에서는 선택의 중심적 특징은 개인의 생존이 아니라 재생의 상이성이라고 본 나머지, 생존 투쟁이나 부적격자의 파멸, 적자생존 등의 현상을 선택

의 일반적인 경우가 아니라 특별한 경우로서 설명하게 되었다. (Goudge, 1978, p. 186)

최근에 Beckner가 정확히 지적했듯이 '다윈의 진화론이야말로 과학적 혁신은 결국에 인간의 사고의 한계점까지 충격을 주게 된다는 것을 실증하고 있는 가장 좋은 예'이며, 따라서 이것에 대한 과학자들이 논의는 앞으로도 쉬지 않고 계속될 것이 분명하다. 그런데 이것이 사실은 과학과 인문학을 모두 망라하는 하나의 대사상이고 대이론이라는 것은 20세기에 이미 밝혀졌다고 볼 수 있는데, 그 근거로 내세울 만한 사실은 Goudge의 글에서는 진화론을 형이상학적 진화론과 기계론적 진화론, 활력론적 진화론, 창발적 진화론, 문학적 진화론, 최신 진화론 등으로 나누고 있다는 점이다. 그러니까 간단히 말해서 오늘날 다윈주의자라는 술어는 생물학적인 사상만을 가리키는 협의의 것과 생물학적인 사상은 물론이고 사회과학적 사상과 신학적 사상, 철학적 사상 등을 두루 가리키는 광의의 것으로 양분되게 된 것이다. (Beckner, 1967, p. 296)

그런데 사실은 다윈의 진화론이 앞으로도 끊임없이 여러 학자들의 논쟁거리가 될 것이라는 것을 실증하는 사실 중 가장 확실한 것은 역시 각 분야에서마다 다윈주의자의 목소리와 반다윈주의자의 목소리가 서로 경쟁하게 되었다는 사실일 것이다. 예컨대 『The Way of All Flesh(모든 육체의 길)』 등의 풍자소설로 유명해진 Butler는 자주 문학적 진화론자 중 한 사람으로 거론되기도 하는데, 그 이유는 1879년에 나온 『Evolution, Old and New(진화론, 옛것과 새것)』에서 그는 다윈의 진화론은 선택에 있어서 발생되는 변이성의 현상에 대한 설명이 없다는 결정적인 취약성이나 한계성을 지니고 있는 이상, 이것을 하루빨리 Erasmus 다윈과 Lamark의 진화이론으로 대치되어야 한다고 주장하고 나섰기 때문이었다. 그가 최초로 다윈에 대해서 이런 식으로 적대의식을 나타낸

것은 1872년에 나온 『Erewhon』에서 였으니까, 그는 일찍부터 진화론에 관심이 많은 특이한 소설가였던 셈이다. 그가 1889년에 나온 『Luck or Cunning(행운이거나 교활)』이라는 책에서 '생명체는 자체 구상에 의해서 자기 자신의 의도와 육체가 조화를 이루도록 한다'는 말을 한 점으로 미루어 보아서, 그의 반 다윈적 진화사상에는 평생 아무런 변화가 없었던 것이다.

그런가 하면 어떤 의미에서는 다윈의 『종의 기원』이 한참 많은 학자들의 관심을 끌고 있을 당시에 그들로 하여금 그것에 못지않은 관심을 끌게 한 책인 『Also Sprach Zarathustra(자라투스트라는 이렇게 말했다)』를 쓴 Neitzsche도 반 다윈주의적인 주장을 했었다. 물론 그를 유명하게 만든 것은 그의 '신은 죽었다'라는 이론이나 '초인'이론, '권력의지' 이론 등이었다. 그러나 그는 다윈이 들고 나온 진화의 문제에 대해서도 일가견을 가지고 있었는데, 한마디로 말해서 그의 진화이론은 철두철미한 반 다윈적인 것이었다. '인간과 모든 생명은 본질적으로 그들의 힘을 강화하기를 추구한다'고 주장했던 그로서 다윈의 진화론을 정면으로 공격하고 나선 것은 너무나 당연한 일이었다고 볼 수 있다. (Mautner, 1996, p. 426)

그가 구체적으로 반 다윈적인 인간관을 피력한 곳으로는 크게 두 곳을 내세울 수 있는데, 그중 첫 번째 것은 '다윈에 있어서는 환경의 영향이 말도 안 되게 과대평가되어 있다. 삶의 절차에 있어서 본질적인 요소는 정확히 새로운 형태를 만들고 창조하려는 거대한 내적 힘인데, 이것은 환경을 단지 이용하고 활용할 따름이다'라는 말을 한 『Der Wille Zur Macht(권력에의 의지)』 II, 247절이었다. 이 말만으로도 우리는 그가 젊었을 때 가장 감명 깊게 읽은 글이 Schopenhauer가 쓴 『The World as Will and Representation(의지와 표현체로서의 세계)』였는데, 이때 세운 세계관과 인간관은 그의 평생을 좌우했음을 알 수 있다.

그중 두 번째 것은 그 유명한 『Also Sprach Zarathustra』의 서론인데, 바로 연기에서 그는 인간은 하나의 전이적 존재, 즉 '짐승과 초인 (Übermensch) 사이에 묶인 하나의 밧줄 ― 심연 위의 밧줄'로 간주되어야 한다는 말과 함께 '인간에게 있어서 위대함은 그는 하나의 목표가 아니라 하나의 교량이라는 점이다.'라는 말을 했다. 이 책에서 Neitzsche의 대리인인 격인 Zarathustra는 인간의 위대함에 대한 새로운 무신론적 열망의 복음을 설교하는데, 이런 열망의 화신인 초인은 바로 '기존의 가치를 거부하고서 예술가의 작품을 창조하듯이 자기의 삶을 만들어가는 긍정적이며 창조적인 개인'으로 묘사되고 있다. (Ibid, 425)

이렇게 보면 결국에 일찍이 다윈의 진화이론이 일으킨 혁명은 신다윈주의의 등장으로 종식되기에는 너무나 거센 것임이 분명하다. 이 혁명이 얼마나 거대한 것인가 하는 것은 다윈 자신도 익히 알고 있음이 확실한데, 그것의 근거로 내세울 수 있는 사실이 바로 『종의 기원』의 마지막 장인 제13장의 끝에서 '이 장에서 살펴본 모든 사실은 이 세상을 채우고 있는 생물의 무수한 종, 속, 과들은 각각의 강 또는 군의 범위 내에서 공통의 조상으로부터 유래된 것이라는 점을 분명하게 보여준다'와 같은 말을 하고 있다는 사실이다. 또한 그의 이러한 혁명가다운 자신감은 이 책의 제6판이 나오고 또한 그의 세 번째 책인 『The Expression of Emotions in Man and Animals(인간과 동물에서의 감정표현)』이 나온 1872년에 그가 한 '현재로서 거의 모든 자연학자는 일정한 형태로서의 진화를 인정하고 있다'와 같은 말에서도 쉽게 엿볼 수 있다.

2) 유전적 효과

그런데 사실은 자기의 진화론에 대한 그의 혁명가다운 자신감은 그가 두 번째 책을 내놓을 무렵에 벌써 상당히 누그러져 있었다. 그는 많은 비평가가 자기의 진화론의 약점을 환경과 자연도태의 중요성을 지나치게 과대평가한 점을 들고 있음을 잘 알고 있었다. 그래서 일단 겉으로는 '사실 여부는 미래가 결정하게 될 것이다'라고 타협의 여지를 남겨두면서도, 실제에 있어서는 유전의 기능을 더 크게 부각하는 식으로 그의 이론 일부를 바꾸었다. 이것의 가장 확실한 근거가 될 만한 사실은 바로 그의 두 번째 책의 390쪽과 391쪽에서 인간에 있어서는 두뇌와 언어의 발달이 서로 간에 '유전적 효과'를 주는 식으로 이루어지게 되어 있다고 설파한 사실이다.

여기에 제시된 그의 언어 기원설을 일단 유전적 효과설로 명명하고 보면 우선 누구나가 이것이 오늘날의 생물학자나 인지심리학자의 눈으로 보았을 때도 그럴듯한 것임을 쉽게 알아차릴 수 있다. 앞에서 이미 살펴보았듯이 이 책에서는 53쪽에서는 그 나름의 특이한 음악적 원형언어설이 개진되어 있고, 59쪽과 61쪽에서는 언어의 진화도 자연적 도태의 절차를 밟게 되어 있다는 점이 강조되고 있으니까, 굳이 따지면 여기에 나와 있는 유전적 효과설은 이 책에서 제안된 그의 언어 진화설의 세 번째 것이 되는 셈이다. 한 책에서 언어의 진화에 대해서 세 번이나 언급했다는 사실은 결국에 그가 인간에 있어서의 언어의 중요성, 즉 언어는 인간만의 종특이적 기구라는 사실을 익히 알고 있었다는 것을 잘 뒷받침하고 있다.

그런데 이 세 번째 것의 특이성은 앞의 두 가지 것들과 전혀 이질적이라는 점이다. 일반적으로는 으레 그의 음악적 원형 언어설을 그의 언어 진화설로 간주하고 있는데, 그 이유는 이것은 기본적으로 그의 자연도태설과 상치되지 않을 뿐만 아니라 언어를 감정표현의 수단으로 보는 그의 언어관을 그대로 반영하고 있기 때문이다. 그러나 놀랍게도 이 세 번째 것은 그의 자연도태설과는 기본적으로 정반대인 성격이면서, 음악적 원형언어설과는 아무런 관계도 없는 것이다. 그런데 이 세 번째 것은 이 책의 끝부분에서 개진된 것이기에, 논리적으로 따지면 그의 대표 학설인 음악적 원형언어설보다 더 비중을 둔 것으로 생각할 수도 있다.

이런 생각이 크게 잘못된 것이 아니라는 것은 일단 이것의 내용을 자세히 살펴보면 당장 알 수 있다. 이것에서는 우선 언어의 진화과정을 단순한 형태의 언어 사용으로 두뇌의 크기가 증가하는 단계와 언어와 두뇌의 발달 간에 교차적으로 유전적 효과가 발휘되는 선순환 관계가 성립되는 단계 등의 두 가지 단계로 보고 있다. 그다음으로 이것에서는 언어를 모든 대상과 자질에 붙이는 기호로 보고 있다. 또한 언어를 놀라운 기구로 보기도 한다. 세 번째로 이것에서는 언어를 사고의 도구로 보고 있다. 언어에 의해서 수행되는 사고는 단순한 감각의 인상으로부터는 결코 야기될 수 없는 일련의 생각이다. 여기에서 특히 주목할 점은 물론 언어와 두뇌는 자연도태적 절차에 의해서가 아니라 유전적 효과의 힘으로 발달하게 되어 있다고 본 점이다. 이런 그의 세 번째 언어진화설이 담겨 있는 원문은 대략 아래와 같다.

> 그들의 신체의 크기와 대비했을 때의 하위 동물의 그것과 비교해서, 인간의 두뇌의 크기가 크다는 것은 주로 단순한 형태의 언어를 일찍이 사용한 탓일지도 모른다. 그것은 모든 종류의 대상과 자질에 기호를 붙이고, 또한 단순한 감각의 인상으로부터는 결코 야기될 수 없는 사고의 연쇄체를 유발하는 놀라운 기구이다. 언어의 계속된 사용은 두뇌에 반작용을 일으키고 일종의 유전적 효과를 낳게 될 것이다. 그러면 이것은 다시 언어의 개선에 반작용을 일으키게 될 것이다.

그런데 Beckner의 주장에 의할 것 같으면 그 당시에 생물학자들이 다윈의 이론의 고증적 약점으로 내세웠던 점은 모두 일곱 가지인데, 이들 중 마지막 두 가지가 유전의 기능이나 효과에 관한 것이라는 사실로 미루어보아서는 이상과 같은 언어 문제를 가지고서의 자기의 이론에 대한 나름의 수정이나 보완의 노력은 별로 효과를 보지 못했음이 분명하다. 이들이 보기에는 그는 여전히 일찍이 『종의 기원』에서 내세웠던 점진적 진화의 이론, 즉 모든 생물의 역사는 'natura non facit saltum(자연은 비약하지 않는다)'의 원리를 일찍이 충실히 지키고 있다는 발상법에는 어떤 보완이나 수정의 여지가 없다고 생각한 것이다. 이들이 그 당시에 지적한 그의 진화론의 약점들은 아래와 같은 일곱 가지였다. (Beckner, 1967, p. 300)

(1) 다윈은 새로운 종의 기원에 대한 것은 더 말할 나위가 없고, 자연적 도태의 효과성에 대한 아무런 직접적인 증거도 가지고 있지 못했다.
(2) 다윈은 두 개의 알려진 종 사이에 있는 단 하나의 이행적 종의 존재도 보여줄 수 없었다.
(3) 척추동물의 눈과 같은 복합적 기관들은 단계적으로 진화했을 리가 없는데, 그 이유는 그들은 예비 단계에 있어서는 쓸모가 없어서 소유자에게 아무런 선택적 이득도 주지 못했기 때문이다.
(4) 만약에 진화가 시작되었다면 일정한 진화적 경향은 마땅히 생물에의 유용성의 지점을 지나서까지 계속되었을 것이다. 다윈의 도태 이론으로는 이런 경향을 설명할 수 없다.
(5) 지구는 진화가 일어날 수 있을 만큼 오래되지 않았다.
(6) 자연적 도태에 의한 진화는 유전의 법칙과 조화를 이룰 수 없다.
(7) 획득된 특질의 유전성은 아직 확실히 검증된 바가 없다.

이렇게 보면 그동안의 신 다윈주의자들을 위시한 많은 생물학자에 의한 그의 진화론에 대한 비평이나 수정작업들은 결국에 이런 태생적 약점들을 최대한 보완하려는 노력이었던 셈이다. 그런데 무엇보다도 중요한 사실은 큰 의미에서 볼 것 같으면 이들의 이런 노력은 다윈의 혁명적 사상과 이론을 그대로 이어가겠다는 표현이지, 그것을 무력화하거나 방기하겠다는 의지의 표현은 아니라는 점이다. 다시 말하면 오늘날 대부분의 생물학자는 저마다의 새로운 연구를 통해서 자기네 학문이 다윈의 진화론에 기저하고 있다는 사실을 자랑스럽게 널리 알리고 있다. 이런 사실로 미루어보아서 역시 다윈의 진화론은 과거에 그랬듯이 앞으로도 하나의 위대한 사상이고 이론으로 살아남을 것이 분명한데, 이런 판단의 근거로 삼을 수 있는 것이 다윈의 진화이론으로 '옛 생물학이 새로운 기반 위에 세워지게 될 뿐만 아니라 많은 신 연구 분야가 가능해질 것이다. 예컨대 "심리학은 안전한 기저 위에 세워지게 되어서 여기에서는 우선 각 정신력과 능력의 단계적인 획득 절차가 구명되게 될 것이다. 이를 통해서 인간의 기원과 그의 역사에 관해서 많은 것이 알려지게 될 것이다."'와 같은 Beckner의 말일 것이다. (Ibid, p. 299)

다윈의 진화론의 위상과 장래를 일단 이렇게 긍정적으로 평가해놓고 보면 우리가 해야 할 다음 과제는 『HCF 논문』의 공동작성으로 시작된 이번의 촘스키의 언어진화론의 출현의 의의와 영향을 분석해보는 일일 것이다. 이것의 의의와 영향 중 제일 중요한 것은 앞으로 이것이 어떻게 되는지는 더 두고 보아야 할 일이지만 역사상 최초로 언어진화론이 기존의 생물학적 진화론이나 인류학적 진화론과 같은 결국은 별개의 것이면서도 그것과 같은 반열의 것으로 설정되게 되었다는 점이다. 우선 논리적으로 따지면 이런 현상은 징상적인 것이 아닌데, 그 이유는 기존의 진화론에서는 인간 자체를 진화의 대상으로 삼은 데 반하여 언어진화론에서는 그의 한 특성인 언어를 그런 것으로 삼았기 때문이다. 그가 언어진화론의 위상을 처음부터 기존의 진화론의 것과 같은 것으로 볼 만큼 아주 높이 잡았다는 것은 그것을 위하여 생물언어학이라는 이름의 새로운 학제적 학문을 출범시켰다는 점만으로도 익히 알 수 있다.

　이것의 의의와 영향 중 그다음으로 중요한 것은 기존의 생물학적 진화론의 문제점이나 한계점을 노정시킴으로써 그것의 발전에 새로운 이바지하게 될 것이라는 점이다. 앞에서 이미 살펴보았듯이 우선 다윈의 언어에 대한 지식은 어휘를 언어 전부로 생각할 만큼 아마추어적이었다. 그리고 그는 언어기원을 비롯한 언어적 사실을 자기 진화론의 근거로 삼지도 않았다. 그러나 촘스키의 입장에서 볼 것 같으면 오늘날의 언어는 지금으로부터 10만 년 전과 5만 년 전 사이에 일종의 돌연변이에 의해서 태어났다는 것이 구명되는 순간 다윈의 진화론의 기본 축인 점진 이론은 무너지게 되어 있었다. 또한 그의 생각으로는 일단 문법 조직의 특성에 연유된 언어의 창조성이 밝혀지게 되면 자연도태라는 하나의 진화 절차로 모든 진화 현상이 설명되는 것은 아니라는 것이 실증되는 셈이었다. 이렇게 보면 2010년에 Larson 등이 편집한 책에 기고한 글에서 그가 다윈의 『종의 기원』에 나오는 '하나의 단순한 시작으로부터 무한한 아름답고 놀라운 형태가 진화되어 왔고 또한 진화되고 있다'라는 말을 비과학의 극치인 양 비판하고 나선 것은 너무나 당연한 일이었다. (Chomsky, 2010, p. 450)

　그러나 그의 언어 진화론의 출현이 기존의 진화론 발전에 미치는 영향에는 일정한 한계가 있다는 것도 분명하다. 그중 첫 번째 것은 역시 설사 이것의 타당성이 생물학적인 방법에 따라서 실증된다고 해도 다윈의 고전적 진화론이나 신진화론의 지금의 위상과 내용에는 큰 변화가 없을 것이라는 점인데, 그 이유는 아무리 언어가 인간의 특성이나 기구 중 제일 중요한 것이라고 해도 그것의 진화 절차를 인간의 진화 절차로 보는 식의 부분과 전체를 혼동하는 논리적 오류를 범하는 일은 일어나지 않을 것이기 때문이다. 이런 의미에서 볼 때 언어진화론은 어디까지나 하나의 언어학적 과제일 따름이다.

그중 두 번째 것은 그의 언어진화론은 원래가 기존의 진화론에 대한 일종의 안티테제적인 것인데다가, 사회나 지능 발달의 문제, 언어 학습의 문제 등은 모두 다루어지지 않고 있는데, 아무리 문법 조직이 언어의 핵심적 조직이라고 해도 이것만으로 언어가 작동되지 않는 것은 너무나 자명한 사실이기에, 이런 사실은 그의 이론의 큰 취약점일 수 있다.

2.3. 촘스키의 최소주의 이론

1) 발전의 역사

일단 촘스키가 1995년에 낸 『The Minimalist Program(최소주의 프로그램)』을 그의 최소주의 이론의 원전으로 칠 것 같으면, 우선 이것이 나온 이후 무려 20여 년의 세월이 흘렀음에도 불구하고 다른 이론이 나오지 않았다는 사실로 미루어보아서, 이것이 1950대부터 쉬지 않고 발표된 그의 문법이론들의 마지막 이론임을 알 수 있다. 쉽게 말해서 『HCF 논문』의 출현을 계기로 생물학자를 위시한 비언어학자들에게 으레 촘스키의 통사이론으로 알려지게 된 최소주의 이론의 제일 큰 특징은 바로 이것이 그의 최종적인 통사이론이라는 점이다. 실제로 이 책에서 언어진화에 대한 언급이 있었던 것이 아님에도 불구하고 이것은 그의 언어진화설의 근거가 되는 흥미로운 운명을 지니게 된 것이다.

그런데 엄밀하게 따지면 너무나 당연한 일이겠지만 촘스키가 자기의 언어나 통사이론을 소개하는 데 사용하는 개념이나 주제들은 '내재성'이나 'I언어', '구조의 계층성', '보편문법', '생성', '병합', '연산적 효율성', '언어습득 장치' 등과 같이 그가 일찍부터 되풀이해서 사용하던 것이지, 꼭 이 책에서 새로 쓰이게 된 것이 아니다. 그러니까 편의상 그 자신을 비롯한 대부분 사람이 그의 통사이론에 최소주의라는 한정사를 붙이고 있는 것이지, 최소주의 이론의 특징을 특별히 부각하려는 의도에서 그렇게 하는 것은 아니다.

그리고 무엇보다도 중요한 사실은 그의 최소주의 이론은 최근에 갑자기 창안된 것이 아니라 지난 5, 60년에 걸친 그의 긴 언어 탐구의 역사의 결산체나 결과물로서 태어난 것이라는 점이다. 그러니까 엄밀한 의미에서 볼 것 같으면 1995년의 책만을 가지고서 최소주의 이론이 어떤 것인가를 알아보려고 한다는 것부터가 말이 안 되는 일이다. 예컨대 최소주의 이론을 소개하는 자리에서 '병합'이나 '순환'이라는 두 개념만을 집중적으로 논의하는 것 자체가 전문가의 입장에서 보면 말이 안 되는 일인 것이다. 나쁘게 말하면 생물언어학이라는 급조된 가건물 안에서 두 주인인 생물학자와 언어학자가 서로 편하고 빠른 방식으로 상대방의 주장과 이론들을 이해하려고 하다 보니까 이런 우스꽝스러운 현상이 일어나게 된 것이다.

이런 의미에서 보면 일단 촘스키의 도전을 지금의 언어 진화 연구의 활성자로 보는 한 이것의 현황을 정확히 파악하기 위해서는 다윈의 진화론을 제대로 이해해야 할 뿐만 아니라 그의 언어이론도 제대로 이해해야 한다는 것이 확실해지는데, 여기에서의 '제대로 이해해야 한다'라는 말은 곧 최소주의 이론의 발달 과정, 즉 그의 언어연구의 전 역사를 살펴보는 것이라는 말과 같아진다는 것이 분명해진다. 물론 그의 언어연구의 역사에는 1995년 이후의 업적도 들어가는데, 그 이유는 2016년에 나온 『What kind of creature are we?』와 Berwick과 같이 쓴 『Why only us』 등에서 그는 언어진화의 문제를 놓고서 전에 없이 강력한 반다윈주의적 견해를 피력했기 때문이다.

우선 언어학자치고서 그만큼 평생 언어이론이나 문법 모형을 여러 번 바꾼 사람은 없다고 볼 수 있는데, 여기에서 문제가 될 수 있는 것이 일반적인 논리나 생식적인 판단대로 과연 마지막 것을 그의 대표적인 언어이론이나 문법 모형으로 볼 수 있느냐 하는 것이다. 단도직입적으로 말하면 오직 변형생성문법 이론만이 그의 언어이론이나 문법이론의 이름이 될 수 있을 뿐이지, 최소주의 이론을 위시한 여러 가지 이름은 그것의 한 하위 명칭일 따름이다. 그러니까 그의 언어사상을 가령 변형생성주의로 명명하고 보면 그동안에 문법 모형은 여러 번 바뀌었어도 그의 언어 사상만은 시종일관 그대로였다고 보는 것이 맞는 판단이다.

그의 문법이론의 이름이 변형생성문법 이론이어야 할 근거 중 첫 번째 것은 역시 그가 낸 문법책 중 첫 번째 것인『Syntactic Structures(통사적 구조)』에서 다루어진 주제가 변형이었다는 사실일 것이다. 1957년에 출판된 이 책은 그가 박사학위 논문으로 제출했던「Transformational Analysis」와 1955년에 낸『The Logical Structure of Linguistic Theory』라는 논문을 수정 내지 보완한 것이라는 점으로 보아서, 그의 문법 이론의 핵심적 개념은 바로 변형이었다는 것을 쉽게 알 수 있다. (Chomsky, 1962)

그런데 변형이라는 술어는 원래 대수학에서 개발된 것이었다는 사실과 원래 예컨대 일정한 규칙에 따라서 긍정문을 명령문이나 의문문 등으로 바꾸는 식의 변형 연습은 전통 문법에서 즐겨 쓰던 기법이었다는 사실을 고려한다면, 엄밀한 의미에서는 이 개념은 그의 독창적인 것이 아님이 분명하다. 그러나 이 작은 씨앗을 그 후 5, 60년에 걸쳐서 문법 연구의 역사상 초유의 문법 이론의 거목으로 성장시킨 것은 바로 그였다. 20세기 후반을 흔히들 촘스키의 언어적 혁명의 시대로 부르는데, 그 혁명은 이 작은 씨앗에 의해서 시작되었다.

이와 관련하여 특별히 주목할 사실은 자칫 잘못하다가는 이 초기 이론에서 지나칠 정도로 중시된 변형의 기능이 마지막 이론인 최소주의 이론에서는 아예 언급되지 않을 만큼 무시된 것이 아닌가 하고 의심할 정도로 그것의 술어나 서술법이 달라지었다는 점이다. 그러나 단도직입적으로 말해서 최소주의 이론에서의 기본 개념도 역시 변형인데, 단지 그 이름을 기술적 편의상 병합으로 바꾸었을 뿐이다. 여기에서는 병합을 크게 외적인 것과 내적인 것으로 나누고 있는 사실이나, 이 절차는 문장 생성에 있어서 뿐만 아니라 어휘생성에서도 똑같이 쓰이게 된다고 본 사실 등으로 미루어보아서 변형이라는 개념이 결국에 일종의 종합적이고 포괄적인 개념으로 쓰이고 있음을 알 수 있다. 'α 이동'이라는 말을 이처럼 일단 기존의 변형이라는 말을 이어받은 것으로 보게 되면, 최소주의 이론에서 새로 추가된 개념은 오직 순환뿐이다.

그런데 이 책에서는 변형을 구구조나 구성소 분석법의 한계성을 극복하는 유일한 절차로 보고 있는데, 이런 사실로 미루어보아서 크게는 그가 자신을 그 무렵에 미국이나 유럽에서 가장 새로우면서도 과학적인 언어이론으로 선풍을 일으키고 있던 구조주의의 원리나 이론을 충실히 신봉하는 언어학자로 생각하고 있었다는 것을 쉽게 알 수 있고, 작게는 그가 개발한 변형생성문법은 기존의 구구조 문법을 한 단계 격상시킨 것이라는 것을 익히 알 수 있다. 이 책의 이름에 구조라는 말이 들어가 있는 것은 우연한 일이 아니었다.

구조주의 원리나 이론 중 기본이 되는 것이 바로 문장을 어휘의 선형적 집합체가 아니라 여러 구들로 이루어진 하나의 위계적 구조체로 보아야 한다는 것이었는데, 이 원리에 맞게 그는 이 책에서 예컨대 첫 번째 단계에서는 'Sentence → NP + VP'와 같은 다시 쓰기 규칙이 적용되고 두 번째 단계에서는 'NP → T + N'과 같은 다시 쓰기 규칙이 적용되는 식의 구성소 분석법을 기본적인 문장 분석법으로 제시하고 있다. 이로써 그는 문법 분석에 있어서는 으레 의미의 문제를 완전히 배제하는 형식주의의 전통을 그대로 이어갈 수 있었고, 또한 문법을 기계적 연산 절차를 위한 일련의 규칙으로 정의하는 나름의 대수학적 언어관을 펼 수 있었다. 이와 관련하여 특기할 사실은 결국 이렇게 해서 수형도에 의해서 문장의 구조를 드러내는 것이 그의 문장 분석법의 상표처럼 되었다는 점이다.

이 책에서 가장 중점적으로 다루어지고 있는 것은 물론 변형의 개념과 절차 등이다. 우선 여기에서는 변형을 문장 내에 있는 어휘의 위치를 바꾸거나, 어형소를 추가 또는 삭제하는 절차로 정의하고서, 이것의 종류에는 의무적인 것과 수의적인 것의 두 가지가 있다고 보았다. 특히 흥미로운 것은 변형 절차를 문장을 분류하는 기준으로 삼은 나머지, 그들을 오직 의무적인 변형 절차만을 적용받은 핵문(단순, 능동, 서술, 긍정문)과 그 밖의 수적인 변형 절차를 적용받은 변형문(의문문, 수동문, 부정문 등)으로 대별했다는 점이다. 더 나아가서 여기에서는 복문이나 중문을 도출하는 변형 절차를 일반화 변형이라고 이름하여, 단문의 도출에 적용되는 단순 변형과 대비시키고 있다.

이 책에서는 또한 하나의 문법적 분석 절차로서의 변형 절차의 탁월성이나 과학성을 보여주기 위해서 이것에 의해서 중의문을 분석해 보이기도 했다. 중의문의 올바른 해석법이 그동안 내내 으레 통사론이나 의미론의 궁극적인 과제가 되어 왔다는 사실을 고려한다면 그의 이런 발상법이 통사적 문제의 정곡을 찌른 것임이 분명하며 그래서인지 이후 어느 이론에서나 중의문의 해석법은 정문과 비문의 대비법과 함께 그의 단골 문법적 레시피로 쓰이게 되었다. 여기에서 분석의 대상으로 삼고 있는 것은 'John knew the boy studying in the library.'와 'John found the boy studying in the library.'라는 한 짝의 예문인데, 앞엣것은 오직 한 가지의 의미해석만이 가능한 비중의문인 데 반하여 뒤엣것은 그것이 두 가지일 수 있는 중의문이기 때문에 대비의 대상으로 선택된 것이었다.

여기에서 내세우고 있는 것은 이들 간의 차이를 밝혀낼 수 있는 가장 확실한 방법은 바로 이들에게 수동화 변형 절차를 적용해보는 것이라는 점이었다. 이들에게 적용될 수 있는 수동화 변형 절차에는 동사 뒤의 부분 전체가 하나의 목적어로 다루어지는 것과 그중의 'boy'만이 목적어로 다루어지는 것의 두 가지가 있는데, 첫 번째 것에 의해서는 예컨대 'The boy studying in the library was known (by John)'과 'The boy studying in the library was found (by John)'이 모두 가능한 것처럼 아무런 차이를 드러내지 않는 데 반하여, 두 번째 것에 의해서는 예컨대 'The boy was found studying in the library (by John)'은 가능하지만, 'The boy was known studying in the library (by John)'은 가능하지 않은 식으로 일정한 차이를 보였다. 이런 사실로 미루어보아서 첫 번째 문장은 'NP - Verb - NP'와 같은 단 하나의 구조를 가진 비중의문이지만, 두 번째 것은 그것 외에 'NP- Verb - NP - Comp'와 같은 또 하나의 구조를 가진 중의문이라는 것이 확실했다. 특히 여기에서는 이런 차이점을 토박이들은 직관으로 알고 있다는 점이 강조되고 있다. (Ibid. p. 82)

이 책에서 최초로 소개된 이래 오랜 기간에 걸쳐서 그의 형식주의적 언어관의 상징문처럼 자주 쓰이게 된 것이 'Colorless green ideas sleep furiously(무색의 녹색 상념이 요란하게 잠을 잔다)'라는 문장이다. 이것은 이 책의 문법의 독립성이라는 제목을 가진 이 책의 제1장에서 그가 문법적 문장이란 결국에 관찰된 문장도 아니고 반드시 의미 있는 문장도 아니라는 식의 그의 문법관을 개진하면서 쓰인 예문인데, 의미상으로는 적어도 'Colorless green'과 'ideas sleep', 'sleep furiously' 등의 세 곳에 모순성이 드러나 있는 것이기에 누구라도 이것이 무의미문의 한 좋은 예임을 의심할 리가 없다. 그러나 이것의 무의미성은 'Furiously sleep ideas green ideas'의 그것과는 질이 다르다는 것이 그의 주장이었다. 다시 말해서 영어 사용자라면 누구나가 앞의 문장은 문법적인 문장이지만 뒤엣것은 그렇지 못하다는 것을 잘 알고 있다는 것이었다. (Ibid, p. 15)

일반적으로, 1957년에 나온 책에 밝혀져 있는 이론을 일단 초기 이론으로 부르는 한편, 이로부터 8년 뒤인 1965년에 나온 「Aspects of the Theory of Syntax(통사 이론의 양상)」에서 모습을 드러낸 이론은 표준이론으로 부르고 있는데, 초기의 변형이라는 개념에 생성이라는 또 하나의 개념이 추가되어서 결국에 변형생성문법이 그의 문법의 정식 이름으로 굳어지게 된 것이 바로 이 책이었다는 사실만으로도 여기에서의 이론에 그런 이름이 붙여지게 된 것이 하등 이상한 일이 아님을 익히 알 수 있다. 간단히 말해서 그의 언어나 문법 이론이 혁명적인 선풍을 일으키게 된 것은 이른바 'Aspects'의 출현의 결과라고 볼 수 있을 만큼 이 책에서는 일단 완성된 것으로 볼 수 있는 그만의 특이한 언어사상과 문법 모형이 제시되어 있었다. (Chomsky, 1965)

여기에 제시된 그의 언어사상의 특징으로는 크게 세 가지를 들 수 있는데, 그중 첫 번째 것은 '자연이냐 학습이냐'의 긴 논쟁에서 앞엣것을 중요시하는 이성주의적 언어관을 다시 강조하고 나섰다는 점이다. 이와 관련해서 특기할 만한 사실은 크게 두 가지인데, 그중 첫 번째 것은 그의 이런 움직임은 그동안의 경험주의적 학풍에 대한 일종의 반동적인 성격의 것이었다는 점이다. 기존의 구조주의자들은 행동주의라는 심리학적 이론을 앞세워서 경험주의적 언어학습 원리를 전파하는 데 전력을 쏟았었는데, 그는 이런 잘못을 바로잡는 것을 앞으로 언어학자가 해야 할 첫 번째 과제로 보았다.

그중 두 번째 것은 이번의 그의 이런 움직임은 17세기와 18세기에 유럽의 철학자들 사이에 크게 벌어졌던 이성주의 운동을 계승하는 성격의 것이라는 점이다. 실제로 그는 자기의 문법관은 결국에 Descartes의 언어적 구조를 심층적인 것과 표층적인 것으로 나누어 보는 식의 이성주의적 발상법을 계승한 것임을 밝히기도 했다. 또한 그가 이번에 자기 문법의 이름으로 삼은 '생성(generate)'이라는 말은 Humboldt가 즐겨 쓰던 'erzeugen'이라는 말을 영어로 번역한 것이었다. 의도적이었던지 아니면 비의도적이었던지 간에 이로써 그는 자기는 이미 하나의 어엿한 이성주의 언어철학자임을 만천하에 알리게 된 것이다.

그중 두 번째 것은 언어이론을 언어습득 이론과 동일시하는 역사상 최초의 언어사상가로 자처하고 나섰다는 점이다. 그는 여기에서 우선 인간의 언어의 특이함은 그것은 으레 고유의 언어습득 장치가 작동됨으로써 배워진다는 점이니까, 마땅히 언어연구의 궁극적 과제는 그 사실을 밝히는 것이어야 한다고 주장하고 나섰다. 다시 말해서 그의 언어습득 이론은 모든 어린이에게 내재하여 있는 보편문법이 후천적 학습으로 얻어진 일정한 언어자료의 유발로 저마다의 모국어의 문법으로 실현되게 된다는 것이었고, 그의 언어이론은 언어연구자의 궁극적인 과제는 바로 그 보편문법의 실체를 구명하는 일이라는 것이었다. 이렇게 해서 결국에 그의 이성주의적 언어이론은 내재적 언어이론이나 아니면 보편문법적 언어이론으로 불리게 되었다.

그중 세 번째 것은 언어연구의 정당한 대상이 되는 것은 언어능력이지 언어수행이 아니라는 식으로 언어적 현상을 크게 두 가지로 대별하게 되었다는 점이다. 쉽게 말하면 그가 말하는 언어능력이란 문법적으로 맞는 문장을 생성할 수 있는 능력으로서 토박이가 일정한 언어습득 과정을 통해서 갖게 된 일종의 추상적인 문법적 지식인 데 반하여, 언어수행이란 그것에 의해서 만들어진 문장이 언어 사용의 현장에서 구체적으로 사용되는 현상이었다. 이런 구분은 훗날에 가서 I-언어(내적 언어) 대 E-언어(외적 언어)로 이름이 바뀌게 되면서, 그의 언어이론의 중추적 이론으로 굳어지게 되었는데, 그 이유는 결국에 이렇게 해야지만 그의 문법관이나 언어관은 경험주의적인 것이 아닌 이성주의적이라는 점이 분명해지기 때문이었다.

언어연구의 대상을 이렇게 언어수행이 아니라 언어능력으로 잡아야 할 더 구체적인 이유는 이렇게 하지 않고는 언어연구자가 기술적 적절성의 조건이 아니라 설명적 적절성의 조건을 충족시키는 문법을 만들어 낼 수 없기 때문이었다. 더 구체적으로 말하면 기술적 적절성보다 한 수준 높은 것이 설명적 적절성이어서 설명적 적절성을 갖춘 문법이란 결국에 기술적으로 적절한 체계가 이론화나 원리화되어 있는 문법이었다. 그가 목표로 하는 이런 문법은 다시 말해서 언어능력이라는 특수한 내재적 지식의 실체와 그것의 작동 절차를 제대로 보여주고 있는 문법이었다.

이 책의 또 하나의 핵심부는 바로 이른바 그의 문법의 표준적인 모형을 제시한 부분이었는데, 자기의 언어사상이 아무리 고매하고 그럴싸한 것이라고 해도 그것이 구체적으로 그의 문법 연구의 방법이나 절차로 실현되어 있지 않은 한 뿌리 없는 나무와 같은 것이라는 것을 잘 알고 있는 그였기에, 초기 이론이 발표된 이후 8년이라는 긴 기간에 걸쳐서 연구한 바를 하나의 문법적 모형으로 여기에 집대성시켜 놓았다. 아래의 도표처럼 도형화할 수 있는 이 표준 모형에는 크게 두 가지 특징이 있다고 볼 수 있는데, 그중 첫 번째 것은 문장 생성의 기본이 되는 것은 통사조직이나 그것의 의미를 해석하는 의미해석부와 그것을 음운화 하는 음운적 해석부가 그것 이외에 따로 있어야 한다는 것을 고려한 나머지,

언어는 심층구조와 표층구조의 두 구조체로 이루어져 있다고 생각하게 되었다는 점이다. 그중 두 번째 것은 변형부를 심층구조로부터 표층구조를 도출해내는 부위로 보았다는 것이다. 초기 이론에서의 변형부의 기능이 여기에서는 크게 달라지게 된 셈이다.

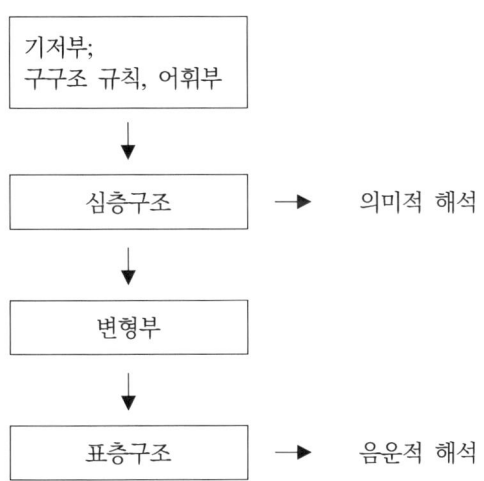

이 책에서는 또한 이상과 같은 모형에 따르는 문장 생성의 절차를 초기 이론에서의 것보다 훨씬 더 정교화했다고 볼 수 있는데, 이런 조치 중 첫 번째 것은 심층구조를 얻는 데 쓰이게 되는 다시 쓰기의 규칙이 하위 범주화 규칙과 선택 규칙의 제약을 받도록 한 것이었다. 먼저 하위 범주화 규칙이란 예컨대 'eat'라는 타동사는 'eat, [+ V, + -NP]'처럼 기술하고, 'elapse'라는 자동사는 'elapse, [+ V, + -#]'처럼 기술하는 식으로 동사의 문맥을 명시하는 규칙이었다. 그다음으로 선택적 규칙이란 동사의 주어나 목적어로 쓰이는 명사의 의미적 자질을 명시하는 규칙으로서, 이것에 의해서 똑같은 자동사문이면서도, 'The boy elapsed'는 비문인 데 반하여 'A week elapsed'는 정문이라는 사실이 밝혀지게 되어 있었다. 자질 표시에서는 'sincerity'의 것은 ' + N, + Count, + Common, + Animate, + Human'처럼 되는 식으로 각 명사의 의미적 특성이 모두 명시되어 있어서, 여기에서의 정문은 으레 문법적으로 맞을 뿐만 아니라 의미적으로도 맞게 되어 있었다. (Ibid, p. 85)

 이런 조치 중 두 번째 심층구조에 적용되는 변형 절차의 종류와 양식을 크게 확대해서, 문법 전체가 변형생성 문법이라는 이름에 걸맞게 모든 문장은 으레 일정한 변형 절차에 의해서 생성되게 되어 있다는 식의 결론에 도달할 수 있게 했다. 변형 절차의 위력을 보여주기 위해서 그가 실제로 분석해 보이는 예문은 'The man who persuaded John to be examined by a specialist was fired(전문의에 의해서 검사받기를 존에게 설득했던 사람은 해고되었다)'와 같은 하나의 복문이었는데, 물론 여기에서 특별히 독자들의 시선을 끈 것은 이 문장의 예외적인 구조적 복잡성이라기보다는 그것에 대한 변형 문법적 설명법이었다. 이 문장이 생성되는 과정을 'The man was fired'와 'The man persuaded John of NP', 'A specialist examined John' 등의 세 개의 구구조 문에 수동화 변형과 일반화 대치 변형, 삭제 변형, 관계사 변형, 등의 모두 여덟 가지의 변형 절차가 차례대로 적용되는 과정으로 보고 있는데, 이것 하나만으로도 누구나가 바로 이때쯤에 문법은 곧 변형이라는 그의 사고방식이 극단에 이르게 되었음을 익히 알 수 있다. (Ibid, p. 131)

 표준이론에서의 그의 변형에 대한 거의 맹목적인 신념은 흥미롭게도 그의 그다음 이론에서는 최대로 다양화되었던 변형 규칙이 'α이동' 규칙 하나로 집약되는 식으로 사라져버렸는데, 이런 사실 하나만으로도 극대주의로부터 최소주의로의 그의 방향 전환은 이미 이때 시작되었다고 볼 수 있다. 보통 1981년에 나온 『Lectures on Government and Binding(지배와 결속 이론)』을 원리와 매개변인의 이론으로 불리는 그의 세 번째 언어이론의 원전으로 치니까, 결국에는 표준이론의 운명은 16년밖에 되지 못했다. 그런데 엄밀히 말하면 1970년대에 그것은 이른바 확대표준이론으로 바뀌어 있었는데, 이것은 곧 심층구조와 표층구조의 크기를 놓고서 그의 지지자들이 생성의미론파와 변형파로 나뉘게 되자 그가 역시 변형주의자답게 후자의 손을 들어준 결과에 지나지 않았다.

그런데 이 책에서는 문법 모형이 통사부에서 S-구조가 도출되면 그것에서 음성형식과 논리 형식이 도출되는 식으로 크게 바꾸게 되었으니까, 이제 작게는 표준이론 때 그의 문법 모형의 기간으로 삼았던 심층구조 대 표층구조의 발상법을 대담하게 포기하게 된 것이었고, 크게는 그의 극대주의로부터 최소주의로의 움직임이 크게 가속화된 것이었다. 그리고 여기에서는 심층구조와 표층구조를 각각 D-구조와 S-구조로 개명함으로써 새 문법 모형의 특징이 더 뚜렷하게 드러나도록 했다. 이번 모형의 특징 중 제일 큰 것은 의미해석을 그 구조로부터 도출된 논리 형식에 의해서 하게 되는 식으로 S-구조의 기능이 압도적으로 강화된 점이었다.

그런데 이 이론의 본명은 '원리와 매개변인의 이론'이고, 그것의 별명은 '보편문법 이론(Theory of Universal Grammar)'이라는 사실이 익히 말해주고 있듯이, 이 세 번째 이론의 중핵으로 볼 수 있는 것은 역시 그의 특이한 이성주의적 언어습득 이론이었다. 그의 언어습득 이론이 옛날의 언어습득 장치 이론에서 새로운 보편문법 이론으로 바뀌게 된 것은 바로 이래야만 언어이론과 언어습득 이론을 동일시하는 그의 독특한 언어관의 특징이 더욱 뚜렷하게 드러나기 때문이다. 일찍부터 그의 언어습득 이론의 주제는 모두에게 내재하여 있는 보편문법과 후천적 학습관과의 관계를 밝히는 것이었는데, 결국에 그의 언어이론 자체의 이름을 보편문법 이론으로 정함으로써 모든 논의의 초점을 전자의 중요성을 강조하는 데 맞춘다는 그의 이성주의적 논법의 특징이 더욱 분명해진 셈이다.

그런데 그는 여기에서 보편문법의 실체를 규칙이나 형식적 규제의 집합체가 아니라 일반적인 자질이나 원리의 집합체로서 파악하기에 이르렀다. 그가 여기에서 제시하고 있는 보편문법의 구성 원리는 모두 일곱 가지였는데, 구구조 이론을 한 단계 더 발전시킨 X-바 이론을 위시하여, 한계이론, 지배이론, Θ이론, 결속이론, 격이론, 통제이론 등이 바로 그들이었다. 그러니까 이 이론에서의 문장 생성의 절차는 X-바 이론으로 기저부에서 범주적 구구조가 만들어지게 되면 이것에 위의 여섯 가지의 제약하에서 이동규칙을 적용하는 것이었다. 이 책의 이름을 지배와 결속 이론으로 정한 것을 보면 문장 생성의 절차 중 기본이 되는 것은 이동, 즉 변형의 절차인데, 이때 적용되는 제약 중 제일 중요한 것으로 보고 있는 것이 지배와 결속에 관련된 것이라는 것을 익히 알 수 있다.

아울러 그는 여기에서 '유표성의 이론(Theory of Markedness)'과 '학습가능성의 이론(Theory of Learnability)'과 같은 특이한 언어습득 이론들을 제안하기도 했는데, 이들은 쉽게 말해서 원리와 매개변인의 이론의 타당성을 구체적으로 뒷받침하고 있는 것들이었다. 우선 첫 번째 것에서는 우리가 배우는 문법은 크게 핵심 문법과 주변부로 나뉠 수 있는데, 언어습득의 특성으로 보았을 때 이들은 각각 무표적인 것과 유표적인 것으로 볼 수 있어서, 후천적 경험이나 학습이 수행하는 기능도 무표적인 것의 매개변인의 수치를 정해주는 것과 유표적인 것을 기억이나 습관 등의 방법으로 터득하는 것의 두 가지로 나뉘는 것으로 보아야 한다는 이론이 전개되고 있다. 여기에서 강조되고 있는 점은 물론 이들 두 가지 기능 중 더 중요한 것은 첫 번째 것이라는 점이었다.

그다음으로 두 번째 것에서는 우리의 몸 안에 내재하여 있는 보편문법은 문자 그대로 보편성이나 공통성을 띠고 있는 것이기 때문에, 그것의 후보로 내세울 수 있는 문법의 가짓수는 지극히 제한적일 수밖에 없다고 상정하는 것이 논리적으로 맞는 일이라는 주장이 펼쳐지고 있다. 그런데 여기에서 특별히 강조되고 있는 점은 학습 가능성이 크게 담보된 문법은 결국에 인간의 생물학적 조건과 인지적 조건에 어긋나지 않은 문법이라는 점이었다. 암묵적으로 이 자리에서 그가 주장하고 있는 것은 이런 의미에서 볼 때 현재로서 보편문법의 최선의 후보로 내세울 수 있는 것은 자기의 변형생성문법이라는 점이었다.

 이 이론에서 한편으로는 문법모형을 복수 구조형으로부터 단일 구조형으로 바꾸고, 변형규칙의 종류를 이동규칙 하나로 집약시키는 식의 최소주의로의 노력이 두드러지게 나타나고 있지만, 다른 한편으로 보면 문장생성의 절차를 형식화하려는 노력이 드디어 극도로 난해하고 복잡한 구조적 기술법을 만들어내는 결과를 낳기도 했다. 한 문법의 우수성은 으레 형식화의 탁월성에 의해서 드러나게 되어 있다고 생각한 나머지 새로운 기호와 기술법을 다다익선 식으로 만들어내어 사용하다 보니까, 최소주의의 노력과는 역행하는 자가당착적인 결과가 생기게 된 것이다. 물론 이런 모순은 이때쯤에는 그의 문법의 수준이 문법적 논제 중 가장 까다로운 것을 다룰 수 있을 만큼 높아져 있었기 때문에 생겨나는 일종의 부작용일 수도 있었다.

 그런데 이와 관련해서 무엇보다도 주목할 사실은 문장 도출의 실례를 보여주는 자리에서는 자기의 개량된 문법모형을 완전히 무시하는 기술법을 보여주고 있으면서, 지배와 결속의 원리를 논의하는 자리에서는 S-구조 하나만을 보여주는 식으로 기술법이 통일되어 있지 않다는 점이다. 아마 이런 갈등의 현상은 극대주의로부터 최소주의로의 전환이 생각만큼 쉬운 일이 아니기 때문에 일어났을 것이다. 예컨대 이 책의 33쪽에서는 'It is unclear who to see.'라는 문장의 도출 절차를 먼저 통사부로부터 'It is unclear [S̄ COMP [S PRO to see who]]'와 같은 D-구조를 얻게 되면 그것에 변형 절차가 가해져서 'It is unclear [S̄ whoi [S PRO to see xi]]'와 같은 S-구조가 도출되게 되고, 다시 이것으로부터는 의미 해석을 위해서 'It is unclear [S̄ for which person x [S PRO to see x]]'와 같은 논리형식이 도출되게 된다는 식으로 설명하고 있다.

그런가 하면 이 책의 183쪽에서는 결속의 이론을 설명하면서 의문사 이동으로 생기는 흔적에는 의문사 때문에 결속되는 것(t)과 이 흔적 자체에 의해서 결속되는 것(t') 등의 두 가지가 있다는 것을 강조하면서, 그 증거로서 'Who did he say Mary kissed?'라는 의문문의 구조는 '[S̄ who [S he said [S̄ t[S Mary kissed t]]'처럼 기술될 수 있다는 사실을 들고 있다. 물론 여기에 제시된 구조는 S-구조이다. 그러니까 겉으로 보기에는 지금의 그의 기술법에서는 S-구조 한 가지만이 쓰이고 있는 것처럼 보인다. 그러나 33쪽의 예로써 익히 알 수 있듯이 그의 문법 모형에서는 S-구조는 으레 D-구조로부터 도출되게 되어 있으니까 실제로는 바뀐 점이 하나도 없는 것이다. 이런 식의 그의 태도의 모호성은 최소주의 때 가서도 그대로 지속되었다.

2) 최소주의 이론의 특징

문장기술법상에 이런 이중성이 있는 한 사람에 따라서는 우선 1981년의 책이 나온 지 14년 뒤인 1995년에 출판된 『The Minimalist Program (최소주의 이론)』에 제시된 그의 언어이론을 과연 일반적인 세평이나 그 자신의 주장대로 새로운 언어이론으로 볼 수 있겠는가와 같은 질문을 던질 수도 있을 텐데, 이 언어이론의 특징으로 다음과 같은 몇 가지 점이 이 책에서 밝혀져 있다는 것을 확인하는 순간에 이런 질문이 부질없는 것이라는 것을 당장 깨닫게 마련이다. 물론 엄밀하게 보면 이 언어이론은 지난번의 언어이론의 연장선상에서 태어난 것이지, 돌연변이적으로 생겨난 것은 아니다. 그러나 이 언어이론의 특징들은 모두가 왜 이 이론이 최소주의 이론으로 불리게 되었는가를 익히 해명해주고 있는, 창의적인 것들이다.

먼저 이 이론에서 제시하고 있는 문법모형을 살펴보게 되면 이 이론이 최소주의 이론으로 불리게 된 이유가 확실해진다. 이 이론에서의 문법모형은 아래의 도표처럼 도식화할 수 있는데, 누구나 한눈에 우선 이것이 구도상으로 과거의 언어이론에서의 복수 구조형이나 단일 구조형과는 판이한 것임을 확인하게 마련이다. 다시 말하면 이것에서는 최소주의라는 이름에 걸맞게 문장 도출의 절차가 최고로 간소화되어 있는 것이다. 그런데 이 모형의 핵심부격인 '문장화' 부분을 S-구조로 바꾸어 쓰고 보면, 이것은 결국에 원리와 매개변인의 이론에서의 모형과 많이 닮았음을 알게 된다.

이 모형에 따른 문장 도출의 절차가 실제로는 이상과 같은 도형보다는 훨씬 더 복잡해질 수 있는데, 그 이유는 이것에서는 어휘부에서 얻어진 어휘의 선형적 구조체, 즉 배번집합에 어휘 간의 자질 점검이나 병합 절차에 의해서 그것의 정형성이나 문법성을 확인하는 절차, 즉 문자화 (Spell Out) 절차를 적용하는 횟수가 단 한 번으로 제한되어 있지 않기

때문이다. 다시 말하면 이것에서는 문자화 층위로부터는 으레 음성형식과 논리형식을 모두 도출하게 되어 있으므로 때에 따라서는 그 절차가 여러 번 되풀이될 수도 있는 것이다. 그렇지만 문법모형 자체로 보았을 때는 역대의 모형 중 이것만큼 단순화된 것은 없었다는 것은 부인할 수 없는 사실이다.

 이번의 언어이론에서는 크게 다음과 같은 두 가지의 새로운 언어분석법이 제안되고도 있는데, 이들 모두가 그가 문법을 예컨대 최소의 노력으로 최대의 효과를 거둔다는 우리의 인지체계의 특성에 맞는 것으로 만들려는 노력의 일부임은 더할 나위가 없다. 이중 첫 번째 것은 자질점검법으로서, 쉽게 말해서 이것에서는 문장 도출 시 구성 어휘들의 통사적 내지는 기능적 자질들이 서로 합치하고 있는지를 점검하는 절차가 규제되어 있으니까, 결구 이로써 그의 문장 도출 절차는 최대로 단순화되게 된 셈이었다. 그는 여기에서 자질분석법의 구체적인 내용을 소개하고도 있는데, 자질점검시 유인자가 될 수 있는 범주에는 'D'와 'I(또는 T)', 'C', 'V' 등의 네 가지가 있고, 이들의 점검을 받는 자질에는 범주적 자질과 Θ자질, 격자질, 강자질 등의 네 가지가 있다는 등의 설명이 그것의 일부이었다. (Ibid, p. 278)

 이중 두 번째 것은 가칭 신변형법으로서, 쉽게 말해서 이것은 복사와 병합이라는 두 가지의 신분석법으로 구성되어 있어서 결국에 기존의 변형절차법은 이제 그 이름부터 사라지게 되었다는 데 그 의의가 있었다. 먼저 복사법에서는 한 문장의 어떤 요소가 이동하게 되면 그 자리에 't'라는 흔적이 남겨지는 것이 아니라 그것의 복사체가 남겨지는 식으로 과거의 변형규칙의 화려했던 모습이 거의 사라지게 되었고, 그다음으로 병합법에서는 두 개의 구조가 하나의 구조체로 합쳐지는 절차가 변형을 위한 이동의 절차보다 더 기본적인 절차로 작동하게 되어 있으니까, 이 이론에서의 문장 도출의 절차는 과거의 그것과는 비교도 할 수 없을 만큼 단순화되게 되어 있었다. 물론 굳이 따지면 병합은 그 후 순환과 함께 그의 최소주의 이론의 핵심적 절차로 내세워지게 되었으니까, 복사와는 달리 일종의 본질적인 절차로 받아들여지게 되었다는 특징을 가지고 있다.

실제로 그가 이 책에서 제시하고 있는 'there문'의 분석법을 살펴보게 되면, 이 이론에서의 언어분석법은 과거의 언어이론에서의 그것과는 판이한 것이라는 것을 확인할 수 있다. 과거의 언어이론에서는 'there문'은 으레 'there삽입' 절차에 의해서 도출되는 것으로 되어 있었다. 그러나 이 이론에서는 'there문'은 '융합적 허사(amalgamated expletive: EA)'라는 일종의 두 어휘 복합체의 설정으로 도출된다고 보았다. 예컨대 'There is a man in the room'이라는 문장의 논리형식은 '[there, a man] is t in the room'처럼 되는 것이었으니까, 이 분석법은 과거의 것과는 비교도 할 수 없을 만큼 참신한 것이었다.

일단 'A-연쇄체' 법으로 불릴 수 있는 이 분석법의 타당성을 실증하기 위하여, 그는 'there문'이 목적어로 쓰이고 있는 복합문에 대한 분석법을 실례로 들기도 했다. 예컨대 이 분석법에 따르면 'I believe [there is a man here]'와 'I believe [there to be a man here]'와 *'I tried [there to be a man here]'라는 세 문장의 논리형식은 각각 'I believe [[EA there, a man] is t here]', 'I believe [[EA there, a man] to be t here]', *'I tried [[EA there, a man] to be t here]'처럼 될 테니까, 이것만으로도 누구나 왜 이들 중 앞의 두 문장은 모두 정문인 데 반하여 마지막 문장만은 비문인가 하는 것을 익히 알 수 있게 된다는 것이었다. 다시 말해서 그 차이는 첫 번째 문장에서는 'there'가 주격을 부여받고 있고, 두 번째 문장에서는 그것이 목적격을 부여받고 있는데, 반하여 마지막 문장에서

는 그것이 아무런 격도 부여받고 있지 않다는 데서 비롯된다는 것이었다. (Ibid, p. 67)

그런데 이 책에 따를 것 같으면 최소주의 이론의 진짜 특징은 이상과 같이 최대로 간소화된 문법모형과 문장분석법은 사실은 인간의 인지체계의 연산적 특성이 그대로 반영된 것에 지나지 않는다고 본 점이다. 이 말은 물론 최선의 문법은 마땅히 인간의 생물학적 내지는 인지적 조건에 잘 맞아떨어지는 것이어야 할 텐데, 지금 여기에서 제안되고 있는 최소주의적 문법이 바로 그런 문법이라는 말과 같은 말이었다. 이런 의미에서 보면 비록 여기에서는 아직 언어진화의 문제는 제기되지 않았지만, 이때 이미 그는 자기 특유 생물언어학적 발상법의 싹을 조금씩 키우고 있었음이 분명하다.

그런데 흥미롭게도 2015년에는 이 책에 대한 일종의 자기 평가문으로 평가받을 수 있을 만한 글이 나오기도 했는데, 이것은 적어도 두 가지 점에서 그의 최소주의 이론을 제대로 이해하는 데 이바지하고 있다고 볼 수 있다. 이 글은 이 책이 출판된 지 20년이 되는 해인 2015년에 그가 이른바 20주년 기념 서문으로 썼던 것인데, 여기에서는 우선 이 책 안에서는 전혀 언급이 없었던 언어진화의 문제가 언급되고 있다. 20년 뒤에 나온 서문에서나마 그가 자기의 최소주의 이론은 그동안에 결국 자기의 언어진화 이론 일부로서 발달되어왔다는 점을 강조하고 나선 이유는 아마 이렇게 해야지만 2000년대에 들어서서부터 자기의 언어진화론으로의 전향이 정당화될 수 있기 때문이었을 것이다.

이 글의 첫 부분에서는 Galileo의 '자연은 단순하다'라는 잠언을 실증하는 것을 언어학의 궁극적인 과제로 삼다 보니까 자연히 최소주의 이론이 태어났다는 점이 강조되고 있는데, 이것의 중간쯤에 이르러서는 마치 이 잠언의 진짜 가치는 으레 언어진화 이론을 수립할 때 발휘하게 되어 있다는 점을 설득하려는 듯이, 갑자기 자기 특유의 언어진화관을 제시하고 있다. 우선 그는 여기에서 언어진화 이전의 언어적 상황을 크게 두 가지로 보고 있는데, 그중 첫 번째 것은 아프리카를 인류 조상이 떠난 이래 지금으로부터 5만 년이나 8만 년 전까지는 기존의 언어기능(faculty of language: FL)이 아무런 변화 없이 그대로 유지되는 상황이고, 그중 두 번째 것은 Tattersall의 주장대로 언어진화 이전에는 어떤 형태의 언어기능도 존재하지 않는 상황이었다.

그렇다면 누구나 이들 중 어느 것을 맞는 것으로 상정하든지 간에 진화기에 있어서 언어기능은 갑작스럽게 나타나게 되었고, 그 절차는 대단히 단순했을 것이라는 추리를 쉽게 할 수 있으리라는 것이 그의 생각이었는데, 그 근거로 내세울 수 있는 것이 바로 그것의 기본적인 자질들은 주로 자연의 법칙들과 언어 외적인 우발적 사건들에 의해서 결정되었다는 점이었다. 특히 이 자리에서 그는 '언어는 분명히 하나의 연산적 체계이기 때문에 관련된 자연의 법칙들은 마땅히 효율적 연산의 원리들을 포함하게 되어 있다'라는 점과 이상과 같은 사실들을 고려해보았을 때 '지금의 최소주의 프로그램은 정도에 들어서 있음'이 확실하다는 점을 강조하고 있다. (Chomsky, 2015, p. ix)

이 글에서는 그다음으로 일반적으로 최소주의 이론으로 불리고 있는 그의 문법이론의 정식 명칭은 '강력한 최소주의 명제(Strong Minimalist Thesis: SMT)'라는 점이 그것의 간단한 현황과 전망과 함께 밝혀져 있다. 한마디로 말해서 겉으로 보았을 때는 이것은 분명히 특이한 자화자찬과 자기 미화로 가득 찬 글인데, 내면 상으로는 이것은 그의 이론이 이름에는 아무리 '강력한'과 같은 강조사가 붙어 있다고 해도 이것을 근거로 해서 새로운 언어진화설을 만들어내기에는 아직 부족함이 많은 이론임을 익히 드러내고 있는 글이다.

우선 여기에서는 이른바 SMT의 과제는 우리의 언어가 과연 최소 연산적 절차로 무한한 위계적 구조체를 산출할 수 있는 보편문법과 개념의도적 인터페이스, 지각운동적 인터페이스 등의 세 부분으로 이루어져 있는가를 확인하는 것인데, 그동안의 업적은 대부분 사람에게 이 과제가 지금까지 성공적으로 수행되고 있음을 확인하기에 충분한 것이었다고 주장되고 있다. 그 근거로서 예컨대 'Which book did John read?'라는 문장은 'For which book X, John read the book X'처럼 해석되는 점으로 미루어보아서 '전위'의 절차가 우리의 기본적 문법적 절차의 하나임이 분명한데, 이런 사실을 제대로 구명하는 것은 역사상 그의 문법뿐이었다는 사실을 들고 있다. (Ibid, p. x)

그러나 조금 뒤인 이 글의 결론에서는 결국에 지금까지의 업적을 가지고서 SMT의 정당성 여부를 판단한다는 것은 말이 안 되는 일이라는 점이 분명히 밝혀져 있다. 예컨대 이 결론의 마지막 문장은 '말할 필요도 없이 SMT가 얼마나 멀리 도달할 수 있는가를 결정하기 위해서는 거대한 탐구 영역들이 남아 있다. 그렇지만 전망은 신나고 분명히 도전적인 것 같다.'처럼 되어 있으니까, 일단 겉으로 보았을 때는 이것이 지금의 SMT에 대한 그 자신의 긍정적인 평가이지 부정적인 평가가 아닌 것이 확실하다. 그러나 이것에서는 분명히 아직 그 누구도 손을 대지 못하고 있는 거대한 탐구 영역이 제대로 탐구되기 전까지는 SMT가 얼마나 멀리 도달할 수 있는가를 결정할 수 없다는 점이 밝혀져 있다. 그러니까 쉽게 말하면 그는 여기에서 자기의 SMT 이론의 한계성에 대해서 일종의 자기 고백을 하는 것이다. (Ibid, p. xii)

너무나 당연한 일이겠지만, 일찍이 그의 이번의 언어진화론적 논쟁의 방법은 언어습득론적 논쟁에서 사용했던 그것과 거의 같다는 특징을 가지고 있다. 지난날의 언어습득론적 논쟁에 있어서는 공격의 대상이 경험주의자들이었다는 데 반하여 이번의 언어진화론적 논쟁에 있어서는 그것이 진화론자들이라는 차이점이 있음에도 불구하고, 그가 구사한 논법은 똑같이 한편으로는 상대방 이론의 취약점을 최대로 부각하면서 다른 한편으로는 자기 이론의 장점과 실체를 널리 알리는 식의 일종의 '양면작전적 공격법'이었다. 그리고 어떤 의미에서는 그의 논쟁법의 진짜 특징은 같은 비판과 대안 제시를 서로 다른 곳에서 몇 번이고 되풀이한다는 점이다. 그의 설득법에는 제대로 열 번 찍어 안 넘어가는 나무는 없다는 식의 강인함이 있었단 것이다.

그의 설득법이 얼마나 끈질긴가 하는 것은 이번도 거의 같은 내용의 주장이 적어도 세 가지의 서로 다른 책에서 반복되고 있다는 사실로써 익히 확인할 수 있다. 앞에서 이미 지적했듯이 무슨 이유에서인지 1995년의 책에서는 문법모형의 생물학적 내지는 인지적 조건에 대해서는 많은 논의를 하면서도 언어진화의 문제는 전혀 거론되지 않았었다. 이런 약점을 보완하기 위해서였는지 그는 이 무렵에 자기의 언어진화론을 집중적으로 소개할 수 있는 언어이론적 책을 세 가지나 출판하였다. 이 중 첫 번째 것은 2002년에 나온 『On Nature and Language(자연과 언어에 대하여)』였는데, 우선 이 해는 바로 그가 그 이정표적인 『HCF 논문』을 두 명의 생물학자와 함께 써냈던 해라는 사실이 눈에 띄는데, 이런 사실 하나만으로 우리는 이 책은 결국에 그가 자기의 언어진화론을 소개하는 목적을 가지고서 쓴 것임을 익히 짐작할 수 있다. 그런데 단적으로 말하면 이것은 그의 1995년의 책에 대한 일종의 보완서의 성격을 띠고 있다고 볼 수 있는데, 그 이유는 여기에서는 1995년 책에서는 미처 제대로 언급을 하지 못했던 과제, 즉 병합의 절차가 언제, 어떻게 현대언어의 기본적 문법 절차로 자리를 잡게 되었는가에 대한 자세한 설명이 있게 되었기 때문이다.

그는 여기에서 지금으로부터 5만 내지는 10만 년 전에 뇌신경망이 돌연변이적으로 재조직됨으로써 병합의 절차가 태어났다는 식의 그 특유의 언어진화설을 내놓았는데, 두말할 필요도 없이 이것은 생물학자들에게는 그들의 학문의 역사상 초유의 돌발적 사건이었다. 첫 번째로 이것은 분명히 지금까지의 다윈의 진화론의 위상을 송두리째 뒤흔드는 일이었다. 두 번째로 이것은 역사상 처음으로 언어학자가 언어적 사실을 근거로 해서 인간의 진화의 문제에 대해서 일정한 의견을 개진한 사건이었다. 세 번째로 이것은 그들에게 뇌 조직의 진화과정의 구명이라는 가장 궁극적인 과제를 던져준 사건이었다. 이렇게 보면 2002년에 그는 한편으로는 『HCF 논문』에서처럼 생물학자들을 회유하는 한편, 다른 한편으로는 이 책에서처럼 그들의 이론과 능력의 한계성을 한껏 노출하는 식의 양면작전을 폈던 셈이다. 그러나 이번에 그들에게 깊은 인상을 남긴 것은 그가 이 책의 11쪽에서 인간의 진화과정에 있어서 대도약에 대한 지금까지의 설명 중 자기의 병합이론에 근거한 것처럼 그럴듯한 것은 없었다고 주장할 만큼 자기의 언어진화설의 타당성이나 과학성에 대해서 강한 자신감을 가지고 있었다는 점이었다. (Chomsky, 2002, p. 11)

이 중 두 번째 것은 2016년에 나온 『What kind of creature are we?(우리는 어떤 존재인가?)』라는, 이름부터가 자못 철학적 색채가 짙은 책인데, 사실은 이것에도 그는 2002년의 책에서 폈던 주장, 즉 병합이론에 근거한 언어진화설의 타당성을 구명하는 것이 오늘날의 언어학의 궁극적 과제라는 그의 주장이 펼쳐지고 있다. What is Language(언어란 어떠한 것인가)』라는 제목의 제1장에서 언어의 특성으로 세 가지를 내세우고 있는데, 따지고 보면 이들 세 가지는 그의 언어이론의 세 가지 요점들일 뿐만 아니라 그의 언어진화 이론의 세 가지 요점들이다.

이들 중 첫 번째 것은 언어는 크게 E-언어와 I-언어로 나누어질 수 있는데, 이들 중 오직 I-언어만이 생성문법에서 정당한 연구대상이 될 수 있다는 점이었다. 물론 가장 특이한 점은 이것을 여기에서는 '인간의 생물학적 자질의 일종으로서, 구체적으로 말하면 정신/두뇌와 동일시할 수 있는 그것의 한 부위이다'처럼 정의하고 있다는 사실이다. 이들 중 두 번째 것은 언어에서 기본적 문법 절차로 쓰이게 되는 것은 병합인데, 이것은 인간의 인지적 연산작업에서 쓰일 수 있는 절차 중 가장 단순한 것, 즉 최소주의적이라는 점을 고려할 때, 인간의 두뇌는 일종의 최적 컴퓨터로 볼 수 있다는 점이었다. 여기에서는 병합을 내적인 것과 외적인 것으로 나누었다.

이들 중 세 번째 것은 언어의 기본적 구조체는 보편문법인데, 이것은 후천적으로 학습된 것이 아니라 선천적으로 내재한 것이라는 점이었다. 생성문법에서 정당한 연구대상이 될 수 있는 것은 바로 이런 보편문법인데, 이런 의미에서 볼 때 여기에서는 보편문법을 I-언어와 같은 것으로 보고 있다고 볼 수 있다. 예컨대 'Instinctively, eagles that fly swim(본능적으로 나는 독수리들은 수영을 한다)'라는 문장에서 독자는 으레 '본능적으로'라는 부사를 '날다'가 아니라 '수영을 한다'라는 동사와 연결하게 되는데, 이것은 결국에 그에게 보편문법적 지식이 있기 때문이었다. (Chomsky, 2016, p. 20)

그런데 하나의 철학서로서의 이 책의 특이함은 그 끝이 일단 언어의 특성을 이상과 같은 세 가지로 잡고 보면, 언어학의 궁극적 과제는 자연히 그들이 어떤 것인가를 파악하는 일을 넘어서 그들이 어떻게 진화하게 되었는가를 구명하는 일로 귀착되게 마련이라는 주장으로써 마무리되고 있다는 점이다. 이 책의 마지막이며 네 번째 장에는 「The mysteries of nature: how deeply hidden(자연의 신비: 얼마나 깊게 감추어져 있는가)』라는 제목이 붙여져 있는데, 놀랍게도 그는 여기에서 오늘날의 학문에서 아직도 신비의 대상으로 남겨져 있는 것이 바로 인간의 인지력의 진화 문제인데, 이런 의미에서 볼 때 언어의 진화 문제를 언어학자가 그의 궁극적인 과제로 삼는 것은 너무나 타당한 일이라는 주장을 하고 있다.

그가 이런 주장을 펴는 것은 두말할 필요도 없이 자기의 최소주의 이론의 최종적인 마무리 작업은 마땅히 하나의 언어진화 이론 내에서 그것의 적절성을 검토하는 일이어야 한다는 그동안의 생각을 합리화하려는 데 그 의도가 있었다. 예컨대 이 자리에서 그는 인지력의 진화와 관련된 언어학적 질문에는 크게 인지 및 지각운동적 체계로 해석이 익히 가능하면서 위계적으로 구조화된 무한한 표현을 만들어내는 능력이 어떻게 진화되었는가와 원자적 요소로서 이런 작업에 쓰이는 어휘들이 어떻게 진화되었는가의 두 가지가 있을 수 있다고 밝히고 있다. 결국 이 책에서 그는 자기가 언어진화 이론을 내세우게 된 것은 기존의 생물학적 진화론의 한계성을 노출하기 위해서가 아니라 자기의 최소주의 이론의 타당성을 제시하기 위해서라는 점을 실토하고 있는 셈이었다. (Ibid, 9.127)

이 중 세 번째 것은 같은 해인 2016년에 생물학자인 Berwick과 같이 쓴 『Why only us: Language and Evolution(왜 우리만인가: 언어와 진화)』인데, 한마디로 말해서 이것은 생물언어학의 탄생의 역사와 현황을 알아보는 데는 더할 나위 없이 편리한 참고서의 역할을 할 수 있는 책이다. 그러니까 큰 의미에서는 앞의 두 책에서 설명되고 있는 그의 최소주의적 언어이론과 그것에 근거한 언어진화 이론의 기본 개념이나 발상법들이 여기에서도 소개 내지는 논의되고 있다고 볼 수 있지만, 다윈의 진화론의 부적절성에 대한 논의와 함께 그것에 대한 생물학적 근거들이 구체적으로 제시되고 있는 곳은 오직 이것뿐이다. 이런 의미에서 볼 때 이것은

2002년에 발표된 『HCF 논문』의 내용과 의의를 한 단계 심화시킨 책인 셈이다.

이 책에서는 그의 언어진화 이론과 관련해서 크게 두 가지 주제가 다루어지고 있다고 볼 수 있는데, 그중 첫 번째 것은 그가 2000년대에 이르러서 자기의 언어연구의 궁극적 과제로 언어진화의 문제를 들고나오게 된 과정, 즉 생물언어학의 탄생의 역사인데, 이것에서 특별히 강조되고 있는 점은 크게 세 가지이다. 그중 첫 번째 것은 우선 제1장의 제목이 'Why now(왜 지금인가?)'에 대한 정확한 해답을 알아야지만 왜 생물언어학적 논쟁이 오늘날에 와서 뜨겁게 달아오르게 되었는가에 대한 이유를 알게 된다는 점이었다. 한마디로 말해서 만약에 최근에 이르러서 그의 생성문법이 최소주의이론으로 귀결되지 않았더라면 생물언어학적 논쟁이 갑자기 가열될 수 없으리라는 것이 여기에서의 주장이다.

구체적으로 말하면 그의 최소주의 이론에 의해서 통사적 절차는 병합 하나뿐이라는 사실이 구명된 이상, 진화생물학들이 그들의 이론에서 그동안 내내 가장 큰 딜레마로 여겨 온 언어기원의 문제를 정식으로 다룰 용기를 갖게 되는 것은 너무나 당연한 일이었다. 이들은 그러니까 외형적 '표현형'이 더 좁게 정의되면 될수록 그것이 어떻게 진화했는가에 대한 이들의 생물학적 파악이 쉬워지고, 더 나아가서는 우리와 언어가 없는 여타 종 간의 간격이 좁아지게 된다는 것을 익히 알고 있었다. 물론 이 정도의 생물학적 지식은 언어학자들에게도 있었다. 따라서 언어학자 측에서도 이제는 생물학과 언어학 간의 긴밀한 협업을 제안할 수 있는 용기가 생기게 되었다.(Berwick and Chomsky, 2016, p/ 2)

그중 두 번째 것은 사실은 지난 5, 60년에 걸친 그의 언어연구의 역사는 생물언어학을 탄생시키려는 노력의 역사나 다름이 없다는 것을 밝힌 점이었다. 여기에서는 일단 1967년에 Lenneberg가 『Biological Foundations of Language(언어의 생물학적 기저)』라는 책을 낸 것을 생물언어학이나 언어생물학적인 언어연구의 효시로 보고 있다. 이 책에서는 보편문법의 실체에 대한 문제에는 아직 손을 대지 못하면서도 생물학적 근거를 내세워서 언어진화의 불연속성의 문제는 꽤 심도 있게 다루어지고 있었다. 특히 여기에서 제안된 측위화설이나 언어습득의 결정적 시기설은 결국에 촘스키가 제안한 이성주의적 언어습득론과 궤를 같이하는 것이기에 많은 사람의 시선을 끌었다. 그런데 무엇보다도 중요한 사실은 이 책이 나온 이후 생물학자와 언어학자, 철학자, 인지과학자가 한자리에 모여서 언어진화의 문제를 정식으로 논의하게 되었다는 점이었다.

물론 촘스키는 이런 모임의 주동자 중 한 사람이었는데, 이보다 더 주목할 사실은 1970년대 내내 그는 진화생물학자인 Salvador Luria와 함께 MIT에서 언어생물학에 대한 세미나 과목을 가르쳐왔다는 사실이었다. 그러나 안타깝게도 이들로부터는 언어진화에 대한 어떤 중요한 이론이나 발상법도 얻어낼 수 없었다. 이런 의미에서 볼 때 1990년대에 이르러서 그가 자기 특유의 보편문법이론을 완성한 것을 그의 무성과의 긴 노력에 드디어 큰 돌파구가 생긴 사건으로 볼 수 있는데, 그 이유는 이것이 근저가 되어서 결국에 SMT라는 이름의 최소주의 이론이 탄생할 수 있었기 때문이었다.

그중 세 번째 것은 그는 처음부터 다윈의 진화론의 한계성이나 부적절성을 노정시키는 일과 자기의 최소주의적 언어습득이론을 세우는 일은 같이 진행되어야 한다는 생각을 하고 있었다는 점을 밝힌 점이었다. 그는 일찍부터 자연적 선택이나 도태이론으로 불리는 다윈의 진화이론의 결정적인 약점은 이것으로는 언어가 언제, 어떻게 해서 인간에게만 존재하게 되었는가 제대로 설명될 수 없다는 것을 잘 알고 있었기에, 기회가 있을 때마다 오직 자기만이 이른바 '다윈의 문제(Darwin's problem)'를 해결할 수 있다는 점을 강조하고 나섰다. 이것은 물론 그가 1970년대에 이성주의적 언어습득이론을 내세우면서 오직 자기만이 오래된 '플라톤의 문제(Platon's problem)'를 해결할 수 있게 되었다고 자랑하던 것과 비교가 된다. 그는 때로는 이것을 '월리스의 문제(Wallace's problem)'라고 부르기도 했는데, 그 이유는 언어진화와 관련된 다윈의 진화론의 한계성을 최근에 지적하고 나선 것은 진화론자인 Alfred Russel Wallace였기 때문이다.

너무나 당연한 일이겠지만 그의 비평과 공격의 표적은 항상 Linnaeus 와 다윈이 금과옥조로 내세웠던 'Natura non facit saltum(자연은 비약할 수 없다)'라는 원리였다. '자연적 선택, 즉 도태는 작고 연계적인 변이의 이점을 택함으로써만 작동될 수 있다. 자연은 비약을 결코 할 수 없고 따라서 가장 짧고 느린 걸음으로 나아가야 한다'라고 다윈은 1895년의 책의 194쪽에서 주장했었는데, 이 말의 잘못됨을 실증적으로 드러내는 것이 촘스키의 언어진화 이론의 궁극적인 목적이었다.

물론 이 책에서는 다윈의 진화론의 부적절성이나 한계성을 드러내는 데 구체적인 모순점을 지적하는 방법도 쓰이고 있다. 첫 번째로 여기에서는 오늘날 이른바 '현대적 통합이론'으로 불리고 있는 신다윈주의 이론의 불완전성을 신랄하게 비판하고 있는데, 그 이유는 오직 이것만이 지금 생물학계에서 현대적 진화이론으로 받아들여지고 있는 데다가 오늘날에는 많은 생물학자가 이것의 타당성을 실증하기 위해서 새로운 분자생물학이나 유전학적 방법을 사용하고 있기 때문이었다. 예컨대 대표적인 현대적 통합이론파인 Fisher는 19030년에 『Genetical Theory of Natural Selection(유전학적 도태이론)』이라는 책에서 자기가 개발한 수학적 적응모형의 분석 결과를 '모든 적응적 변화는 표현형적 효과가 영에 이를 만큼의 무한한 수의 작은 변화들로 이루어졌음을 알게 되었다'

라는 식으로 설명했었는데, 1980년대에 이르러 Orr나 Kimura는 새로 개발한 양적 특질 분석법을 사용해서 개별적 유전자는 표현형에 놀라울 정도로 큰 영향을 줄 수 있음을 밝혀냈다. (Ibid, p. 34)

그다음으로 여기에서는 다윈이 1871년의 책에서 내세웠던 가창설을 'Caruso Theory(카루소 이론)'이라는 조롱 섞인 이름으로 부르기는 하면서도 그것의 진가를 재평가하고 있다. 예컨대 그는 이 책의 57쪽에서 '목소리가 더 자주 쓰이게 되면서 사용의 유전적 효과의 원리에 의해서 발성기관이 완성되게 되었고, 이것은 바로 말의 능력에도 크게 영향을 주게 되었다'라고 주장했었는데, 흥미롭게도 최근에 와서 그의 음악적 원형언어설에 대한 재조명작업이 이루어지고 있다. Berwick은 1996년의 Edinburgh에서의 'Evolang'회의에서 현대언어학적 운율적 구조 이론을 근거로 해서 그의 이론에 대한 하나의 신형을 제안한 바가 있고, 또한 2010년에는 놀랍게도 피치가 여러 면에 있어서 그의 가창설은 현대적이며 선지적인 이론이었다는 주장을 하고 나섰다.

이 책에서 다루어지고 있는 주제 중 두 번째 것은 그가 내세우는 최소주의적 언어진화 이론이란 구체적으로 어떤 것인가를 밝히는 것인데, 흥미롭게도 여기에서는 이 일이 아래와 같이 'what(무엇)'과 'who(누가)', 'where and when(어디와 언제)', 'how(어떻게)', 'why(왜)' 등의 다섯 가지의 의문사문에 대한 해답의 형식으로 이루어지고 있다. 이들은 『HCF 논문』의 세 가지 부재를 연상시키는 것이다. 이렇게 해서 결과적으로는 이 책을 통해서 독자들은 지금까지 촘스기 본인이나 타인에 의해서 정의되거나 설명된 수많은 그의 언어진화 이론 중 가장 확실하고 알기 쉬운 것을 접할 수 있게 된 것이다. (Ibid, p. 110)

    (1) '무엇'은 인간 언어의 기본적 자질, 즉 다른 기관과의 인터페이스에서 일정한 해석작업을 하게 되는, 무한한 수의 위계적으로 구조화된 표현

을 만들어내는 능력을 밝혀내는 일로 귀결된다.
(2) '누구'는 우리이다. 즉, 생리학적인 현대인으로서 침팬지도 아니고 고릴라도 아니며, 노래새도 아니다.
(3) '어디'와 '언제'는 약 20만 년 전에 남아프리카에서 생리학적인 현대인이 처음으로 출현한 시기와 약 6만 년 전에 마지막 아프리카 탈출이 있었던 시기 사이의 어느 때를 가리킨다.
(4) '어떻게'는 기본적 자질의 신경적 실현절차로서 거의 알려진 바가 없다. 그러나 최근의 과학적 증거들을 바탕으로 해서 이것을 '두뇌 약간의 재연결'로 볼 수 있다.
(5) '왜'는 내적 사고를 위한 언어의 사용으로서, 언어는 이때 다른 지각적 및 정보처리적 인지체계들은 한데 묶는 인지적 결합체가 된다.

『Triangles in the Brain(두뇌 안의 삼각형들)』이라는 식의 신기한 제목이 붙여져 있는 이 책의 네 번째이며 마지막 장에서는 이상과 같이 요약될 수 있는 다섯 가지의 질문에 대한 대답을 최대한 최신적이고 전문적인 정보로써 재해설하고 있는데, 이런 의미에서 볼 때, 바로 이 장이 'HCF 논문'의 의의와 가치를 확인하는 데 큰 도움을 줄 수 있는 부분이라고 볼 수 있다. 우선 이 책의 제목으로 보아서는 '누구'에 대한 해설부가 응당 이 장의 핵심부가 되어 있어야 하겠지만, 실제에 있어서는 '무엇'에 대한 해설부가 그런 부위가 되고 있는데, 이것 하나만 보아서도 그의 언어진화 이론의 기저가 되는 것은 그의 최소주의 이론이라는 것을 익히 알 수 있다.

그런데 '무엇'에 대한 해설부에서 집중적으로 해설되고 있는 것은 역시 문장생성시 기본적 조립 절차로 작동하는 '병합'에 관한 사실들이어서, 결국은 여기에서는 그의 언어진화 이론의 기저가 되는 것은 병합이론이라는 것을 여실히 드러내고 있는 셈이다. 흥미롭게도 여기에서는 우리의 두뇌를 세 개의 부분으로 구성된 일종의 컴퓨터로 보고 있는데,

구체적으로 말하면 그것의 'CPU(중앙처리기구)'에서 작동하는 절차를 '병합'으로 보는 한편, 나머지 두 부분을 지각운동적 체계와 인터페이스 하는 부분, 즉 '외양화' 체계와 개념 의도적 체계와 인터페이스 하는 부분, 즉 '내양화' 체계로 보고 있다. 물론 여기에서 가장 주목할 사실은 이들 세 부분을 등위적인 것들이 아니라, 두 가지 인터페이스 부분들은 으레 해석적 기능을 담당하는 부분으로 간주하는 식으로 서로 차별적인 것들로 보고 있다는 점이다.(Ibid. p.111)

여기에서 또 한 가지 주목할 사실은 한편으로는 "병합은 순환적으로 무한한 수의 위계적으로 구조된 표현체들을 만들어낸다."라는 것과 같은 말을 하면서도 다른 한편으로는 "어휘와 같은 원자적 요소와 함께, 병합은 인간언어를 위한 하나의 핵심적 진화의 혁신이라는 사실을 아는 것이 중요하다"와 같은 말을 하고 있다는 점이다. 이 말은 곧 인간의 언어가 오늘날의 것처럼 되는 데는 병합이라는 통사조직의 진화과정뿐만 아니라, 어휘조직의 진화과정도 있었다는 말인데, 실제에 있어서는 이들 두 가지 진화과정 중 오직 첫 번째 것에 대해서만 논의되고 있다. 다시 말해서 여기에서는 인간의 언어를 동물의 의사소통체계 보다 차원 높은 것으로 만드는 것은 바로 병합이라는 점만을 강조하고 있다.

물론 여기에서는 병합의 위력을 드러내 주는 사실로 이것은 외적인 병합과 내적인 병합의 두 가지로 나누어질 수 있다는 점을 내세우고 있기도 하다. 예컨대 병합의 두 대상을 X와 Y로 쳤을 때, 이들이 각각 별개의 것일 수도 있고, 아니면 X나 Y가 다른 것의 한 부분일 수도 있는데, 앞의 경우를 외적인 병합으로 부르고, 뒤의 경우를 내적인 병합으로 부르게 된다는 것이었다. 그런데 사실은 여기에서 강조되고 있는 점은 기본적으로는 외적인 병합은 자유문맥적 조립 절차이어서, 일단 외견상으로는 그동안에 이른바 비변병문법적 통사이론들로 불리던 '수어 추동

구구조문법(HPSG)'이나 '어휘 기능 문법(LFG)', '수형연접 문법(TAG)' 등과 유사한 것처럼 보일 수 있겠지만 사실은 그렇지 않다는 것이었다.

이런 이론들과 병합이론 간의 차이점은 병합에 있어서는 구성 성분 간의 선형적 순서나 선행성을 요구하지 않는다는 점이었다. 비유적으로 말하면 병합적 표현체는 두 개의 논항이 저변의 두 다리가 되어 있고 꼭짓점에 표지가 붙여져 있는 하나의 삼각형이었다. 이 마지막 장의 제목이 '두뇌 안의 삼각형들'로 되어 있는 점으로 미루어보아서 최소주의 이론에서는 병합적 절차가 순환적으로 되풀이되는 것을 통사나 문법적 절차의 전부로 보고 있다는 것을 익히 알 수 있다. 물론 여기에서의 삼각형의 특징은 일반적인 기하학적인 것들과는 다르게 저변에 있는 두 논항의 순서가 미리 정해져 있지 않다는 점이었다.

이와 관련하여 또 한 가지 여기에서 강조되고 있는 것은 "인간 언어의 가장 중요한 특징은 왼쪽에서 오른쪽으로 가는 서술적 표현체가 아니라 일단 하나의 삼각형으로 표현될 수 있는 위계적 표현체를 사용한다"라는 점이었다. 여기에서는 마치 이른바 삼각형 비유법의 타당성을 실증하려는 듯이, 「While he was holding the pasta, Max ordered sushi」라는 문장에서 어떻게 대명사인 「he」가 순서상 먼저 나와 있으면서도 뒤에 나오는 「Max」와 동일 인물로 해석될 수 있는가에 대한 해답을 내놓고 있다. 여기에서는 아래의 도표처럼 이 문장의 구조를 「He said Max ordered sushi」와 「Max said he ordered sushi」의 구조들과 대비시키고 있는데, 이들 중 첫 번째 것은 「he」와 「Max」가 동일 인물일 수 없는 경우이고 이들 중 두 번째 것은 그들이 동일 인물일 수 있는 경우이며, 이들 중 세 번째 것도 역시 그들이 동일 인물일 수 있는 경우이다. (Ibid. p.119)

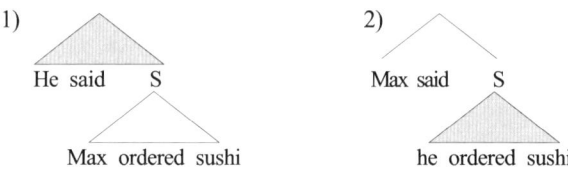

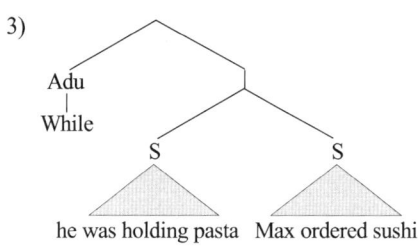

　병합과 관련해서 여기에서 마지막으로 강조되고 있는 것은 내적 병합이 아무리 강력한 절차라고 해도 그것을 제한하는 장애가 있는 경우에는 적용될 수 없다는 점이다. 예컨대 기본적으로는 내적 병합은 제한 없이 적용될 수 있다는 것을 보여주는 예가 바로 "how many cars did you tell your friends that they should tell their friends...that they should tell the mechanics to fix"와 같이 긴 문장이 하나의 정문일 수 있다는 점이었다. 중간에 있는 '...'은 더 많은 절이 때에 따라서는 삽입될 수 있다는 것을 의미한다. 그러나 관계사 'that' 자리에 의문사 'why'가 들어서게 되면 이것은 "how many cars did you tell your friends why they should tell their friends...that they should tell the mechanics to fix"와 같은 비문이 되어 버린다. 이런 사실로 미루어보아서 내적 병합은 한 번에 하나의 절의 경계선을 넘는 식으로 이루어지는데, 'why'와 같은 의문사는 하나의 장애로서 그것을 막게 된다는 것을 알 수 있다. (Ibid. p.125)

　'무엇'에 대한 해답으로서는 이상과 같이 장황하고 복잡한 해설을 한 데 반하여 나머지 의문사들에 대한 해답은 의외로 짧고 단순하다. 여기에서 두 번째로 던져진 의문사는 '누구'인데 놀랍게도 이에 대한 해답은 노래새의 노래에 관한 이야기와 일찍이 'Nim'이라는 침팬지에게 미국 손짓언어를 가르쳐본 경험담의 두 가지로 이루어져 있다. 우선 이런 식의 초라한 해답은 이 책의 제목을 『Why only us(왜 우리만 인가)』로 잡은 점을 무색케 하는데, 따지고 보면 이것이 바로 언어진화의 문제를 놓고서의 생물학과 언어학 간의 협조적 연구의 현황인 셈이다. 그런데 너무나 당연한 일이겠지만 이들 두 사례의 초점은 결국에 오직 인간만이 병합을 기저로 한 문법체계를 가지고 있다는 점에 맞추어져 있다. 우선 새 노래의 특징에 관한 논의에서는 2011년에 Berwick 등이 「Songs to syntax: The linguistics of birdsong(노래의 통사론: 새노래의 언어학)」라는 논문에서 내렸던 결론을 다시 되풀이하고 있는데, 구체적으로는 "대부분의 인간언어의 통사적 자질들은 새노래에서는 발견되지 않는다. 유일한 예외는 인간언어의 음성체계와 관련되어 있다."라는 것과 인간언어의 통사론의 16가지 주요 자질 중 오직 두 가지만이 새노래와 인간언어의 통사론 모두에서 공통으로 발견되는데, 인접성 기저적 의존성과 덩치로의 묶음이 그들이다. 」와 같은 말들이 되풀이되고 있다. (Ibid. p.140)

그다음으로 침팬지에게 미국 손짓언어를 가르쳐본 경험에 관해서는 두 가지 연구 결과가 제시되고 있는데, 그중 첫 번째 것은 2005년에 Pettito가 「How the brain begets language (어떻게 두뇌는 언어를 탄생시키는가)」라는 논문에서 발표한 내용이었다. 그가 관찰한 바에 의할 것 같으면 "Nim이 이룩한 것은 가장 익숙한 어휘들의 장보기 목록을 만든 것 뿐으로서, 3세 어린이가 가지고 있는 통사적 능력, 즉 위계적 구조체를 만드는 능력은 아예 배우지를 못했다." 이런 사실로 미루어보아서 침팬지는 완전한 '연상주의적 학습자'이고 암기가 그가 사용하는 유일한 학습법임이 분명했다.

그중 두 번째 것은 2013년에 Yang이 일찍이 Nim이 학습한 자료들을 정보이론적 방법에 따라서 재분석한 결과이었다. 이 연구의 주제는 물론 Nim이 과연 '장보기 목록'만을 만들어냈을 뿐 2세나 3세 어린이의 통사적 능력마저도 습득하지 못했는가를 확인하는 것이었는데, 그 결과는 예측대로였다. 그는 이 나이의 어린이들이 배운 2어문들은 많은 것이 예컨대, 「the apple」이나 「a doggie」와 같은 기능어+내용어의 구조체를 이루고 있는, 일종의 규칙 지배적 표현체들인데 반하여 Nim이 배운 2어 손짓들은 대부분이 예컨대 「Nim apple」이나 「apple knife」와 같은 단순한 나열적 표현체들이라는 사실에 착안하여 이들 두 자료의 다양성 차이를 비교하는 것이 곧 침팬지가 손짓언어를 배우는 방법이 어린이들의 언어습득 방법과 전혀 다른 것임을 가장 쉽게 실증하는 방법이라고 생각했다.

그가 비교의 기준으로 삼은 것은 원점을 기점으로 한 45도 선의 기준이었는데, 그 이유는 바로 이것은 2~3세의 어린이 말에 있어서 뿐만 아니라 더 나이가 많은 어린이 말과 성인의 말에서 상관관계의 수치가 0.997에 이를 만큼 잘 지켜지고 있는 기준이었기 때문이었다. 그런데 Nim의 2어문 사용에 있어서는 사용 빈도가 이 기준치 이하로 크게 떨어져 있었다. 그러니까 Nim의 2어문 사용의 빈도는 어린이들의 규칙지배적 표현체의 사용의 빈도보다 훨씬 낮을 뿐만 아니라 이들 두 언어는 다양성 차이에서도 동일한 차별성을 보이고 있었다. 결국 이런 비교의 결과는 일찍이 Petitto가 내렸던 결론의 타당성, 즉 침팬지의 언어습득 방법은 인간의 그것과 전혀 다른 '장보기 목록 작성법'이라는 것을 명백하게 실증하고 있었다. (Ibid. p.148)

여기에서 세 번째로 던져진 의문사는 '어디서와 언제'인데, 이것에 대한 해답도 역시 첫 번째 것에 대한 것과는 비교도 할 수 없을 만큼 짧다. 그 이유는 두말할 필요도 없이 원형언어나 원시언어에 관한 한 아무런 화석도 발견될 수 없기 때문이다. 우선 여기에서는 "모든 면으로 보아서 정신 의존적 어휘 같은 요소의 기원은 하나의 큰 신비로 남아 있다"라는 점이 강조되고 있는데, 이 말은 이들이 틀림없이 이 점이 크게 보아서는 자기네 최소주의적 언어진화 이론의 큰 문제점이라는 것을 익히 알고 있다는 증거이었다. 물론 이 자리에서는 "병합 자체의 정확한 탄생에 대한 쉬운 대답도 없다"라는 Lewontin이 1998년에 한 말도 그대로 인용되고 있다.

'어디서와 언제'에 대한 여기에서의 해답은 크게 보았을 때는 지금으로부터 20만 년 전과 6만 년 전 사이에 아프리카에 살던 생리적으로 현대인의 모습을 한 인류의 조상이 처음으로 언어를 갖게 되었다는 그동안의 주장이 그대로 되풀이되고 있지만, 그것에 대한 일종의 보충 설명으로 다음과 같은 두 가지 사실들이 상세히 논의되고 있는 것이 특별히 시선을 끌 만한 점이다. 그중 첫 번째 것은 20만 년 전이라는 상한점과 6만 년 전이라는 하한점 간의 간격이 너무 크다는 비평을 의식해서인지 이들 중 하한점 이전이나 아니면 그보다 더 가까운 시점을 정답으로 내세우려는 의견이 개진되고 있다는 점이다. 첫 번째로는 '블롬보스 동굴(Blombos cave)'에서 8만 년 전에 쓰이던 것으로 보이는 많은 상징물이 발견된 사실로 미루어보아서 원시인들은 아프리카 탈출 이전에 언어를 가지고 있었다고 익히 추리할 수 있다는 것이다. 두 번째로는 Jean Atchinson이 1996년에 나온 『*Seeds of Language*(언어의 씨앗)』이라는 책에서 "인간 언어의 시작은 25만 년 전이지만 10만 년 전과 7만 5천 년 전 사이에 그것은 결정적 세련화의 단계를 맞이하게 되었다"라고 내세우고 있다는 것이었다.

그중 두 번째 것은 지금으로부터 40만 년 전과 60만 년 전 사이에 우리로부터 분리되어 나간 '네안데르탈인(Neandertals)'에게는 우리가 가지고 있는 것과 같은 통사적 능력은 없었다는 점이 강조되고 있다는 점이다. 우선 스페인의 'El Sidron Cave(엘시드론 동굴)'에서 발견된 네안데르탈인의 화석에 대한 분석으로 그동안 일부 사람이 FOX P2의 변이형이 그들에게도 있었다는 추리를 할 수 있었다. 그러나 Enard 등이 2002년의 논문에서 내세운 FOX P2의 '선택적 확산'의 시기보다 크게 앞선 30만 년 전에서 40만 년 전 사이에 그들이 이런 변이형을 가지고 있었음을 미루어보아서 엄밀한 의미에서는 인간의 POX2와 유형이 같은 것을 그들이 가지고 있었던 것은 아니었다.

또한 그동안에는 네안데르탈인과 우리 사이의 언어능력상의 차이점을 밝혀내려는 노력은 일종의 대리증거격인 상징적 활동의 증거를 찾는 데도 경주되어왔는데, 이런 노력은 역설적으로 "그들은 상징적 언어의 기본적 자질이나 특성이 있지 않았다"라는 지금까지의 관련된 학계의 일관된 견해를 더 강화하는 결과만을 낳고 말았다. 예컨대 이런 노력의 가장 대표적인 것이 바로 최근에 'Arcy chatelperronian Cave(아시 체텔페로니안 동굴)'이나 'Grotte du Renne' 등에서 발굴된 유물들을 분석한 것이었는데, 이런 연구의 결과는 결국에 Mellars가 2010년의 글에서 밝힌 대로 그동안의 이 문제에 대한 모호성을 말끔히 해소해버렸다. "Gratte du Renne로부터의 새로운 일정 결정이 의미하는 바는 유럽에서 후기 네안네르탈인들이 복집한 상징적 행동을 했다는 것을 입증하는 가장 널리 인용되는 증거가 이제 완전히 무효화되었다는 것이다"가 바로 Mellars가 한 말이었다.(Ibid. p.154)

여기에서 네 번째로 던져진 의문사는 '어떻게'인데 이것에 대한 해답은 크게 보면 두뇌의 신경조직이나 작동 절차에 대한 것이기에 결국에는 지극히 추리적인 것이 될 수밖에 없으면서도 구체적으로는 이미 20세기 때부터 확실한 언어영역으로 알려져 오는 'Broca 영역'과 'Wernicke 영역]에 대한 이야기가 되풀이되고 있다는 특징을 보인다. 안타깝게도 그동안에 이루어진 언어에 관한 신경생물학적 연구들은 이것이 결국에는 얼마나 어려운 연구인가 하는 것만을 드러내 주고 있지만, 그래도 여기에서는 Friderici과 동료들이 2009년에 발표한 논문이나 Pinker와 van der Lely가 2014년에 발표한 논문을 참고하는 식으로 최신의 정보를 제공하는 데 최선을 다하고 있다.

여기에서는 우선 전통적으로 '브로카 실어증'의 원천 영역으로 알려진 Brodman영역 44와 45로 표기되는 '브로카 영역'을 병합의 절차를 위한 신경적 재연결 작업이 있었던 곳으로 지목하고 있다. 또한 여기에서는 전통적으로 '베르니케 실어증'의 원천 영역으로 알려진 '베르니케 영역'은 '브로카 영역'과 하나의 주요 신경색에 의해서 연결되어있는데, 바로 이 중간적 측두 피질에 병합에 쓰이는 어휘들의 조직체가 자리하고 있는 것으로 추리하고 있다. 결국 여기에서는 전통적으로 언어영역으로 알려진 브로카 영역 및 베르니케 영역과 그 일대를 통사적으로 처리 절차가 이루어지는 곳으로 보고 있어야 한다.

그런데 여기에서 특별히 강조하고 있는 것은 이들 영역을 연결하는 신경색들은 어린이가 자라는 과정에서 발달하는데 이 일은 으레 만 2, 3세 경에 완료된다는 점이 있다. 최근에 있었던 원숭이나 침팬지와 같은 동물의 두뇌에 대한 비교연구에 의할 것 같으면 그들의 두뇌에서는 이런 신경색들의 '고리(ring)'가 형성되어 있지 않았다. 이런 사실로 미루어보아서 "만약에 인간의 통사 조직이 완전히 연결된 '링'을 요구한다면, 두뇌의 어느 작은 재연결이 병합과 같은 완전히 작동하는 통사적 체계를 만들어내게 되었을 것이다"라는 추측을 익히 할 수 있었다.(Ibid. p.164)

여기에서 다섯 번째이며 마지막으로 던져진 의문사는 「왜」인데 이것에 대한 해답은 모두 두 쪽밖에 되지 않을 만큼 짧다. 이것에 대한 해답이 이렇게 짧은 것은 도대체 왜 인간은 언어를 갖게 되었을까에 대한 대답은 결국에 의사소통을 위해서라는 진화론적 견해와 내적 사고를 위해서라는 생성언어학적 견해의 두 가지 중 한 가지일 수밖에 없는데, 여기에서는 일방적으로 '내적인 정신적 도구'로서 언어는 쓰이게 되었다는 식의 그동안의 자기네 주장을 되풀이하고 있기 때문이다. 그 밖에 일부에서는 계획이나 방향 설정, 마음의 이론을 위한 도구로써 언어가 발달했다고 주장하기도 했는데, 크게 보면 그런 것들도 모두 정신적 활동의 일종이니까 자기네 주장과 전혀 배치되지 않는다고 볼 수 있었다. 이와 관련해서 여기에서는 크게 두 가지 점이 강조되고 있는데, 그중 첫 번째 것은 언어 사용의 목적으로 보아서 문장생성의 세 가지 기본 절차 중 결정적 역할을 수행하는 것이 바로 내양화 절차, 즉 개념의도적 인터페이스 절차라는 점이었다. 더 나아가서 만약에 외양화 절차가 없었다면 병합은 단지 선택적 이점만을 가진 내적인 특질로 남아 있었을 것도 분명한 일이었다. 그중 두 번째 것은 최근에 Spelke와 그의 동료들이 시행한 비대칭적 방에서의 물건 찾기 실험을 통해서 실증했듯이, "언어는 일종의 내적인 정식적 도구로서 기하학적 및 비기하학적 모형으로부터의 서로 다른 표현체들을 하나로 묶는 하나의 '공통어(lingua franca)'"라는 것이었다.

이 의문사에 대한 해답으로 이 책 전체를 통해서 자기네들의 언어진화 이론에 대한 긴 해설이 마무리된다는 것을 알고 있는 탓인지 이것의 끝부분에서는 이들은 나름의 '진화적 시나리오'를 제시하고 있다. 그런데 놀랍게도 이 시나리오의 기본적 발상법은 진화론적이다. 인간은 언어에 의해서 다양한 지각적 단서들을 통합하고 그들에 대해서 추리를 할 수 있음으로써 결정적인 선택적 이점을 갖게 되는데, 이런 특질은 후손에게 전수가 되어서 결국에는 작은 번식 집단을 지배하게 되었으리라는 것이 요인인데 이런 상정은 그동안 내내 진화론자들이 해오던 것이다.

더 놀라운 일은 이 해설의 끝부분이면서 이 책 전체의 마지막 단락에서 다윈(1859. p.490)이 『종의 기원』에서 한 말을 불변의 진리처럼 인용하고 있다는 사실이다. "그렇게 단순한 시작으로부터 가장 아름답고 가장 놀라운 무한의 형태들이 진화되어왔고, 진화되고 있다"라는 것이 바로 그 말인데, 이 말은 원래 특별히 언어의 진화를 두고 한 말이 아니라 일반적인 생물들의 진화를 두고 한 말이라는 점을 고려한다면, 이들은 결국에 여기에서 일반적 진화이론으로서의 다윈의 이론의 타당성은 인정하지만 그렇다고 해서 그것을 과학적 언어진화 이론으로서 타당성이 있는 것은 아니라는 식의 그동안의 자기네 견해를 다시 한번 나타내고 있다고 볼 수 있다. (Ibid. p.166)

일단 이상과 같은 이 책에 대한 분석으로 그의 언어진화설의 실체에 대한 파악이 끝났다고 본다면, 응당 이제 우리가 던져 보아야 할 질문은 과연 첫 번째 논쟁에서처럼 이 두 번째 논쟁에서도 그가 최후의 승리를 구가하게 될 것인가 일 것이다. 우선 우리는 1960년대에서 2000년까지의 그의 첫 번째 논쟁은 그가 의도했던 대로 종결이 되었다고 판단할 수 있다. 우리의 지식은 생득적인 것으로 보아야 할 것인가 아니면 후천적인 것으로 보아야 할 것인가의 문제, 즉 'Platon의 문제'에 대한 그의 도전은 그가 의도했던 대로의 결과를 낳았다고 볼 수 있다. 사람에 따라서는 물론 이성주의자 대 경험주의자 간의 싸움은 장기전이기 때문에 이것에서의 최후의 승자를 결정하는 것 자체가 무의미한 일이라고 주장할 수도 있겠지만, 일단은 그가 이번의 도전으로 이성주의자의 승리를 만천하에 알리게 된 것만은 누구도 부인할 수 없다. 그러나 안타깝게도 지금으로서는 누구도 2000년대에 들어서서 그의 두 번째 논쟁도 원하던 그런 결과를 가져오리라고 장담할 수 없는데, 이런 판단의 근거로는 크게 두 가지를 들 수 있다. 그중 첫 번째 것은 이 논쟁에서 그가 택한 자세는 첫 번째 논쟁에서의 "너희는 틀리고 나만이 옳다"는 식의 전투적인 것이 아니라 "너희와 나는 같이 협조할 수 있다"라는 식의 타협적인 것이라는 점이다. 실제로 「HCF」 논문에서 그가 한 일은 생물학자들에게 앞으로 자기의 최소주의적 언어진화설의 타당성을 생물학자적으로 실증하는 일을 맡아달라고 부탁한 것이었다.

그런데 사실은 그동안의 그의 글의 논조들은 이 논쟁에서의 그의 태도는 과연 첫 번째 논쟁에서의 그것과 판이한가에 대해서 아무런 이견을 나타낼 수 없을 만큼 일관된 것이었다고 볼 수는 없다. 바로 앞에서 지적했듯이 놀랍게도 그는 Berwick과 같이 쓴 2016년의 책의 말미를 다윈의 말로써 장식했는데 사실은 이 말은 이보다 6년 전인 2010년에 쓴 「Some simple evo devo thesis:how true might they be for language?」라는 논문에서 정 반대적 목적으로 인용된 것이다. 여기에서 그가 내세운 바는 다윈의 이상과 같은 말은 틀린 것이고, Sean Caroll이 「New science of Evo Devo」라는 논문에서 주장한 말, 즉 "이 과학은 진화된 형태는 무한한 것이 아니라 놀랍게 통일된 것이라는 것을 보여주려고 한다"라는 말이 맞다는 것이었다. (Chomsky, 2010. p.50)

그렇다면 여기에서 우리가 응당 가져볼 수 있는 의심은 역시 대언어학자인 그로서는 공격 일변도의 그의 논쟁의 방식을 하루아침에 바꾼다는 것은 쉬운 일이 아니었으리라는 것인데, 이런 의심을 깔끔히 해결할 수 있는 증거물이 바로 이보다 8년 전인 2002년에 나온 「HCF」 논문이다. 이것은 어떤 의미로 보아서나 언어학자와 생물학자 간의 긴밀한 협조를 다짐하는 일종의 타협의 선언문이지, 상대방을 비평하고 공격하려는 도전장은 아니다. 또한 이것을 그의 언어진화론으로의 진입을 알리는 첫 신호탄으로 볼 것 같으면 이것에서 드러낸 그의 태도의 무게는 다른 어느 곳에서의 그것의 무게보다 몇 배 무겁다고 보는 것이 상식적으로도 맞는 일이다.

그중 두 번째 것은 앞에서의 Bewick과 그가 공저한 책에 대한 분석을 통해서 익히 드러났듯이 그의 언어진화 이론은 다윈의 진화론을 무력화시키기에는 턱없이 미비한 이론이라는 점이다. 앞에서 이미 지적했듯이 모두 다섯 가지의 의문사에 대한 해답 중 타당성이 확증되었다고 평가될 수 있는 것은 오직 '무엇'에 대한 것뿐이고 나머지 네 가지 의문사에 대한 것들은 추리나 추측의 수준을 넘지 못하는 것들이다. 또한 엄밀히 따지면 언어진화론에서의 언어란 하나의 한정사일 뿐이지 주사일 수는 없다. 따라서 한정사에 대한 해설이 그럴싸하다고 해서 그것으로 주사에 대한 해설을 대신할 수는 없는 일이다.

또한 이 책에서는 '무엇'에 대한 해답을 길게 하다 보니까 자연히 그의 언어진화 이론의 '아킬레스건'이 드러나게 되는 결과를 가져오기도 했다. 예컨대 마지막 의문사인 '왜'에 대한 해답을 하는 자리에서 문장생성의 세 가지 기본 절차 중 내양화 절차와 외양화 절차라는 두 가지 해석 절차의 중요성이 특별히 강조되었는데, 사실은 생물학자나 신경언어학자의 입장에서 볼 것 같으면 이런 변화야말로 그가 자기의 언어진화이론을 하나의 언어이론으로부터 탈바꿈시킬 수 있는 첫 번째 조치이기 때문이다. 이들이 보기에는 말로는 자기의 'SMT'는 '인터페이스+병합=언어'라고 주장하면서 실제로는 병합의 문제만 다루고 있는 한 그것은 분명히 하나의 진화이론일 수는 없었다.

그런데 너무나 당연한 일이겠지만 이 자리에서는 이들 해석 절차의 중요성만 강조되고 있지, 이들의 실체를 구명하는 일의 현황이나 어려움에 대해서는 아무런 언급이 없다. 특히 언어는 결국에 화자의 생각을 나타내는 의미적 표현체라는 점을 고려한다면 생성된 문장이 의도 의미적 체계와 인터페이스 하는 내양화 절차야말로 문장의 생성절차보다 더 중요하다고 볼 수 있는데, 이것의 실체나 이것의 연구 현황에 대한 구체적인 언급은 이 책의 어디에서도 발견될 수 없다. 결국에는 안타깝게도 이런 연구에 까지 손을 뻗칠 수 있을 만큼 지금의 생물학이나 신경언어학의 능력은 크지 못한 것이다. 그의 언어진화 이론에 이런 태생적 약점이 있는 한 그가 일찍이 'Platon의 문제'를 다루었듯이 '다윈의 문제'를 앞으로 다룰 수는 없으리라는 것은 너무나 자명한 일이다. 현명한 그가 이런 사실을 모를 리가 없는데, 다만 이따금 자기 특유의 공격 주도적 논쟁법을 되살리다 보니까, 사람들은 가끔 그의 의도를 오해하기도 하는 것이다. 그가 현재로서 바랄 수 있는 것은 생물학 측의 최대의 협조인데, 과연 가까운 장래에 그의 기대와 소망이 원하는 대로 이루어질 수 있느냐 하는 것은 단도직입적으로 말해서 생물학자들이 가까운 장래에 그럴 수 있을 만한 능력을 갖춘 다음에 이 일에 일정한 흥미와 관심을 두게 되느냐에 달려있다. 불행하게도 그런데 아직은 짧은 기간 내에 이런 변화가 생물학계에 일어나리라고 전망하는 사람은 많지 않다. 이런 의미에서 볼 때 역시 'Platon의 문제'보다 '다윈의 문제'가 한층 어려운 문제임이 분명하다.

제3장
음운체계 진화론과 문법체계 진화론 간의 경쟁

3.1 다중적 언어체계와 촘스키의 영향

　20세기 이후의 언어 연구가 '언어학'이라는 이름 밑에서 이룩한 큰 업적 중 하나는 앞으로의 언어연구는 마땅히 그것의 다중적인 체계성에 맞추어서 이루어져야 한다는 점을 확인한 점인데, 20세기 이전의 언어 연구는 '어학'이라는 이름 밑에서 문학이나 인문학의 하나의 보조나 하위 학문으로서 이루어져 왔다는 점을 고려한다면, 이런 변화는 크게는 인간의 학문 전체의 모습을 바꾼 하나의 대사건임이 분명하다. 그런데 이런 변화는 그동안 언어연구의 과학화는 곧 그것의 형식화에 불과하다는 비평을 무릅쓰고서도 언어의 실체를 구명하는 일은 결국에 음운론과 어형론, 어휘론, 통사론, 의미론, 화용론 등으로 나뉘게 되어 있다는 점을 밝혀 놓았다. 다시 말하면 그동안에 언어학자들은 언어는 적어도 대여섯 개 정도의 다중적인 체계로 이루어져 있다는 것을 밝혀 놓은 것이다.

그러니까 언어적 구조나 형식상으로 보아서는 언어진화론도 이상과 같은 대여섯 가지 정도의 각론으로 나뉘어야 마땅한 일인데, 사실은 그렇지 않다. 그동안에 역시 언어학과 언어진화론은 서로 별개의 전통 밑에서 서로 별개의 학문으로 성장해왔다. 우선 이들 두 학문의 역사 사이에는 한쪽에서는 20세기를 전후에서 형식화 내지는 과학화라는 커다란 패러다임 추이를 겪은 데 반하여, 다른 쪽에서는 그런 추이를 겪지 않은 식의 큰 차이점이 있다. 쉽게 말하면 언어학은 현대적 학문인 데 반하여 진화론은 고전적 학문임이 분명하다. 이렇게 보면 결국에 진화론자들에게는 최근의 촘스키의 개입은 정말로 놀라운 국외자의 개입이었을 것이다.

그런데 그의 참여로 이 문제에서의 양자 간에 타협점이 생겨났는데, 음운체계 진화론과 문법체계 진화론을 일단 언어 진화연구의 양대 산맥으로 자리매김한다는 것이 바로 그것이었다. 물론 엄밀한 의미에서는 이런 결과는 서로의 합의에 따라서가 아니라 촘스키측의 일방적인 강요로 만들어진 것이나 다름이 없다. 나쁘게 말하면 만약에 이번 촘스키의 개입이 없었더라면 진화론을 이끌어가는 이론은 아마 음운체계 발달설과 몸짓발달설, 어휘발달설, 사회문화체계 발달설 등이었을 것이다. 이런 의미에서 보면 촘스키의 개입으로 진화론의 세계는 역사상 최대의 변화를 겪게 된 것이다.

촘스키의 입장에서 볼 것 같으면 물론 한 가지 궁금하게 생각할 수 있는 것은 그동안의 언어진화 연구에 있어서는 도대체 무슨 원인으로 인하여 인간의 언어체계를 중핵적 자리를 차지하고 있는 통사체계의 진화에 관한 연구가 홀대 내지는 무시될 수 있었는가일 것이다. 그러나 지금까지 이 연구를 이끌어왔던 진화론자들의 측면에서 보면 이런 현상은 하등 이상한 것이 아니다. 쉽게 말해서 이들의 관심은 최대한으로 간접적 근거와 다른 동물과의 비교연구의 결과를 활용해서 수백만 내지는 수십만 년 전의 인간 언어의 원시 내지는 원형형의 실체를 추리해내는 것이었지, 현대언어의 체계나 구조의 특징을 밝혀내는 것이 아니었던 탓으로 자연스럽게 이런 현상이 나타났다.

이렇게 보면 앞에서 이미 지적했듯이 촘스키의 이번 참여나 개입으로 언어진화 연구에 크게 이바지하게 된 것은 문법 내지는 통사론의 진화에 관한 연구가 주요 연구 과제 중 하나가 되도록 했다는 점이다. 1960년대의 미국의 구조주의자였던 Hockett은 인간의 언어의 13가지 구도적 자질 중 12번째 것으로 '구조의 이원성'을 내세운 바가 있는데 놀랍게도 언어진화 연구에 있어서는 이로부터 몇십 년 뒤인 2000년대에 이르러서야 촘스키가 이 연구에 참여하게 됨으로써 이런 주장의 타당성이 최초로 실증되게 된 셈이다. 물론 그가 말하는 구조의 이원성은 "무의미한 음소들이 일정하게 배열이 되어서 의미 있는 어형이 만들어지고, 그들이 다시 일정하게 배열이 되어 의미 있는 문장이 만들어진다."라는 식으로 음운조직과 문법조직의 병렬성보다는 이들의 통합 내지는 융합성에 방점이 찍혀져 있었다. 그렇지만 이것이 언어조직 중 기본이 되는 것은 음운조직과 문법조직이라는 점을 분명히 밝혔다는 것은 틀림이 없는 일이다. 촘스키의 참여 이전까지는 언어진화 연구에 있어서는 기껏했자 이들 중 하나인 음운조직의 문제에만 연구자들의 관심이 집중되어 있었다는 것은 그의 공로가 얼마나 큰 것이었나 하는 것을 단적으로 입증하는 사실이다.

물론 그의 참여는 한편으로는 하나의 큰 공로이면서 다른 한편으로는 하나의 큰 도전이기도 했는데, 그 이유는 그가 소개한 언어이론에서는 문법조직은 단순히 예컨대 음운조직과 같은 다른 언어조직들과 함께 움직이는 하나의 평등한 조직이 아니라 그들을 모두 지배하고 통솔하는 중핵적 조직이었기 때문이었다. 그동안까지 언어를 소리의 연쇄체나 아니면 어휘의 나열체 정도로 알고 있던 진화론자들에게는 그의 이런 문법 이론은 이미 계몽적 정보의 수준을 넘어선 일종의 비평이나 도전장으로 받아들여지게 마련이었다. 그래서 결국에 그의 참여로 Hockett이 말하는 구조의 이원성마저도 미처 제대로 반영하지 못하던 언어진화 연구의 세계에 일종의 코페르닉스적인 변혁을 겪어야 하는 판세가 형성된 셈인데, 이런 변혁에 대한 연구자들의 반응은 크게 무시와 동조의 두 가지로 나타났다. 굳이 말하면 무시파는 그의 도전이나 요구를 완전히 무시한 채 종전까지 하던 대로 자기네식대로 연구를 계속하겠다는 파이고, 반면에 동조파는 문법체계 진화의 문제를 하나의 주요 연구과제로 삼는 식으로 해서 그의 도전이나 요구를 부분적으로나마 받아들이겠다는 파이다. 그런데 사실은 그의 도전 앞에서 언어진화 연구자들이 이렇게 두 파로 나뉘게 된 진짜 이유는 그의 언어진화설은 거의 모든 면에서 그동안에 그들이 내세워온 언어 진화설과 맞서 있는 것이기 때문이었다. 우선 그들은 전통적으로 연속성을 언어진화의 제일 중요한 특성으로 보아왔었는데, 반하여 그는 비 연속성을 그런 것으로 보고 있었다. 다시 말하면 그들은 일찍부터 구석기 시대의 태어난 원시 내지는 원형언어는 조금씩 쉬지 않고 지금의 언어로 발달하여 있다는 생각을 그들의 언어진화 연구의 제일 중요한 전제로 삼아 왔는데, 반하여 그는 지금으로부터 10만 년 전과 8만 년 전 사이에 언어는 신경조직의 재연결로 돌발적으로 생겨났다는 생각을 그의 언어진화 이론의 기본으로 삼고 있으니까, 그의 참여로 결국은 언어진화 연구자들이 연속주의자 대 비연속주의자로 나뉘게 된 것이었다.

   그다음으로 그들은 전통적으로 인간의 언어는 의사소통의 도구로서 발달되어왔다는 생각을 하는 데 반하여, 그는 그것을 하나의 사고의 도구로서 발달하여 왔다는 생각을 하고 있었다. 언어를 하나의 의사소통의 도구로 보았을 때는 음성적 표현법을 다루는 음운체계를 으레 여러 체계 중 가장 중요한 체계로 보게 마련인 데 반하여, 그것을 하나의 사고의 도구로 보았을 때는 문장의 생성을 주관하는 문법체계를 그런 체계로 보게 마련이니까, 결국에 이 문제는 음운체계와 문법체계 중 어느 것을 언어진화를 주도적으로 이끌어온 체계로 볼 것이냐의 문제로 귀결되게 되어 있었다.

세 번째이며 마지막으로 인간의 언어가 오직 인간만의 것이라는 점에 있어서는 서로 간에 아무런 의견 차이가 없으면서도, 그것을 입증하는 방법을 놓고서는 그들은 서로 간에 적지 않은 차이점을 보였다. 그들은 전통적으로 아무리 화석과 같은 직접적인 근거물을 찾을 수는 없다고 해도 인류학이나 고고학적인 방법을 통해서 최적의 간접적 내지는 대행적 근거물을 찾는 일과 동물들의 신호체계와 인간의 언어를 비교하는 일 등을 통해서 인간 언어의 유일성과 그것의 기원에 대한 자기네들의 추리나 가설들을 최대로 과학화할 수 있다고 생각해왔다. 그런데 안타깝게도 그동안의 그들의 이런 과학화의 노력은 이런 식으로는 절대로 결정적 증거는 찾지 못한다는 한계성만을 드러내고 말았다.

이런 의미에서 볼 때 그들의 지금까지의 노력은 지금의 언어의 특성이 곧 그것의 기원이나 진화과정을 추리할 수 있는 가장 확실한 근거라는 점을 드러낸 셈인데, 최근에 이르러서의 촘스키의 참여로 이런 판단의 정당성은 더 이상 의심할 여지가 없게 되었다. 그의 통사 이론의 이름이 생성주의라는 사실이 익히 말해주고 있듯이, 그는 처음부터 인간의 언어가 오직 인간만의 것이라는 것을 단적으로 증명하는 사실은 인간의 언어에는 유한한 규칙으로 무한한 문장을 생성해 낼 수 있는 창조력이 있는 점이라고 생각했다. 그러니까 그는 처음부터 인간의 언어의 유일성을 증명하는 사실 중 지금의 언어는 보편문법이라는 종특이적인 문법체계를 가지고 있다는 사실만큼 확실한 것은 없다고 보았다.

그런데 너무나 당연한 일이겠지만 언어의 유일성을 위시한 언어진화 이론과 관련된 모든 쟁점은 반드시 과학적인 근거를 두고서 논의되어야 한다는 점에 있어서는 모두가 아무런 이견을 가지고 있지 않으면서도, 어떤 것을 정당한 과학적 근거로 삼아야 하는가의 문제를 놓고서는 기존의 진화론자와 그는 서로 다른 견해를 가지고 있었다. 그들은 물론 인류학이나 고고학적 근거나 아니면 다른 동물에 대한 비교연구를 통해서 얻은 근거를 과학적인 근거로 생각했다. 그러나 그가 보기에는 인간의 두뇌에 관한 생리학이나 신경언어학적 분석을 통해서 얻은 것만이 어엿한 과학적 근거 일 수 있었다. 쉽게 말해서 그가 생각하는 과학이란 그들이 생각하는 그것보다 한 차원 높은 것이었던 셈인데, 문제는 아직도 두뇌의 조직이나 그것의 작동 절차에 관한 연구는 인간의 학문적 탐구의 마지막 장의 하나로 남아 있다는 점이었다.

궁극적인 의미에서 보면 그러니까 최근에서의 그의 개입이나 참여로 기존의 진화론자들은 연구의 주제뿐만 아니라 그것의 방법도 바꿀 것을 요구받게 된 것인데, 사실은 이들 두 가지가 다 쉽지 않은 일이지만 굳이 따지면 그중 두 번째 것은 첫 번째 것보다 훨씬 어려운 것이어서 그들에게는 하나의 무리한 요구나 다름이 없었다. 그렇다고 해서 그와 같은 언어학자들이 이제 와서 갑자기 생리학자나 뇌언어학자가 마땅히 해야 할 일에 손을 대게 되었다는 것도 아니었다. 그러니까 자칫 잘못하면 그의 언어진화 이론은 누구도 지금으로서는 언제쯤 그것에 대한 생리학적 근거가 확보될지 가늠할 수 없는, 하나의 탁상공론으로 추락할 수도 있는 것이다.

그런데 여기에서 빼놓을 수 없는 사실은 그의 도전을 무시하는 측에는 그의 통사론이 오늘날의 언어학계를 선두에서 이끌어가고 있다고 해서, 언어진화 연구마저 그것을 가장 과학적인 통사론으로 받아들여야 할 필요나 의무가 있는 것은 아니라는 생각을 하는 사람도 적지 않게 있다는 점이었다. 이런 사람들은 통사론에서는 그의 것처럼 완전히 형식기저적인 것만 있을 수 있는 것이 아니라 의미나 기능기저적인 것도 있을 수 있는데 언어진화론적 입장에서 보면 마땅히 전자 쪽보다는 후자 쪽에 훨씬 많은 관심을 가져야 한다고 생각했다.

이들이 관심을 보였던 통사론 중 가장 대표적인 것은 Tomasello의 문법화 또는 문화화 이론이었다. 그는 겉으로는 관행적 사용으로 일반적인 어휘가 문법적 기능을 맡게 되는 절차, 즉 문법화 절차에 의해서 문법적 규칙은 생겨났다고 내세우고 있지만, 실제에 있어서는 그런 규칙마저도 사실은 화용적 규칙에 불과하다고 보는 식의 하나의 반문법론자였다. 그런가 하면 Bickerton은 통사적 지식은 으레 어휘적 지식이나 사회적 지식과 통합한 형태로서만 존재할 수 있다고 내세움으로써 통사론의 존재 자체를 인정하지 않았다, 또한 Givon은 인간의 기본적인 인지 절차가 그대로 반영된 것이 그의 시각 절차인데 바로 그것이 바탕이 되어서 만들어진 것이 통사론이라고 내세웠다. 그리고 Gould와 Vrba는 건축물에서 세 가지 부분이 합쳐져서 하나의 '삼각소간'이 만들어지듯이 통사적 기능은 여러 체계가 의사소통을 위하여 공동으로 움직이다 보니까 우연히 생겨난 것이라고 주장하였다. 마지막으로 Haiman은 Givon이 그랬듯이 사고의 절차를 형식화한 것이 바로 문법이라는 도상성 이론을 내세우기도 했다.

이와 관련하여 여기에서 또 한 가지 빼놓을 수 없는 사실은 이런 무시파들은 오늘날에 언어진화의 문제에 관심을 보이는 언어학자 중에는 Jackendoff와 같이 그의 언어진화 이론과는 결이 전혀 다른 언어진화

이론을 펴고 있는 사람도 있다는 것을 잘 알고 있다는 점이었다. 비록 언어학의 세계에서의 그의 위상이 촘스키의 그것보다 낮다고 해도 이들에게는 그는 '백만의 원군'과 같은 존재이었는데, 그 이유는 그는 입으로는 자기가 그 누구에게도 뒤지지 않는 생성언어학자이고 또한 다윈의 자연도태설로는 언어진화의 과정이 제대로 설명될 수 없다고 주장하면서도 그가 내세운 모두 8단계에 걸친 '점진적 통사 진화설'은 분명히 촘스키의 언어진화 이론과는 다르게 여러 면에서 이들이 내세워온 언어진화설들과 공통성을 지니고 있기 때문이었다. 이렇게 볼 것 같으면

우선 일부 사람들은 그의 최근의 참여나 개입과 무관하게 언어 진화 연구는 종전까지의 양태를 그대로 유지해 갈 수 있었다는 식의 결론을 내리기가 쉬운데, 이런 견해는 간단히 말해서 크게 보았을 때는 맞는다고 볼 수도 있지만 작게 보았을 때는 그렇게 볼 수 없는, 일종의 편의주의적인 견해에 불과하다. 먼저 그전까지 부당하게 침체되었던 이 연구의 분위기가 활기를 띠게 된 것 자체가 그의 개입의 제일 큰 공로였다. 특히 장기간에 걸친 숙고의 결과이었던지 아니면 돌발적인 기지의 결과이었는지 간에 그가 공격의 궁극적인 대상으로 삼은 것이 바로 다윈의 진화론이었다는 사실은 이 연구뿐만 아니라 학문 전체의 역사상 분명히 특기할만한 일이었다.

그다음으로 통사론의 우선성이나 중심성을 언어진화 연구의 기본적인 연구 지침으로 삼아야 한다는 그의 주장도 종전까지는 그들이 한 번도 들어본 적이 없는 새로운 주장이었다. 솔직히 말해서 그들은 언어란 원래 음운론과 어휘론, 통사론, 화용론 등의 여러 조직이나 체계로 이루어져 있다는 사실 자체가 그들의 연구와는 별 관계가 없는 것으로 생각해왔기에 그의 이런 주장은 분명히 하나의 큰 충격이고 도전일 수밖에 없었다. 더욱이 그가 내세우는 문법이론은 그들이 갖고 있던 문법에 대

한 지식과는 너무나 다른 것이기에 그의 이런 주장은 그들에게는 언어진화 연구의 판 전체를 이참에 모두 바꾸라는 요구로 들렸다.

세 번째로 앞으로 언어진화 연구는 마땅히 생물학자와 언어학자가 같이 이끌어가는 일종의 학제적 학문으로 탈바꿈해야 한다는 그의 주장도 이 연구의 역사상 처음 제기된 주장이었다. 그이 주장은 쉽게 말해서 아예 언어진화 연구라는 옛 간판을 내리고서 생물언어학이라는 새 간판을 내걸어야 한다는 것이었으니까, 그들에게는 이 이상의 충격이 있을 수 없었다. 더구나 그들이 보기에는 이런 발상법 뒤에는 지금의 형편상 앞으로는 더 이상 생물학자나 진화론자가 아니라 언어학자가 이 연구를 이끌어가게 되어 있다는 식의 판단도 숨겨져 있었기에, 그들에게는 그의 이런 주장은 이 연구의 운명에 대한 도전처럼 들렸다.

네 번째로 통사조직에서 기본 절차로 쓰이게 되는 신경조직에서의 작은 '재연결' 작업에 의해서 태어났다는 그의 주장은 결국에는 이제부터의 언어진화 연구에서는 정확히 말해서 생물학적인 방법이 아니라 뇌 생리학이나 신경언어학적 방법이 주된 연구방법으로 쓰이게 되어야 한다는 것을 의미하는 말인데 이런 주장에 대한 그들의 반응은 다행스럽게도 아직은 뇌 생리학이나 신경언어학의 학문적 수준이 이런 일에 손을 댈 수 있을 만큼 높지 않다는 사실을 강조하는 식의 핑계나 역설적인 것이 전부였다. 그들에게 더욱 안도스러운 사실은 이른바 컴퓨터를 이용한 시뮬레이션 연구의 결과마저도 특별한 것은 못 된다는 사실이었다.

결국 이상과 같은 사실로 미루어보면 심층적으로 보았을 때는 최근의 그의 참여나 개입이 결국에는 언어진화 연구에 적지 않은 영향을 주었다고 보는 것이 맞는 말이다. 이런 판단의 첫 번째 근거로는 1996년에 발족한 「Evo Lang 국제학회」에서 일단은 진화언어학의 과제를 생물학적 진화와 문화적 진화를 하나로 통합하는 것으로 잡으면서도 이들 두 진화

간의 중요성이나 우선성에 있어서는 전자를 협의 내지는 대진화로 보고 후자를 광의 내지는 소진화로 보는 식으로 분명한 차이를 보였다는 점이다. 그런데 여기에서 말하는 생물학적 진화란 곧 그의 생성문법의 진화이었다. 또한 여기에서 발표된 총 24개의 논문의 비율에서도 이런 점은 그대로 드러나 있었는데, 이런 사실로 보아서도 그의 참여나 개입 이후 진화언어학이라는 말을 생물언어학이라는 말의 동의어처럼 쓰이게 되었음을 익히 알 수 있다.

이런 판단의 두 번째 근거로는 그의 참여나 개입 이후 언어진화의 문제를 다루는 논문이나 책들의 수가 급증하게 되었는데, 너무나 당연한 일이겠지만 이런 인쇄물의 주제는 그의 문법이나 언어진화설의 내용을 소개하거나 아니면 비판하는 일이었다는 사실이다. 우선 이런 논문 중 가장 대표적인 것은 2014년에 그가 그의 견해를 지지하는 7명의 생물학자와 함께 쓴 「The Mystery of Language evolution(언어 진화의 신비성)」일 것이다. 특히 이것은 언어진화의 문제는 간접적인 과제밖에 될 수 없는 심리 학회지에 실렸는데, 이런 점으로 미루어 볼 때 그의 영향은 이미 학문 전체에 미치고 있었음이 분명하다. (Hauser, et al. 2014)

이런 책 중 가장 대표적인 것으로 꼽을 수 있는 것은 앞에서 이미 자세히 살펴본 바가 있는 2010년에 Larson 등 세 언어학자가 편집한 『The evolution of Human language: biolinguistic perspectives(인간언어의 진화: 생물 언어학적 전망)』이다. 이것의 구조는 비유적으로 말하면 촘스키의 언어진화론이 항성의 자리에 위치하고 이것을 평가니 분석한 모두 14개의 논문이 그 둘레에 자리하고 있는 식으로 되어 있으니까, 쉽게 말해서 이것은 하나의 생물언어학 개론서인 셈이다. 이런 부류의 책 중 Larson의 것과 좋은 대조를 이루고 있는 것이 바로 진화론자인 Both와 Everaert가 2013년에 편집해 낸 『The evolutionary emergence of

Language(언어의 진화적 출현)』인데, 여기에 실린 모두 12개의 논문은 촘스키의 언어진화론의 문제점을 들춰내고 그것에 대한 대안을 소개하는 것들이다. 그러니까 어떤 의미에서는 지금의 언어진화 연구의 현황을 파악하는 데는 이만한 것이 없다고 볼 수 있는데, 문제는 저마다의 비언어학 대안의 장점을 제시하기 위해서 으레 그의 언어진화론의 한계점이 비교의 기준으로 내세워지고 있다는 점이다.

예컨대 이들 중 열 번째 것인 Lemasson과 Quattara, Zuberbuhler에 의한 「Exploring the gaps between primate calls and human languages(영장류의 신호와 인간 언어 간의 간극 찾기)」에서는 그동안의 비교연구로 언어는 영장류의 의사소통체계로부터 출발했다는 논지를 펴기 위해서 촘스키가 2005년에 발표한 「Three factors in language design(언어 구도의 세 요소)」를 참고자료로 활용하고 있다. 그는 물론 여기에서도 언어는 의사소통 행위와 무관하게 추상적 사고체계로 태어났다는 그의 지론을 되풀이하고 있는데, 이런 견해의 허구성은 그동안의 여러 비교연구의 결과로 익히 실증되었다는 것이 그들의 주장이었다. (Chomsky. 2005)

이렇게 보면 두 권의 논문집은 그의 언어진화설에 대한 학리나 입장상 정반대적인 성격의 것이라고 볼 수 있는데 그보다 더 중요한 점은 그의 개입으로 인하여 결국에는 음운체계 진화론만이 군림하던 언어진화 연구가 그것과 문법체계 진화론이 균형 있게 발전해가는 연구로 탈바꿈하게 되었다는 사실을 이들에 대한 분석을 통해서 더욱 확실하게 알게 되었다는 점이다. 그의 언어진화설은 그의 통사 이론의 연장선상이나 아니면 그것을 기저로 해서 만들어진 것인 이상, 그것을 찬성하기 위해서는 더 말할 필요가 없고 그것을 반대하기 위해서도 반드시 해야 할 일이 그의 통사이론을 숙지하는 일이었다.

어떤 원인 때문이었든지 간에 언어진화와 같이 언어의 본질적인 실체를 탐구하는 자리에서 음운체계와 문법체계 중 어느 하나만을 마치 그것이 여러 체계 중 가장 중요한 체계이거나 더 나아가서는 그것이 언어의 유일한 체계인 것처럼 다루는 것은 정당하지 못한데, 그의 개입 이전까지는 언어진화 연구가 이런 자가 반성마저 미처 하지 못하고 있었다. 더구나 그동안까지의 언어진화 연구의 전통은 음운체계를 으레 그런 체계로 보는 것이었다. 이렇게 보면 앞으로 언어진화 연구의 현황을 정상화해서 결국에는 그 수준을 한 단계 격상 시킬 수 있는 지름길은 역시 문법체계의 진화 과제가 음운체계의 진화 과제와 최소한 대등하게 취급되도록 하는 것인데, 바로 이런 대단한 일이 이번에 그에 의해서 이루어진 것이다.

3.2 음운체계 진화설

1) 자연스러운 현상

돌이켜 보면 전통적으로 언어진화 연구가 음운체계의 진화 문제에만 일방적으로 편향되어 있었다는 것은 하등 이상한 현상일 수 없는데, 그 이유는 우선 언어는 소리로 이루어져 있기 때문이다. 피치는 2010년의 책에서 동물의 신호체계와 인간의 언어 간의 차이점은 'signal(신호)과 structure(구조)', 'semantics(의미론)' 등의 '3S'로 요약될 수 있다고 주장한 바가 있는데, 뒤집어 보면 이 말은 곧 전통적으로 언어진화론자들은 언어를 소리의 표현체로 인식해왔다는 말이나 같은 말이다. 언어학적 기술법에 따르면 여기에서의 '3S'는 '음운론'과 '문법론', '의미론' 등으로 환언될 수 있는데, 아마 그들의 대부분은 언어 진화연구의 주된 과제는 상고 때 언어가 어떻게 출현하게 되었는가를 밝히는 일이라고 생각했기에 자기네 연구에 이런 전문적 지식이 꼭 필요한 것이 아니라고 생각했을 것이다. (Fitch, 2010. p.8)

그런데 따지고 볼 것 같으면 언어를 의사소통의 한 도구로 보는 한 언어진화 연구가 음운체계 진화의 문제에만 집중되게 되는 것은 너무나 당연한 일이었다. 피치는 같은 책에서 일찍이 언어진화론자들이 내세웠던 원형언어설에는 '어휘 원형언어설'과 '몸짓 원형언어설', '음악적 원형언어설' 등의 세 가지가 있다고 설파하고 있는데, 이 견해에 의할 것 같으면 우선 총 세 가지 설 중 첫 번째 것과 세 번째 것의 두 가지가 언어를 소리의 표현체로 보고 있는 것임을 알 수 있다. 그런데 사실은 나머지인 '몸짓 원형언어설'도 크게 보면 언어를 소리의 표현체로 보고 있다는 점에서는 아무런 차이가 없다고 볼 수 있는데 그 이유는 몸짓은 머지않아서 음성적 표현체의 유발자로 작용하여 결국에는 그것에 의해서 대체가 되게 되어 있기 때문이다.

그리고 그들이 처음부터 다른 동물의 신호체계와의 비교연구법만이 그것의 존재와 실체를 유추할 수 있는 유일한 과학적 방법이 될 수 있다고 생각해온 이상, 그들의 연구가 음운체계 중심의 것이 되는 것은 너무나 당연한 일이었다. 그들은 물론 처음부터 Descartes주의자가 아니라 다윈 주의자이었기에 언어는 오직 인간만의 것이되, 원형언어적 능력은 원숭이와 같은 영장류에게도 있었다는 생각을 하고 있었다. 예컨대 인류학자인 Gibson은 최근에 발표한 「Talking about apes, birds, bees and other living creatures: language evolution in light of comparative animal behavior(원숭이, 새, 벌 및 여타 생명체에 관한 이야기: 동물 행동에 대한 비교연구의 면에서의 언어진화)」라는 논문에서 유인원에게는 원래부터 일종의 몸짓 원형언어를 가질 수 있는 인지력이 있었다는 주장을 폈다. 그러나 아쉽게도 여기에서는 이런 사실을 근거로 해서 인간의 원형

언어는 몸짓언어였다는 주장은 하고 있지 않을 뿐만 아니라, 만약에 그렇다면 어떻게 인간에 있어서만은 소리를 매체로 한 원형언어가 탄생하게 되었는가에 대한 아무런 언급이 없다. (Gibson. 2013. p.204)

비교적 방법으로 동물의 신호체계와 인간의 언어 간의 유사성이나 공통성을 발견하려는 노력의 형태는 최근에 이르러 FOX P2 유전자의 실체와 기능을 밝히는 일에 많은 언어진화론자의 관심이 집중되게 되면서, 자연히 이런 방향으로도 발전하게 되었는데, 이것의 한 좋은 증거로 볼 수 있는 것이 바로 Langus 등이 2013년에 발표한「FOX P2 and deep homology in the evolution of birdsong and human language(새노래와 인간 언어의 진화에 있어서의 FOX P2와 깊은 상동성)이라는 논문이다.

우선 이 연구의 첫 번째 특징은 인간의 언어와 새의 노래를 비교의 짝으로 잡은 점으로 미루어보아서 인간의 원형 언어는 소리로 되어 있었다는 것을 대전제로 삼고 있다는 점일 것이다. 그러나 이 연구의 진짜 특징은 역시 지금까지 자주 언어적 유전자로 알려져 온 FOX P2는 처음에는 인간만이 아니라 새에게도 있었는데, 후에 가서 인간의 경우에는 이것이 언어의 구조를 발전시키는 데 있어서 원천적 유전자로 작동하게 되었다고 내세우고 있는 점이다.

예컨대 여기에서는 FOX P2의 공유성을 근거로 해서 "음성언어와 새 노래는 유사한 신경기구에 의존하고 있을지도 모른다."나 아니면 "이들은 상동적인 유전기구에 의해서 지배되고 있을지도 모른다."라는 것과 같은 대담한 결론을 내리고 있는데, 이런 결론은 물론 최근에 이것에 관한 거의 확실한 정설로 받아들여지고 있는 "FOX P2는 통사적 특성을 포함한 언어의 본질과는 무관한 유전자이다."라는 말과는 정면으로 대치가 되는 것이다. 심지어 여기에서는 새 노래와 인간의 언어는 학습절차도 유사하고, 또한 통사적 제약 때문에 위계적으로 조직되어 있다는 점도 똑같다고 내세우고 있는데, 이런 주장은 촘스키의 언어이론을 조롱하는 말에 불과하다. (Langus, A. et al, 2013)

2) 네 가지 접근법

너무나 당연한 일이었겠지만 언어진화론자들은 그동안에 나름대로 한 특이한 접근법에 따라서 음운체계의 진화 문제에 접근해갔다. 그들 나름의 특이한 접근법이란 쉽게 말해서 언어학자들이 개별언어의 음운조직을 기술하거나 보편적 음운규칙을 찾아내는 데 쓰이는 접근법과는 아무런 관련성이 없는 접근법이다. 이런 의미에서 볼 것 같으면 언어진화론자들이 그동안에 음운체계나 음운론(phonology)이라는 말을 되도록 쓰지 않으려고 했던 데는 그만한 이유가 있었다. 어떤 의미에서 보면 따라서 언어진화 연구에 있어서는 음운체계라는 말 대신에 음성언어(speech)라는 말이 쓰이는 것이 맞는 일이라고 볼 수도 있다.

언어진화론자들이 그동안에 음운체계의 진화 문제를 연구하는 데 사용했던 접근법은 크게 네 가지로 나뉠 수 있는데, 그중 첫 번째 것은 인간의 성대 진화과정을 구명하려는 노력이었다. 일찍부터 Lieberman을 위시한 몇몇 진화론자들은 화석적 단서를 근거로 인간 언어의 뿌리는 유추될 수 있다는 사실에 주목하고서, 비교해부학적인 방법에 따라서 동물의 발성기관과 인간의 그것 간의 차이를 찾아내는 일에 매진해 왔는데, 특별히 근거가 될 만한 화석을 발견할 수 없다는 것이 언어진화 연구의 태생적 한계성이라는 점을 참작한다면 이들의 노력은 우선 이 연구를 과학화하는 데 크게 이바지한 노력이었음이 분명하다.

돌이켜 보면 동물의 것과 비교할 때 인간의 발성기관은 후두가 밑으로 약간 내려가 있다는 특이성을 지닌다는 점을 최초로 지적한 사람은 바로 다윈이었는데, 흥미롭게도 그는 이로 인하여 목멤의 기회가 증거될 따름이라고 보았다. 그러다가 최근에 이르러서 Lieberman 등에 의해서 하강한 후두와 관련된 새로운 가설이 제안되게 되었는데 인간의 경우에 있어서는 후두가 하강함으로써 발성할 수 있는 음성의 가짓수나 폭이 크게 증가하였고, 그 결과 음성언어를 가질 수 있게 되었다는 것이 바로 그것이었다. 물론 후두 하강의 선택적 이익을 이렇게 언어탄생으로 귀결시킨 점도 이것이 많은 진화론자로부터 주목을 받게 된 이유였지만, 어떤 의미에서는 이것이 그렇게 되는데 그보다 더 중요하게 작용한 사실은 후두의 위치에 관한 화석적 단서를 이용하여 소멸한 원인의 성도를 재건할 수 있었다는 사실이었다. (Lieberman, et al. 1969)

두말할 필요도 없이 Lieberman 가설의 타당성을 입증하기 위해서는 발성기관과 발성 능력에 관한 비교연구가 이루어져야 하는데, 지금까지 하우저와 피치를 비롯한 많은 생물학자가 이런 부류의 연구를 수행하여 긍정적 결과를 얻어냈다. 기술적으로 말해서 발성이란 입술과 턱, 혀 등을 움직여서 일정하게 성관이나 성도의 모양을 형성한 결과로써 나타나게 되는 모음의 구성요소인 포먼트 변화의 양상이다. 그런데 인간은 하강한 후두로 인하여 이런 발성 행위가 쉽고 빨라졌다. 그러니까 동물보다 인간이 훨씬 많은 수의 자음과 모음을 산출할 수 있게 된 것은 하강한 후두의 덕분이라고 볼 수 있었다.

또 한 가지 중요한 사실은 인간이 말을 하는 데는 으레 자주 포먼트의 빈도를 신속히 바꾸게 마련인데, 이런 특성은 동물에게는 없는 특성이었다. 그런데 이런 특성은 구강 안에 있는 혀가 유연성 없이 둔한 상태로 있는 한은 절대로 발휘될 수 없는 자질이었다. 이런 의미에서 볼 때 인간의 발성 능력이 지금의 것처럼 되는 데는 후두만이 아니라 그것과 혀의 뿌리, 즉 설골이 같이 내려가는 사건의 결정적인 역할을 했다고 볼 수 있었다. 바로 이런 이유에서 피치는 2010년의 책에서 Lieberman의 가설

을 '재구성된 성대'의 가설로 개명할 것을 제안하기도 했다. (Fitch 2010. p312)

Lieberman의 가설이 일종의 이정표적인 가설로 인정받게 된 것은 그동안에 그는 이 가설의 이름 밑에서 음성체계의 진화에 관한 문제뿐만 아니라 인류 자체의 진화에 관한 문제들을 두루 연구하게 되었기 때문이었다. 우선 그와 그의 동료들은 화석 재건의 방법에 따라서 후두가 하강한 것은 호모 사피엔스 때였다는 것과 네안데르탈인들은 인간의 것과 같은 음성언어는 가지고 있지 않았다는 의견을 내놓았는데, 두말할 필요도 없이 이런 의견들은 인류 자체의 진화과정에 관한 중요한 의견이기도 했다. 여기에서 인간의 언어능력과 관련해서 그는 '음절적 입력'의 중요성을 강조하기도 했는데, 인간의 언어산출과 언어 지각의 특이성은 바로 음절 단위로 음성적 표현체가 처리된다는 데 있다는 것이 그의 주장이었다. (Ibid, p.313)

이런 네 가지 접근법 중 두 번째 것은 인간의 원시언어는 일련의 음절로 이루어져 있었다는 가설을 실증하려는 노력인데, 이런 가설 중 가장 대표적인 것이 바로 MacNeilage가 최근에 내세운 'Frame/Content Theory(틀/내용 이론)'이다. 여기에서의 '틀'이란 곧 일련의 빈칸으로 구성된 음절이고 또한 '내용'이란 곧 그들에 채워질 소리다. 그러니까 그의 가설은 직설적으로 '음절이론'으로 부르는 것이 맞는 일인 것 같다. 물론 이런 조치는 현대에 이르러 음운론(phonology)이 언어의 음성조직을 전문적으로 연구하는 영역으로 독립한 이래, 그것에서는 음성은 크게 모음과 자음으로 나뉘지만, 이들의 합성체인 음절의 핵이 되는 것은 모음이라는 식으로 음절의 기능을 중요시해오고 있다는 사실과도 일치한다. (MacNeilage, 1998)

Lieberman의 가설과 마찬가지로 그의 가설도 결국에는 일종의 언어진화에 관한 것이기에 그것의 타당성을 증명하는 방법 중 최선의 것은 인간의 발성기관과 동물의 발성기관을 비교하는 비교방법이라고 그는 생각했다. 우선 그가 착안한 사실은 음절적 틀이 반복적으로 쓰이는 식의 발성법은 영장류의 발성법에서는 거의 발견될 수 없는 점으로 미루어 보아서, 이것이 곧 인간과 동물의 진화과정을 갈라놓은 '진화적 간극'이 될 수 있다고 판단했다. 다시 말해서 그는 원래 인간에게 있어서도 아주 오래전에 씹기와 물기, 빨기, 삼키기와 같은 취식행위의 기저가 되는 운동 통제력이 발달하여 있었는데, 말이 탄생하면서 인간은 이런 기관과 근육들을 새로운 용도로 활용하게 되었다는 식의 가정을 하게 되었다.

그의 가정은 그런데 이상과 같은 상식적인 수준의 발상법을 훨씬 넘어서는 것이었다. 예컨대 그것은 언어의 통제 양식은 더욱더 기본적인 취식 활동에 부과되는 것과 같은 제약을 받게 되어 있다는 식의 상식적인 수준을 넘어서서 취식 행위에 쓰이게 되는 신경조직 중 특별한 일부가 말을 위한 기능전환, 즉 전능을 하게 되었다는 식의 신경언어학적으로 다분히 고차원적인 수준의 것이었다. 무엇보다도 놀라운 사실은 그는 일반적으로 언어산출을 주로 담당하는 영역으로 알려진 브로카 영역은 그의 모형에서 내용에 해당하는 소리를 담당하는 곳이고, 그의 모형에서의 음절을 산출하는 곳은 바로 '보조 운동 영역(supplementary motor area:SMA)'이라는 주장을 펴고 나섰다는 점이다.

어떤 의미에서 보면 그의 가설은 촘스키의 언어진화 이론보다 한 걸음 앞선 것이라고 볼 수도 있는데, 그 이유는 촘스키는 문법체계는 신경조직상의 돌연변이나 전능적 변화에 의해서 생겨났다는 말만 했지, 그 변화가 일어난 영역의 구체적인 이름은 밝힌 바가 없었는데, 반하여 그는 보완적 동력 영역이라는 이름을 분명히 밝혔기 때문이다. 물론 촘스키의 입장에서 볼 것 같으면 그의 가설은 결국에 원형언어나 그것의 음운체계 진화에 관한 것이지, 현대 언어의 문법체계 진화에 관한 것은 아니지 않느냐고 반문할 것이다. 그러나 신경조직 일부가 전능적 변화를 겪은 결과로 언어가 태어났다고 보는 점에 있어서는 양자 간에 아무런 차이가 없다.

그런데 인간의 원형언어는 원래가 음절로 이루어져 있었다는 가설을 일단 '음절이론'으로 부르고 볼 것 같으면 이런 이론에서는 NcNeilage의 것 이외의 몇 가지 것도 익히 들어갈 수 있음을 알 수 있다. 이런 이론 중 첫 번째 것은 Carstairs-McCarthy가 제안한 '음운적 위계성의 가설'인데 이것의 요지는 인간언어의 특성은 문법이 위계적 조직성을 가지고 있다는 점인데, 진화론적으로 보면 이런 특성은 음운체계에서 먼저 발달한 것이 나중에 문법체계에서 더 확대된 형태로 작동하게 되었다고 보는 것이 맞는 일이라는 것이었다. 이런 요지를 더 직설적으로 드러내기 위해서는 이 가설의 이름을 '음절에서 통사론으로의 가설'로 바꾸는 것도 일리 있는 일일 것이다.(Carstairs-McCarthy, 1998)」

언어학자답게 그는 원형언어의 진화과정을 크게 두 단계로 나누었는데 그중 첫 번째 것은 유연해진 혀 덕분에 '유사어휘'의 수가 쉽게 감당할 수 없을 만큼 증가하게 되면서 자연스럽게 위계적이며 음절기저적 음운체계가 생겨난 단계이었고, 그중 두 번째 것은 음절적 구조들을 명사구 대 문장식으로 나누다 보니까 위계성을 특징으로 한 통사론이 발달하게 되는 단계이었다. 그는 물론 음절구조가 위계성을 갖게 된 것은 인간의 성대가 재구성되면서 자동으로 나타난 현상이었다고 보았었다. 그러나 그는 그렇게 해서 생긴 특징이 궁극적으로 통사론으로 전이가 되는 과정에는 중간에 일종의 유사어휘 조직이 생겨나는 과정이 있었다고 가정하고 있다. 이런 의미에서 보면 그의 가설은 '유사 어휘의 가설'로 불러도 무방할 것이다. 그렇지만 이런 이름에는 그가 방점을 찍고 있는 것은 통사론의 진화과정이라는 점과 정면으로 배치가 된다는 약점이 있다.

이런 이론 중 두 번째 것은 Studdert-Kennedy가 최근에 제안한 '미립자 원리(particulate principle) 이론'인데 이것의 요지는 촘스키가 요즘에 즐겨 내세우는 언어적 생성성의 특징은 바로 원형언어의 음성체계의 진화과정을 일찍이 유전학이나 화학에서 내세웠던 '미립자의 원리'에 의해서 파악했을 때만 제대로 파악할 수 있다는 것이니까, 일단 겉으로 보았을 때는 이것은 음절이론과는 아무런 관련성이 없는 이론처럼 보일 수도 있는데 사실은 그렇지 않다. 쉽게 말해서 애초에는 일어문적이며 음절적인 발성법이 쓰였었는데, 필요한 변경이 가해지면서(mutatis mutandis) 여러 가지 조음법이 태어났고, 이런 조음법들은 곧 유한한 수단을 무한하게 사용하는 체계를 만들어내게 되었다는 것이 그의 주장이니까, 엄밀한 의미에서는 이것도 일종의 음절이론인 셈이다.(Studdert-Kennedy, 1998)

그가 이 가설을 내세우게 된 배경에는 크게 세 가지 사실이 있었는데, 그중 첫 번째 것은 인간이 언어를 사용할 때의 조음 절차의 정교성이었다. 예컨대 우리는 자음이나 모음과 같은 음소별로 말하지도 않고, 음절별로 말하지도 않으면서, 1초에 10에서 15개의 음소를 발음할 정도의 빠른 속도로 하나의 음성적 연쇄체를 산출하게 되는데 이렇게 하기 위해서는 매 순간 다양한 조음자들이 중첩된 작동유형을 따르게 되어 있었다. 그가 보기에는 이런 놀라운 음운론적 현상을 해명할 수 있는 가설만이 제대로 된 가설일 수 있었다.

그중 두 번째 것은 어휘는 결국에 음성적 표현체이기 때문에 그것의 수가 일정한 통사체계를 형성할 수 있을 만큼 증가할 수 있던 것은 일단 음성적 표현체를 만들어 내는 방법, 즉 조음법이 먼저 다양하게 발달하였기 때문이라고 생각할 수 있다는 점이었다. 진화 과정상 통사론의 선행자로 어휘조직을 내세웠던 진화론자 중 대표적인 사람이 바로 Bickerton이었는데, 그는 아쉽게도 "일어문적 원인의 발성체들이 어휘로 조직될 수 있는 음성적 단위들로 분화되기 이전까지는 일정한 크기의 어휘적 집합체가 생겨날 수 없었다"라는 사실을 인정하지 않았다. 다시 말해서 Studdert-Kennedy가 보기에는 "미립자적 음성학의 수단으로 이름을 붙이는 작업으로의 원인의 돌파야말로 언어로의 첫 번째 걸음이었던" 것이다. (Ibid. p.208)

그중 세 번째 것은 어린이들의 첫 어휘들의 발음에 대한 분석을 통해서 미립자 이론의 타당성을 익히 실증할 수 있다는 사실이었다. 그의 1987년의 연구에 의할 것 같으면 어린이에 있어서도 조음법이 음운적 단위로 자리 잡게 된 것은 어휘 음절의 분화 절차에 의해서인데, 종알거림에서 어휘론의 이행과정에서는 으레 한 어휘의 음성 형태가 매번 조금씩 달라진다는 사실이 이를 잘 증거하고 있었다. 이 시기에 자주 관찰되는 변이형들로부터는 두 가지 특징을 발견할 수 있었는데, 그중 첫 번째 것은 변이형들은 으레 많은 조음법으로 구성되어 있지, 목표어휘의 부위로 구성되어 있지는 않았다는 점이고, 그중 두 번째 것은 변이형에서의 잘못된 부위들은 조음법들의 잘못된 서순성에서 비롯되고 있다는 점이었다. (Ibid. p.216)

이런 네 가지 접근법 중 세 번째 것은 인간의 원형언어는 일어문적인 어휘로 이루어져 있었다는 가설을 실증하려는 노력인데, 이런 가설 중 가장 대표적인 것이 바로 Bickerton의 '어휘적 원형 언어이론'의 가설이다. 우선 일반적으로는 분석과 토의의 편의를 위해서 한 학자가 내세우는 학설의 수를 하나로 잡게 마련인데, 이런 관례를 따르기가 어려운 경우가 바로 그의 경우라고 볼 수 있는데 그 이유는 그동안에 그는 이른바 '재앙적 통사론(Catastrophic syntax)'의 가설을 내세워서 촘스키의 언어진화 이론에 동조함과 동시에 '어휘적 원형이론'의 가설을 내세워서 진화론자들의 그것에 동조하는 식으로 '두 얼굴의 사나이'다운 자세를 취해왔기 때문이다. 실제로 그는 자기가 내세우는 '표현체의 이론'이야 말로 그동안에 대립하여온 진화론적 이론과 언어학적 이론 중 어느 것에도 속하지 않는 제3의 이론이라고 주장해왔다. 그러니까 일단 여기에서 '어휘적 원형언어이론'만을 다룬다는 것은 그의 가설 중 어느 하나만을 다루고 있다는 비판을 면하기가 어렵다.

또 한 가지 이 가설과 관련해서 여기에서 해명해야 할 것은 과연 '어휘적 원형언어이론'을 온당한 음운체계의 진화에 관한 가설로 볼 수 있느냐 하는 것일 것이다. 우선 그동안까지는 어휘적 원형언어설을 내세울 때는 으레 원형언어에는 문법은 아직 없었고 오직 어휘만이 있었다는 식으로 어휘는 문법에 대비되는 개념으로 쓰여 왔다. 또한 일부 진화론자들은 어휘를 언어의 형식적 단위로서가 아니라 인간의 세상에 대한 지식이나 지능 발달의 결과물로서 본 나머지 어휘적 원형언어설을 내세우기도 했다. 그러니까 일단은 그의 '어휘적 원형언어이론'을 여기에서 특별히 음운체계의 진화에 관한 하나의 이론으로 보는 것 자체가 다분히 반전통적인 경우라고 볼 수 있는 것이다.

그런데 사실은 이 가설은 그가 1990년에 낸 『*Language and Species*(언어와 종)』에서 내세웠던 것인데, 그가 이 책에서 주장하고 있는 바를 종합해보면 누구나 그의 가설은 결국에 어휘를 하나의 음성적 표현체로 보고 있다는 의미에서 음운체계의 진화에 관한 이론으로 보는 것이 맞는 일이라는 결론을 얻게 마련이다. 예컨대 이 책의 핵심부라 할 수 있는 부분이 '원형 언어의 세계'라는 제목의 제6장인데 여기에서 그가 가장 강력하게 내세우고 있는 점이 바로 후두의 하강을 비롯한 발성기관의 재구성으로 지금의 것과 같은 성도를 가질 수 있게 된 것이 그 옛날에 원인이 원형언어를 사용할 수 있게 한 첫 번째 사건이라는 점이었다. 일부 학자들은 이른바 몸짓이론을 내세워서 음성적 원형언어설을 부정하는데, 그가 보기에는 어린이들의 언어습득과정을 살펴보게 되면 자연발생적 몸짓이 자연발생적 발성보다 선행될 수 없다는 사실을 분명하게 확인할 수 있었다. (Bickerton, 1990)

그의 견해로는 원인이 성도를 이용해서 음성적 원형언어를 사용하게 되는 과정은 다분히 점진적이었는데, 이런 견해가 전제하고 있는 것은 크게 두 가지였다. 그중 첫 번째 것은 아무리 조잡한 것일지라도 일단 말이 탄생하고 나면 그것을 사용하는 개인이 적응적 이점을 갖게 되는 점으로 미루어보아서 성도는 선택적 압력에 의해서 「Homo habilis(도구인) 때부터 점진적으로 발달했다고 볼 수 있다는 것이었고, 그중 두 번째 것은 성도의 발달이 점진적이었듯이 말의 발달도 점진적이었다는 것이었다. (Ibid, p.144)

그런데 그는 이런 견해와 관련해서 한 가지 흥미로운 가정까지 내세우고 있는데, 통사론의 진화는 음운조직의 그것과 연결되어있다는 것이 바로 그것이다. 이런 추리의 근거로 그는 현재의 언어에서 어휘와 문장 간의 불가분의 관계를 들고 있다. 예컨대 현재의 언어의 특징은 그 자체에는 아무런 의미가 없는 개별 음성들의 집합체가 있어서 이들이 여러 방식으로 결합하여서 수많은 낱말을 만들어내게 된다는 점과 이런 낱말들이 서로 다른 방식으로 결합이 되어서 수많은 문장을 만들어내게 된다는 점인데, 이런 사실로 미루어보아서 음운조직과 통사조직 사이에는 일정한 공통성이 있으며, 따라서 이들은 서로 연결된 상태에서 진화했다고 가정할 수 있었다.

그가 보기에는 원인이 최초로 사용하기 시작한 말의 제일 큰 특징은 어휘가 으레 분별 가능한 소리의 연결체로서가 아니라 어느 한 소리의 흐름, 즉 분석할 수 없는 음성적 전체처럼 발음되었다는 점이었다. 이런 시기는 쉽게 말해서 전 음운론적 단계로 볼 수 있는데, 그가 보기에는 어린이들의 언어습득 과정에도 이런 단계가 있음을 쉽게 확인할 수 있었다. 그런데 무엇보다도 중요한 사실은 조음된 언어가 아니라 신음이나 꼴꼴거리는 소리처럼 들리는 이런 어휘들이 의사소통의 기능을 익혀 수행할 수 있었다는 점이었다. 이런 의미에서 볼 것 같으면 그의 가설은 '유사 어휘적 원형 언어이론'이나 아니면 '전체적 어휘의 원형 언어이론'으로 불러도 무방할 것이다.

그가 여기에서 특별히 강조하는 점은 전 음운론적 단계에 이미 원인은 일정한 수의 유사 어휘나 전체적 어휘로써 서로 간에 의사소통을 할 수 있었다는 점인데, 그 이유는 그의 생각으로는 이런 사실이야말로 언어는 단순히 진화적 적응과정의 한 결과물이라는 것을 가장 웅변적으로 드러내 주는 증거이기 때문이었다. 일단 겉으로 보기에는 언어는 원래부터 의사소통의 도구로서 존재하게 되었다는 발상법은 그것은 본래 '하나의 표현체계이다'라는 발상법과 대치가 되는 것처럼 보일지 모르지만, 사실은 그렇지 않다는 것이 그의 견해이었다. 언어는 일종의 2차적 표현체계(secondary representational system: SRS)인데 세계를 여러 범주로 분석할 수 있는 이런 체계는 다른 생물들도 잠재적으로 가지고 있는 것이었다. 그러니까 오직 원인만이 어휘라는 상징으로써 잠재적 개념들은 더욱 쉽고 편리하게 조직될 수 있다는 사실을 알아차리게 된 것이다. 특히 이들은 머지않아서 일정한 수의 어휘들을 서로 교환하는 데서 비롯되는 이점, 즉 서로간의 의사소통으로부터 얻게 되는 이점이 얼마나 큰가 하는 것을 깨닫게 되었다. (Ibid, p.146)

이런 네 가지 접근법 중 네 번째 것은 말의 진화의 원인적인 유전자를 발견하려는 노력인데, 이런 노력의 특징은 그것은 일단 'FOX P2 유전자의 가설'을 실증하려는 것으로 요약될 수 있다는 점일 것이다. 만약에 이 유전자를 최초로 발견했던 유전학자들의 말처럼 이것이 인간의 말의 원인적인 유전자라면 이들은 오늘날 일종의 평행선을 달리고 있는 생물학자들의 진화론적 이론과 촘스키의 최소주의적 이론 중 어느 것이 맞는 것인지에 대해서 최종적인 심판관의 역할을 할 수 있었을지도 모른다. 그러나 안타깝게도 이것이 발견된 지 거의 20년이 지난 오늘날까지 거의 모든 생물학자는 하나같이 이 유전자는 이른바 언어적 유전자가 아니라는 사실만을 지적하고 나섰다.

이 유전자가 최근에 뇌생리학이나 유전학에서 초미의 관심 유전자로 떠오르게 된 것은 2001년에 Lai와 그의 동료 4명이 《Nature》지에 「A novel forkhead-domain gene is mutated in a severe speech and language disorder(심한 언어장애에 있어서의 새로운 포크해드 영역 유전자의 변이)」라는 논문을 발표하게 되면서부터였는데, 사실은 'FOX P2'로 명명된 이 유전자는 이보다 10년 앞선 1990년에 Hurst 등이 3대에 걸쳐서 언어장애증을 앓고 있는 「KE가족」에 대한 연구를 하게 되면서 특이한 언어 유전자로 새롭게 부상된 것이었다. 이들이 연구한 바에 따르면 총 29명의 3대에 걸친 성인 중 절반에 가까운 15명이 같은 언어장애증을 앓고 있는 데다가, 그 증상이 발음에서뿐만 아니라 문법이나 어휘, 쓰기 등에서도 나타나고 있었기에, 이들은 언어를 담당하는 유전자가 따로 있을 것이라는 추측을 하게 되었다.

이런 추측의 사실성을 뇌생리학적인 방법으로 확인한 것이 결국에는 Lai와 그의 동료들이 발표한 논문의 내용이었는데, 이들이 실시한 연구는 두 부분으로 나뉘어 있었다. 그중 첫 번째 것은 이 유전자의 위치를 찾아내는 일이었는데, 언어장애증에 걸린 총 15명의 게놈조직을 분석한 결과 제7 염색체의 장완부가 바로 그 위치라는 것을 알게 되었다. 그중 두 번째 것은 이 유전자좌에 있는 총 70개의 유전자 중 어느 것이 언어 유전자인가를 알아내는 것이었는데, KE 가족이 아니면서 같은 언어장애증을 앓고 있는 게놈조직과 이들 환자의 그것을 비교한 결과, 장완부의 중간에 있는 것이 바로 그 유전자라는 것을 알게 되었다. (Lai et al.2001)

Lai 등의 논문이 발표된 지 1년 뒤인 2002년에는 Enard와 7명의 동료가 같은 《Nature》 지에 「Molecular evolution of FOX P2, a gene involved in speech and language(언어와 관련된 유전자인 FOX P2의 분자적 진화)」라는 논문을 발표했는데, Lai 등의 논문을 이 유전자에 대한 하나의 소개 논문으로 치면 이 논문은 그것의 실체에 대한 일종의 결론적 논문이었다. 이들이 실시한 연구는 두 가지였는데, 그중 첫 번째 것은 몇 가지 신경 조직망적 방법에 따라서 이 유전자의 단백질 구조를 인간의 것 대 침팬지와 오랑우탄, 붉은털원숭이, 고릴라, 생쥐 등의 동물의 것 식으로 비교해서 이들 간의 차이를 알아내는 것이었다.

그 결과는 인간의 이 유전자의 단백질과 생쥐의 그것 사이에는 세 개의 아미노산의 차이가 있는데, 반하여 침팬지와 고릴라, 붉은털원숭이의 그것들은 생쥐의 그것과 한 개의 아미노산의 차이가 있으면서 결국에 인간의 그것과는 두 개의 아미노산의 차이가 있는 것으로 나타났다. 그런데 이런 결과 중 특이한 것은 오랑우탄의 그것은 생쥐의 그것과는 두 개의 아미노산의 차이를 보이면서 인간의 그것과는 세 개의 아미노산의 차이를 보인다는 점이었다. 이런 사실을 근거로 이들은 인간의 그것과 생쥐의 그것을 구별 짓는 세 개의 아미노산의 차이 중 두 개는 인간이 침팬지와 갈라져 나올 때 생겨났으며, 나머지 한 개가 결국에는 인간의 그것을 언어적 기능을 담당하는 것으로 만들었을 것이라는 결론을 내리

게 되었다. (Enard, et al 2002. p.869)

　이들이 실시한 연구 중 두 번째 것은 모든 인간이 동일한 제7 염색체의 아미노산 구조를 가졌는지를 알아보는 것이었는데, 우선 이들은 서로 다른 대륙에 살고 있는 총 44명의 염색체를 비교해 보았는데, 여기에서는 어떤 동질이상의 현상도 발견되지 않았다. 그다음으로 이들은 총 91명의 유럽 계열인의 염색체를 비교해 보았는데, 오직 한 경우에 있어서만 두 개의 글루타민 코돈이 추가로 삽입된 것을 발견할 수 있었다. 결국에 이들은 총 226개의 염색체 중에서 단 두 개만이 아미노산의 변이형이 발견된 점으로 미루어보아서 인간의 이 유전자는 일정하게 고정되어 있음이 확실하다는 결론을 내릴 수 있었다.

　그런데 이 논문의 진짜 가치는 이것은 인간 특유의 것인 이상 이것의 진화과정이 곧 인간 언어의 진화과정이 될 수밖에 없다는 사실을 내세운 이것의 마지막 부분에서 찾을 수 있다. 우선 이들은 컴퓨터를 이용한 염색체 구조의 비교분석법에 따라 인간 진화의 계보도를 만들어냈는데, 지금으로부터 7천만 년 전부터 인간의 조상은 다른 동물들로부터 단계적으로 갈라져 나오다가 지난 20만 년 이내에 이 유전자가 고정되는 대사건이 일어나게 된다는 것이 그 요지였다.

　그다음으로 이들은 일종의 추산 비율법에 따라 이 유전자가 고정되는 시기와 절차 등을 추리해보았다 우선 그 시기에 대해서는 인구를 고정한 상태에서의 계산법에 따를 것 같으면 12만 년 전에 이 유전자가 고정되게 되는 데 반하여, 그것을 팽창까지를 고려한 상태에서의 계산에 따를 것 같으면 그것이 만년에서 10만 년 전으로 나오는 점으로 미루어보아서, 이 일이 지난 20만 년 동안에 일어난 사건임이 확실하다는 결론을 내릴 수 있었다. 그 다음으로 그 절차에 관해서는 이른바 '선택적 싹쓸이'라는 해답을 내놓을 수 있었다. 이 선택이 가져다주는 커다란 이득 때문에 비교적 가까운 과거에 이 세계의 모든 인간이 거의 동시에 이 유전자를 선택하게 되었으리라는 추리를 어렵지 않게 할 수 있었다. (Ibid, p.871)

이 기념비적인 논문이 발표된 지 1년 뒤인 2003년에는 이것의 공저자 중 한 명이었던 Fisher가 Marcus와 함께 'FOX P2 in focus: What can genes tell us about speech and language? (초점에 있는 FOX P2 : 유전자는 언어에 대해서 무엇을 말해 줄 수 있는가?)'라는 논문을 발표했는데, 놀랍게도 이것에서는 이에 관한 연구의 전망이 고무적이고 긍정적인 것으로부터 다분히 회의적 내지는 신중한 것으로 바뀌어 있었다. 이들은 여기에서 이 유전자는 신경적 통로에 참여하는 하나의 요소일 따름이며, 이 통로 안에서 어떤 기구가 어떻게 작동하고 있는지는 아직 거의 밝혀진 바가 없다고 말하고 있다. (Marcus and Fisher, 2003)

이들의 논문이 발표된 이후, 이들의 이 유전자의 실체에 대한 회의적인 견해는 여러 사람에 의해서 반복되었는데, 그중 대표적인 사람이 바로 2013년에 「Genetics, evolution, and the innateness(유전학과 진화 및 언어의 내재성)라는 논문을 낸 Diller와 Cann이다. 이들은 여기에서 FOX P2는 하나의 단순한 문법적 유전자가 아니며, 'CNTNAP2'로 변화해서 언어에 영향을 주는 다른 유전자들과 같이 움직이는 하나의 규제적 유전자일 따름이라고 주장하고 있는데, 아쉽게도 여기에서는 이런 주장을 뒷받침할 수 있는 구체적인 연구 결과는 제시되지 않고 있다. 그러면서도 굳이 따지면 Marcus와 Fisher의 의견을 회의적인 것으로 치면 이들의 의견은 다분히 부정적인 것으로 볼 수 있다는 점이 이들의 의견의 특징이다. (Diller and Cann. 2013)

그런데 흥미롭게도 오늘날에 와서는 이 유전자에 대한 해석을 Diller

와 Cann처럼 문법적 유전자로 보는 대신에 음성적 유전자로 보는 사람도 등장했는데, 그런 사람 중 대표적인 사람이 바로 피치이다. 그는 2010년의 책에서 FOX P2는 음성언어를 출현시킨 유일하면서도 가장 중요한 유전자가 아님이 분명하다고 주장했는데, 여기에서의 음성언어는 당연히 일정한 문법체계를 갖춘 현대언어가 아니라 원시적 원형 언어를 가리키고 있다는 점을 고려한다면 어떤 의미에서는 이런 주장은 그가 하나의 반 촘스키적인 언어진화론자임을 드러내는 것이라고 볼 수도 있다. 그러나 그가 여기에서 FOX P2의 발견을 언어진화론에 관한 유전학적 연구의 효시로 보고 있다는 점은 분명하다. 비록 부정적인 것이기는 하나 지금도 많은 진화론자들이 이 유전자의 기능이나 실체에 대해서 일정한 언급을 하는 점으로 보아서 이 연구에 있어서는 응당 유전학적 연구가 뇌생리학적 연구나 신경언어학적 연구와 같이 이루어져야 한다는 것을 많은 사람이 이 유전자의 발견으로 깨닫게 되었다는 것을 알 수 있다. (Fitch. 2010. P.362)

3.3. Jackendoff의 문법 진화론

최근에 촘스키의 최소주의적 언어진화론이 언어진화 연구의 세계를 뒤흔들게 되면서, 덩달아서 마치 그것에 대한 하나의 대안처럼 부상하게 된 것이 Jackendoff의 문법 진화론이다. 언어진화의 문제를 놓고서 촘스키의 입장에 반기를 들고나온 언어학자에는 Newmeyer도 있었는데, 그는 단지 그의 보편문법이론에는 계통 발생론적 설명이 전혀 없다는 식의 비판만 했지, 그의 언어진화론에 대한 구체적인 대안은 제시하지 않은 탓으로 Jackendoff 만큼 진화론자들의 관심 인물이 되지 못했다.

흔히 「점진적 문법 진화론」으로 부르고 있는 그의 이론이 언어학자들 사이에서가 아니라 진화론자들 사이에서 자주 언급이 되게 된 것은 물론 이런 언급만큼 언어진화에 관한 언어학적 학설에서는 촘스키의 것만 있는 것이 아니라는 것을 사실적으로 드러내 주는 것은 없기 때문이다. 우선 촘스키의 도전에 반감이 있는 사람이나 그것을 회피하려고 하는 사람에게는 그의 문법 진화론은 최고의 방패가 될 수 있었다. 그 이유는 그의 이론의 등장으로 크게는 언어진화의 과정을 놓고서 진화론자들의 연속설과 촘스키의 비연속설로 대립이 되어 있는 지금의 상황에 돌파구가 생길 가능성이 있게 되었기 때문이고, 작게는 촘스키의 최소주의 이론은 결국에 여러 언어이론 중 한 가지에 불과하다는 것이 만천하에 드러나게 되었기 때문이다.

그런데 안타깝게도 그의 문법진화론의 원전이라 할 수 있는 「Foundations of Language: brain, meaning, grammar. evolution(언어의 기초: 두뇌, 의미, 문법, 진화)」의 내용을 살펴보면 크게 세 가지 사실을 익히 확인할 수 있는데, 그중 첫 번째 것은 굳이 따지면 그의 문법진화 이론은 많은 진화론자가 고집하는 다윈의 자연도태설을 옹호하려는 입장에서 만들어진 것도 아니며, 그렇다고 해서 촘스키가 내세우는 최소주의적 이론을 옹호하려는 입장에서 만들어진 것도 아닌, 일종의 제3의 이론이라는 것이다. 사실은 바로 이것이 그의 이론이 주목받게 된 진짜 이유일 것이다. (Jackendoff, 2002)

그중 두 번째 것은 그의 문법진화 이론은 촘스키의 깃과 대비하는 입장에서 만들어진 것이라는 사실이다. 우선 이 책이 쓰인 시기가 촘스키가 큰 돌풍을 일으킨 무렵인 2002년이라는 점과 부제의 끝말이 진화로 되어 있다는 점 등으로 미루어보아서 이런 대비성은 다분히 의도적이었다고 익히 판단할 수 있다. 그런데 그가 이 책에서 실제로 내세운 언어이론은 완전히 반 촘스키적인 것이라기보다는 유사 촘스키적인 것이어서, 그것에는 어디까지를 그의 독자적 의견으로 보아야 할지가 모호한 대목이 많다. 그러니까 한마디로 말하면 그의 문법진화이론의 가치를 제대로 평가하기 위해서는 먼저 촘스키의 최소주의적 언어진화 이론에 대한 올바른 이해가 있어야 한다는 결론이 나온다.

그의 언어이론이 이런 식으로 촘스키의 것과 애매한 대비성을 지니고 있다는 것을 구체적으로 드러내 주고 있는 것은 역시 그 나름의 특이한 보편문법에 대한 정의이다. 최근에 보편문법이라는 개념을 다시 들고나와 새로운 언어이론을 전개한 사람은 촘스키였다는 점을 고려한다면, 그가 이것에 대한 정의를 다시 내리려는 것 자체를 촘스키에 대한 경의를 표시하는 행위로 볼 수 있다. 그러나 그것은 「문법의 상자」가 아니라 「연장세트」라고 정의한 점으로 미루어보아서는 그는 분명히 하나의 반 촘스키주의자인 셈이다. 또한 언어와 언어연구에 대한 그의 견해에서도 이런 식의 애매한 대비성을 잘 엿볼 수 있다. 예컨대 그의 '정신/두뇌의 복잡성의 창구가 언어구조의 연구이다' 나 '언어는 일종의 정신적 현상이다'와 같은 말들은 촘스키가 한 말을 대신해주고 있는 말이라고 볼 수 있다. 그러나 일찍이 Bickerton이 "언어진화의 5백만 년의 역사는 추리할 수밖에 없다"라고 한 말을 그가 다시 인용하고 있는 점으로 보아서는 그는 분명히 반 촘스키 주의자이다.

그의 언어이론이 촘스키의 것과 이런 식으로 모호한 대비성을 지닌다는 것을 웅변적으로 드러내 주고 있는 사실은 그는 자신을 생성언어학자로 자처하면서 생성이라는 말은 굳이 따지면 오직 촘스키의 언어이론에서만 쓰일 수 있는 일종의 특수어라는 사실은 인정하지 않았다는 점이다. 예컨대 그는 오늘날 언어학에서 문법연구를 주도하는 문법이론으로 어휘기능 문법이론을 비롯하여 구구조 문법이론, 구성문법이론, 최적성

이론, 최소주의 이론 등을 들음으로써 사람들에게 마치 이들 모두가 결국에는 문법구조의 생성성을 구명하려는 이론임을 강조하는 것이 곧 그의 언어이론의 제일 큰 특징이라는 인상을 받게 했다. 그러나 이런 견해는 촘스키의 언어이론의 가치를 과소평가하는 것일 뿐만 아니라, 생성이라는 말의 특수성을 인정하지 않는 것이다. (Ibid. p.93)

그중 세 번째 것은 현대언어가 태어날 때까지의 진화과정을 영장류에서 원인이 아직 분리되어 나오지 않은 시기를 그것의 첫 단계로 볼 정도로 길게 잡았으면서도, 마치 언어가 그 오랜 기간에 독자적인 능력과 동기로 진화를 한 것 같은 인상을 줄 정도로 진화론적 논의는 완전히 배제한 채 오직 문법구조의 발전단계만을 설정하는 식으로 보았다는 사실이다. 물론 언어학자인 그로서 할 수 있는 일은 지금의 언어의 구조적 특성을 근거로 해서 그것의 발전과정을 추리하는 것이 전부이지, 그것의 진화론적 근거나 원천 이론 등을 제시하는 것까지를 그로부터 기대하는 것 자체가 무리일 수 있다. 그러나 적절한 진화론적 근거나 뒷받침이 없는 구상은 결국에 떳떳한 언어진화설이 될 수 없다.

이런 의미에서 보아도 그의 언어이론이나 문법진화 이론은 촘스키의 그것과는 본질적으로 다르다는 것을 쉽게 알 수 있다. 쉽게 말해서 촘스키는 언어연구자의 궁극적 과제는 언어진화에 대한 자기 나름의 이론이나 가설을 내세우는 것이라는 것을 실천했는데, 반하여 그는 그렇지를 못했다. 예컨대 촘스키의 최소주의적 언어진화 이론은 어떤 의미로 보아서나 하나의 독자적 언어진화 이론이다. 그러나 그의 '점진적 문법진화 이론'은 편의상 하나의 이름이 붙여진 이론일 뿐이다. 이렇게 볼 것 같으면 그의 책의 부제에서 진화가 마지막 단어로 선택된 것은 촘스키가 모든 언어학적 문제는 진화의 문제로 귀결된다고 보았을 때의 취지와는 정반대적인 것이었다고 볼 수 있다.

그러나 그의 문법진화 이론과 촘스키의 최소주의적 언어진화 이론 사이에는 얼마나 큰 간극이 존재하고 있는가를 가장 확실하게 확인하는 방법은 역시 이 책의 238쪽에 제시된 문법진화 과정의 특징을 살펴보는 것일 것이다. 이것의 특징에는 진화론자들의 관심을 끌 만한 것이 몇 가지 있는데, 그중 첫 번째 것은 언어의 뿌리를 영장류의 개념 구조로 볼 정도로 그것의 진화과정을 최대로 길게 잡았다는 점이다. 물론 이런 발상법은 연속성의 문제를 놓고서 최근의 촘스키 도전을 불합리하고 무의미한 것으로 치부한 발상법이다. 틀림없이 이 점이 생물학자나 진화론자들이 이 이론에 특별한 관심을 끌게 한 근본적인 이유일 것이다.

  그중 두 번째 것은 이 이론을 알기 쉽게 「8단계설」로 불러도 무방하게 만든 점, 즉 문법진화 과정을 모두 여덟 단계로 나눌 만큼 세분했다는 점이다. 촘스키는 더 말할 나위가 없고 어느 진화론자도 지금까지는 언어나 문법진화 과정을 이렇게 세분한 적이 없다. 이 점이 바로 그의 이론이 '점진적 문법진화론'으로 불리게 된 이유일 텐데, 단계의 수를 여덟 가지로 잡은 점을 특별히 부각하기 위해서는 그것보다 '8단계설'이 더 나은 것 같다. 이 점과 관련해서 가장 눈에 띄는 사실은 원형언어가 생겨난 때를 제5단계로 잡을 만큼 이 이전의 시기를 최대한 길게 보았다는 점이다.

  그중 세 번째 것은 언어의 기본 단위를 기호로 잡으면서 그들의 적절한 결합이나 배열을 문법으로 볼만큼 기호 발달의 의의를 중요시했다는 점이다. 기호를 의미적 표현체로 보고 있는 점으로 미루어보아서, 여기에서는 기호가 어휘를 가리키고 있는 말임이 분명하다. 그런데 아쉽게도 왜 굳이 여기에서는 언어를 하나의 기호체계로 보고 있다고 말해도 하등 이상하게 느끼지 않을 정도로 기호라는 술어가 일관성 있게 쓰이게 되었는지는 아무런 설명이 없다. 아마도 원형 언어에서나 그 이전에 쓰이던 어휘는 지금의 것에서 발견되는 어형적 특성을 아직 갖추지 못한, 일종의 유사 어휘였다는 점을 드러내려다 보니까 자연히 어휘라는 말보다는 기호라는 말을 선호하게 되었을 것이다.

그중 네 번째 것은 음운체계의 발달을 유도한 요인으로 개방적이고 문한정한 상징체계의 발달과 사용을 들고 있다는 점이다. 굳이 따지면 그러니까 여기에서는 원형 언어가 태어나기 이전에 그것의 준비작업처럼 이루어진 것이 순서에 따른 상징체계의 발달과 음운체계의 발달이었다고 보고 있다. 그런데 여기에서는 먼저 음절체계가 일정하게 발달하고, 그다음에 그것으로부터 하나의 음운체계가 발달하게 되었다는 식의 일종의 '음절 선행설'을 내세우고 있다. 무엇보다도 주목할 사실은 여기에서는 '원형 언어'를 '기본적인 의미관계가 상징의 위치에 의해서 드러날' 만큼 발달한 것으로 보고 있다는 점이다.

그중 다섯 번째 것은 위계적 구구조 문법의 발달을 원형 언어를 현대언어로 탈바꿈시킨 주요 요인으로 잡았다는 점이다. 물론 이런 문법모형은 촘스키의 문법모형에서는 변형부를 도입하기 위한 기저부의 일부일 따름이다. 이 책의 문법체계를 다루는 부분에서는 변형이나 흔적의 개념이 구체적으로 소개되고 있으면서, 이 체계도에서는 그런 것이 완전히 배제되고 있다. 그중 여섯 번째 그 후에 발달한 굴절체계로써 다양한 의미적 관계를 제대로 표현할 수 있는 현대언어가 탄생하게 되었다고 보는 식으로 문법을 의미관계의 표현 수단으로 보고 있다는 점이다. 그는 상징의 수준이 추상적인 의미관계를 나타낼 수 있을 만큼 높아진 점과 그들을 더 큰 의미를 나타내기 위해서 일정한 구조로 배열할 수 있게 된 점을 현대언어의 두 가지 특징으로 보고 있다. 이런 의미에서 보면 그는 형식론자가 아니라 하나의 의미론자인 셈이다. 그가 제시한 문법진화 체계도는 대략 아래와 같다. ((1)에서 (8)까지의 번호는 그의 체계도에는 붙어 있지 않다.)

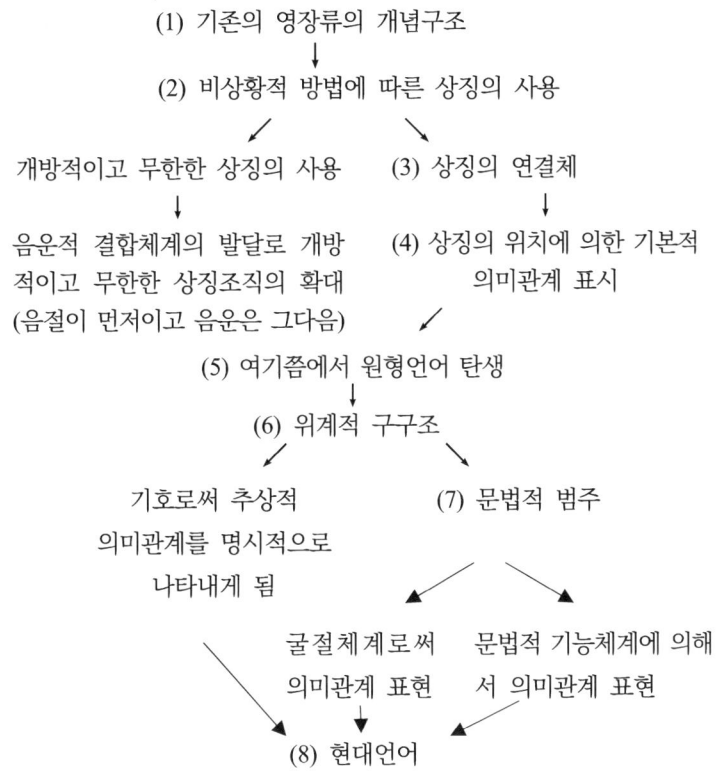

그런데 이 책의 마지막 부분에서는 그의 이런 8단계설과는 아무런 관련성이 없는 점들이 강조되고 있는데, 이런 점으로 보아도 이 책은 결국에 그의 언어이론의 특징을 보여주기 위해서 쓰인 것이지 그의 문법진화 이론을 소개하기 위해서 쓰인 것이 아님이 분명하다. 쉽게 말하면 여기에 제시된 그의 8단계 모형은 구색 갖추기의 하나로 만들어진 것이어서, 그의 언어이론의 특징을 문법 진화의 틀에 맞추어서 나열한 것에 지나지 않는다. 그러니까 그에게 매 단계 때마다 문법진화의 동기나 여건 등을 진화론적으로 밝히라고 요구하는 것은 무리이다. 예컨대 이 책의 마지막 부분에서는 그는 첫 번째로 제11장에서는 어휘적 의미의 문제가 다루어지고 제12장에서는 구의 의미의 문제가 다루어지는 식으로 그 나름의 특이한 의미론의 내용을 소개하는 데 총력을 기울이고 있는데, 바로 여기에 그가 말하는 '병렬 구도적' 언어관의 실체가 어떤 것인가가 그대로 드러나 있다.

병렬구도설은 간단히 말해서 그가 다윈의 자연도태설의 대안으로 내세운 것인데, 지금의 언어는 음운조직과 문법조직, 의미조직 등의 세 가지 기본체계들이 오랜 기간에 걸쳐서 병렬적으로 진화한 결과라는 것이 그 요지이다. 예컨대 구의미론이라는 제목이 붙여져 있는 제12장에서 "Beethoven like(S) Schubert"라는 문장분석의 절차를 아래와 같은 세 가지로 제시하고 있는데, 이들을 진화적 틀 안에 집어넣은 것이 바로 그의 '병렬구도설'인 셈이다. 이런 분석 절차의 특징은 음운조직과 문법조직에 대한 분석은 결국에는 의미조직의 분석에 대한 준비작업으로 간주하고 있다는 점이다.

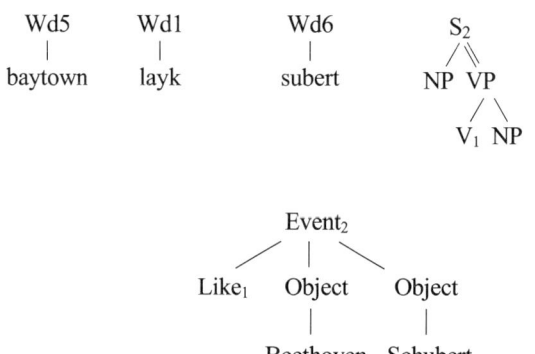

이 책의 마지막 부분에서는 그는 두 번째로, 언어는 하나의 정신적

현상이기 때문에 언어학은 궁극에 가서 두뇌학이나 유전학이 될 수밖에 없다는 점을 강조하고 있다. 사실은 그의 이런 견해는 어휘적 의미론을 다룬 제11장에서 어휘의 의미를 'F정신체'라는 구조체 안에서 개념적 체계와 시각체계와 촉각체계, 행동체계 등으로 이루어진 지각체계 간의 상호교섭으로 만들어지는 것으로 정의함으로써 이미 잘 드러나 있다고 볼 수 있다. 그러나 본격적으로 그가 이런 언어관을 밝힌 곳은 결론이라는 제목이 붙여진 제13장이었다. 예컨대 여기에서 그는 어휘와 계층적 구조성이 두뇌의 신경 체계 안에서 어떻게 실현되어 있는가나, 내재적이며 특수화된 F지식은 어떻게 게놈에 기록되어 있는가 등의 질문에 제대로 된 해답을 얻게 되기까지는 어떤 언어이론도 완전한 것이라고 장담할 수 없다고 주장하고 있다. 더 나아가서 그는 언어학이 앞으로 제대로 발달하기 위해서는 그것은 으레 언어습득이나 언어처리, 사회인지, 신경과학 등의 분야와 긴밀한 협조를 이루고 있어야 한다는 주장도 하고 있다. 그는 여기에서 언어학은 "우리는 어떻게 세계를 정신 안에 집어넣는가"에 대한 정답을 찾으려는 학문이라는 말까지 하고 있는데, 어떤 의미로 보아서도 이런 언어관은 일종의 꿈과 같은 것일 뿐이다. (Ibid. p.423)

앞에서 이미 살펴보았듯이 Jackendoff가 직접적으로 촘스키의 문법진화 이론을 비판하고 나선 것은 2010년에 쓴 「Your theory of language evolution depends on your theory of language(당신의 언어 진화이론은 당신의 언어이론에 달려있다)」라는 논문에서였다. 우선 이 논문의 제목은 마치 촘스키에게 그가 "나의 언어이론이 당신의 것과 다른 이상 나의 문법진화 이론이 당신 것과 다른 것은 너무나 당연한 일이다"라고 일갈하고 있는 듯한 인상을 주기에 알맞다. 그러니까 쉽게 말하면 그는 여기에서 자기의 언어 내지는 문법진화론이 촘스키의 것과 어떻게 다른가 하는 것은 자기의 2002년의 책에 잘 나와 있다고 주장하고 있다.

그러나 이 논문에서 그가 촘스키의 문법진화 이론의 문제점으로 지적하고 있는 것은 진화론적인 것과 언어이론적인 것의 두 가지인데 굳이 따지면 여기에서 이들 중 문제성이 더 심각한 것으로 지적되고 있는 것이 바로 진화론적이다. 그러니까 결국에 그는 여기에서 놀랍게도 진화론자와 언어학자 중 진화론자의 손을 들어준 것이다. 그는 우선 흥미롭게도 일단 언어적 능력에는 모두 네 가지가 있다고, 보게 되면 촘스키가 두 명의 생물학자와 함께 써낸 2002년의 「HCF」 논문의 허구성이 당장 드러나게 되어 있다고 주장하고 나섰다. 네 가지 언어적 능력 중 제1부의 능력으로 불리는 첫 번째 것은 허파처럼 고대의 영장류들이 공유하고 있던 것이었고, 제2부의 능력으로 불리는 두 번째 것은 몸짓처럼 일반적인 용도로 쓰이던 것이 언어적 용도로도 쓰이게 된 것이었으며, 제3부의 능력으로 불리는 세 번째 것은 성대처럼 언어 특유의 기관으로 바뀌게 된 것이었으며, 마지막으로 제4부의 능력으로 불리는 네 번째 것은 문법처럼 완전히 새롭게 생겨난 것이었다.

그런데 「HCF」 논문의 문제점은 이들 네 가지 능력 중 세 번째 것에 대한 아무런 해명이 없다는 데 있었다. 다시 말하면 이들 중 제1부와 제2부의 능력들은 이 논문에서 말하는 광의의 언어에 해당하는 것이고, 제4부의 능력은 이 논문에서 말하는 협의의 언어에 해당하는 것으로 볼 수 있을 테니까, 이 논문에서는 결국에 제3부의 능력의 출처에 대한 해명이 빠져있는 셈이다. 이렇게 보면 성대의 진화를 언어탄생의 출발점으로 보는 Lieberman이나 McNeilage과 같은 진화론자들이 보기에는 「HCF」 논문에서 촘스키가 주장하고 있는 것은 결정적인 허점을 지닌 주장에 불과한 것인데 여기에서 무엇보다도 놀라운 사실은 Jackendoff는 이런 진화론들의 견해를 맞는다고 보고 있다는 점이다. (Jackendoff. 2010. p.63)

그런데 사실은 그는 원래 촘스키와 마찬가지로 진화론자가 아니라 언어학자나 통사론자라는 사실을 상기한다면, 이 논문에서 그가 촘스키의 문법진화 이론의 두 번째 문제점으로 지적하고 있는 점을 그가 이 논문에서 내세우고자 하는 바 전부라고 보는 것이 마땅한 일일 텐데 여기에서의 두 번째 문제점은 바로 촘스키의 문법진화 이론의 허구성이 아니라 그의 통사이론의 허구성과 관련된 것이라는 사실이 이런 판단이 틀린 것이 아님을 잘 입증하고 있다. 그러니까 쉽게 말해서 그가 이 논문을 통해서 내세우고자 했던 것은 어차피 촘스키와 자기는 저마다의 언어관이나 문법관을 바탕으로 해서 그것의 일부로서 언어진화 이론을 펴게 된 이상, 누구의 진화이론이 맞느냐 하는 논쟁은 마땅히 두 사람의 언어이론이나 문법이론 중 어느 것이 더 타당한 것이냐에 대한 논의로부터 시작되어야 한다는 것이었다. 이렇게 보면 그는 결국에 이 논문의 제목의 타당성을 이것의 후반부에서 실증하려고 했다.

그런데 흥미롭게도 그는 여기에서 촘스키의 문법 이론과 자기의 문법이론 간의 비교작업을 함에 있어서 자기의 문법모형이 그의 문법모형과 얼마나 크게 다른가를 보여주는 식의 일종의 약식 방법을 채택하였는데, 그 이유는 아마 좋게 말해서는 이 정도의 작업만으로도 이들 간의 차이점들이 극명하게 드러나게 되어 있다고 판단되었기 때문이고, 나쁘게 말해서는 이들의 이론이나 분석기법 등은 원래가 서로 비교할 수 없을 정도로 다르기에 이들을 비교할 수 있는 유일한 방법은 이런 식의 것밖에 있을 수 없다고 판단되었기 때문이었을 것이다. 아무튼 이런 점 하나만으로도 우리는 그가 자기를 하나의 생성문법주의자로 부르고 나서기에는 부적절한 사람이었다는 것을 익히 알 수 있다.

그런데 엄밀히 따지면 그가 여기에서 쓰고 있는 방법은 일종의 비교법이 아니라 일종의 원안 제시법이다. 만약 그가 두 문법이론 간의 차이나 우열을 객관적인 입장에서 가릴 의도가 있었다면 촘스키의 문법모형에 대한 설명은 생략한 채 자기의 문법 모형만을 집중적으로 설명하는 우를 범하지는 않았을 것이다. 그러나 그가 판단하기에는 이렇게 하는 것이 결국에는 우를 범하는 것이 아니라 가장 지혜로운 일이었다. 다시 말해서 그는 논리적으로 보았을 때 자기의 문법모형의 장점이나 특색을 부각시키는 일은 곧 촘스키의 문법이론의 한계성이나 문제점을 노출시키는 일이 될 테니까, 굳이 번거로운 비교법을 쓸 필요가 없다고 생각한 것이다. 이렇게 보면 우선 그가 비교의 대상으로 삼은 것이 촘스키의 최소주의 이론이 아니라 지배와 결속 이론이었다는 것이 결코 우연한 일이 아니었음이 분명해진다.

누구나 익히 알고 있듯이 촘스키가 최근에 나름대로 혁신적인 언어진화 이론을 제시하고 나선 것은 그에게는 최소주의 이론이라는 최신의 문법이론이 있기 때문이었다. 그러니까 상식적으로 생각을 해도 그의 언어진화 이론의 한계성이나 비과학성을 지적하는 자리에서는 응당 그의 최소주의 이론이 논의나 분석의 대상이 될 것이었다. 그런데 특별한 이유나 해명도 없이 Jackendoff의 이번 논문에서는 지배와 결속 이론을 그런 대상으로 삼는 다분히 비상식적인 일이 벌어졌다. 이런 사실을 놓고서 우리는 크게 두 가지 해석을 내릴 수 있을 텐데, 그중 첫 번째 것은 어차피 여기에서는 자신의 문법이론의 장점이나 특색만을 집중적으로 부각시키는 방책을 쓰기로 한 이상 비교의 대상인 촘스키의 문법이론으로 어떤 것을 선택하느냐 하는 것은 아떤 문젯거리도 될 리가 없다고 그는 판단했으리라는 것이고, 그중 두 번째 것은 Comsky 자기 생각과는 달리 그동안에 제시된 그의 여러 가지 문법이론 중 가장 대표적인 것은 최근에 제시된 최소주의 이론이 아니라 그전에 제시된 지배와 결속 이론이라고 그는 판단했으리라는 것이다.

그런데 그의 판단이 잘못된 것임을 우리는 다음과 같은 두 가지 사실만으로써 익히 알 수 있다. 그중 첫 번째 것은 그의 이번 논문이 발표된 시기인 2010년에는 이미 촘스키의 최신이론이 바로 그의 대표 이론이라는 사실이 널리 알려져 있음에도 불구하고 이로부터 30년 전인 1981년에 제안된 그의 문법이론을 분석의 대상으로 삼는다는 것은 사리에 맞지 않는다는 것이고, 그중 두 번째 것은 1995년에 나온 그의 최소주의 이론은 많은 점에 있어서 그전의 그의 문법이론과 같지 않다는 것이다. 그러니까 가령 그의 1995년의 이론이 그의 1981년의 이론과 특별한 차이점이 없다면 Jackendoff의 이번 결정을 굳이 문제시할 필요가 없을 수도 있을 텐데 불행히도 사실은 그렇지 않은 것이다.

넓은 의미에서 보면 물론 촘스키 자신이 강조했듯이 그의 언어나 통사이론은 지난 수십 년에 걸쳐서 면면히 이어져 온 하나의 이론이지 반드시 표준이론이나 지배와 결속 이론, 최소주의 이론 등의 서로 다른 이름으로 불려야 하는 개별 이론들은 아니다. 그러니까 더 구체적으로 말하면 1995년에 나온 최소주의 이론은 1981년에 나온 지배와 결속 이론의 후속 이론일 따름일 것이다. 그런데 문제는 문법모형이나 분석기법 상의 이들 간의 차이가 연속성이나 후속성을 내세우기가 민망할 정도로 크다는 데 있다. 다시 말하면 오늘날 촘스키 본인은 더 말할 나위가 없고 외부인으로서의 그의 언어이론을 평가하는 사람들 모두가 최신에 나온 언어이론만을 그의 대표적인 언어이론으로 받아들이고 있다.

논의의 신빙성을 확보한다는 의미에서 두 이론 간의 차이점들을 지적해보면 우선 문법모형들이 서로 간에 판이하다. 예컨대 1981년의 이론에서는 어휘와 범주부에서 변형 절차로 S-구조가 만들어지게 되면 이것에서 음성형식과 논리 형식이 도출되는 식이었던 것이, 1995년의 이론에서는 어휘의 배번집합에 문자화 절차를 적용해서 음성형식과 논리형식을 도출해내는 식으로 바뀌게 되었으니까 이들 간에는 적어도 S-구조부가 문자화부로 대치되는 정도의 큰 차이가 생기게 된 것이다.

그뿐만 아니라 1995년에 이르러서는 언어나 문법관도 크게 달라졌다. 1981년의 이론에서는 문법을 지배이론과 결합이론을 위시한 몇 가지 원리의 집합체로 보았다. 또한 여기에서는 각 언어의 문법은 이들 원리에 적절한 매개변인을 적용함으로써 생겨난다고 보았고, 따라서 언어연구의 궁극적인 과제는 보편문법의 실체를 찾아내는 것으로 보았다. 이에 반하여 1995년의 이론에서는 병합 절차의 반복을 유일한 문장생성의 절차로 본 나머지 '인터페이스+병합'이 곧 언어가 된다고 주장하기에 이르렀다. 이름 그대로 이때 와서는 그의 문법관은 최소주의적인 것으로 바뀌어 있었다. 그런데 사실은 촘스키의 문법모형이 어느 이론 때의 것인가는 하등 문제가 되지 않는데, 그 이유는 이 논문에 실제로 제시되고 논의되고 있는 것은 이름하여 '병렬적 구조체 (The paralled architure)'라는 자기의 모법 모형뿐이었기 때문이다. 쉽게 말해서 그가 2002년의 책에서 제시한 8단계 이론을 집약한 것이 바로 여기에서 말하는 병렬적 구조체인데, 그것은 음운규칙 및 구조와 의미규칙 및 구조가 두 개의 주요 부위로서 양쪽에 자리하고 있고 그 중간에서 통사 규칙 및 구조가 어휘부와 함께 인터페이스의 기능을 수행하는 식의 대략 아래와 같은 도표처럼 그려질 수 있다. 이 도표에서 누구에게나 제일 먼저 눈에 띄는 점은 물론 통사규칙 및 구조부의 위치와 기능이 일반적으로 알려진 것에서 크게 벗어나 있다는 점이다. 일반적인 상식에 의하면 언어의 두 기본구조 하면 으레 통사구조와 음운구조를 가리키게 되어 있다. 그런데 여기에서는 음운구조와 의미구조를 그런 두 기본구조로 내세우고 있다. (Ibid. p.68)

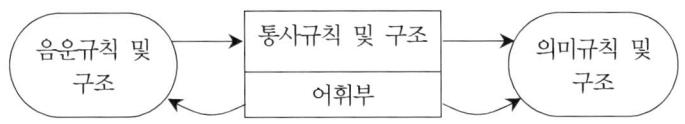

　이 도표에 나타난 그의 발상법은 두말할 필요도 없이 지금까지의 언어연구의 역사상 그 누구도 통사조직의 위상을 이처럼 격하시킨 적은 없었다는 사실을 무색하게 하는 것이다. 물론 어떤 의미에서 보면 그의 발상법은 분명히 언어란 결국에 일정한 음운적 표현체에 의해서 일정한 의미를 나타내는 기구라는 일반적인 상식에 잘 맞아떨어지는 것이기에 사람에 따라서는 왜 그동안에는 언어연구자들이 너나없이 상식에 어긋나는 길을 걸어왔는지에 대해서 의아해할 수도 있다. 그러나 일찍부터 형식 위주의 학문적 전통이 언어연구의 대세를 이끌어온 이상, 가장 형식화하기가 힘든 의미구조에 관한 연구가 으레 뒷전에 밀려나게 되는 것은 너무나 당연한 일이었다.

　또한 굳이 전통주의자의 입장을 변호하기로 하면 문장의 의미는 '어휘적 의미+문법적 의미'처럼 볼 수 있으니까 통사조직에 대한 연구를 의미조직에 관한 연구의 일부로 간주할 수도 있다. 그리고 더 나아가서는 인간의 언어의 제일 중요한 특징은 정교한 통사 조직이 있어서 이것을 이용하여 다양하고 복잡한 명제적 의미를 나타낼 수 있다는 점이니까, 통사론이 언어연구의 핵심적 과제가 되는 것은 너무나 당연한 일이라고 볼 수도 있다.

　그러니까 이들의 입장에서 볼 것 같으면 지금까지 의미론이 무시되어 온 것이 아니라 아직 제대로 정립되지 못했을 따름이다.

　물론 여기에서 제일 중요한 사실은 그는 이런 다분히 파격적이고 반전통적인 언어나 문법관으로 제일 먼저 무너지는 것은 최근에 큰바람을 일으키고 있는 촘스키의 언어 진화이론이라는 것을 잘 알고 있다는 점이었다. 그의 언어진화 이론은 쉽게 말해서 통사조직의 진화이론인 셈이니까, 이것의 허구성이나 무의미성을 드러내기 위해서는 그의 통사조직의 위상이나 기능에 대한 견해가 크게 잘못된 것이라는 것을 밝히게 되면 되는 것이었다. 그래서인지 이 논문의 끝부분에서는 두 가지 사실이 언급되고 있는데, 그중 첫 번째 것은 'HCF' 모형의 제일 큰 약점은 어휘의 문제가 제외되어 있다는 점이라는 것이고, 그중 두 번째 것은 일찍이 Bickerton의 원형 언어설에서는 원형 언어의 실체가 어휘가 중간에서 인터페이스를 하는 '음운구조+의미구조'식의 것으로 파악되었다는 것이었다. (Ibid. p.71)

3.4. Tomasello의 의사소통 기원론

Jackendoff의 병렬 구조체적 문법이론을 촘스키의 문법이론에 대한 하나의 일차적 대안 이론으로 치면 그것에 대한 일종의 이차적 대안이론으로 볼 수 있는 것이 바로 Tomasello의 의사소통 진화론이다. 2008년에 나온 그의 책의 이름이 『*Origins of Human communication*(인간의 의사소통 기원)』처럼 되어 있다는 사실로써 익히 알 수 있듯이, 언어 기원에 대한 논의가 음운체계와 문법 체계 중 어느 것의 진화에 초점을 맞추느냐에 따라서 두 파의 것으로 갈라지게 된 현실에 정면으로 반기를 들고 나온 사람 중 가장 대표적인 사람이 그였다. 그가 보기에는 이런 현상은 인간의 언어를 언어학적으로 보는 데서 비롯된 것이었는데, 이런 의미에서 보면 최근에 촘스키가 일으킨 논쟁도 대단한 것이 될 수 없었다.

우선 의사소통이라는 말은 원래 촘스키가 극구 쓰기를 거부하는 술어라는 사실을 상기한다면 그의 언어 진화이론이 반 촘스키 적인 이론이라는 것을 쉽게 알아차릴 수 있는데, 그 정도가 문법이라는 말 자체를 아예 촘스키가 의미하는 것과는 전혀 다른 의미로 사용할 만큼 심하다는 데 그 특징이 있다. 그러니까 Jackendoff의 언어진화론까지는 문법체계 진화론의 일부로 간주할 수 있지만, 그의 언어진화론은 음운체계 진화론과 문법체계 진화론 중 어디에도 들어가지 않는 제3의 언어진화 이론인 셈이다. 굳이 기존의 언어학적 접근법들과 대조시킨다는 입장에서 볼 것 같으면 그가 채택하고 있는 접근법에는 일종의 문화적 내지는 진화론적 접근법으로 이름을 붙이는 것이 맞는 일일 것이다.

그런데 실제로 언어학계에서는 일찍부터 촘스키가 말하는 문법적 능력은 인간의 언어능력의 전체적 능력이 아니라 그것의 일부, 즉 그의 의사소통적 능력의 하위적 능력이나 일부에 불과하다고 주장하는 사람들이 적지 않게 나타났었다. 사회언어학자나 화용론자들이 바로 그런 사람이었다. 그러니까 촘스키적인 언어진화 이론을 정면으로 반대하는 이론의 이름을 의사소통 진화론으로 잡은 것은 어떤 의미로 보아서나 현명한 일이었다. 그런데 그 내용을 자세히 살펴보게 되면 그의 2008년의 책은 촘스키의 통사론 기저적 언어진화론에 대한 일종의 선전포고와 같은 책임이 당장 드러난다. 쉽게 말해서 촘스키의 것을 포함한 언어학적 언어진화 이론의 한계성이나 맹점을 노출하는 데는 역시 Jackendoff의 경우처럼 유사한 이론을 제시하는 방법보다는 문화적 내지는 진화론적 이론을 제시하는 방법이 최선의 것임을 그의 책은 잘 실증하고 있다.

이 책이 실제로는 촘스키의 언어진화론을 표적으로 삼은 것이라는 것은 이것을 이루고 있는 총 7개의 장 중 여섯 번째 것이 「The grammatical demension(문법적 차원)」이라는 제목 밑에서 예컨대 보편문법이나, 정형성, 구조성과 같은 그의 통사이론의 핵심적 개념들을 재정의하는 장이라는 사실에 의해서 익히 알 수 있다. 마지막 장인 제7장을 일단

「From ape gestures to human language (원숭이의 몸짓으로부터 인간의 언어로)」라는 제목이 잘 나타내고 있듯이 이 책의 앞부분에서 논의한 바를 재정리한 장으로 치면 그의 언어진화 이론의 핵심과제는 결국에 문법의 개념을 새로 잡는 것이라는 것을 보여준 제6장이 이 책의 결론부나 다름이 없다고 볼 수 있다. 이 장의 첫 문장이 "The answer to the question of where grammar comes from is: many places(문법은 어디에서 나왔는가의 질문에 대한 대답은: 많은 곳)"처럼 되어 있다는 사실만으로써 이 책의 궁극적인 목적은 촘스키의 언어진화론을 무력화시키려는 것이라는 것을 익히 알 수 있다. (Tomasello. 2008. p.316)

그런데 사실은 그의 언어진화론의 특징은 굳이 따지면 오늘날의 언어진화 연구를 이끌어 가고 있는 두 가지 대학리, 즉 언어학적 학리와 진화론적 학리 중 두 번째 것에 들어가면서도 자연도태나 적응과 같은 진화론적 술어를 전혀 쓰지 않는, 이름하여 '의사소통 기원론'이라는 독특한 진화론이라는 점이다. 그가 자기 이론의 캐치프레이즈로 '원숭이의 몸짓으로부터 인간의 언어로'라는 말을 내세우는 사실로 미루어보아서는 누구나 일단 그의 이론을 이미 널리 퍼져있는 '몸짓 이론'의 일종이 아닌가 하고 의심할 수도 있을 텐데, 실제로는 그렇지 않을 만큼 이것의 기저에는 기발한 발상법들이 깔려있다.

그런 독창적인 발상법 중 첫 번째로 내세울 수 있는 것은 몸짓은 인간에 있어서만 중요한 의사소통의 방편으로 쓰이고 있는 것이 아니라 침팬지나 고릴라와 같은 유인원에도 그렇게 쓰이고 있다는 사실을 근거로 해서 인간의 언어는 처음에는 기호언어로 시작했다가 나중에 음성언어가 생겨나는 식에 따라서 그전에 쓰이던 몸짓언어에 업혀서 태어난 것이라는 추리를 하게 되었다는 점이다. 이런 의미에서 볼 때 그의 이론도 일종의 몸짓이론인 셈인데, 이것의 근거로 내세울 만한 말이 그의 책의 서두에 나오는 「Indeed, my evolutionary hypothesis will be that the first uniquely human forms of communication were pointing and pantomiming (정말로 나의 진화적 가설은 최초의 인간 특유의 의사소통 양식은 손가락으로 가리키는 것과 무언극 하기였을 것이라는 것이다)」와 같은 말이다. 이런 주장의 타당성을 뒷받침하는 말로서 「What we call meaning must be connected with the primitive language of gestures (우리가 의미라고 부르는 것은 응당 원시적 몸짓언어와 연결되어 있어야 한다)」라는 Wittgenstein의 명언을 제시하고 있다. (Ibid. p.2)

그런 발상법 중 두 번째 것은 인간의 언어는 사회 구성원 간의 의사소통 도구로 발달한 이상, 그것을 문법적 규칙이나 구조의 집합체로 보는 것보다는 사회문화적 인지 절차의 한 양식으로 보는 것이 옳은 일이라는 것이었다. 이런 의미에서 볼 때 언어학에서 최근에 Grice를 위시하여 Searle, Levinson, Sperber 및 Wilson이 통사이론과는 전혀 차원이 다른 화용론적 이론들을 줄이어 제안하게 된 것은 크게 환영할만한 일이었다. 이들의 이론들은 우리로 하여금 Wittgenstein이 일찍이 언어의 본질적 특성은 개별 문장의 분석을 통해서가 아니라 담화나 이야기 등의 분석을 통해서 발견될 수 있다고 내세웠던 사실을 다시 한번 회상하게 만드는 것들이었다.

그런 발상법 중 세 번째 것은 언어진화나 기원에 관한 연구에는 크게 계통 발생론적 접근법과 개체 발생론적 접근법의 두 접근법이 쓰일 수 있는데 그동안에는 많은 연구자가 이들 중 첫 번째 것만을 주로 쓰고 두 번째 것은 거의 무시 내지는 방기하는 잘못을 저질러 왔기에, 이런 잘못을 바로잡는 것이 바로 이 연구의 수준을 한 차원 높일 수 있는 가장 빠른 방법이라는 것이다. 지난날의 잘못을 바로잡는다는 것은 결국에 이 연구에 두 가지 접근법을 모두 다 동원하는 것이었는데, 실제로 그는 이것을 자기이론의 중요한 특징의 한가지로 삼았다. 예컨대 그의 책의 제4장과 제5장에서는 각각 개체 발생론적 기원과 계통 발생론적 기원이라는 제목 밑에서 의사소통의 문제들이 서로 다른 시각에서 다루어지고 있다.

그런 발상법 중 네 번째 것은 아무리 문화적 진화과정을 고증할 수 있는 증거 중 언어의 진화와 직접적으로 관련된 것을 찾기가 어렵다고 해도, 굳이 따지면 반드시 그런 일이 불가능한 것만은 아니라는 것이었다. 그의 책에서는 모든 논쟁이 적절한 증거나 자료의 제시하에서 이루어지고 있는데, 이것은 곧 언어진화론이 탁상공론적이고 공허한 주장으로 끝나는 것을 막는 길은 모든 가정과 토의에 반드시 적절하고 충분한 증거나 자료를 수반시키는 것이라는 신념을 그가 가지고 있다는 증거이었다. 틀림없이 그는 이런 조건을 자기의 의사소통 기원론이 적어도 촘스키의 언어진화 이론에 정면으로 맞설 수 있는 것으로 될 수 있게 하는 최소한의 조건으로 보았을 것이다.

아마 이런 조건을 충족시키려는 그의 노력의 흔적 중 가장 대표적인 것이 바로 「영장류의 의도적 의사소통」이라는 제목이 붙은 제2장에서의 침팬지의 몸짓에 대한 분석일 것이다. 그가 관찰한 바에 따를 것 같으면 침팬지의 몸짓은 크게 의도 표현형과 주의 확보형의 두 가지 범주로 나뉠 수 있는데, 첫 번째 것에는 'arm-raise (팔 올리기: 놀이를 시작하자는 신호)'를 비롯하여 'touch-beg(상대방의 등 만지기: 업히기를 요청하는 신호)', 'hand-beg(손을 상대방의 입 밑에 갖다 대기: 음식물을 달라는 신호)', 'head bob:(머리 흔들기: 놀이를 시작하자는 신호)', 'arm on(팔을 상대방의 몸에 올려놓기: 같이 걷기를 시작하자는 신호)' 등이 들어 있었다.

반면에 두 번째 것에는 'ground slap(땅을 손바닥으로 때리기)'를 위시하여 'poke-at(상대방의 몸을 손가락으로 찌르기)', 'throw-stuff(물건을 던지기)', 'hand- clap(손뼉치기)', 'back-offer(등 내밀기)' 등이 있었다. 그런데 이들 중 마지막 것은 상대방의 주의를 환기하려는 신호라기보다는 그에게 털 손질하기를 요구하는 신호로 보는 것이 맞는 일이었다. 실제로 이들은 서로 털 손질하기를 자주한다. 아무튼 상대방의 주의를 환기하는 신호가 이렇게 다양하게 발달했다는 것은 그들의 집단에서는 대부분의 활동이 공동으로 이루어지고 있다는 것을 증명하는 것이었다. (Ibid. p.24)

또한 개체 발생론적 기원이라는 제목이 붙여져 있는 제4장에서는 어린이의 언어습득 절차가 Quine이나 Bruner 등이 일찍이 연구한 바를 근거로 해서 상세하게 논의되고 있는데, 여기에서 특별히 눈에 띄는 점은 크게 세 가지이다. 이 중 첫 번째 것은 언제쯤을 어린이가 손가락질을 의사소통용으로 쓰기 시작하는 때로 볼 수 있느냐의 문제를 놓고서 생후 11개월이나 12개월을 이런 시기로 보아야 한다는 이론이다. 일부 연구자들이 관찰한 바에 따르면 어린이가 손가락질하기 시작하는 것은 생후 3개월경임에도 불구하고 그는 이때의 손가락질을 의사소통용 손가락질로 보지 않는데, 그 이유는 생후 9개월이 되어서야 어린이는 다른 사람들과 공유된 의도를 가지고서 상호교섭하는 능력을 갖추게 되기 때문이었다. 다시 말하면 생후 3개월경에는 어린이의 행동은 요구와 함께하기. 알리기 등의 세 가지 기본적 의사소통적 동기를 표출하고 있을 뿐으로서 아직 다른 사람과의 의사소통을 위한 사회적 동기를 표출하고 있는 것은 아니었다.

이 중 두 번째 것은 만 2세경이 되면 손가락질 이외에 무언극에서와 같은 몸짓들도 여러 가지로 쓰게 되는데, 이들은 일정한 상징성 내지는 도상성을 지니고 있다는 의미에서 손가락질과는 명확히 구별될 수 있다는 이론이었다. 이런 무언극적인 몸짓 중 대표적인 것으로는 머리를 흔들어서 '아니다'라는 의미를 나타내는 것을 위시하여 손을 흔들어서 '이별'의 의미를 나타내는 것, 손바닥을 들어서 '없음'의 의미를 나타내는 것, 팔을 들어서 '키가 큼'의 의미를 나타내는 것 씩씩거림으로써 '개'의 의미를 나타내는 것 등을 들 수 있었다. 이들의 특징은 모두가 규약화된 것이기에 일정한 학습의 절차를 거친 것으로 볼 수 있다는 점이었는데, 그래서인지 만 2세경에는 이들의 사용 빈도가 손가락질의 그것보다 적지 않게 떨어지고 있었다.

이 중 세 번째 것은 어린이는 만 1세경이 되면 조금씩 말을 알아듣고 말을 하기 시작하는데, 이 과정을 살펴보게 되면 일찍이 Quine이 말했듯이 '언어는 하나의 사회적 기술'이라는 것이 당장 드러난다는 이론이었다. 일찍이 Bruner가 제대로 간파했듯이 '어린이의 초기 언어는 모두가 어머니를 비롯한 성인과의 협동적 상호교섭을 통해서' 습득된다는 사실은 언어의 본질이 무엇인가에 대해서 거의 모든 것을 말해주고 있었다. 특히 어린이들의 초기 언어습득과정의 특징은 으레 어휘가 그것의 중심이 되고 있다는 점인데, 이런 신어 습득도 반드시 협동적 상호교섭이라는 절차를 거치게 되어 있었다. (Ibid. p.161)

그런 발상법 중 다섯 번째 것은 진화론자의 입장에서 보면 문법의 개념이나 실체는 전통적인 것과는 전혀 다르게 파악될 수 있겠다는 것이었다. 앞에서 이미 말이 나왔듯이 문법에 관한 이런 반전통적인 발상법의 내용은 그의 의사소통 기원론의 결론부라 할 수 있는 제6장에서 자세히 검토되고 있는데, 바로 여기에서 규약화나 문법화와 같은 말이 통사적 현상이나 능력을 설명하는 데 핵심적인 술어로 쓰이고 있는 탓으로 피치와 같은 일부 진화론자들은 그의 이론을 문법체계 진화론의 한 가지로 간주하기도 한다. 다시 말하면 그의 이론이 일반적으로 '문법화 이론'으로 불리게 된 근거들이 제6장에서 잔뜩 제시되고 있다.

그런데 솔직히 말하면 최근에 피치를 위시한 일부 진화론자들이 그의 이론을 '문법화 이론'으로 부르게 된 진짜 이유는 이렇게 함으로써 이것이 결국에 촘스키의 통사이론과 맞설 수 있는 대안 중 가장 그럴싸한 것이라는 점이 분명해지기 때문이었다. 그런데 어떤 의미에서는 그보다 훨씬 더 중요한 사실은 최근의 촘스키의 언어진화 이론의 급부상 현상을 깊이 의식한 탓인지 그 자신이 촘스키의 통사이론의 맹점을 지적하는 데 선봉장으로 나섰다는 점이다. 예컨대 이 장의 275쪽에는 규약화는 자연성이 있던 자리에 이른바 공유된 학습의 역사성이 자리하게 한다. 하나의 공동체에서 자란 사람은 누구나가 이런 자의적인 의사소통적 규약들은 주로 어떤 용도로 쓰이게 되는가를 잘 알고 있는데, 그 이유는 그들에 대해서 모두가 유사한 학습 경험이 있기 때문이다. 통사적 장치와 구조들도 이와 똑같다. 일부 사람들이 그들을 내용이 없는 대수학적 '규칙'으로 만들려고 시도하고 있음에도 불구하고 '(예: Chomsky 1965; Pinker 1999)' 같은 말이 나오고 있다.

이렇게 보면 그의 문법이론은 일종의 반형식적인 문법이론, 즉 하나의 기능적 문법이론으로 볼 수 있는데, 그 특징으로는 크게 네 가지를 들 수 있다. 그중 첫 번째 것은 그는 자기의 문법이론의 타당성을 니카라과((Nicaragua)의 농아 수화의 특성과 어린이 언어의 특성을 통해서 드러내려고 했다는 점이다. 먼저 니카라과의 농아 수화의 특성으로는 이미 성인이 된 제1세대 농아 수화와 아직 어린이인 제2세대 농아의 그것을 비교했을 때, 제1세대 농아들은 이른바 '가정 수화자'로 불리기에 알맞을 만큼 그들의 수화는 자연적이고 도형적인 표현들로 제한되어 있었는데, 반하여 제2세대 농아들은 이른바 '문법의 규약화나 문법화' 과정을 거쳐서 새로 창조된 표현을 다양하게 표현할 수 있다는 점을 들었다.

이들 두 수화 간에는 크게 두 가지 차이점이 있었는데, 그중 첫 번째 것은 제1세대 농아들과는 다르게 제2세대 농아들은 공간을 이용하여 다양한 표현을 만들어내게 된다는 점이었다. 예컨대 이들은 공간적 장치를 이용하여 사물과 수식어 간의 수식 관계나, 행위자와 동작 간의 일치관계는 물론이고 전망적 지시점을 설정하는 식으로 해서 시제나 상과 같은 문법적 범주들도 표현할 수 있었다. 그중 두 번째 것은 제1세대 농아들의 표현에서는 하나의 행위에는 으레 한 사람의 참여자만이 있게 되어 있어서, 기호의 서순성은 동사와 참여자의 위치를 바꾸는 식으로 두 가지로 나뉘어 있는데, 반하여 제2세대 농아들의 표현에서는 아무리 많은 참여자가 등장해도 동사를 반드시 마지막에 말해야 하는 규칙이 잘 지켜지고 있었다. 다시 말해서 이들의 수화에서는 행위자나 주어, 주제 등이 언제나 수혜자나 목적어, 빈사 등보다 앞서서 나오는 식의 이른바 '동사 최후의 서순성'의 규칙이 잘 지켜지고 있었다. (Ibid. p.279)

그다음으로 어린이 말의 특성으로는 크게 두 가지를 들고 있는데, 그중 첫 번째 것은 다어문 단계 때 이른바 '축 구조'를 사용하는 사실로 미루어보았을 때 어린이들은 위계적 구조성이나 어순, 격 표시 등의 문법적 장치를 꽤 일찍부터 사용하기 시작한다는 점이었다. 이들의 표현은 으레 일정한 사건과 관련되어 있어서인지, 각 표현에 드러나 있는 문법적 구조성도 일정한 사건과 으레 연관되어 발달하고 있었다. 그중 두 번째 것은 어린이들의 통사적 장치는 크게 보았을 때 어휘적 범주 상 국부적으로 쓰일 수도 있고, 아니면 전체적으로 쓰일 수도 있는데, 이들의 발달의 순서는 국부적인 사용으로부터 시작하여 전체적인 사용으로 확대하는 식이 된다는 것이었다(Ibid, p.280).

그의 문법 이론의 두 번째 특징은 문법의 개념을 형식주의적인 것이 아니라 기능주의적인 것으로 잡았다는 점이었다. 간단히 말해서 그가 보기에는 이제부터는 문법이라는 말 대신에 규약이라는 말을 쓰는 것이 마땅한 일일 듯한데, 그 이유는 지금까지는 언어학자와 일반인 모두가 문법 하면 으레 형식적 규칙의 집합체를 의미한다는 고정관념을 가져왔기 때문이었다. 그의 이런 코페르니쿠스적인 문법관은 "의사소통자들은 언어적 사건 때마다 여러 단위의 발화를 같이 묶을 수 있는 창조적 방책들을 찾아낼 필요가 없으며, 이렇게 하려면 이들이 어떤 것이 되었든 간에 문법책으로부터 '규칙'을 꺼내 쓸 필요가 없다"나 아니면 "언어적 구조체는 본질적으로 일정한 재생적 의사소통적 상황에서 쓰이게 되는 이미 만들어져 있고, 의미를 지닌 구조들이다"와 같은 말 안에 잘 드러나 있다.

흥미롭게도 그는 여기에서 20세기의 언어학에서는 규약화된 문법적 구조체들은 개별 어휘의 의미와 아무 관계가 없는 '게슈탈트(Gestalt)'적인 의미를 따로 갖게 된다는 사실을 발견하게 되었다는 사실을 그의 주장의 근거로 내세우고 있다. 이런 발견자로 그는 인지문법론을 내세운 Langacker를 위시하여 격 문법론을 내세운 Fillmore, 구조 문법론을 내세운 Goldberg, 통사적 범주론을 내세운 Croft 등을 들고 있다. 그는 또한 자기주장의 타당성을 실증할 수 있는 예문도 제시하고 있다. 예컨대 문법책에 따를 것 같으면 'sneeze'는 으레 하나의 자동사로 쓰이게 되어 있는데, 실제로는 'He sneezed her the tennis ball'에서와 같이 그것이 하나의 타동사로도 쓰일 수 있었다. 이런 경우 대부분 사람은 미처 'sneeze'라는 동사의 전의된 의미를 정확히 파악하지 못한 상태에서도 "그는 그녀에게 테니스공을 보냈다"와 같은 의미를 얻을 수 있는데, 그 이유는 이 문장은 하나의 문법적 구조체를 이루고 있기 때문이었다(Ibid, p.297).

그의 문법 이론의 세 번째 특징은 문법을 기술 내지는 분석하는 데는 그것의 보편성보다는 그것의 다양성을 드러내는 데 초점을 맞추어야 한다고 본 점이었다. 물론 이런 견해는 촘스키의 변형생성 문법이론이나 보편문법론, 내재이론 등을 송두리째 거부하는 것이기에, 충분히 언어학자들 사이에서도 중요한 논쟁거리가 될 수 있을 만한 것인데, 그는 놀랍게도 그의 문법이론의 부당함을 드러내는 데 직접적인 정공법을 택했다. 한마디로 말해서 그는 '촘스키의 내재적 보편문법의 가설은 현재로서 아무런 응집된 체계화 절차를 밟지 못하고 있다.'라는 말과 함께, 촘스키가 최근에 그동안에 제안한 하위인접성의 제약이나 공범주원리. θ기준이론, 투사원리 등을 모두 폐기하고서 '순환'만을 유일한 언어적 연산원리로 내세웠는데, 2002년에 그가 하우저 및 피치와 같이 쓴 논문에서는 사실은 이것마저도 특별히 언어적인 것으로는 볼 수 없다는 결론을 내리고 있다는 사실을 그 증거로 제시하고 있다.

촘스키의 언어 내지는 문법 이론을 이렇게 전적으로 타당성이 없는 것으로 치부한 이상, 이 자리에서의 그 나름의 대안적 언어 내지는 문법 이론을 제시하는 것이 논리적으로 맞는 일인데, 실제로 그가 제시한 대안은 일단 일종의 '사회문화적 문법기원론'으로 이름 붙일 수 있을 만큼 비언어학적인 것이다. 그의 대안이 구체적으로 어떤 것인가 하는 것은 '비록 인간의 언어적 능력의 많은 면이 실제로 생물학적으로 진화했을지라도 특수한 문법적 원리와 구조가 그렇게 된 것은 아니다. 그리고 상이한 언어들의 문법구조에서의 보편적 자질들은 인간의 인지 절차와 의사소통, 음성 청각 절차 등에서 작용하는 일반적인 절차와 제약으로부터 나왔는데, 이런 것들은 어느 특수한 언어적 공동체에서의 특수한 문법적 구조체들이 규약화되고 전수되는 동안 내내 작동하게 되어있다.'와 같은 말을 통해서 익히 알아볼 수 있다. (Ibid, p. 313)

그의 문법 이론의 네 번째 특징은 언어적 문법성을 사회적 기준성으로 본다는 점이었다. 촘스키의 언어이론에서는 문법성이라는 말은 정형성이라는 말과 같은 말로 쓰일 만큼 이른바 정문과 비문 간의 구별은 반드시 문법적 규칙에 따라서 구별되게 된다는 점을 강조했었다. 그러나 그의 입장에서 볼 것 같으면 비문이란 같은 사회적 집단에 속하기 위하여 같은 사회적 행동 기준을 준수하려는 인간 고유의 특성이 언어의 영역에서 이탈된 현상에 지나지 않았다. 크게 보면 언어생활에서 문법성을 지키는 현상은 일반적 생활이나 행동에 있어서 사회적 기준을 지키는 현상과 하등 다를 바가 없는데, 작게 보면 언어적 표현이나 문형들은 매일 수백 번씩 되풀이되어 쓰일 만큼 우리의 의사소통 활동 안에 하나의 습관처럼 굳어져 있는 탓으로, 사회적 기준성, 즉 문법성을 어기게 되면 너무나 쉽게 드러나게 되어 있었다.

그런데 우리는 언어생활에 있어서 문법성을 어기게 되면 일단 부끄러움과 죄의식을 느끼게 마련이라는 사실을 통해서 문법성을 어긴 문장, 즉 비문을 쓰는 것은 단순히 규범적 문법이론가들이 자주 지적하듯이 학교에서 문법교육을 제대로 받지 못했다는 것을 드러내고 있는 것이 아니라 사회적 공유와 일치에 대한 동기가 인간의 의사소통 체계를 진화시킨 원동력이었음을 드러내고 있는 것임을 익히 알 수 있었다. 이런 짐작이 맞는 것이라는 것을 뒷받침하는 사실로는 니카라과의 농아들이 수화를 배우는 과정에 있어서 제1세대 농아들은 그렇지 못한 데 반하여 제2세대 농아들은 문법성에 대한 일정한 감을 드러내고 있다는 사실이었다. 예컨대 제1세대들은 언제나 '그것을 제대로 하고 있지 못하다'라는 것을 알아차리고 있었다. 이런 사실을 통해서 우리는 현대적 인지 및 사회적 능력을 지닌 개인들은 언어적 공동체에 있어서 언어적 규약화 절차를 전개하는 과정에 있어서 으레 "일은 반드시 이런 식으로 이루어져야 하는데, 일부 사람들은 그것을 바르게 하고 있지 않다"라는 식의 인상을 받고 있었다는 것을 익히 추리할 수 있었다. (Ibid, p. 292)

그의 문법 이론의 다섯 번째 특징은 언어의 창조성과 변화성은 원래 '의사소통의 개방적이고 동적인 절차'로부터 비롯되는 속성이라는 것을 명심하여, 개별적인 발화나 문장이 아니라 그것의 한 연속체인 담화를 분석의 대상으로 삼았다는 점이다. 어떤 상황에서의 발화들은 기본적으로 자기 메시지를 전달하는 데 꼭 필요한 것만을 말하려는 발화자의 욕구와 그 메시지를 이해하는 데 필요한 모든 정보를 얻으려는 수령자의 요구 간의 타협인 셈인데, 이런 타협은 크게 두 가지 방책에 의해서 이루어지게 되어 있었다. 그중 첫 번째 것은 둘 이상의 발화로 구성된 긴 담화는 하나의 억양형을 가진 하나의 발화적 구조체로 축약시키는 것이었다. 예컨대 "He pulled the door and it opened."라는 말은 "He pulled the door open."이라는 말로 고쳐지고 'I want this'와 'I buy it'이라는 말은 'I want to buy it'이라는 부정사 구문문으로 고쳐지는 것이었다.

그중 두 번째 것은 다음절로 된 일련의 낱말들은 음절의 수와 낱말의 수를 줄인 말로 바꾸는 것이었다. 예컨대 미래의 시제 표시어인 'gonna'는 원래 'going'과 'to'라는 두 어휘가 하나로 융합된 것이며, 또한 주요 미래시제 조동사인 'will'도 원래는 하나의 완전한 의지동사로서 'I will it happen'처럼 쓰이던 것이 뒷날에 'It'll happen'처럼 바뀌게 된 것이었다. 이런 문법화 절차는 전치사구의 경우에도 일어났었는데, 예컨대 원래는 'on the top of'와 'in the side of'였던 구들이 일단 'on top of'와 'inside of'로 진화했다가 궁극에는 'atop'과 'inside'라는 어휘로 귀착되고 말았다.

그런데 무엇보다도 중요한 사실은 이런 문법화적 변화는 같은 세대에서의 특별한 창조적 표현체의 선호 내지는 확산 현상으로서도 일어나지만, 역시 그것의 큰 부분은 세대 간의 전수 현상으로서 일어나게 되어 있다는 점이었다. 예컨대 성인이 'I'd better go'라고 말했을 경우 어린이는 '-'d'라는 부분을 잘 듣지 못한 나머지 'better'가 'I must go'나 'I can go'와 같은 말에서의 'must'나 'can'과 같은 조동사로 간주하게 되는데, 이런 어린이들의 수가 차차 많아지게 되면서 어느 시점에 이르러서는 'better'는 하나의 조동사로 굳어지게 되는 것이었다. 이런 식의 변화를 언어학자들은 흔히들 재분석이나 유추에 의한 변화로 보고 있는데, 그의 입장에서 보면 그동안에 그들이 놓치고 있던 사실은 이런 변화의 역할이 생각보다 크다는 점이었다.

　이렇게 보면 언어의 구조체나 문법조직은 아래와 같은 순환체계를 거치면서 형상되게 되어 있었다. 이 순환체계의 첫 번째 부위는 '자동화 및 감축'부로, 이것은 화자들이 문장이나 표현을 자동화시킴과 동시에 그것의 형태를 감축시키는 부위이다. 이 체계의 두 번째 부위는 '전수에 있어서의 재분석'부인데, 이것은 어린이들이 성인의 말을 전수받을 때 그것을 으레 재분석하여 수정하는 부위이다. 이 체계의 세 번째 부위는 '담화에서의 구조체들의 결합'부인데, 이것은 그들이 재분석한 구조체들이 실제로 담화에서 일련의 구조체로 결합하는 부위이다. (Ibid, p. 305)

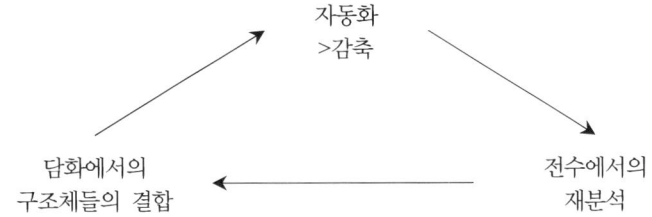

　그의 문법이론의 여섯 번째 특징은 오늘날의 문법체계를 세 개의 진화 단계 중 마지막인 세 번째 것일 때 태어난 것으로 본다는 점이다. 두말할 필요도 없이 이런 삼단계식 문법진화론은 곧 그가 이 책 전체를 통해서 전개하고 있는 의사소통 기원론을 최대로 압축시킨 것이다. 그는 여기에서 아래와 같은 도표를 제시하고 있는데 이것에 의할 것 같으면 인간의 진화 과정을 크게 '인간(Homo)' 단계와 '초기 지혜인(Earlier Sapiens)' 단계, '후기 지혜인(Later Sapiens)' 단계 등의 세 단계로 나누고 보면 언어의 통사조직은 그것에 따라서 '단순한 통사조직(Simple syntax)'과 심각한 통사조직(Serious syntax)', '화려한 통사조직(Fancy syntax)' 등의 순서대로 발달하여 온 것으로 되어 있다. (Ibid, p.294)

그런데 이 도표의 진짜 특징은 그들 세 개의 통사조직에는 각각 '요구의 문법'과 '알림의 문법', '공유의 문법' 등의 이름이 붙여져 있다는 점이다. 물론 이런 이름들은 진화론적으로 보았을 때 인간의 의사소통 동기에는 크게 요구와 알림, 공유 등의 세 가지가 있었다는 그의 주장에서 따온 것들이다. 그리고 이 도표의 또 다른 특징은 이들 세 가지 문법의 발달 과정을 몸짓을 주 매개체로 한 단계와 기호와 음성언어가 섞인 단계, 음성언어가 주로 쓰이는 단계 등으로 보기도 했다는 점이다. 물론 이런 이름에 '몸짓으로부터 현대언어로'라고 제2의 이론의 요점이 그대로 반영되어있다.

〈문법진화의 3단계 모형〉

유인원	요구의 문법 인간	알림의 문법 초기 지혜인	공유의 문법 후기 지혜인
	단순한 통사조직 -경험을 사건과 참여자로 분해 -하나의 목표로 몸짓을 결합	심각한 통사조직 -사건에서의 역할을 통사적으로 표시 -연합적 주의틀에서 참여자 표시	화려한 통사조직 -사건을 이야기로 엮음 -사건 전체로 참여자 추적
		>고정화	>규범적, 문법적
몸짓 연쇄체	손가락질과 의도적 동작의 연합	기호와 음성 언어의 혼합	주로 음성언어

제4장
가창설

4.1. 네 가지 특이성

    가창설이란 쉽게 말해서 인간의 원형언어는 일종의 노래였다는 것이니까 어떤 의미로 보아서도 지금까지 나온 그 많은 언어기원론 중 이것만큼 특이한 것은 없다. 예컨대 피치는 그의 2010년의 책에서 어휘적 원형언어설과 몸짓 원형언어설과 함께 이 학설을 3대 원형언어설의 한 가지로 잡고 있는데, 아마 이 문제에 대해서 특별한 지식이 없는 일반인들은 더 말할 나위가 없고 이 연구의 전문가들마저도 이른바 음악적 원형언어설을 이 범주에 집어넣은 데에 대한 반의나 회의로 인하여 그의 결정에 쉽게 동의하지 못할 것이다. 그만큼 이 학설은 어휘적 원형언어설이나 몸짓 원형언어설과는 다르게 우리의 일반적인 상식과는 멀리 떨어져 있는 것이다.

    그런데 우리의 입장에서 볼 것 같으면 이 학설의 특이함에는 크게 네 가지가 있다고 볼 수 있는데, 그중 첫 번째 것은 반언어학성이다. 앞에서 이미 말이 나왔듯이 오늘날 언어기원론을 진화론이나 언어학의 핵심적 과제로 자리 잡게 만든 사람은 바로 촘스키이다. 다시 말하면 그의 인도와 참여로 인하여 진화언어학이나 생물언어학이 새로운 학제적 학문으로 등장하게 되었고, 따라서 저절로 진화언어학의 '성배'는 통사론이라는 일종의 불문율이 이 연구에서 생겨났다. 어떤 의미에서 보면 오늘날 언어진화 연구가 음운체계 진화론과 문법체계 진화론이 서로 맞서는 형태를 보이게 된 것도 크게는 이 연구의 주도권을 언어학 측에서 잡게 된 데서 비롯된 현상으로 볼 수 있고, 작게는 그것을 촘스키 학파가 잡게 된 데서 연유된 현상으로 볼 수 있다.

물론 그동안까지 언어진화 연구를 전담해온 사람들은 진화론자들이었다. 따라서 최근에 자기 영역에 침투해 온 언어학적 이론들은 그들로 하여금 수용과 반격이라는 두 선택지 중 어느 것을 택해야 하는가 하는 도전에 직면하도록 했다. 그런데 이와 동시에 이런 도전으로 인하여 그들에게는 언어학적 진화이론에 대결할 수 있는 반언어학적 진화이론을 찾아내야 할 과제도 생겨났다. 그렇지만 안타깝게도 그 많은 진화론적 언어진화 이론 중 자신 있게 예컨대 촘스키의 언어진화 이론의 대결이론 내지는 대안으로 내세울 수 있을 만한 것을 찾기란 쉬운 일이 아니었다. 나쁘게 말하면 그들은 촘스키로 하여금 왜 이제는 더 이상 그들에게 언어진화의 문제를 맡길 수 없다는 식의 극언을 하도록 한 이 연구의 실상을 새삼 파악하게 되었을 뿐이었다.

이런 마당에 이들이 최선의 방책으로 채택할 수 있는 것은 일종의 연합전선을 펴서 촘스키의 언어진화 이론의 맹점을 낱낱이 들추어내는 것이었다. 그런데 사실은 그런 맹점을 찾아내는 일은 의외로 쉬울 수 있었는데, 그 이유는 그의 언어진화론의 요점들은 모두가 그들이 그동안에 내세워온 학설이나 이론들과는 정반대적인 것, 즉 반진화론적이었기 때문이었다. 그러니까 이 일은 그가 일단 뒤집어놓은 쟁점들을 다시 원점으로 뒤집는 식으로 간단할 수 있었는데, 문제는 그들의 기존의 학설이나 이론 가운데는 그의 이론에 익히 맞설 수 있을 만한 대이론이 없으므로, 아직은 여러 군소 이론들을 동원해서 일종의 연합전선을 형성할 수밖에 없다는 점이었다.

그러나 그들의 입장에서 볼 것 같으면 그의 언어진화 이론의 맹점이나 한계성은 하나같이 자기네 학문의 존재 가치나 존재 이유와 직결되어 있는 것들이기에 어떤 형태로든지 간에 그런 것들을 지적해내는 일 자체가 바로 자기네 학문을 지키고 발전시키는 일이 될 수밖에 없었다. 그들이 보기에는 이런 맹점이나 한계성 중 가장 대표적인 것은 물론 언어를 의사소통의 도구로 보지 않고서 사고의 도구로 보는 점을 위시하여, 언어의 진화과정을 원시언어 때로부터 현대언어 때까지의 연속적인 것으로 보지 않고서 5만 년 전과 10만 년 전 사이에 일어난 하나의 돌연변이적 사건으로 보는 점, 문법 조직을 여러 가지 언어조직 중 중핵적인 것으로 보는 점, 문법적 지식이나 능력은 전적으로 내재하여 있는 것이기에 일반적인 지식이나 지능과 아무런 관련성이 없는 것으로 보는 점, 언어는 오직 인간에게만 있는 기구이기에 이것을 동물의 신호체계와 비교하는 일, 즉 비교연구는 결국에 무의미한 일에 불과하다고 보는 점, 문법을 병합규칙이 순환적으로 작동되는 하나의 컴퓨터적 기구로 보는 점, 어휘를 연산 절차의 기본 단위로 보는 점 등이었다.

그런데 엄밀히 따지면 진화론자들의 그동안의 반언어학적 움직임에는 부분적인 반론이나 공격들로 일종의 연합작전을 전개하는 식의 이런 소극적인 것만 있었던 것은 아니다. 지금까지의 이들의 반언어학적 움직임 중 적극적인 것으로 간주할 수 있는 것 중 첫 번째 것은 역시 2002년에 하우저와 피치가 촘스키와 진화론과 언어학 간 대타협의 각서로서 이른바 'HCF' 논문을 발표한 일이었다. 앞에서 이미 지적했듯이 이 논문의 가치는 저자 자신들이 우습게 여길 정도로 미미한 것이지만, 서로 간에 공동의 작업의 필요성을 인정했다는 점으로 보아서는 새로운 시도임이 분명했다. 이 중 두 번째 것은 최근에 Tomasello가 한 것처럼 일종의 자명한 반언어학적 언어진화 이론을 만들어서, 촘스키의 언어진화 이론에 들어있는 거의 모든 문제점을 하나의 보따리로 묶어서 송두리째 공격하는 것이다.

그런데 어떤 의미로 보아서나 Tomasello의 '의사소통기원론'보다 더 포괄적이고, 직접적으로 촘스키의 언어진화 이론의 허구성을 드러낼 수 있는 것이 바로 '가창설'이다. 그 이유는 Tomasello의 이론에서는 비록 규범화나 문법화라는 절차를 그 근원으로 삼기는 하지만 문법의 존재와 그것의 발달 과정을 일단 인정하고 있는데, 반하여 이것에서는 아예 그런 존재 자체를 문제시하고 있지 않기 때문이다. 예컨대 이것을 오늘날에 있어서 하나의 주요 원시언어적 언어진화설로 다시 자리 잡게 하는데 결정적인 역할을 한 예스페르센은 최초의 어휘들을 '기와 위에 있는 고양이가 밤에 내는 사랑의 울음소리와 나이팅게일의 율동적 사랑의 노래와의 중간치적인 것'으로 정의했는데, 문법에 대한 정의는 더 말할 필요도 없고 어휘에 대한 정의를 이런 식으로 내린 언어학자는 지금까지의 언어연구의 역사상 단 한 명도 없었다.

결국 이런 의미에서 보면 왜 피치가 세 가지 원시언어설 중 이것을 마지막 것으로 내세우게 되었을까 하는 이유는 이미 밝혀진 것이나 다름이 없다. 본인은 이런 말을 하고 있지 않지만 쉽게 말해서, 누구보다도 반언어학적 진화론자인 그도 아무리 명백한 반언어학 언어진화설일지라도 지금의 언어학적 이론이나 지식과 정면으로 충돌이 되지 않는 학설이나 이론이 더 낫다는 생각을 하고 있었다. 그러니까 그가 여기에서 잡은 어휘 원시원형설과 몸짓 원시원형설, 가창설식의 순서는 반언어학성의 강도의 역순이었던 셈이다. 이것은 곧 반언어학성에 관한 한 가창설에 맞설 수 있는 학설은 다시 있을 수 없다는 것을 그도 익히 인정하고 있다는 증거이다.

　이 학설의 특이함 중 두 번째 것은 기상성인데, 이것은 바로 마치 인간의 상상력에는 원래 일정한 한계가 없는 것이라는 것을 보여주려는 듯이 발상법의 기이함에 있어서 다른 많은 사변적 학설들을 한 차원 초월하고 있는 것이 이 학설이라는 사실을 잘 드러내 주고 있다. 따지고 볼 것 같으면 근대에 이르러서 언어의 기원에 대해서 많은 철학자가 백가쟁명적인 사변적 학설들을 제안하게 되었는데, Max Muller가 일찍이 '모방설'에는 '멍멍설(The Bow-wow theory)'이라는 별명을 붙이고, '자연발생설'에는 '아야설(The Pooh-pooh theory)'이라고 별명을 붙이며, '반응설'에는 '땡땡설(The Ding-dong theory)'이라고 별명을 붙이고, '육체노동설'에는 '에야디야설(The Yo-he-ho theory)'이라는 별명을 붙였다는 사실로써 익히 알 수 있듯이 이들은 모두가 확실한 과학적 근거는 찾을 수 없으면서도, 우리의 언어생활에서 쉽게 부분적 근거를 발견할 수 있는 것들이었다.

　그러나 이 가창설에만은 최근에 와서 Crystal이 마치 일종의 구색을 갖추려는 듯이 '라라설(The Lala theory)'이라는 별명을 붙이게 되었는데, 이런 사실과 관련해서 우리는 적어도 두 가지의 중요한 추리를 해볼 수 있다. 그중 첫 번째 것은 우선 Max Muller는 말로는 "자기는 다윈 이전에 이미 하나의 다원주의자였다"고 주장하지만, 실제에 있어서는 이 시대에 다윈의 진화론에 정면으로 반기를 들고나온 언어학자이었기에, 일부러 가창설에 대한 언급을 회피 내지는 무시했을 가능성이 있다는 것이다. 쉽게 말해서 그는 '언어 없이는 개념은 있을 수 없고, 개념 없이는 언어는 있을 수 없다'라고 말할 정도로 이성주의적 언어학자였다. 그러니까 그가 보기에는 언어의 원초적 형태는 노래였다는 다윈의 학설은 사변적 학설의 범위를 크게 벗어난 것에 지나지 않았을 것이다.

  그중 두 번째 것은 적어도 이 시기에는 가창설의 위상이 다른 사변적 학설들의 것보다 크게 떨어져 있었을 수도 있겠다는 것이다. 그 이유는 물론 이 학설은 일반적인 상식으로는 감히 상상할 수도 없을 만한 기이성 내지는 파격성을 지니고 있기 때문이었다. 물론 엄밀히 따지면 마지막에는 파리의 국제 언어학회에서 이 문제와 관련한 논쟁에 대한 금지령을 내리게 될 만큼 이 시기에는 철학을 위시한 전 학계에서 온갖 사변적 학설들이 난무하고 있었다. 그렇지만 이 시기는 계몽주의나 경험주의적 사상이 그전까지의 신본위나 연역주의적 사상을 이미 대체한 때이어서, 아무리 추리나 사변적인 절차에 의해서 만들어진 것이라 할지라도, 일정한 언어적 사실을 근거로 하지 않은 것은 학설일 수 없었다.

  예컨대 Max Muller가 비꼬듯이 다양하게 별명들을 붙인 학설들도 사실은 일정한 언어적 사실들을 근거로 한 것이었다. 우선 '명명설'로 이름이 붙여진 '모방설'은 18세기에 최초로 Leibniz가 제안했던 것을 19세기에 다시 Whitney가 주장하고 나설 정도로 유명했던 것인데, 이것의 근거로 이들이 내세웠던 것은 우리의 언어에는 의성어나 의태어가 많다는 사실이었다. 또한 그가 '아야설'로 이름 붙인 '자연발생설'의 근거로 내세워진 사실은 우리의 언어에서는 감정적 반응을 나타내는 감탄사들이 일정하게 쓰이고 있다는 사실이었다. 그리고 일찍이 Noire가 힘든 육체 노동을 할 때는 사람들은 으레 끙끙거림이나 큰 소리를 내게 되어 있다는 사실을 근거로 해서 제안했던 '육체 노동설'도 Max Muller에 의한 '에야디야설'이라는 별명에 익히 나타나 있듯이 사실은 우리의 언어에서는 'yo-ho'나 'yo-heave-ho', 'heave-ho'와 같은 어부들의 구령들이 쉽게 발견될 수 있다는 사실을 그것의 진짜 근거로 삼고 있었다.

그런데 누구에게나 가창설의 타당성을 뒷받침할 수 있는 언어적 사실들을 발견하기는 쉽게 말해서 연목구어와 같은 일이었다. 따지고 볼 것 같으면 최초로 이 학설을 제안한 다윈은 더 말할 나위가 없고 뒤에 이것을 다시 제안하고 나선 Spencer와 예스페르센도 그 근거를 언어적 사실로부터 찾으려는 우직한 일은 하지 않았는데, 그 이유는 틀림없이 그들도 지금의 우리의 언어에서 이것의 최초의 형태는 음악적이었다는 것을 실증해줄 수 있을 만한 흔적을 찾는 것은 불가능한 일이라는 것을 잘 알고 있기 때문이었을 것이다. 물론 극단적으로 보았을 때는 지금의 언어에서도 매 문장은 으레 일정한 운율형을 가지고 있게 되어 있다는 점을 그런 근거로 내세울 만도 한데, 그들은 이런 일도 하지 않았다.

아마 누구에게나 이런 황당한 학설을 학자들이 다른 것들과 동등하게 취급할 것을 기대한다는 것은 무리였을 텐데, 문제는 그 결과가 결국에 그들이 이것을 사변적 학설의 범주에서 완전히 제거하는 식의 것으로 되어버렸다는 것이었다. 돌이켜 볼 것 같으면 이런 식의 결과는 그들의 이것에 대한 몰이해나 무지에서 비롯되었다고 할 수 있는데, 이런 추측의 정당함은 오늘날에 이르기까지 그 많은 사변적 학설 중 유일하게 살아남은 것은 오직 이것뿐이라는 사실로써 익히 실증될 수 있다. 아무튼 그 당시에는 Max Muller가 별명을 붙일 가치도 없다고 판단했을 만큼 이것의 위상이나 인기가 떨어져 있었다는 사실은 부인할 수 없다. 이런 의미에서 볼 때 최근에 피치 같은 생물학자가 이것의 위상과 가치를 재평가하고 나선 것은 누구에게나 특히 주목할 만한 일이라고 볼 수 있다.

이 학설의 특이함 중 세 번째 것은 감정기저성인데, 이것은 우리로 하여금 전통적으로 인간의 본성을 이성과 감정성의 두 가지로 나누고서, 언어와 같은 인간 특유의 기구나 자질을 논하는 자리에서는 으레 이성기저적인 접근법이 주로 쓰였다는 사실에 반기를 들 수 있게 하는 특징이다. 언어학은 원래부터 감정적 표현체가 아니라 이성적 표현체로 본 입장에서 만들어진 학문이라는 사실을 고려한다면 이 특성은 앞에서 논의한 반언어학성의 일부로 간주할 수도 있을 텐데, 그렇게 하지 않은 것은 이것은 학문적 차원에서의 특성이 아니라 인간의 본성의 차원, 즉 일종의 철학적 차원에서의 특성이기 때문이다.

음악은 우선 이성이나 논리성의 표현 양식이 아니라 정서나 감정성의 표현 양식이다. 그리고 언어는 인간과 동물을 구별시켜주는 궁극적인 기구이다. 따라서 언어의 최초의 형태가 노래와 같은 것이었다는 학설은 곧 그동안의 인간에 관한 연구가 잘못된 것이었다는 것을 지적하는 가장 결정적인 증거일 수 있다. 이런 의미에서 보아서도 이 학설은 다른 사변적 학설들과는 확연히 다른 학설인 셈이다. 물론 일부에서는 이 학설을 인간의 최초의 언어는 어휘체계나 문법체계의 발달이 아니라 음성체계의 발달로부터 시작되었다는 것을 실증하고 있는 학설로 보기도 하는데, 이런 견해는 음악도 결국에는 소리로 이루어져 있다는 식의 좁은 음악관에서 비롯된 것에 지나지 않는다.

그런데 이 학설의 진짜 특이함은 여기에서 내세우는 감정은 희로애락과 같은 일반적인 것이 아니라 남녀 간의 애정이라는 데 있다. 일찍이 다윈이 최초의 가창설을 내세운 것은 1871년에 나온 'Descent of man and selection in relation to sex(인간의 강하와 성과 관련된 선택)'에서였는데, 이 책은 제목 그대로 자연적 도태이론의 한 하위이론으로서의 성적 선택 이론의 중요성을 강조한 책이었다. 그러니까 그는 인간의 언어는 원래 남녀 간의 성적 선택절차에 의해서 진화하게 되었다고 주장하는 과정에서 음악적 원형이론설을 내세우게 되었던 것인데, 한 가지 흥미로운 사실은 바로 여기에서 그는 새들의 노래를 자기의 성적 선택이론의 주된 근거로 내세웠다는 점이었다. 새들의 노래는 감정을 나타내는 운율적 형식으로 볼 수 있다. 따라서 그는 이 자리에서 인간의 최초의 언어는 의미가 아니라 감정의 표현체로서 시작되었다는 점과 그런 의미에서 볼 때 인간의 언어와 새들의 노래 간에는 일정한 유사성이 있다는 점을 내세웠다.

이 학설의 특이함 중 네 번째 것은 역사성인데, 우선 명시적으로 이것의 주창자로 나선 사람들만을 보아도 18세기의 다윈으로부터 시작하여 19세기의 Spencer와 20세기의 예스페르센을 거쳐서 오늘날의 피치에 이르기까지이니까 이것의 역사가 유난히 길고 끈질기다는 사실을 쉽게 알 수 있는데, 일단 근대에 이르러서 가장 권위 있는 언어기원설로 받아들여졌던 루소의 '자연발생설'과 헤르더의 '숙고력설'에서도 다분히 묵시적인 방법으로나마 일종의 음악적 원시언어설이 내세워졌었다는 사실을 확인하게 되면 이것은 하나의 범시대적이고 범학문적인 역사성을 지닌 학설이라는 것을 누구나 익히 인정하게 마련이다.

또한 다른 시각에서 보면 이것이 이렇게 긴 역사를 가지고 있다는 사실을 18세기에 등장한 그 많은 사변적 학설 중 오늘날에 와서 가장 그럴듯한 학설의 하나로 다시 평가받게 된 것은 오직 이것뿐이라는 말로써 표현될 수 있다. 그러니까 논리적으로 보았을 때는 오늘날에 이르러 왜 피치와 같은 생물학자가 이 학설의 중요성을 새삼스럽게 다시 강조하고 나서게 되었는가 하는 이유는 그가 제시하고 있는 여러 가지 근거들의 과학성에서 찾을 것이 아니라 이 학설의 발전을 그동안까지 이끌어온 주요 인물들의 언어관의 특이성에서 찾는 것이 맞는 일일는지도 모른다.

단도직입적으로 말하면 그가 이 시기에 이 학설의 중요성을 다시 한 번 강조하고 나선 것은 학리적인 동기나 이유에서가 아니라 학세적인 동기나 이유에서라고 보는 것이 맞는 일일 텐데, 이런 판단의 근거가 될 수 있는 사실로는 크게 두 가지를 들 수 있다. 이중 첫 번째 것은 오늘날의 언어기원 연구는 촘스키의 대담한 도전으로 말미암아 기존의 학계가 궁극에는 '패러다임의 추이'를 수용해야 할 정도의 큰 소용돌이에 말려들게 되었기에, 기존의 학계에 몸담아온 연구자들의 입장에서 보면 그의 이론을 대신하거나 무력화시킬 수 있는 학설을 찾아서 앞세우는 일이 그들의 최우선적인 과제가 될 수밖에 없게 되었다는 사실이다.

그런데 현실적으로는 그의 도전으로 이 연구는 언어학적 진영과 비언어학적 진영이 서로 학세를 겨루는 식의 특이한 모양새를 갖추게 되었다. 따라서 이 연구는 나쁘게 말하면 어떤 이론이나 학설의 중요성을 내세우는 데는 으레 학리상의 동기가 아니라 학세상의 동기가 더 크게 작용하는 시대에 들어서게 되었던 것인데, 이런 의미에서 보면 비언어학적 진영에서 찾는 이론은 당연히 인류학적 내지는 생물학적이어야 했다. 또한 이런 풍토에서는 물론 촘스키의 이론과 대립성이나 차이성이 크면 클수록 더 좋은 이론이었기에, 굳이 따지면 인류학적 이론들이 생물학적 이론들보다 더 많은 주목을 받게 되어 있었다. 그가 보기에는 결국에 가창설이야말로 오래되었기는 해도 촘스키의 이론에 맞설 수 있는 최선의 이론이었다.

이 중 두 번째 것은 그가 '음악적 원형언어'라는 제목 밑에서 이 학설의 내용을 소개하고 있는 자리에서는 이것의 타당성을 실증할 수 있는 근거를 제시하는 일보다는 이것의 역사성을 밝히는 일에 더 큰 비중을 두고 있다는 사실이다. 물론 총 15개의 장으로 된 책에서 한 개의 장을 통째로 이 학설의 역사와 연구 현황을 소개하는 데 힐애했다는 사실 자체가 그가 이 학설의 가치와 위상을 최고 수준의 것으로 보고 있다는 것을 웅변적으로 실증하고 있는 증거이다. 한마디로 말하면 그는 지금의 촘스키 도전에 대응할 수 있는 방책 중 가장 효율적인 것은 가창설과 같이 이미 오랜 기간에 걸쳐서 여러 사람에 의해서 그것의 타당성이 검토된 고전적 학설의 위용을 재조명하는 것으로 생각했다.

그런데 피치는 엄밀하게 따졌을 때는 이 학설이 아무리 일찍이 다윈과 Spencer, 예스페르센과 같은 대가들에 의해서 내세워진 것이라고 해도 예컨대, 몸짓설이나 어휘설과 마찬가지로 언어기원에 관한 하나의 가설에 불과한 것이라는 것을 잘 알고 있었다. 그는 그러니까 지혜롭게도 일단 이 학설의 역사적 발달 과정을 밝히고 보면 이것은 결국에 앞으로 더 많은 토의와 연구가 있어야 하는 하나의 가설에 지나지 않는 것이라는 사실이 저절로 드러나게 되어 있다고 판단했다. 다시 말해서 그는 자기 책의 모두에서 내세웠던 주장, 즉 '비록 일부 이론가들은 언어진화는 거의 정의상 정상적인 진화규칙을 어기게 되어 있다고 믿는 것 같은데, 나는 이런 직관은 잘못된 것 같다는 결론을 내리겠다'라는 주장이 결코 헛된 말이 아니라는 것을 이 학설에 대한 토의를 통해서 실증하려고 한 것이다. (Fitch, 2010, p. 7)

그의 이런 의도는 크게 두 가지 사실을 통해서 읽혀질 수 있는데, 그중 첫 번째는 겉으로 보았을 때는 여기에서의 이 학설에 대한 평가는 긍정적인 것과 부정적인 것이 일종의 균형상태를 유지하고 있는, 다분히 높은 수준의 객관성을 띠고 있는 것처럼 보이지만, 실제에 있어서는 분명히 긍정적인 면에 더 큰 비중을 둔 것이라는 사실이다. 우선 다윈과 예스페르센의 의견을 중심으로 해서 이것의 발달 과정을 소개하는 부분에서는 당연히 그들의 의견의 장점을 제대로 들추어내는 데 큰 비중을 두었지만, 그렇다고 해서 그들의 단점을 지적하는 일을 빼놓은 것은 아니었다.

예컨대, 다윈의 가창설을 소개하는 자리에서는 먼저 이것의 장점으로 언어를 감정표현의 기구로 본 점과 음운체계를 언어조직 중 가장 기본적인 것으로 본 점, 성적 선택을 언어진화의 기본 절차로 본 점 등을 든

다음에, 이것의 단점으로 의미와 문법의 문제가 전적으로 배제된 점을 들고 있다. 그의 견해에 의하면 다윈의 '종의 기원'의 제일 큰 약점은 인간의 정신적 능력과 언어의 진화과정에 대한 적절한 설명이 없다는 점인데, 이런 약점은 그가 두 번째 책에서 가창설을 내세우는 자리에까지 그대로 이어져갔다. 이런 사실로 미루어보아서도 그가 하나의 신 다윈주의자라는 것은 의심할 여지가 없다.

그다음으로 예스페르센의 가창설을 소개하는 자리에서는 그가 일찍이 'Language: its nature, development and origin(언어: 그것의 성격과 발달, 기원)'이라는 책에서 주장했던 말을 그대로 인용하면서, 역시 언어학자답게 그는 자기주장의 근거를 언어습득론과 비교언어학의 두 영역에서 찾으려고 한 점을 그의 가창설이 다윈의 것과 근본적으로 차이가 나는 점으로 내세웠다. 여기에서 인용되고 있는 말은 '언어는 개인과 고독한 사건을 위해 쓰인 반음악적이며 미분석적 표현들로써 시작되었다'라는 단 한 줄의 문장인데, 그가 보기에는 예스페르센은 지금까지의 언어학자 중 원시언어와 현대언어 간의 차이점을 이런 식의 가창설에 대한 짧은 정의 하나에 의해서 단적으로 표현한 최초의 사람이었다.

그러나 이 정의가 아무리 그의 가창설의 요점을 정확하게 표현한 것이라고 해도, 그의 생각으로는 이것 역시 다윈의 것과 크게 다르지 않은, 일종의 가설에 지나지 않았는데, 그 이유는 그의 책에서는 어떻게 일종의 감정표현의 도구였던 원시언어가 의미 표현의 도구인 현대언어로 바뀌게 되었는가에 대한 아무런 설명이 없기 때문이었다. 물론 현대영어의 문법체계를 천착한 언어학자로서 그가 고대언어와 현대언어 간의 구조적 차이성에 초점을 맞추는 일은 너무나 당연한 일이었다. 그러나 그가 보기에는 그러다가는 자칫 언어진화를 언어변화와 같은 것으로 보게 되는 오류를 범할 수 있었다. 그리고 그의 생각으로는 그가 제시했던 언어습득학적 근거와 비교언어학적 근거도 아주 초보적인 수준의 것에 불과했다.

  그중 두 번째 것은 오늘날에 있어서의 이 학설에 관한 연구의 현황을 점검하는 자리에서는 마치 자기가 이것을 3개 원형언어설 중 하나로 선택한 것을 크게 자랑이라도 하려는 듯이 긍정적인 사실들만을 집중적으로 소개하고 있다는 점이다. 비록 하나의 진화론자나 언어학자로서의 그들의 학자적 위상이 독보적으로 높다고 해도 역시 다윈과 예스페르센이 일찍이 제창했던 가창설도 이제부터 본격적으로 토의와 검증작업에 들어서야 할 하나의 가설에 불과한 것이기에, 이것의 생명은 이것에 대해서 오늘날과 앞날에 있어서 얼마나 많고 가치 있는 연구가 이루어지게 되느냐에 달려있다는 점을 그는 이 자리에서 명시적으로 보여주고 있다. 알기 쉽게 말하면 이 자리에서 소개되고 있는 이론들은 세 개의 긍정적인 것에 한 개의 부정적인 것이 첨가되어있는 식으로 과반수가 긍정적인 성격의 것들이다.

  구체적으로 그들의 면면을 살펴볼 것 같으면, 우선 여기에서 다윈과 예스페르센의 가창설의 대표적인 후속이론으로 내세워진 것은 인류학자인 Mithen이 최근에 제안한 '흠(Hmmm)모형'과 생물음악학자인 Steven Brown이 최근에 제안한 '음악언어(Musilanguage)모형', 인류학자인 Alison Wray가 최근에 제안한 '전체적 원형언어(Holistic Protolanguage) 이론' 등이었고, 반면에 그것에 대한 대표적인 반대이론으로 내세워진 것은 최근에 인류학자인 Gerald Weiss가 제안한 '반음악언어설' 하나뿐이었다. 엄밀히 따지면 여기에서 Alison Wray가 제안한 '전체적 원형언어이론'에서는 원형언어 발달의 첫 번째 단계는 음운조직의 발달이라는 말만 했지, 그것이 음악적 언어였다는 말을 하고 있지 않은 이상, 이것을 가창설의 후속이론의 한 가지로 잡은 것은 분명히 잘못된 일이다. 이것은 결국에 원형언어가 분석적 언어가 아니라 통합적 언어였다는 점에 초점을 맞춘 이론이라는 점에서 일찍이 다윈이나 예스페르센이 내세웠던 가창설과 일정한 유사성을 지니고 있다고 볼 수 있다는 것이 아마 여기에서 이것이 이런 대열에 끼게 된 근거일 것이다.

그런데 사실은 설사 Alison Wray의 이론을 이 대열에서 뺀다고 해도 여기에서 소개된 이론의 비율이 3 대 1 정도로 크게 긍정적인 것 쪽으로 기울어졌다는 결론에는 아무런 이상이 있을 수 없는데, 그 이유는 바로 그가 '친족선택(Kin selection)이론'이라는 자기 자신의 이론을 소개하고 있기 때문이다. 이것은 우선 선택이라는 말이 익히 드러내고 있듯이 이것은 일찍이 다윈이 가창설의 근거로 내세웠던 성적 선택이론의 한 대안으로 내세워진 것이다. 쉽게 말해서 이것의 요지는 음악적 언어는 원래 모자간에 유대를 강화하기 위해서 쓰였다는 것이니까, 그는 여기에서 일종의 진화이론이면서도 다윈의 이론과는 판이한 이론을 제안한 것이다. 물론 그 자신이 진화론적으로 가창설을 뒷받침할 수 있는 독자적인 이론을 가지고 있다는 것은 어떤 의미에서나 크게 주목받을 일이 아닐 수 없다. (Fitch, 2010. p. 280)

4.2. 루소와 헤르더의 언어기원론

가창설의 주창자로는 일반적으로는 진화론자인 다윈과 철학자인 H. Spencer, 언어학자인 예스페르센 등의 세 학자를 꼽는다. 그러나 비록 명시적으로 가창설을 내세우지는 않았어도 원형언어에 대해서 그들과 비슷한 발상법을 가지고 있었다는 의미에서 넓은 의미에서의 가창설의 원조로 볼 수 있는 학자들이 바로 루소와 헤르더이다. 누구나 잘 알고 있듯이 이들 두 사람은 근대에 이르러서 각각 자연주의적 언어기원론과 이성주의적 언어기원론을 제안함으로써 이른바 사변적 언어기원설 시대가 유종의 미를 거둘 수 있게 한 장본인들이다. 이런 의미에서 볼 때 이 학설의 의의와 참모습을 제대로 알아보기 위해서는 그것의 발달과정에 대한 토의를 루소와 헤르더의 언어기원론을 이 학설의 측면에서 재검토하는 식으로 관례적인 것보다 크게 확대하는 것이 맞는 일인 것 같다.

1) 루소의 자연주의적 언어기원론

먼저 루소의 언어기원론을 살펴보면 이것의 제일 큰 특징은 언어기원론을 철학적 논의와 과제의 궁극적인 주제로 삼았다는 점인데, 인간의 본성의 문제로부터 사회적 불평등의 문제, 교육의 문제, 역사 발전의 문제, 음악의 예술성의 문제에 이르기까지 그가 철학적으로 다루지 않은 것은 거의 없을 만큼 당대 최고의 박식한 철학자였던 사실을 고려한다면 그가 이렇게 언어기원론을 철학의 최종적인 주제로 삼았다는 것은 누구나가 특별히 주목할 만한 점이다. 추측건대 그는 언어는 결국에 인간과 동물을 구별시켜주는 기구이기에, 그것의 기원을 밝히는 일은 곧 인간의 뿌리를 캐는 일이 될 수밖에 없다고 생각했을 것이다.

일반적으로 경험주의적 내지는 자연주의적 언어기원론으로 불리는 그의 언어기원론의 실체는 1760년대에 나온 『*Essai sur l`origine des langues*(언어기원론)』라는 작은 책 안에 잘 드러나 있는데, 실제에 있어서는 이 책을 통해서 그의 언어관이나 언어기원을 제대로 파악하는 일부터가 단순한 책의 제목만큼 쉬운 일이 아니다. 이 책은 쉽게 말해서 언어와 음악에 관한 20개의 짧은 논설을 하나로 묶은 것인데, 아래와 같은 장들의 제목들만 보아서도 이 책이 유기적이고 단일 주제적인 것이 아니라 산개적이고 다주제적인 것이라는 것을 쉽게 알 수 있다. (Rousseau,

2001, p. 3)

제1장 우리의 사고를 전달하는 다양한 수단에 대하여
제2장 말의 최초 발명은 필요가 아니라 정념에 기인한다.
제3장 최초의 언어는 비유적이었다.
제4장 최초언어의 뚜렷한 특성들과 그것이 겪었던 변화에 대하여
제5장 문자에 관하여
제6장 호메로스는 글을 쓰는 법을 알고 있었을까?
제7장 현대 운율학에 관하여
제8장 언어기원의 일반적이고 지역적인 차이점
제9장 남방 언어의 형성
제10장 북방 언어의 형성
제11장 두 언어의 차이점
제12장 음악의 기원과 그 관계들
제13장 멜로디에 관하여
제14장 하모니에 관하여
제15장 가장 생생한 감각은 도덕적 영감에 의해서 생겨난다.
제16장 색채와 소리의 관계에 대한 잘못된 유추
제17장 자신의 예술에 해를 끼치는 음악가들의 실책
제18장 그리스의 음악 체계는 우리의 것과 다르다.
세19장 음악은 어떻게 타락되었는가?
제20장 언어와 정부의 관계

그런데 이 책을 통해서 우리가 익히 확인할 수 있는 사실은 그의 언어 기원론은 자연주의적 언어기원론이라는 이름으로 일반적으로 알려진

하나의 단일 이론이 아니라 일종의 복합적 이론이라는 점이다. 우선 이 경우에서의 자연주의자라는 말은 철학계에서는 일반적으로 그의 철학은 '낭만주의적인 철학(romanticism)'으로 불리고 있다는 사실과 대비가 되는데, 아마도 '자연(nature)으로 돌아가라'라는 명언으로써 그의 철학적 이론을 요약하려던 일반적인 관행을 그대로 살리려다 보니까 언어기원론에 이런 이름이 붙여지게 되었을 것이다. 이 시기에 그의 언어기원론에 대한 하나의 대안을 제안했던 헤르더는 그것을 '자연발생설'로 고쳐 불렀는데, 이런 사실로 미루어보아서도 그의 언어기원론에 자연주의적이라는 이름이 붙여진 것은 학술적 동기에서가 아니라 편의주의적 동기에서였음을 익히 알 수 있다.

그런데 문제는 그의 언어기원론은 헤르더가 생각했던 것처럼 단순하지 않은 데 있다. 앞에 제시된 20개의 장의 제목만으로도 익히 추측할 수 있듯이 그의 원형언어관은 분명히 '원시인들은 자연적으로 소리를 내게 되었다'라는 식으로 요약될 수 있을 만큼 단순하지 않다. 그의 원형언어관은 쉽게 말해서 다양한 문화인류학적 발상법들의 한 복합체를 이루고 있다는 사실은 그것의 특징으로 다음과 같이 몇 가지의 크게는 서로 연관되어 있으면서도 작게는 저마다 개별적이고 특이한 것들이 내세워지고 있다는 점으로 익히 실증될 수 있다. 이런 의미에서 보면 그동안에 대부분 사람이 그의 언어기원론을 하나의 단일 이론으로 치부해왔던 것이 잘못된 일이었던 셈이다.

그의 원형언어관의 특징 중 첫 번째 것은 인간의 최초의 언어를 생각이나 의미의 표현 수단으로서가 아니라 정서나 감정의 표현 수단으로 보았다는 점이다. 이것은 곧 인간의 본성 중 기본이 되는 것은 이성적인 것이 아니라 감정적이라는 말이나 같은 말인데, 따지고 보면 그에게는 원래 이런 식의 반이성적인 인간관이 있었기에 결국에 그는 자연주의적 언어기원론을 내세우게 되었다. 그런데 그가 여기에서 말하는 감정이란 희로애락과 같은 일반적인 감정이 아니라 연민이나 정념과 같은 특수한 감정이다. 그의 책의 제2장의 제목이 '말의 최초 발명은 필요가 아니라 정념에 기인한다'처럼 되어 있다는 사실이나, 그 안에서 '최초의 말은 배고픔이나 목마름이 아니라 사랑, 증오, 연민, 분노로부터 발생했다'와 같은 말을 쉽게 발견할 수 있다는 사실이 이 점을 그의 원형언어관의 첫 번째 특징으로 잡은 우리의 판단이 틀린 것이 아님을 익히 뒷받침하고 있다. (Ibid, p. 26)

그의 원형언어관의 특징 중 두 번째 것은 인간의 최초의 언어를 일종의 노래로 보았다는 것이다. 어떤 의미에서 보면 노래는 감정이나 정념을 표현하는 데 최고의 수단이기에, 앞에서 살펴본 첫 번째 특징과 이 두 번째 특징은 둘로 나뉠 것이 아니라 하나로 묶이는 것이 더 맞는 일일는지도 모르는데, 굳이 이들을 여기에서는 그렇게 하지 않은 것은 그랬다가는 그를 가창설의 원조로 보아야 마땅하다는 우리의 주장이 분명하게 부각되지 않기 때문이다. 특히 그는 원래 언어를 인간의 모든 것을 특징짓는 것으로 생각했다는 점을 고려한다면 원형언어의 구체적인 형태에 대한 그의 견해를 하나의 독립적인 특징으로 내세우는 일은 너무나 당연한 일일는지도 모른다.

그는 우선 이런 음악적 원시언어의 특징으로 세 가지 특징들을 내세웠는데, 그중 첫 번째 것은 그것은 울음소리나 앓는 소리와 같은 하나의 선체적이고 비분절적인 소리였다는 것이고, 그중 두 번째 것은 강약과 억양 상의 변화가 심한, 고도로 운율적인 소리였다는 것이며, 그중 세 번째 것은 자연의 소리를 그대로 모방한 의성어들이 많이 들어있는 소리였다는 것이었다. 그다음으로 그는 이런 추리의 근거로 일찍이 희랍 시대 때 대서사 시인인 Homeros가 쓴 Illias(일리아스)'와 'Odysseia(오디

세이야)'는 모두 노래로 불렸다는 사실을 들고 있다. 실제로 이들은 고도로 운율적인 6보격의 시행으로 쓰인 시들이었다. (Ibid, p. 47)

그의 원형언어관의 특징 중 세 번째 것은 인간의 최초의 언어는 독립적으로 발달한 것이 아니라 시나 노래, 춤과 같은 예술적 장르들과 같이 발달했다고 보았다는 점이다. 이런 추리의 첫 번째 근거로 그는 언어의 높은 운율성을 내세웠는데, 시란 원래가 언어를 매체로 한 예술품이라는 점이나, 노래의 가사는 으레 언어로 되어 있다는 점 등을 생각한다면 언어와 예술을 같이 발달한 것으로 보는 그의 판단은 크게 틀린 것이 아닌 것 같다. 그는 그런데 자기의 이런 추리의 두 번째 근거로 옛날에는 시인은 으레 음악가이기도 했다는 사실을 내세우고 있고, 그것의 세 번째 근거로 고대 이집트인들은 기호나 상징물을 언어 대신에 널리 사용했었다는 사실을 내세우고 있다. 오늘날에도 탁월한 상징력의 발달을 언어 발달의 기본으로 보는 학자가 있다는 점을 고려한다면 예술은 원래 언어와 같이 발달했다는 그의 추리는 결코 황당한 것이 아니었음이 분명하다. (Ibid, p. 59)

그의 원형언어관의 특징 중 네 번째 것은 최초에는 음성언어와 몸짓언어는 함께 쓰였는데, 굳이 따지면 이들 중 일차적 언어로 쓰인 것은 몸짓언어라고 보았다는 점이다. 이런 추리의 근거로 그는 몸짓언어는 동물에게도 있다는 사실과 옛날에는 팬터마임과 같은 시각적 연극이 많이 발달했었다는 사실, 의사소통의 효율상 시각적 수단이 청각적 수단보다 더 낫다는 사실 등을 내세웠는데, 제2장에서 그가 '필요는 몸짓에 명령을 내렸지만 정념은 최초의 말들을 자극하였던 것 같다'와 같은 말을 하는 점으로 미루어보아서는 최초에는 이들 두 언어가 서로 다른 기능을 수행했었다는 점에 그가 방점을 찍었던 것이지 그들 간의 우선성에 그가 방점을 찍었던 것은 아니라고 볼 수도 있다. 아무튼 그의 이런 원형

언어관의 특징은 우리로 하여금 그는 결국에 가창설의 원조였을 뿐만 아니라 몸짓설의 원조이기도 했다는 사실을 확인할 수 있게 하는 매우 중요한 증거일 수 있다. (Ibid, p. 25)

그의 원형언어관의 특징 중 다섯 번째 것은 최초의 언어는 다분히 비유적인 언어였을 것으로 생각했다는 점이다. 그의 책의 제3장의 제목이 '최초의 언어는 비유적이었다'처럼 되어 있으니까, 그는 하나의 장 전체를 이 특징의 중요성을 강조하기 위해 할애했다고 볼 수 있는데, 우선 이런 사실 하나만으로써 우리는 그의 원형언어관의 네 번째 특징과 관련해서 생겨난 그의 가창설의 우선성에 대한 의구심을 익히 떨쳐버릴 수 있다. 간단히 말해서 그는 언어가 만들어지는 과정을 먼저 하나의 정념으로부터 일종의 심상적 이미지가 생겨나면 그다음에 그것으로부터 일정한 의미나 개념이 생겨난다고 보았다. 그러니까 그가 보기에는 당연히 최초의 언어는 '이야기의 표현체가 아니라 잠언의 표현체'였을 정도로 은유나 직유가 표현의 기본 단위가 되는 언어일 수밖에 없었다. (Ibid, p. 32)

그의 원형언어관의 특징 중 여섯 번째 것은 쓰이는 지역에 따라서 언어는 남방 언어와 북방 언어의 두 범주로 나누어지게 되는데, 발생 절차나 운율성, 표현성 등에 있어서 이들은 일종의 대립성이나 대조성을 드러내고 있다고 보았다는 점이다. 따지고 보면 이 특징에 관한 논의는 제8장에서 제11장까지의 무려 네 개의 장에 걸쳐서 이루어지고 있으니까, 논의가 다른 어느 특징에 대한 논의는 비교도 할 수 없을 만큼 길게 이루어지고 있다는 것이 이 특징의 특이함이다. 그런데 사실은 그의 언어기원론이 얼마나 개인적이고 사변적인가 하는 것을 단적으로 드러내주고 있는 특징이 바로 이 특징이다. 단도직입적으로 말해서 그동안의 많은 철학자나 언어학자 중 인간의 언어를 이런 식의 이분법으로 분류한 것은 오직 그뿐이었다.

그런데 이 특징과 관련해서 무엇보다도 흥미로운 점은 이들 두 범주의 언어들은 거의 모든 면에 있어서 흑백적 대조성을 지니고 있었다고 본 점인데, 그 이유는 만약에 그렇다면 그의 원형언어관은 영어나 독어, 프랑스어 등이 속하는 남방 언어에 대한 것일 뿐이지, 아라비아어나 페르시아어 등이 속하는 북방 언어에 대한 것은 아니라는 결론이 나오게 되어 있기 때문이다. 나쁘게 말하면 그는 자기의 책에서 기껏 해봤자 인간의 언어의 절반의 경우에만 맞는 언어기원설을 그토록 자신 있게 역설했다. 그러니까 그의 책에서는 직접적으로 이런 문제가 제기되고 있지 않지만, 이 특징은 언어의 기원론의 첫 번째 쟁점은 어느 경우에 있어서나 단일기원적인 입장에서와 복합기원적인 입장의 두 입장 중 어느 것을 택하느냐를 결정짓는 일이라는 것을 말해주고 있기도 한 것이다.

그런데 그의 이런 식의 이분법은 그가 결국에 언어의 개별성보다 그것의 보편성을 강조하는 이성주의적인 언어관이 아니라 그것과 정반대적인 경험주의적인 언어관을 가지고 있음을 익히 실증하는 증거이기도 하다. 이 책의 제10장과 제11장에서는 이들 두 언어 간의 차이성만을 예컨대 '북방 언어에서의 최초의 말은 "나를 사랑해주세요(Aimer moi)"가 아니라 "나를 도와주세요(Aider moi)"였다'는 말이나, '남방 언어는 원래부터 낭랑하고, 억양이 있고 웅변적이다'라는 특성이 있었는데, 반하여 '북방 언어는 원래부터 무디고, 거칠며 단조롭다'라는 특성이 있었다는 말로써 크게 부각하고 있으니까, 이 사실 하나만으로도 우리는 그의 경험주의적 언어관이 얼마나 극단적이었는가를 익히 알아차릴 수 있다. (Ibid, p. 96)

그의 원형언어관의 특징 중 일곱 번째 것은 언어를 일단 정의를 관념으로 대체하는 수단으로 보면 음성언어만이 언어이고, 문자언어는 그것의 한 표기물일 따름이라는 식의 문자 언어관을 가지고 있었다는 점이다. 그가 그의 책에서 음성언어와 문자언어 간의 이런 본질적인 차이점을 새삼스럽게 강조하고 나선 것은 18세기 후반에서였으니까, 20세기에 이르러 소쉬르와 같은 구조주의자들로 하여금 '언어는 소리이지 글이 아니다'라는 구호를 앞세워서 언어학의 과학화 운동을 전개하도록 한 씨앗은 철학자였던 그에 의해서 이미 뿌려졌었다고 볼 수도 있다. 문자에 관하여라는 제목이 붙여진 제5장에서 그가 '언어를 구체화하는 것처럼 보이는 글쓰기는 그것을 정확히 바꾸는 작업이다. 이것은 표현을 정확하게 바꿈으로써 낱말뿐만 아니라 정신까지 변화시킨다'나 '말하는 언어에서는 생명력을 유지할 수 있으나 쓰인 언어에서는 불가능하다'라는 것과 같은 말을 하는 점으로 미루어보아서 그가 가지고 있던 언어관은 음성언어 중심적임이 분명하다. (Ibid, p. 44)

그런데도 그가 그의 책에서 비록 아주 짧은 것이기는 하나 두 개의 장을(제5장 문자에 관하여, 제6장 호메로스는 글 쓰는 법을 알고 있었을까) 문자언어의 실체를 밝히기 위해서 할애했다는 것은 그가 제2의 언어로서의 문자언어의 기능이나 중요성을 익히 인식하고 있었다는 것을 잘 드러내 주고 있다. 그런데 굳이 따지면 그의 책에 드러나 있는 그의 문자언어관은 크게 두 가지 특이함을 지니고 있다고 볼 수 있는데, 그중 첫 번째 것은 그리스 알파벳을 문자언어의 대표로 삼았다는 점이다. 추측건대 서양문명의 발상지가 희랍이라는 사실을 고려한다면 언어기원론을 논하면서 희랍어에 대한 언급이 여기저기에서 있게 되는 것은 너무나 당연한 일이었을 것이다.

그리스 알파벳을 예로 삼아서 그는 문자언어의 두 가지 특징을 밝히고 있는데, 그중 첫 번째 것은 문자언어는 문명인의 소중한 발명품이라는 점이다. 예컨대 그는 '낱말과 명제의 기호는 미개인에게 고유하지만 알파벳은 문명인에게 고유하다'와 같은 말을 함으로써, 문자언어를 미개시대와 야만시대, 문명시대 등의 인류 발전의 세 단계 중 마지막 단계를 특징짓는 중요한 징표로 내세웠다. 그중 두 번째 것은 아무리 오래된 문자언어라고 해도 그것의 역사는 음성언어의 역사만큼 길지 않다는 점이다. 예컨대 그리스 알파벳의 발달이 역사를 '그리스 알파벳이 페니키아어로부터 유래했다 할지라도 결코 그리스어가 페니키아어로부터 파생되었다는 것을 의미하지는 않는다. 그리스말은 글쓰기의 기술이 훨씬 더 원시적이었던 아주 고대 때부터 있었던 것처럼 보인다'와 같은 말로써 요약하고 있다. (Ibid, p. 41)

그의 문자 언어관의 특이함 중 두 번째 것은 마치 문자언어의 기능 중 최고의 것은 시와 같은 문학작품을 만들어내는 것이라는 주장이라도 하려는 듯이 Homeros의 '일리아드'와 '오디세이아'의 예술적 탁월성의 근거로 그의 글쓰기의 기법의 특별함을 내세웠다는 점이다. 앞에서 이미 말이 나왔듯이 그는 원형언어는 원래가 일종의 노래였다는 주장을 하는데 그 근거로 이들 두 서사시는 그 당시에 노래로 불렸다는 사실을 내세웠다. 그런데 그는 이 자리에서 예컨대 '다른 시인들은 기록을 했고 호메로스만이 홀로 노래를 불렀다'와 같은 말을 함으로써, 그의 서사시들의 예술적 독보성의 비밀은 결국에 그의 글쓰기의 탁월성에 있음을 강조하고 있다. 그러니까 그는 아무리 문자가 기껏 해봤자 목소리의 대용품에 지나지 않는다고 해도, 우수한 시인들은 그것으로써도 노래를 부를 수 있다는 것을 잘 알고 있다는 점을 설득하고 싶었다. (Ibid, p. 51)

2) 헤르더의 이성주의적 언어기원론

흥미롭게도 루소의 자연주의적 언어기원론이 발표된 시기에는 그것과 쌍벽을 이루게 되는 또 하나의 언어기원론이 발표되었는데, 헤르더의 이성주의적 언어기원론이 바로 그것이다. 우선 그의 'Uber den ursprung der Sparach(언어기원론)'이 나온 해가 루소의 책이 나온 지 몇 년 뒤인 1770년이었으니까 이들 두 이론은 일종의 '테제' 대 '안티테제'적인 관계를 맺을 수밖에 없는 숙명을 지니고 있었다고 볼 수 있다. 마치 학문발전의 기본적 절차 중의 한 가지가 앞에서 제안된 '테제'를 뒤에 가서 부정하고 그에 대한 하나의 대안, 즉 '안티테제'를 제안하는 절차라는 것을 실증이라도 하려는 듯이, 이들 두 이론은 많은 점에 있어서 상호 대치적이거나 상호 대조적인 특징들을 가지고 있는 이론들이다. (Herder, 1770, 2002)

보통 '숙고력설'로 불리고 있는 그의 언어기원론은 쉽게 말해서 일종의 이성주의적 언어기원론인 데 반하여, 루소의 것은 하나의 경험주의적 언어기원론이다. 그러니까 우연인지 필연인지 희랍 시대 때부터 시작된 경험주의 대 이성주의 간의 싸움이 18세기에 이르러서의 언어기원의 문제를 놓고서 다시 되풀이된 셈이다. 그런데 엄밀한 의미에서 보면 루소의 책과는 달리 그의 책에서는 인간의 본성과 인류의 발달과정에 대한 그의 견해가 언어기원의 문제에 대한 것보다 더 많이 개진되어 있다. 그게 그렇다는 것은 그의 책의 내용을 살펴보면 당장 드러나게 되어 있는데, 이런 점으로 보아서는 그의 책은 그의 언어기원론에 관한 책이라기보다는 그의 철학이나 인간관에 대한 책임이 분명하다.

그의 책은 우선 '인간은 타고난 능력으로 언어를 스스로 만들어낼 수 있었을까?'라는 제목이 붙여져 있는 제1부와 '인간은 어떤 경로로 가장 알맞게 언어를 발명할 수 있었고, 또한 그래야만 했는가?'라는 제목이 붙여져 있는 제2부로 구성되어 있으니까, 적어도 표면적으로는 이것이 언어기원의 문제를 주제로 한 책임이 명시적으로 밝혀져 있는 셈이다. 그러나 이 책의 구조는 제1부는 아무 제목도 붙여져 있지 않은 세 개의 장으로 이루어져 있는데, 반하여 제2부는 제1 자연법칙으로부터 제4 자연법칙까지의 네 개의 법칙에 대한 설명으로 이루어져 있는 식으로 되어 있으니까, 사실상 그가 이 책에서 내세우고자 했던바, 즉 이 책의 결론은 제2부에 제시된 아래와 같은 네 개의 자연법칙이었다. 이들이 곧 그의 언어 및 인간관의 요약문이었다.

제1 자연법칙: 인간은 자유롭게 사고하며 행동하는 존재이고, 그의 힘은 발전적으로 계속해서 작용한다. 그래서 인간은 언어의 피조물이다.

제2 자연법칙: 인간은 그 규정에 따르는 집단의 피조물, 즉 사회의 피조물이다. 따라서 언어의 발전은 인간에게 자연스럽고 본질적이며 필연적이다.

제3 자연법칙: 전 인류가 한 무리로 머물러 있을 수 없듯이 매한가지로 전 인류가 단 하나의 언어를 유지할 수는 없었다. 그러므로 다양한 민족 언어의 형성이 이루어진다.

제4 자연법칙: 모든 개연성에 비추어 인류가 하나의 기원에서 유래하여 하나에 대단위 생계를 꾸려가는 하나의 발전적인 전체이듯이 모든 언어 및 그 형성의 전체 고리도 그러하다.

그런데 일단 논리적으로 생각을 해본다 해도 이 책의 결론이나 요약문과 같은 네 가지 자연법칙들의 진위를 제대로 이해하기 위해서는 이들의 전개나 유도과정을 자세히 살펴보는 것이 필수적인 작업일 텐데, 사실은 그것을 살펴보는 일은 결국에 그 나름의 특이한 이성주의적 언어기원론의 실체를 정확히 파악할 수 있는 가장 빠른 길이기 때문에 네 가지 자연법칙 자체를 하나하나 이해하는 것보다도 더 중요한 일이라고 볼 수도 있다. 이들의 전개 및 유도과정에는 크게 세 가지 특징이 있다고 볼 수 있는데, 그중 첫 번째 것은 언어의 발달과정을 먼저 원시언어가 태어나고 쓰이던 단계와 그것이 현대언어로 바뀌는 단계로 양분한 다음에, 그들 중 두 번째 단계, 즉 원시언어가 현대언어로 바뀌는 단계를 밝히기 위해서는 원시언어가 탄생되고 쓰이던 단계에 대한 상세한 해명이 응당 필요하다고 생각했다는 점이다.

그런데 여기에서의 이런 식의 2단계적 발상법의 특이함은 논의의 비중이 첫 번째 단계와 두 번째 단계 중 첫 번째 것에 가 있게 되어 있다는 점이었다. 이런 비중의 편향성은 앞에 제시된 네 가지 자연법칙 중 오직 첫 번째 것만이 두 번째 단계와 관련된 것이고 나머지 세 가지 법칙들은 모두가 첫 번째 단계와 관련된 것들이라는 사실에 잘 드러나 있다. 물론 사람에 따라서는 제일 중요한 것을 첫 번째로 내세웠으니까, 1 대 3이라는 가짓수 간의 불균형을 굳이 문제 삼을 필요가 없다고 볼 수도 있겠지만 누구라도 역시 이 점이 그의 2단계적 발상법의 제일 중요한 특징임을 부정할 수는 없다. 어떤 의미로 보아서도 이런 비율은 다분히 의도적임이 분명하다.

그의 2단계적 발상법의 특이성과 관련해서 여기에서 특별히 짚고 넘어가야 할 점은 최근에 큰 논쟁거리가 되는 촘스키의 언어진화론은 우선 이 점에 있어서 헤르더의 언어기원론과 크게 대비가 된다는 사실이다. 앞에서 말이 나왔듯이 촘스키는 오직 현대언어가 어떻게 태어났는가를 밝히는 일에만 관심이 있지, 그 이전에 어떤 원형언어가 있었는가에 대해서는 아무런 관심이 없다. 따지고 보면 지금까지의 대부분의 진화론자나 인류학자들의 관심은 원형언어의 기원을 구명하는 데 가 있었다. 그런데 무엇보다도 중요한 사실은 큰 의미에서 보면 경험주의적 언어관을 전면으로 배척하고 나선 이성주의자라는 점에 있어서 그는 분명히 헤르더의 후계자라는 점이다. 헤르더의 철학이나 언어사상의 계보도는 Kant의 오랜 친구였던 Hamann의 것을 비롯하여 그 이전의 Descartes의 것과 Cordemoy의 것까지 거슬러 올라가고, 그것은 그 후 Schlegel과 Humboldt의 것으로 이어져 나가는 식으로 그 역사가 길다. 물론 촘스키는 이 계보를 오늘날에 그대로 이어가고 있는 학자 중 가장 대표적인 사람이다. 이렇게 보면 헤르더는 역사상 둘도 없는 특이한 이성주의자인 셈이다.

그중 두 번째 것은 루소의 자연주의적 언어기원론에 대하여 반대와 동의라는 상호 모순적인 평가를 하고 있다는 점이다. 우선 헤르더는 자기의 언어기원론은 결국에 그동안에 이 문제에 관한 대표적인 학설로 받아들여졌던 Submilch의 신수설이나 루소와 Condillac의 자연발생설에 대한 하나의 대안으로서 제안된 것임을 잘 인식하고 있는 나머지, 그의 책의 제1부의 대부분을 이들 두 학설의 한계성이나 문제점을 지적하는 데 할애했다. 그런데 굳이 그들의 역사를 따지면 Submilch의 신수설이 루소와 Condillac의 자연발생설보다 더 오래된 것임이 분명한데, 여기에서는 흥미롭게도 논의의 순서가 뒤집혀 있다. 물론 이런 점 하나만으로도 헤르더는 원래 루소의 자연주의적 언어기원론을 주로 의식하고 있었다는 것을 익히 짐작할 수 있다.

예컨대 그의 책의 제1부의 제1장은 Condillac과 루소의 자연발생설을 비판하는 말로 가득 차 있는데, 우선 여기에서 눈에 띄는 점은 루소의 학설의 뿌리를 Condillac의 학설로 잡았다는 점이다. 희랍 시대 때 최초로 자연주의적 언어기원설을 내세운 학파는 '에피크로스' 학파였고, 그 후 17세기에는 로크도 그런 식의 경험주의적 학설을 주장하고 나섰다는 점을 참작한다면, 누구라도 도대체 그가 왜 이런 식의 비판법을 쓰게 되었는지 먼저 궁금해 할 수밖에 없다. 추측건대 발상법의 황당함으로 보았을 때 Condillac의 학설만 한 것이 있을 수 없으니까, 이것과 루소의 학설을 같은 성격의 것으로 묶게 되면 그의 것을 위시한 모든 자연발생설의 한계성이 아주 자연스럽게 드러나게 되어 있다고 그는 생각했을 것이다. 그는 여기에서 Condillac이 1746년에 쓴 『인간 지식의 기원에 대한 에세이』라는 책에서 '태어난 지 몇 주 안 되는 두 명의 아이들이 황무지에 내던져지면 이들 사이에는 자연스럽게 일종의 의사소통행위가 있게 되는데, 이것이 바로 최초의 언어가 생겨난 과정이다'라고 한 말을 비평의 대상으로 삼아서, '나는 이에 대해서 아무것도 이해하지 못하겠다'라는 말과 함께 '루소는 Condillac의 설명에 대해서 아무런 의심을 가질 필요가 없는 사람이었다'라는 말을 하였다. 어떤 의미로 보아서도 이런 말은 루소의 학설을 최대로 폄훼한 말임이 분명한데, 실제에 있어서는 루소가 그의 책에서 Condillac의 학설을 언급한 적이 없다. (Ibid, pp. 33-35)

이에 이어서 그는 자기의 책 제1부의 제2장에서 Submilch의 신수설을 신랄하게 비판하고 나섰다. 예컨대 그는 일찍이 Submilch가 '인간은 결코 스스로 언어를 만들어낼 수 없었다. 언어를 만들기 위해서는 이미 이성이 있어야 하기 때문이다. 그러므로 언어는 그것이 실제로 존재하기 전에 이미 존재해 있어야 했다'라고 주장한 것을 놓고서 이런 식의 설명법을 먼저 이성과 언어의 관계를 잘못된 방향으로 돌리고 있는 '영원한 팽이'로 비유한 다음에, '그가 내 의견에 반대되게 그 팽이를 돌릴 수 있듯이 나도 그의 주장과 정반대로 그것을 돌릴 수 있다'라는 말로 응수하고 있다. 그는 이 자리에서 Submilch의 신수설은 결국에 우리의 언어는 우리 자신의 이성에 의해서 만들어진 것이라는 그의 학설과 정반대의 것임을 명백히 밝히고 있다. (Ibid, p. 57)

그런데 놀랍게도 이들 두 학설에 대한 이런 식의 혹독한 비평을 바탕으로 해서 원형언어의 실체와 발달과정을 구체적으로 살피다 보니까 그가 밝혀낸 원형언어의 특징들은 일찍이 루소가 밝혀냈던 것들과 유사한 것들이라는 사실이 드러나게 되었다. 이것은 곧 그가 원형언어의 기원에 관한 한 루소의 견해는 틀린 것이 아닌데, 문제는 그것이 현대언어의 기원과는 아무런 관계가 없는 것이라는 데 있다고 보았었다는 의미일 수 있다. 다시 말하면 이런 사실 하나만으로도 우리는 그의 언어기원론과 루소의 그것과의 차이는 원형언어와 현대언어 중 어느 것을 언어기원의 대상으로 삼느냐의 차이로 귀결될 수 있다는 것을 익히 알아차릴 수 있다.

　원시 내지는 원형언어에 대한 그의 견해는 결국에 루소의 것과 대동소이한 것이었다는 것은 그는 원형언어의 특징으로서 다음과 같은 네 가지 특징을 내세웠다는 사실로써 쉽게 확인할 수 있다. 첫 번째로 그는 원형언어를 자연의 법칙에 따라서 만들어진 '감정의 언어'로 보았다. 그는 원형언어는 고통이나 분노, 공포와 같은 본능적인 감정을 소리로 표출해 낸 것이기에, 그것은 응당 동물의 신호체계와 유사성을 지니고 있게 되어 있었다고 보았다. 이런 견해의 근거로 그는 다양한 감탄사들이 전쟁의 춤이나 종교적인 춤, 애도의 노래, 미개인의 언어 등에서 많이 쓰이고 있었다는 사실을 내세웠다.

　두 번째로 그는 원형언어를 구성했던 어휘들 대부분은 자연의 소리를 그대로 모방한 의성어였다고 생각했다. 그는 이런 발상법을 최초로 내세운 사람은 바로 희랍의 Aristoteles였다는 사실을 특별히 강조하면서, '수만 가지 소리를 내는 자연 전체가 언어를 가르치는 스승이요 예술의 신인 뮤즈이었다'와 같은 말을 하였다. 원시인들은 원래가 자연을 인간처럼 살아있는 것으로 보았으니까, 자연의 소리를 모방하는 것은 결국에 그들이 자연과 감정이나 생각을 교류하는 행위 일부이기도 했다. 또한 이런 사실은 원형언어는 기본적으로 시각이 아니라 청각에 주로 의존하는 언어였다는 사실을 실증하고 있었다. (Ibid, p. 72)

세 번째로 그는 원형언어는 일정한 억양이나 운율형을 가진 하나의 노래였다고 생각했다. 그러니까 원형언어의 기원에 관한 한 루소와 같은 견해를 가지고 있었던 셈인데, 그래도 그의 가창설은 그동안에 일부 사람들이 내세웠던 것과 같은 극단주의적인 것은 아니었다. 우선 그는 인간의 언어는 새들의 노래를 모방한 것이라는 주장을 단호히 반박하고 나섰다. 그의 책의 제3장에서 그가 '나이팅게일이 인간을 위해서 노래하지 않듯이 인간이 나이팅게일의 소리를 흉내 냄으로써 언어를 만들려고 한 적은 결코 없었다.'라고 말한 점으로 미루어보아서 그는 역시, 철두철미한 이성주의적 언어기원론자였던 것이다. (Ibid, p. 80)

그뿐만 아니라 그는 이 무렵에 독일의 철학자인 Leibniz가 내세웠던 음악적 원형언어설에 대해서도 똑같이 강력한 거부반응을 보였다. Leibniz는 인간의 원형언어는 마땅히 음악적으로 다분히 정교하고 기교적인 것으로 보아야 한다고 주장했었는데, 그의 생각으로는 이런 주장은 가창설의 본지를 잘못 파악한 데서 비롯한 하나의 극단론에 불과했다. 그가 '그것은 하나의 노래였지만 나이팅게일의 노래나 라이프니츠의 음악적 언어, 단순한 동물의 외침이 아니라, 인간의 음성의 자연적인 음계 내에 존재하는 모든 피조물에 관한 언어적 표현이었다.'와 같은 말 안에 그의 가창설의 실체가 잘 드러나 있다. (Ibid, p. 80)

네 번째로 그는 원형언어는 다분히 은유적인 언어이었다고 생각했다. 루소도 일찍이 은유성을 원시언어의 중요한 특징의 한 가지로 내세웠다는 사실을 참작한다면 이 점 하나만 가지고서도 우리는 익히 그의 원형언어관은 루소 것의 한 복사품이나 다름없다고 말할 수 있을 것이다. 원형언어의 은유성과 관련해서 그는 두 가지 흥미로운 견해를 가지고 있었는데, 그중 첫 번째 것은 이 점은 바로 그가 내세우는 반신수설의 가장 확실한 근거가 될 수 있다는 생각이었다. 그가 보기에는 원형언어의 어휘들이 은유적인 의미밖에 나타낼 수 없었던 것은 결국에 그들은 관념의 표현체가 아니라 감정의 표현체이었기 때문이었는데, 그보다 더 현실적인 이유는 하나의 낱말이 나타내는 감정은 최초의 것으로 고정되어 있지 않고서 시간이 흐르면서 다른 것으로 바뀌게 되어 있기 때문이었다. 이렇게 볼 것 같으면 원형언어의 어휘들은 모두가 애매모호하고 복합적인 의미밖에 나타낼 수 없는 것들이었다는 결론이 나오는데, 그의 생각으로는 이것은 곧 언어는 신이 창조해 준 것이 아니라 인간 스스로가 만들어낸 것이라는 자기의 주장을 가장 확실하게 뒷받침할 수 있는 증거이었다.

　그중 두 번째 것은 이 점이야말로 원형언어의 문화성이나 개별성을 확인할 수 있는 최선의 창이 될 수 있다는 생각이었다. 우선 루소는 원형언어의 특징을 남방 언어와 북방 언어로 대별한 상태에서 논의한 데 반하여, 그는 그것을 오리엔트 언어와 서양 언어로 대별한 상태에서 그런 논의를 하고 있으니까, 일단은 누구나가 여기에서 남방 언어를 서양 언어로 바꾸고 북방 언어를 오리엔트 언어로 바꾼 것 이외에는 그는 루소의 원형언어론을 그대로 되풀이하고 있다는 인상을 받기가 쉽다. 그러나 이들 간의 논의에는 서로를 익히 식별시킬 수 있는 차이점도 있는데 그것은 바로 루소는 두 언어 간의 차이를 운율성에서 찾으려고 한 데 반하여 그는 그런 차이를 은유성에서 찾으려고 한 점이다. 그가 오리엔트 언어의 특징에 대해서 '오리엔트 언어의 전체적인 구조는 모든 추상적인 개념들은 먼저 감각적인 개념들이었음을 익히 입증하고 있다. 즉, 정신은 바람이나 숨결, 저녁의 폭풍이었고, 성스러움은 따로 떨어져 있음이나 고독함이었으며, 영혼은 호흡이고, 분노는 코를 씩씩거림이었다.

그러므로 이 언어의 보편적인 개념들은 훗날에 가서 비로소 추상화와 위트, 환상, 비유, 유사성에 의해서 형성되게 되었다.'와 같은 말을 하는 점이 그런 사실을 잘 실증하고 있다. (Ibid, p. 103)

그런데 여기에서 무엇보다 중요한 점은 원형언어의 특징에 대한 그의 이런 고찰은 어디까지나 '숙고력설'로 불리는 그의 이성주의적 언어기원론의 타당성을 부각하기 위해서였지, 루소의 자연발생설의 가치를 재차 확인하기 위한 것은 아니었다는 것을 인식하는 것이다. 쉽게 말해서 그는 언어기원의 문제를 놓고서 긴 논쟁을 마무리하는 방법 중 최선의 것은, 그동안에 논의되었던 학설들과 자기가 제안하는 학설을 엄격하게 비교해 보는 것으로 생각한 것이다. 그러니까 그는 이번에 Submilch의 신수설과 루소의 자연발생설을 흑으로 삼고 자기의 이론을 백으로 삼는 식의 완전한 대비법을 사용했다. 물론 그로 하여금 이런 대담한 대비법을 사용할 수 있게 한 것은 자기가 제안하는 학설이 최선의 것이라는 그의 소신이었다.

그런데 사실은 그가 제안한 학설은 당시에 프로시아의 한림원이 주최한 현상 모집에서 당당히 당선된 것임에도 불구하고 누구나 쉽게 이해할 수 있을 만큼 단순명료한 것은 아니었다. 쉽게 말해서 그의 학설의 요지는 언어를 인간이 만들어낼 수 있었던 것은 그에게 숙고력이 있었기 때문이었다는 것이었는데, 문제는 숙고력이라는 말 자체가 오직 그만이 그 개념을 정확하게 파악하고 있다고 볼 수 있을 만큼 누구에게나 난해하고 생경한 술어이었다는 데 있었다. 그 자신은 이것을 '인간의 내면에 존재하는 성찰의 힘'으로 정의하고 있으니까, 일단 이것이 특수한 언어 창조적 능력을 가리키는 말'로 쓰였다는 데는 의심할 여지가 없다. 그런데 그의 논의에 있어서는 이 말이 이성이나 오성, 사고와 같은 말들과 마구 섞인 상태에서 쓰이고 있다. 그동안까지 아무도 사용한 적 없는 술어를 새로 만들어 쓰다 보니까 이런 몰이해의 현상이 일어난 것이다.

그런데 더욱 흥미로운 사실은 그 자신이 숙고력의 실체를 놓고서 이런 민망한 현상이 일어나게 되리라는 것을 익히 예측하지만 그 말을 그대로 사용했다는 점이다. 예컨대 그는 제1 자연법칙을 설명하는 대목에서 '물론 성찰에 의한 완성의 법칙과 발전의 법칙이 모든 시대에 동일한 정도로 알아볼 수 있게 작용하고 있지는 않다. 그러나 알아보기 힘든 것이 알아보기 힘들다고 해서 전혀 존재하지 않는 것인가?'와 같은 말을 하고 있는데, 이런 점으로 미루어보아서 그가 말하는 숙고력은 일반적인 이성과는 별개의 언어 특유의 능력임이 분명하다. (Ibid, p. 124)

이렇게 보면 결국에 여기에서 마땅히 던져 보아야 할 질문은 그는 도대체 무슨 동기나 이유로 이런 특수한 술어를 사용하게 되었는가일 텐데, 이것에 대한 해답은 그는 역사상 초유의 강력한 언어우위론자였기 때문이다. 언어와 사고의 상호불가분성을 강조하는 것은 하나의 극단론이 아닐지 모르지만, 언어가 사고를 이끌어간다는 사고방식은 일종의 극단론일 수 있는데, 그는 처음부터 이런 특이한 인간관이나 언어관을 가지고 있었다. 예컨대 그의 제1 자연법칙 가운데는 '인간은 언어의 피조물이다.'와 같은 말이 들어 있다는 사실과 또한 이 법칙을 설명하는 자리에서는 그가 '인간의 내면에서 일어나는 모든 성찰 상태는 언어적이고 서로 연계된 사고들은 서로 연계된 낱말들이다'와 같은 말을 하는 사실로 미루어보았을 때, 그가 언어기원의 문제를 논함에 있어서 이성이라는 말 대신에 숙고력이라는 말을 사용하게 된 것은 너무나 당연한 일이었음이 분명하다. (Ibid, p. 125)

4.3. 다윈에서 예스페르센까지

언어기원의 문제는 결국에 진화의 문제인 이상 진화론의 창시자인 다윈이 일찍이 가창설을 내세웠다는 사실이 갖는 무게는 특별할 수밖에 없다. 그가 가창설을 내세웠던 것은 1871년에 두 번째 책으로 나온 『인간의 출현과 성에 관련된 선택 절차』에서였는데, 이것보다 12년 앞서서 나온 『종의 기원』이 자연적 선택이라는 그의 진화이론의 실체를 밝힌 책임에도 불구하고 인간의 능력 중 가장 중요한 것인 언어의 문제를 다루지 않았다는 한계성을 익히 인식하고 있었던 탓인지. 이것에서는 그가 드디어 일종의 가창설을 내세우게 되었다. 그래서 오늘날 피치를 비롯한 대부분의 진화론자는 다윈을 가창설의 원조로 추대하고 있다.

그런데 사실은 그의 가창설이 그렇게 기념비적인 것은 아니다. 우선 루소와 헤르더의 언어기원설이 발표된 것이 1760년에서 1770년 사이였으니까, 누구나 일단은 이것의 특징으로 이들보다 무려 100년 뒤에 나온 것이라는 점을 내세울 수 있다. 앞에서 이미 살펴보았듯이 이들의 통칭적 이름과는 달리 이들이 일종의 가창설을 기저로 한 이론이라는 것은 의심할 여지가 없다. 물론 다윈은 그의 책에서 이들의 내용은 더 말할 나위가 없고 이들 존재 자체를 언급하고 있지 않다. 그러니까 일단 그의 가창설이 완전히 독창적이라고 해도 그것이 최초의 것이 아님은 분명한 사실이다.

그런데 이보나 너 큰 문제점은 과연 이 책을 근거로 해서 그의 가창설을 그의 기본적 언어기원설로 보는 것이 타당한 일인가 하는 점이다. 단도직입적으로 말하면 이 책에서 그가 내세운 언어기원에 관한 의견은 두뇌의 크기에 관한 것과 사랑의 노래에 관한 것의 두 가지인데, 생물학적으로 보면 누구나 쉽게 받아들이게 되는 것은 첫 번째 것이지 두 번째 것은 아니다. 예컨대 일정한 진화과정을 거치면서 인간의 두뇌가 동물의 그것보다 특별히 커지면서 그에게는 자연히 사물과 속성에 기호를 붙일 수 있는 인지적 기구가 생기게 되었고, 머지않아 그는 이런 새로운 기구로 언어를 만들어낼 수 있었는데, 그 후부터는 언어의 발달과 두뇌의 발달이 상부상조하는 식으로 이루어졌다는 것이 첫 번째 의견이었으니까 이것이 누구에게나 다분히 그럴싸한 의견으로 받아들여진 것은 너무나 당연한 일이었다. 더구나 이와 관련하여 그는 '생존경쟁에 있어서 일정한 선호된 어휘들이 살아남고 보존되는 절차는 자연적 선택의 절차이었다'와 같은 말까지 하였으니까. 누구도 이것을 그의 주된 언어기원설로 받아들이는 데 주저하지 않았다. (Darwin, 1871, p. 61)

그런데 바로 이 책에서 그는 언어는 남자가 여자를 향하여 사랑의 노래를 부르면서 태어난 것이라는 두 번째 의견을 제시하였는데, 이런 의견은 첫 번째 의견과 좋게 말하면 아무런 관련성이 없는 것이었고, 나쁘게 말하면 첫 번째 의견과 정반대적인 것이었다. 언어기원의 문제에 대해서 이런 의견을 그가 내게 된 것은 결국에 그는 이성이나 지성이 아니라 감정이나 정서를 인간의 특성 중 제일 중요한 것으로 보고 있기 때문이었다. 특히 그는 특정한 특징에 의해서 자웅을 선택하는 절차를 인간의 진화과정에서 가장 강력하게 작동한 절차로 보았다. 이런 의미에서 보면 그 자신이 보기에도 자기의 두 가지 언어기원설 중 기본적인 것은 바로 두뇌의 크기에 관한 것이 아니라 가창설이었다. (Ibid, p. 53)

그런데 언어진화론자들 사이에서 가창설의 원조로 다윈을 내세우는 전통은 최근에 피치가 그의 주장의 가치와 타당성을 재인식하고 나섬으로써 더욱 공고해졌다. 이렇게 되면 결국에 그동안에 제안된 몇 가지 원형언어설 중 가창설을 최선의 것으로 인정하는 셈이 되는 것인데, 그는 이번에 이런 결정에 앞장서게 된 것이다. 그가 보기에는 다윈의 가창설이 오늘날의 평가법에 의해서도 가치 있는 학설일 수 있는 것은 그것은 일종의 '3단계설'이기 때문이었다. 그가 설정한 3단계 중 첫 번째 단계는 인간 특유의 지능이 발달하는 단계이었고, 두 번째 단계는 음성적 모방력이 발달해서 노래로 감정을 표현하게 되는 단계이었으며, 세 번째 단계는 노래와 같은 언어가 성적 선택절차의 도구로 쓰이게 되는 단계이었다.

가창설이 중요한 언어기원설로 자리매김하는 데 크게 이바지한 사람은 바로 다윈이 그것을 내세우고 나선 19세기에 영국에서 자기 특유의 진화 철학론을 내세우던 Herbert Spencer이었는데, 그는 흥미롭게도 자기의 철학 이론의 지주격인 '진화의 법칙'의 원리를 설명하는 데 가창설을 원용했다. 인간의 모든 제도나 기구는 진화의 법칙에 따라서 단순하고 동질적인 상태에서 복잡하고 이질적인 상태로 바뀌게 되어 있는데, 이런 법칙의 실증적인 실례로 볼 수 있는 것이 언어의 발달 과정이라고 그는 생각했다. 그의 철학이론은 흔히 '사회적 다윈주의 이론'이라고 불리는데, 그의 진화의 법칙이 다윈의 진화론과 직접적으로 연관되어 있지 않은 것은 분명한데도, 다윈이 앞서서 내세웠던 가창설을 다시 주장하고 나섰다는 사실은 주목할 만한 일이다.

그런데 그의 가창설의 근거는 생물학적이나 진화론적인 것이 아니라 사회학적이거나 언어학적이었다. 첫 번째로 그는 야만인이나 미개민족의 언어는 모두가 지극히 운율적인 사실을 그 근거로 내세웠다. 두 번째로 그는 개화된 민족의 언어도 모두가 억양이나 강세와 같은 운율적 특성이 있는데, 언어사용자가 분노나 슬픔과 같은 강력한 감정을 표현하려고 하게 되면 이런 운율성은 더욱 뚜렷하게 두드러지게 된다는 사실을 그 근거로 내세웠다. 언어학자가 아닌 그가 이렇게 언어기원의 문제에 대해서 일가견을 가지고 있었다는 것은 어떤 의미로 보아서나 놀라운 일이다.

그런데 사실은 가창설의 위상을 20세기에 이르러 확고하게 세운 사람은 Denmark의 언어학자 겸 영어학자였던 예스페르센이었다. 현대적 전통 문법학자답게 평생에 걸친 그의 연구 분야는 크게 기술언어학적 방법으로 현대영어의 문법체계를 재정립하는 일과 역사언어학적 방법으로 언어의 본질과 그것의 발달 역사를 구명하는 일의 두 가지로 이루어져 있었는데, 이들 중 두 번째 분야의 중요한 업적으로 내세울 만한 것이 바로 1922년에 나온 'Language: its nature, development and origin(언어: 그것의 본성과 발달, 기원)'이었다. 다윈과 Spencer에 이어서 자기가 현대적 가창설 주창자의 세 번째 사람으로 선언하고 나선 것이 이 책을 통해서였다. (Jespersen, 1922)

그가 여기에서 역사적으로 보았을 때 3대째의 대표적인 가창설 주창자임을 선언하고 있는 말에는 크게 두 가지가 있다고 볼 수 있는데, 그중 첫 번째 것은 원시언어를 남녀 간의 사랑의 표현체로 본 '언어는 인류의 사랑의 시절에 태어났다. 내 생각으로는 첫 번째 말들은 기와 위에 있는 고양이가 밤에 내는 사랑의 울음소리와 나이팅게일의 율동적 사랑의 노래와의 중간치적인 것이었을 것이다'라는 말이고, 그중 두 번째 것은 그것을 아직 제대로 발달이 안 된 운율적이고 통합적인 표현체로 본 '언어는 개인과 고독한 사건을 위한 반음악적이고 분해가 안 된 표현체로서 시작되었다. 이런 낱말과 유사문장으로 진화된 언어는 무디고 불충분한 사고의 도구이었고, 복잡하고 변덕스러우며 난해한 것이었다. 그렇지만 시작 때부터 추세는 진보적인 것이어서, 그것은 느리고 변덕스러우면서도 점점 더 큰 명석성과 규칙성, 안이성, 유연성 등을 향한 진보이었다. 어떤 언어도 아직은 완성의 단계에는 이르지 못했다.'라는 말이다. (Ibid, pp. 434-442)

이상과 같은 그의 두 가지 선언문만으로도 우리는 그의 원시언어관은 가창설의 3대째 주창자의 것답게 일단은 다윈과 Spencer의 그것과 거의 같은 것이라는 것을 익히 알아차릴 수 있으며, 따라서 자기의 학설을 해설하고 증명하는 방법도 그들이 이미 사용했던 것과 거의 같은 것이었을 것이라는 것을 쉽게 추측할 수 있다. 예컨대 그는 아프리카의 미개인들의 언어가 유럽인들의 그것에 비해서 훨씬 더 운율적이라는 사실을 강조하는 자리에서 '조용한 말은 비교적 단조롭지만 일단 감정이 야기되게 되면 그것에서는 제5음이나 제8음까지 쓰이게 되고 말 사이의 간격도 더 넓어지게 된다'라는 Spencer의 말을 다시 인용하기도 했다. (Ibid, p. 420)

그러나 보다 엄밀하게 따지면 그는 결국에 진화론자도 아니고 철학자도 아닌 언어학자이었기에 그의 언어기원관을 전개하는 데 쓰인 접근법은 다분히 언어학적이었다. 이와 관련해서 특히 주목할 사실은 그는 언어학을 언어과학으로 불렀다는 점이다. 그러니까 언어기원의 문제를 다룸에 있어서도 이제는 마땅히 최대한 과학적이고 기술적인 접근법이 적용되어야 한다는 신념 하에서 그는 1922년의 책을 썼다. 그런데 실제로 그의 책의 내용을 살펴보면 그는 대언어학자로 불리기에 모자람이 없을 만큼 언어에 관한 해박하면서도 깊은 지식을 가지고 있었음을 알 수 있다. 예컨대 그의 책은 모두 네 권, 즉 네 부분으로 구성되어 있는데, 제1권의 제목은 '언어과학의 역사'이고, 제2권의 제목은 '어린이'이며, 제3권의 제목은 '개인과 세계'이고, 제4권의 제목은 '언어의 발달'인 사실 하나만으로써 이것이 그의 언어지식의 박식함을 드러내기에 족한 것임을 익히 알아차릴 수 있다.

그런데 그의 책을 통해서 우리가 구체적으로 알 수 있는 것은 크게 세 가지라고 볼 수 있는데, 그중 첫 번째 것은 언어학의 궁극적인 과제는 언어기원의 문제를 해결하는 것이며, 따라서 이제부터는 언어학자들이 직접 이 문제를 해결하는 일에 나서야 한다는 것이었다. 그중 두 번째 것은 언어기원의 문제를 연구하는 데 동원될 수 있는 학문에는 언어습득론과 비교언어학, 역사언어학 등이 있다는 것이었다. 그중 세 번째 것은 언어기원에 대한 학설은 마땅히 언어변화의 원리와 현상에 대한 정확하고 넓은 이해로부터 도출되어야 한다는 것이었다. 결국 그가 보기에는 하나의 언어학자가 내세우는 언어기원론은 그의 언어관이나 언어철학의 총체적 결정체이어야만 했다.

그런데 문제는 그의 이런 이론상의 주장에도 불구하고 누가 보아도 그가 내세우는 가창설의 실체는 다윈이나 Spencer의 것과 거의 같을 뿐만 아니라, 그것에 대한 근거도 특별히 언어습득론적이거나 역사언어학인 것으로 볼 수 없다는 데 있었다. 또한 궁극적인 의미에서 볼 것 같으면 그의 가창설도 다윈이나 Spencer의 것과 마찬가지로 문법체계와 의미체계의 발달이 중심이 되어서 어떻게 원형언어가 현대언어로 바뀌게 되었는가에 대한 설명이 전혀 없다는 한계성도 지니고 있다.

그는 이 책에서 다음과 같은 네 가지 발상법들을 자기의 언어 기원관의 핵심사상으로 내세우고 있는데, 이들에 대한 증거 방법을 통해서 우리는 이런 지적이 크게 빗나간 것이 아님을 익히 확인할 수 있다. 이들 중 첫 번째 것은 인간의 최초의 언어는 일종의 노래였다는 것이었는데, 그의 이런 생각을 뒷받침할 수 있는 사실에는 다음과 같은 네 가지가 있었다. 첫 번째로 그가 든 사실은 역사언어학자들이 이미 잘 밝혀놓았듯이 산스크리트어나 젠드어와 같은 고대언어에서는 으레 여러 음절로 이루어진 긴 단어들이 많이 사용되었다는 사실이었다. 고대언어를 구성하고 있는 단어들은 길이가 길기만 한 것이 아니라 발음하기 힘든 소리로 이루어져 있어서 분절 별로 말해지기보다는 하나로 통합된 노래로 불릴 수밖에 없었을 것이라고 그는 추리했다. 흥미롭게도 그는 고대언어의 단어와 현대언어의 그것의 관계를 '장경룡과 뱀'의 관계로 비유했다. (Ibid, p. 421)

두 번째로 그는 많은 아프리카 언어들에 있어서는 낱말의 성조가 지금의 중국어에서처럼 문법적 기능이나 의미를 가르는 기능을 담당하고 있다는 사실을 들었다. 이런 특징은 일부 유럽 언어에서도 발견될 수 있는데, 노르웨이어를 위시하여 스웨덴어, 러시아어 등이 그 대표적인 언어들이었다. 지금의 희랍어나 로망스어들에 있어서는 옛날에 성조가 하던 역할을 억양과 직접적으로 관련이 되어 있는 강세가 담당하고 있는데, 이것도 결국에는 말의 운율성을 유지하는 중요한 장치라는 것은 더 말할 나위가 없다. 또한 인도어와 희랍어, 라틴어 등의 문법을 비교언어학적으로 연구한 사람들은 이들에 있어서는 어휘 간의 휴지도 문법적 및 운율적 장치의 한 가지로 널리 쓰였었다고 주장하고 있다. (Ibid, p. 419)

세 번째로 그는 일부 학자들이 이미 밝혀 놓았듯이 많은 아프리카 언어에서는 문장들이 유럽언어에 있어서보다 훨씬 더 확대된 억양형으로 말해진다는 사실을 들었다. 아프리카에 처음으로 여행을 간 유럽인들이 자주 '그들은 말을 노래하듯이 한다'나 '그들의 말은 고도로 조작적이고 음악적이다'와 같은 말을 하는 사실로 미루어보아서 아프리카 언어들의 공통된 특징의 하나가 문장 하나하나가 최대로 확장된 억양형으로 말해진다는 점이라는 것은 더 이상 의심할 여지가 없었다. 인류의 시작이 아프리카에서 이루어졌었다는 사실을 고려한다면, 언어가 처음으로 생겨났을 무렵에는 언어와 노래는 하나로 합쳐져 있을 것이라는 추측을 익히 할 수 있었다. (Ibid, p. 420)

네 번째이며 마지막으로 그는 어느 나라 사람이든지 간에 말할 때 감정이 과격해지면 말의 억양의 폭은 으레 최대로 커지게 되어 있다는 사실을 들었다. 이런 의미에서 보아서도 인간의 언어가 기본적으로는 감정의 표현체임을 의심할 여지가 없었다. 또한 이런 사실로 미루어보아서 아프리카의 미개인이나 야만인들의 언어가 유럽인들의 언어에 비하여 훨씬 더 운율적인 것은 곧 유럽인들은 그동안에 과격한 감정표현을 억제할 수 있게 되었는데, 반하여 그들은 아직도 그렇지를 못하고 있다는 의미일 수 있었다. 그러니까 크게 보면 인간의 언어는 오랜 기간에 걸쳐서 감정표현의 도구로부터 의사소통의 도구로 바뀌는 과정을 밟아 온 셈이었다.

그가 언어 기원과 관련해서 두 번째 핵심적 발상법으로 내세운 것은 원시언어에 있어서는 어휘가 나타내는 의미는 거의 다가 은유적이었다는 생각이었다. 앞에서 이미 살펴보았듯이 이런 생각은 루소도 가지고 있었고, 헤르더도 가지고 있었다. 예컨대 루소는 원시언어에서 쓰이던 낱말은 개념적 표현체가 아니라 심상적 표현체라고 생각했고, 헤르더는 한 낱말이 나타내는 감정은 한 가지가 아니라 여러 가지이기 때문에 그것이 나타내는 의미도 자연히 복합적이고 불명료한 것이 될 수밖에 없었다고 생각했다. 이런 의미에서 보면 가창설의 한 부수 학설로 자리매김한 것이 바로 은유설이라는 것은 이미 역사적으로 고증된 셈이나 마찬가지이다.

그러나 언어학자답게 그는 은유설에 대한 근거를 전적으로 언어적 사실에서 찾으려고 했다. 그가 첫 번째 은유설의 근거로 내세운 언어적 사실은 이 세상 어느 나라의 문학에서나 시나 운문이 산문보다 으레 앞서서 쓰였다는 사실이었다. 물론 그의 이런 논법은 일찍이 루소가 희랍시대의 Homeros의 서사시들을 그의 가창설의 근거로 내세웠던 사실을 연상시키게 마련이다. 그러나 원래 문학의 발달 순서가 고대 때의 시와 연극의 발달로부터 시작하여 소설은 거의 근대에 이르러 새로 참여하게 된다는 사실은 이미 많은 문학 이론가들에 의해서 밝혀진 사실이다. 또한 그가 '여러 인류문화학적 고증으로 보아서도 인류에게는 과학이 있기 훨씬 전에 시와 노래가 있었다는 것은 의심할 여지가 없다'라고 내세우는 사실로 미루어보아서는 그는 이 자리에서 비단 문학의 역사만을 자기 학설의 근거로 내세우고 있는 것이 아니라 인류의 문화발달사적 사실 전체를 그런 근거로 내세우고 있음이 분명하다.

그가 은유설의 근거로 두 번째로 내세운 사실은 원시언어의 어휘들은 크게 두 가지 특징을 가지고 있었다는 점이었다. 첫 번째로 그들은 모두가 구체적이거나 개별적인 사물이나 사실을 가리키는 것으로서, 추상적이거나 일반적인 개념을 나타내는 것은 하나도 없었다. 일찍이 Schmidt 이 연구한 바에 의할 것 같으면 리투아니아의 원시족의 언어에서는 '회색'이라는 의미의 일반적인 색채어는 없으면서도 털과 오리의 회색을 가리키는 단어나 말의 회색을 가리키는 단어, 소의 회색을 가리키는 단어, 사람의 머리와 다른 짐승의 회색을 가리키는 단어는 있었다. 이 언어에서는 결국에 언제나 구체적인 단어에 의해서 추상적인 의미를 나타나게 되니까, 그것은 으레 시적이고 은유적인 것이 될 수밖에 없었다는 것이 그의 주장이었다.

두 번째로 그들은 이른바 풍요 속의 빈곤이라는 특징을 가지고 있었다. 풍요 속의 빈곤이란 쉽게 말해서 어휘 분포의 편행성의 현상, 즉 어휘들이 여러 영역에 고르게 분포되어있지 않고서 어느 특정한 영역에만 집중적으로 분포되어있는 현상을 가리키는 말로써, 이것은 어휘의 의미를 은유적인 것으로 만드는 중요한 원인 중의 하나로 작용했다. 원시언어 때는 어휘가 전혀 분포되어있지 않은 영역과 그것이 많이 분포된 영역 사이에 일종의 '차용'의 현상이 자주 일어나게 되어 있었는데, 원래가 이때는 어휘의 의미가 개념적인 특징보다는 심상적인 특징을 기반으로 한 것이라는 점을 고려한다면 용법이나 기능을 다른 영역의 것으로 바꾸거나 확대하는 일은 바로 어휘의 의미를 은유화하는 결과를 가져오게 했으리라는 것을 쉽게 추리할 수 있었다. (Ibid, p. 431)

그가 은유설의 근거로 세 번째로 내세운 사실은 영어를 비롯한 여러 현대언어에서는 거의 모든 낱말을 하나의 사유(死喩)로 볼 수 있을 만큼 사유들이 많이 쓰이고 있다는 사실이었다. 사유란 이름 그대로 죽은 은유, 즉 옛날에 쓰이던 은유의 흔적이나 화석이다. 따라서 지금의 언어에 사유가 많이 남아 있다는 것만큼 옛날의 언어에서는 은유가 많이 쓰였다는 것을 사실적으로 실증하고 있는 것도 없다. 그는 현대영어에서의 사유의 범람성을 실증하기 위하여 'He came to look upon the low ebb of morals as an outcome of bad taste(그의 풍기의 낮은 쇠퇴를 나쁜 취향의 한 결과로 간주하기에 이르렀다.)'라는 문장을 예로 들고 있는데 이것에서는 죽은 은유, 즉 사유가 무려 다섯 개나 쓰이고 있다. 이것을 보면 전문적인 어휘에서보다는 일상적인 어휘에서 사유화의 현상이 으레 일어나고 있다는 것을 쉽게 확인할 수 있다. (Ibid, p. 432)

그가 은유설의 근거로 네 번째로 제시한 사실은 영어를 위시한 많은 현대언어에서는 음성 상징의 현상이 아주 넓게 일어나고 있다는 사실이었다. 음성 상징이란 음성의 조음적 내지는 청각적 특성에 따라서 그것에 일정한 의미가 부여되는 현상으로서, 이것의 가장 대표적인 결과가 바로 의성어이다. 그런데 그가 보기에는 지금의 영어에서는 쉽게 식별할 수 있는 의성어 이외에도 식별이 쉽지 않은 음성 상징어도 많이 쓰이고 있는데, 그들의 좋은 예가 영어의 어휘 중 여러 가지 쇳소리를 나타내는 'click'과 'clank', 'ting', 'tinkle'이나, 물소리를 나타내는 'splash'와 'bubble', 'sizz', 'sizzle' 등의 의성어나 반향어들이었다. 더 나아가서는

'jiff'와 'jiffy', 'quick', 'swift', 'vivid' 등도 이런 기원의 단어로 볼 수 있는데, 그 이유는 이들에 있어서는 [i]라는 모음이 '아주 짧은 시간'이라는 의미를 나타내고 있기 때문이었다. (Ibid, p. 402)

그가 언어기원과 관련해서 세 번째 핵심적 발상법으로 내세운 것은 음운체계와 어휘조직과 마찬가지로 원시언어의 문법체계는 여러 가지 형태로 다양화되어 있었다는 것이었다. 이런 발상법으로 미루어서는 그는 명시적으로 표현은 하지 않았지만, 그동안에 헤르더와 같은 철학자들이 내세웠던 단일기원설보다는 그것의 반대인 다기원설을 맞는다고 본 셈인데, 여기에서 무엇보다도 중요한 사실은 그는 역시 언어학자답게 지금까지의 여러 비인구어들에 관한 연구를 통해서 밝혀진 구체적인 사실들을 자기주장의 근거로 내세웠다는 점이었다. 물론 이런 사실들은 자기가 직접 연구한 것이 아니라는 한계성이 있지만, 그렇다고 해서 그들의 타당성이나 가치가 달라지는 것은 아니었다.

예컨대 그는 여기에서 Schmidt가 일찍이 인디언어의 어휘에서는 으레 어근이 감추어질 정도로 많은 수의 접두사와 접미사가 쓰인다는 사실을 밝혔다는 것을 비롯하여 Meinhof가 일찍이 아프리카어에서 쓰이는 복수 형성규칙은 단일적인 것이 아니라 다중적이라는 사실을 밝혔다는 것, Vihelm Thomsen이 일찍이 샌썰어에서는 다른 언어에서는 으레 완곡한 표현으로밖에 나타낼 수 없는 의미들이 문법적 장치 때문에 표현되고 있다는 사실을 밝혔다는 것, Curr가 일찍이 오스트레일리아어에서는 아주 복잡한 동사변화 규칙이 쓰인다는 사실을 밝혔다는 것 등의 모두 네 가지 사실들을 언급하고 있는데, 이들은 하나같이 비인구어의 문법체계는 인구어의 그것과 얼마나 크게 차이가 나는가를 익히 실증하고 있는 것들이었다.

그런데 흥미롭게도 그가 여기에서 자기주장에 대한 가장 확실한 증거로 내세운 것은 바로 바스크어의 문법체계였다. 그가 보기에는 문법체계의 특이한 복잡성이나 기능성으로 보아서 지금까지 알려진 희귀언어 중 최고의 것은 역시 이 언어였는데, 일찍이 Larramendi는 이 언어의 문법체계를 완성하고서 '불가능을 극복'한 사건으로 규정했었다는 사실이 그의 이런 판단이 틀린 것이 아님을 잘 뒷받침하고 있었다. 그의 생각으로는 그뿐만 아니라 베 언 지방에서는 아주 옛날부터 바스크어의 문법체계의 복잡성에 대한 하나의 전설이 내려오고 있다는 사실도 자기의 판단의 정확함을 보증하는 한 근거일 수 있었다.

이 전설의 요지는 대략 신은 일찍이 이브를 유혹한 죄로 악마를 바스크의 페이스라는 곳으로 추방하여 그곳 말을 다 배울 때까지 거기에 머물러 있으라고 명령을 내렸는데, 7년 뒤에 신이 악마에게 너무 심하게 했다고 생각한 나머지 그를 다시 불러보니까, 그는 카스테론도의 다리를 건너면서 그 말을 모두 잊어버려서 그것에 대해서 아무것도 모르는 상태에 있었다는 것이었는데, 그의 생각으로는 이 전설은 크게는 한 언어의 특징은 원래가 하나의 전설이 만들어져 내려올 수 있을만큼 특이한 것일 수 있다는 것이고, 작게는 바스크어의 문법체계는 유별나게 복잡한 것이었다는 것을 웅변적으로 실증하고 있는 전설이었다.

바스크어의 문법체계에 대한 그의 설명은 결국에 일종의 문화인류학적인 고찰을 통해서 그것의 복잡성의 원인을 해명하는 데까지 확대되었다. 그가 보기에는 바스크어의 문법체계가 이렇게 복잡해진 것은 바스크족의 생활양식은 아주 세밀한 데까지 의식화되고 규약화되어있기 때문이었다. 바스크 문화에 있어서는 현대인의 눈으로 볼 것 같으면 지극히 비합리적이고 부당한 규칙과 금기사항들이 예컨대 종교적 의식으로부터 식사 예절에 이르기까지의 모든 생활방식에 있어서 정해져 있었는데 이런 생활 양식상의 촘촘한 규칙성과 제약성이 그대로 그들의 언어의 문법체계에 반영되어 있었다. 어느 민족에 있어서나 모든 생활이나 행동상의 규칙이나 금기는 으레 언어적 형태로 표현되게 되어 있으니까, 이론적으로 따지면 이들의 취지는 어휘적으로 나타나 있을 수도 있고, 아니면 문법적으로 나타나 있을 수도 있을 텐데 바스크 민족의 경우에는 후자의 방책을 택했다. 그러니까 결국에 바스크어의 경우는 문화와 언어의 불가분성을 보여주는 하나의 좋은 사례였던 셈이다.

그가 언어기원과 관련해서 네 번째이며 마지막 핵심적 발상법으로 제시한 것은 인간의 언어는 그동안에 쇠퇴의 길이 아니라 발전의 길을 밟아왔다는 생각이었다. 물론 이런 견해는 일찍이 19세기에 독일의 언어학자인 Schleider가 내세웠던 쇠퇴설, 즉 복잡한 굴절형을 가지고 있던 인구어의 조어가 나타났던 때가 언어발달의 절정기이고, 그 후 내내 언어는 쇠퇴의 길을 걸어오고 있다는 학설과는 정반대적인 의견이다. 자기가 여기에서 내세운 발전설은 그동안에 누구도 제안한 적이 없는 최초의 것이라는 것을 잘 인식하고 있어서인지, 그는 이 책의 끝부분에서 결론이라는 이름 밑에서 "언어는 개인과 고독한 사건을 위한 半音樂的이고 분해가 안 된 표현으로 시작되었다"라는 선언적인 말에 이어서 아래와 같은 기념비적인 말을 하고 있다. (Ibid. p442)

이런 낱말과 문장으로 구성되어 있고, 그들로부터 진화된 언어는 무디고 불충분한 사고의 도구이며 복잡하고 변덕스러우며 난해한 것이었다. 그렇지만 시작 때부터 추세는 진보적이어서 그것은 느리고 변덕스러우면서도 점점 더 큰 명석성과 규칙성, 안이성, 유연성을 향한 진보이었다. 어떤 언어도 아직은 완성의 단계에는 이르지 못했다.

물론 그는 대언어학자답게 언어의 발달 과정이 이상과 같은 몇 줄의 말로써 표현할 수 있을 만큼 단순한 것일 수 없다는 것을 잘 알고 있었다. 그래서 그는 그것을 두 개의 조건으로 하나의 법칙이 작동되는 현상으로 보게 되었는데, 여기에서 특별히 눈에 띄는 점은 결국에 그의 언어발달론은 다윈의 진화론적인 발상법으로 귀결되게 되었다는 점이었다. 우선 그가 여기에서 제안한 언어발달의 법칙은 모든 언어는 점진적으로 통합적 언어로부터 분석적 언어로 발달해간다는 것인데, 영어의 문법체계를 평생 연구한 학자답게 그는 이것의 타당성을 뒷받침하는 근거로 고대 때는 완전 굴절언어였던 영어가 현대에 이르러서 무굴절언어로 바뀌게 된 사실을 들었다.

그런데 그가 보기에는 이런 법칙에는 두 가지 중요한 조건이 붙어 있게 마련인데, 그중 첫 번째 것은 이것으로써 그동안까지 가장 유력한 언어유형론으로 받아들여졌던 이른바 3대 유형론을 바꾸거나 뒤집으려고 시도해서는 안 된다는 것이었다. 일찍이 비교언어학이 크게 발달했던 19세기에는 일부 언어학자들은 이 세상의 언어는 크게 고립어와 교착어, 굴절어 등의 세 유형으로 나뉠 수 있으며, 따라서 언어발달의 순서도 응당 이런 식으로 되어 있을 것이라는 견해를 가지고 있었다. 그런데 사실은 이 이론을 인구어 중심의 발상법에서 나온 것이라는 이유로 받아들이지 않으려는 사람도 적지 않게 있었으며, 따라서 그런 사람들은 일종의 궁여지책으로 그의 법칙을 언어발달의 순서를 예컨대 굴절어, 교착어, 고립어 식으로 바꾸자는 의견으로 확대해석할 수도 있었다.

그러나 그의 법칙은 3대 언어유형론과는 아무런 관계가 없는 것이었다. 그의 생각으로는 기본적으로 이런 논쟁은 우선 아직 제대로 밝혀진 바가 없는 언어발달의 과정을 지나치게 단순화하려고 한다는 비평을 받게 마련이었다. 그가 보기에는 이 세상에는 서로 비교할 수 없을 정도로 서로 다른 어족들이 많은 데다가 언어발달의 과정도 각양각색이어서 하나의 3단계 발달모형으로 그들을 통일시키려는 의도가 잘못된 것이었다. 예컨대 지금의 영어와 핀란드어, 중국어가 모두 일종의 고립어형 언어인데, 영어가 고대 때는 일종의 굴절형 언어였다고 해서 핀란드어와 중국어도 그런 역사가 있었다고 말할 수는 없는 일이었다.

그중 두 번째 것은 그의 법칙을 근거로 해서 언어의 발달과정을 직선적인 것으로 보아서는 안 된다는 조건이었다. 종전에는 일부 언어학자들이 언어발달의 과정을 통합적인 절차와 분석적인 절차가 상호교차되는 일종의 나선형 과정으로 보기도 했는데, 이런 잘못된 의견은 그것을 미시적으로 본데서 비롯된 것이었다. 다시 말하면 거시적으로 볼 것 같으면 언어의 발달과정은 분명히 통합에서 분석으로의 단일과정이었다. 그러나 여기에서 무엇보다도 중요한 사실은 통합언어에서 분석언어로의 단일과정이 직선적인 것은 아니라는 점이었다.

결국에 그는 이 자리에서 언어발달의 과정은 자기의 언어발달의 법칙과 다윈의 진화이론을 접합시켰을 때만 제대로 파악될 수 있다는 의견을 내놓게 되었다. 다윈의 이름이 구체적으로 거명되지는 않았지만 "인류는 결정적으로 인지된 목표를 향하여 직진하지 않고 적자생존의 원리에 따라서 때로는 허둥지둥하기도 하고 때로는 진흙투성이가 되기도 하면서 행복한 수단을 찾아내게 되었다."라는 말에서처럼 적자생존이라는 말을 쓰고 있다는 점으로 미루어보아서 그가 이 자리에서 다윈의 진화이론을 원용하고 있음을 익히 확인할 수 있다. 두말할 필요도 없이 인간의 진화과정과 언어의 발달과정을 같은 것으로 볼 것을 그가 자기의 언어기원론과 언어발달론의 결론으로 내세웠다는 것은 의미하는 바가 매우 크다. 어떤 의미에서는 이 점이 그가 다윈과 마찬가지로 가창설의 주창자였다는 사실보다 더 중요한 사실일는지도 모른다. (Ibid, p.438)

이렇게 볼 것 같으면 결국에 그의 언어기원관의 제일 큰 특징은 그것을 언어발달관과 동일시했다는 점일 텐데, 문제는 역시 언어발달의 긴 역사 중 시발의 단계에 관한 설명은 여전히 사변적이거나 추리적인 성격의 것일 수밖에 없다는 데 있었다. 우선 이상과 같은 리뷰만으로도 그의 언어기원론은 일반적으로 알려진 대로 가창설이 전부가 아님을 익히 확인할 수 있다. 엄밀하게 따지면 그는 언어기원관과 언어발달관을 하나로 묶다 보니까 그의 설명은 결국에 객체인 언어발달관 안에 주체인 언어기원관이 매몰되는 식의 주객전도의 현상이 일어나게 된 것이다. 극단적으로 말하면 그러니까 그의 설명을 통해서 우리는 그의 언어기원론은 가창설이 아니라 언어발달설임을 익히 확인할 수 있게 된 것이다.

그런데 만약에 그가 이 자리에서 가창설의 근거로 일찍이 다윈이나 Spencer이 내세웠던 것보다 더 과학적이고 진일보한 사실들을 내세웠더라면 우리가 굳이 이상과 같은 판단을 내릴 필요가 없을지도 모른다. 그러나 아쉽게도 그의 설명은 그런 일은 대언어학자인 그에게도 불가능한 일임을 드러내고 말았다. 그가 여기에서 내세운 가창설의 근거는 산스크리트어나 젠드어에서는 길이가 긴 단어들이 많이 쓰였다는 것과 아프리카 언어들에서는 낱말의 성조가 문법적 기능을 수행하고 있다는 것, 아프리카 언어에서는 확대된 억양형이 쓰이고 있다는 것, 어느 나라 사람이든지 간에 감정이 과격해지면 억양의 폭이 최대로 커진다는 것 등의 네 가지인데, 이들 중 어느 것도 탐탁한 근거로 볼 수는 없다. 역시 그가 말한 "언어는 개인과 고독한 사건을 위한 반음악적이고 분해가 안 된 표현으로 시작되었다"라는 말은 일종의 실증적 내지는 과학적 서술이 아니라 하나의 사변적 내지는 추리적 서술이었던 셈이다.

4.4. 피치의 이론

오늘날의 언어진화에 관한 논쟁의 양상을 일단 언어학적 이론을 근거로 한 촘스키의 도전과 그것에 대한 진화론자들의 방어 내지는 대결로 묘사하면, 이 대결 구도에서 Houser와 함께 전통적 진화론 진영의 선봉장으로 나서 있는 사람이 바로 피치이다. 그러니까 그가 최근에 가창설의 옹호자 내지는 주창자로 나섰다는 것은 어떤 의미에서나 대단히 의미 있는 일이다. 그의 역작인 『The Evolution of Language(언어의 진화)』는 모두 15개의 장으로 구성되어 있는데, 결론 및 전망이라는 제목의 제15장의 바로 앞장인 제14장의 제목이 「음악적 원형언어」이니까 그는 가창설을 자기가 논의한 다양한 언어진화 이론 중 가장 중요한 이론으로 간주하고 있음이 분명하다.

그런데 무엇보다도 중요한 사실은 그가 논의한 여러 가지 언어진화 이론 가운데서 마지막에 가서 유일하게 자기 자신의 것으로 내세운 것이 바로 가창설이라는 점이다. 다시 말하면 그는 가창설을 오늘날 촘스키의 최소주의적 언어진화 이론에 대한 가장 강력한 대항 이론으로 보고 있다는 것인데, 이런 판단을 쉽게 할 수 있는 것은 다음과 같은 세 가지 사실이 이 장에서 발견될 수 있기 때문이다. 그중 첫 번째 것은 이 학설이 그동안의 역사와 오늘날의 연구 현황으로 보았을 때 지금까지 제안된 진화론적 언어진화 이론 중 가장 대표적인 것 중 하나라는 것이 밝혀져 있다는 사실이다. 여기에서는 우선 이 학설을 제일 먼저 주장한 사람은 바로 다윈이라는 점과 그 뒤에 이것의 타당성을 언어학적 접근법으로 실증하려고 했던 사람이 예스페르센이라는 점을 밝히고 있다. 그러니까 여기에서는 제일 먼저 가창설은 결코 이미 죽어버린 하나의 사변적 학설이 아니라 아직도 살아있는 하나의 현대적 학설임이 강조된 것이다.

그다음으로 여기에서는 가창설은 오늘날 언어진화론자들 사이에서 가장 활발하게 논의되고 있는 학설 중 하나라는 점이 밝혀져 있다. 학자마다 예컨대 Mithen의 '흠(Hmmmm)모형'이나 Wray의 '전체적 원형언어(Holistic Protolanguage)이론'처럼 학설의 이름을 특이하게 바꾼 것은 사실이지만 크게 볼 것 같으면 가창설의 타당성을 인정하고 그것의 가치를 재창조하고 나선 학자들의 수가 그것을 부정하고 나선 학자들의 수보다 더 많다는 점이 여기에서는 우선 밝혀져 있다. 또한 여기에서는 이 학설의 주제의 범위가 결국에는 언어의 구조적 특성으로부터 언어학습의 보편성, 언어와 음악의 구조적 유사성, 새들의 노래와 언어의 동질성, 언어의 기능성에 이르기까지 최대로 광범위해질 수 있다는 점이 밝혀져 있다. 이런 의미에서 보면 이 학설의 생명이 유난히 긴 것은 결코 다윈과 예스페르센과 같은 대가들의 이름 때문만은 아니었다.

그중 두 번째 것은 이상과 같은 일반론적 개관으로부터 한 걸음 더 나아가서 우리로 하여금 피치가 자신을 오늘날에 다윈과 Jesperson의 전통을 면면히 이어가고 있는 하나의 어엿한 가창론자로 자처하고 나섰다는 것을 익히 확인할 수 있게 하는 사실인데, 원래 다윈이 이 학설의 근거로 내세웠던 성적 선택이론 대신에 친족선택(kin selection) 이론을 제안하고 나선 사실이 바로 그것이다. 그가 보기에는 우선 다윈이 말했던 성적 선택의 절차란 결국에 남녀라는 두 개인 간에 일어나는 절차이기에 언어와 같은 중요한 기구나 능력의 탄생을 유발하는 기본적 절차로 보기에는 부적절한 것이었다. 그래서 그는 선택 절차가 일어나는 자리를 부모나 자녀 간이나 친족간의 것으로 확대하는 것이 바람직하다고 생각하게 된 것이다. 언어란 원래 서로 간의 감정의 표현체이면서 의사소통의 도구라는 점을 고려한다면 이런 수정은 필수적인 것일 수도 있었다.

이렇게 해서 그는 결국에 하나의 신 다윈주의자로 자처하고 나설 수 있었던 것인데, 사실은 그가 여기에서 내세운 친족 선택이론은 그가 최초로 고안해낸 것이 아니라 몇 년 전에 Dissenayake가 제안했던 것을 원용한 것이었다. 흔히 진화심미론의 창안자로 알려진 Dissenayake는 1992년에 나온 "Homo Aesethetics:where art comes from and why(호모

예술인: 예술은 어디에서 왜 나왔는가)"라는 책에서 그녀는 언어습득시 엄마가 사용하는 어린이 지향적인 모어와 그녀와 아기 간의 대화에 대한 연구를 통해서 '유사음악적 교섭'이 일찍부터 그들 간에 으레 이루어지고 있음을 확인할 수 있었으며, 이것은 곧 우리에게는 원래 음악성을 선호하는 성향이 내재되어 있다는 가장 확실한 증거일 수 있다는 주장을 하였다. 이것은 이 책의 이름대로 인간은 원래부터 '호모 지혜인'이었을 뿐 아니라 '호모 예술인'이기도 했다는 이론이었다. (Dissanayake, 1992)

그런데 그녀는 이 책에서 진화심미론의 한 부수 이론으로 친족 선택 이론을 제안했다. 이것은 결국에 다윈의 성적 선택이론을 약간 수정한 것이기에 이로써 자기는 하나의 신다원주의자임을 선언한 것이나 다름이 없었다. 그녀는 또한 언어습득 과정은 일종의 문화화 과정이고 사회화 과정임을 참작해 보면 이때 작동되는 선택 절차는 남녀간의 것이 아니라 친족간의 것임이 확실하다고 주장했다. 물론 예술론을 다윈의 진화론적인 틀에 넣어서 전개했다는 의미에서 그녀의 진화심미론은 분명히 독보적인 것이었다. 그런데 피치가 보기에는 진화심미론이나 언어진화론은 크게 보면 똑같이 인간의 진화과정을 구명하려는 노력의 일부이기에 그녀가 제안한 친족 선택이론은 언어진화론의 한 부수이론으로도 익히 원용할 수 있는 것이었다. 또한 그의 생각으로는 이렇게 하면 의미나 문법의 문제에 대한 해결책을 가지고 있지 못하다는 다윈의 가창설의 한계성을 어느 정도까지 극복할 수도 있었다.

그런데 사실은 그로 하여금 자신있게 Dissenayake의 친족 선택이론을 원용하게 한 것은 결국에는 집단선택 이론으로 인하여 2000년에 Brown 이 "The Musilanguage model of music evolution(음악진화에 있어서의 음악언어 모형)"이라는 논문에서 제안한 'musilanguage model(음악언어 모형)'이었다. 이 모형은 제목 그대로 음악의 기원을 사회적 구성원들간의 집단적 협력성과 응집성을 촉진하려는 집단심리에서 찾으려고한 일종의 예술이론이다. 그러나 이것은 음악과 언어를 동시에 시발된 두 기구로 보는 모형이라는 점에서 가장 강력한 현대적 가창설이론으로 볼 수도 있다. 그리고 그보다 이것의 더 중요한 특징은 진화의 장을 개별적인 것으로부터 집단으로 확대함으로써 고전적 다윈주의의 약점을 크게 보완한 이론이라는 점이다. 다시 말하면 여기에서는 일찍이 다윈이 내세웠던 성적 선택이론을 집단 선택이론(group selection)으로 바꿀것이 제안되었으니까 이것은 하나의 신 다윈주의적 모형이었던 것이다.

그의 모형이 그로부터 8년 뒤에 이르러서도 하나의 신가창설이나 신다윈주의적 모형으로 익히 평가될 수 있는 것은 그의 책에서는 아래와 같은 다윈의 성적선택이론의 한계성을 직접적으로 지적하는 대목이 어렵지 않게 발견될 수 있기 때문이다. "개인적 선택의 이론은 본질적으로 집단협력적 음악의 장치들이 어떻게 집단 내의 경쟁을 이기고서 진화하게 되었는가를 설명해야 한다. 그는 집단 내에서 협력성을 제고하는 마당에서는 으레 친족선택이 중요한 기능을 수행했었다는 점을 놓치고 말았다." 물론 여기에서 제일 먼저 눈에 띄는 점은 구체적으로 친족 선택이라는 술어가 쓰였다는 점이다. 그는 그러니까 선택절차가 일어나는 자리를 크게 개별 간과 친족 간, 집단내 등의 세 가지로 나누었던 것이다. 이런 의미에서 보면 피치는 친족 선택의 개념을 Dissanayake가 아니라 Brown으로부터 얻게 되었다고 볼 수도 있다. (Brown. 2000)

그중 세 번째 것은 이 장의 마무리 부분에서 4단계설로 이름 붙일 수 있는 언어발달 모형을 제안했다는 사실이다. 지혜롭게도 그는 가창설의 태생적 한계성은 어떻게 언어가 하나의 음운적 표현체로부터 하나의 의미체계와 문법조직을 가진 표현체로 발전하게 되었는가에 대한 설명이 없는 점인 이상, 그 한계성을 해결하는 방안이 기저가 되는 언어발달

모형을 설정하는 것이 곧 그것의 타당성이나 가치를 인정하는 최선의 길이라는 것을 잘 알고 있었다. 이 모형의 특징과 관련하여 그는 두 가지 점을 밝히고 있는데, 그중 첫 번째 것은 이것은 결국에 다윈의 운율적 원형언어설과 예스페르센의 전체론적 원형언어설을 하나로 통합시킨 것이라는 의미에서 그동안까지의 가창설에 대한 다양한 의견들을 모두 수렴한 모형이라는 점이고, 그중 두 번째 것은 다윈의 성적 선택 이론을 친족 선택이론으로 대체했을 때만 가창설의 타당성과 가치는 제대로 유지될 수 있다는 사실을 실제로 실증할 수 있는 모형이라는 점이었다. 일단 친족 선택이론의 채택을 창발적인 것이 아니라 원용적인 것으로 보면 진짜로 그의 독창성이 발휘된 것은 이 모형이다. 이런 의미에서 볼 때 바로 이 모형 때문에 그는 현대판 가창설의 옹립자요 주창자로 익히 불릴 수 있는 것이다. (Fitch 2010. p.502)

그게 그렇다는 것은 그의 4단계설의 내용을 구체적으로 살펴보게 되면 알 수 있다. 이 모형의 첫 번째 단계는 '음운론 먼저'로 이름이 붙여진 대로 명제적 의미가 없이 노래와 같은 운율성을 가진 일련의 소리의 연속체를 서로 간에 사용하는 단계이다. 그가 보기에는 이 단계에는 의미가 아니라 정서의 표현이 언어의 주된 기능이었으며, 따라서 다윈이 일찍이 가창설의 근거로 성적 선택이론을 내세웠던 것은 결국에 그가 이 단계의 언어를 원형언어로 보았기 때문이었다. 또한 그의 생각으로는 다윈의 언어진화의 단계를 1) 일정한 지능이 발달한 단계, 2) 음성모방력의 발달로 노래를 부르게 된 단계, 3) 성적 선택절차로 언어를 자주 쓰게 되는 단계 등의 3단계로 나누었던 것은 이 제1단계를 다시 세분한 것에 지나지 않았다. 물론 다윈이 인간의 원형언어를 새들의 노래와 유사한 것으로 본 것도 결국에 그는 이 제1단계 때의 언어를 원형언어로 보았기 때문이었다.

이 모형의 두 번째 단계는 '자의적, 전체론적 의미'로 이름이 붙여진 단계인데, 그가 보기에는 이때는 정서나 감정의 표현에 더해서 언어가 미분화적이고 모호한 것이기는 해도 일정한 의미를 전달하게 되었다는 사실로 미루어보아서 결국에 친족 선택의 이론이 성적 선택의 이론보다 더 타당한 이론임을 구체적으로 실증할 수 있는 단계이었다. 사람들이 가까운 친족이나 친족간의 의사소통을 욕구하게 됨에 더해서 지능발달의 결과로 탁월한 연상작용을 구사할 수 있게 된 것이 언어발달의 과정을 이 제2단계로 발전시킨 원인이었을 것이라고 그는 추리하였다. 그는 특히 소쉬르가 말하는 인간언어의 제일 중요한 특성으로서의 의미의 자의성이 바로 이 단계에서 드러나게 되었다는 점을 강조하고 있다.

이 모형의 세 번째 단계는 '분석적 의미'로 이름이 붙여진 단계인데, 그가 보기에는 이때 이르러서는 언어가 의미를 더 이상 전체적이거나 통합적인 덩치로 나타내지 않고서, 작은 기능이나 단위별로 나누어서 나타내게 되기 때문에 그것의 운율성이나 음악성의 중요성과 기능성은 응당 현저하게 떨어지게 되어 있었다. 그런데 이 단계에는 언어가 처음으로 원초적 문법적 체계를 갖게 마련이었는데, 그 이유는 의미의 분화 절차 뒤에는 반드시 여러 단위의 작은 의미들을 하나로 묶는 절차, 즉 그것의 융합 절차가 따르게 되어 있기 때문이었다. 그러나 아쉽게도 그는 이때 등장한 문법체계가 어떤 것이었는지에 대해서는 아무런 언급을 하지 않고서, 그 대신에 일찍이 예스페르센이 가창설의 근거로 통합에서 분석으로라는 언어발달의 법칙을 내세웠다는 사실과 최근에는 Kirby가 그의 이론을 다시 거론하고 나섰다는 사실만을 강조하고 있다.

이 모형의 네 번째 단계는 '현대적 언어, 분석적 욕구의 유전적 고정화'로 이름이 붙여진 단계인데, 이것은 음악적 언어의 모습을 가졌던 원형언어가 긴 진화과정을 거쳐서 드디어 오늘날에 쓰이고 있는 것과 같은 하나의 분석적 언어로 완성되는 단계이었다. 그의 생각으로는 이 단계의 언어를 일단 완성된 기구로 볼 수 있는 것은 이때 이르러서는 하나의 통합체가 여러 부분으로 분석되어가는 과정이 더 이상 진전될 필요가 없게 되기 때문인데, 무엇보다도 중요한 사실은 이때는 바로 '분석적 욕구가 유전적으로 고정화'되는 단계라는 점이었다. 물론 어떤 지식이나 능력이 유전적으로 고정이 된다는 말은 촘스키의 설명법을 빌리면 그런 것이 내재화가 된다는 말이다. 그래서인지 그는 어린이의 언어 습득 절차를 보면 자기의 4단계 모형이론이 타당성이 있는 것임을 익히 알아차릴 수 있다고 내세우고 있다. 특히 그는 어린이의 언어습득절차를 보면 자기가 왜 그동안에 다윈의 가창설을 현대화할 수 있는 길은 바로 친족 선택의 절차를 언어 창출의 원동력으로 보는 것이라고 주장해 왔는가를 쉽게 알아차릴 수 있게 된다고 주장하고 있다.

그런데 원형언어의 현대언어로서의 완성을 논의하는 마당에서마저도 그는 문법적 지식이나 체계에 대해서는 아무런 말이 없다. 그러니까 인간의 제일 두드러진 언어의 특징을 문법적 체계의 특이성으로 보려는 촘스키는 더 말할 나위가 없고 심지어 문법적 규칙을 문법화 절차의 결과물로 보는 Tomasello가 보기에도 이 4단계 모형이론은 이론적으로 엉성하기 짝이 없는 하나의 가설일 따름이다. 만약에 그가 문법이란 결국에 의미 표현의 방편이기에 필요한 문법체계의 발달 없이는 의미의 분화 작업이 이루어질 수 없다는 일종의 자명한 사실을 명심했더라면 이런 실수를 저지르지 않았을 것이다.

그런데 사실은 그도 자신의 4단계 모형이론의 결정적 약점은 이것에서는 문법의 문제가 완전히 배제되어있다는 점이라는 것을 잘 알고 있었다고 볼 수도 있는데, 그 근거로는 이것의 네 번째 단계에 대한 설명 바로 뒤에 자기 이론에 대한 일종의 단서처럼 문법에 관한 두 가지 의견이 제시되어 있다는 사실을 들 수 있다. 그중 첫 번째 것은 문법체계의 기본적인 부분은 (예: 위계성, 연쇄성, 선형성) 이들 단계의 초기에 진화했을 것이지만, 현대적 통사이론에서 다루어지고 있는 것과 같은 문법체계 중심적 양상들은 (예:복잡한 의미적 구조와 음운적 구조의 병합) 그 뒤에 진화했으리라는 것이었다.

그중 두 번째 것은 지금의 통사론에서는 굴절이나 어순, 일치 등에서의 복잡한 변이현상이나 제약사항들이 논의되고 있는데, 이런 문제들은 언어의 생물학적으로 진화된 양상으로 보는 것보다는 이런 양상은 으레 촘스키가 최근에 내세웠듯이 "외향화의 문제는 여러 가지 독립적이고 상이한 방법으로 해결될 수 있다."라는 입장에서 다루어져야 한다는 것이었다. 개별언어의 특이성은 한 나라나 사회의 역사적 내지는 문화적 사건과 연결해서 구명될 수 있다는 발상법은 일찍이 Tomasello가 문법화 이론을 내세우면서 가졌던 것인데, 그의 문법화 이론을 지지하는 학설이 오늘날에도 계속해서 제안되고 있다는 것은 특별히 주목할 가치가 있는 현상이라는 것이 그의 의견이었다. (Ibid, p.505)

그런데 그의 4단계 모형이론이 실제에 있어서는 일종의 허구적인 가설에 지나지 않는다는 것을 가장 웅변적으로 드러내 주고 있는 것은 이런 4단계식 언어발달 과정이 궁극에 이르러서 '유전적 고정화' 작업으로 귀결이 된다는 말만 했지, 생물학적으로나 신경학적으로 그 말이 도대체 무슨 의미인지에 대해서는 아무런 언급이 없다는 점이다. 아마 촘스키의 이성주의적 내재 이론을 그대로 원용했을 가능성이 큰데, 생물학적으로 보면 그의 이론도 아직은 제대로 검증되지 않은 하나의 가설에 불과하다. 더욱이 이 이론에서는 언어발달의 단계만 구분되어있지, 각 단계가 진행된 구체적인 시기는 밝혀져 있지 않다. 적어도 수백만 년이나 수십만 년 동안에 일어난 사건을 이런 식으로 4등분해서 논의하는 것 자체가 과학적이지 못하다.

그는 이 장에서 최근에 제안된 가창설에 대한 비판 중 가장 눈여겨볼 만한 것으로 1973년에 인류학자인 Steklis와 Raleigh가 「Comment on Livingstone(리빙스톤에 대한 의견)」이라는 논문에서 한 비평을 들고 있는데, 따지고 보면 여기에서 이들이 지적한 것도 생물학적 내지는 신경학적 고증 없이는 가창설의 타당성을 논의해서는 안 된다는 점이었다. 그러니까 본의 아니게 그의 4단계 모형이론은 이들의 경고나 주의의 대상이 되기에 딱 알맞은 것이었던 셈이다. 다윈이 일찍이 가창설을 내세우면서 새의 노래와 인간의 언어의 유사성을 그것의 근거로 했다는 점을 겨냥해서 이들은 아래와 같은 말을 하고 있다. (Steklis and Raleigh, 1973)

> 새의 노래와 인간의 노래 간의 병렬성은 상동성이 아니라 상사성을 드러내고 있을 뿐이며, 따라서 이것은 인간언어의 진화와는 아무런 관계가 없는 것이다.

자기 스스로가 자기 이론의 이런 한계성을 잘 알고 있는 탓인지, 이장의 끝부분에 가서 그는 "음악적 원형언어 모형이론의 중핵적 가정은 한 때는 무의미한 노래가 언어 이전의 인류의 주된 의사소통체계였다는 것이다."라고 말하고 있는데, 어떤 의미로 보아서는 이런 말은 단순한 겸손지심의 표현만은 아니다. 물론 그의 4단계 모형이론의 한계성을 극복하는 일은 그만의 일이 아니다. 그리고 이 일은 결코 누구에게나 쉬운 일이 아니다. 이렇게 보면 아무리 그가 자신을 현대적 가창설의 주창자로 내세워도 이것은 그만의 희망 사항일 따름이다. 또한 가장 그럴싸한 언어기원설의 한 가지로서의 가창설의 타당성에 대한 학자들 간의 논쟁은 앞으로도 꾸준히 계속될 것임이 분명하다.

제5장
몸짓설

5.1. 원형언어설로서의 대표성

최근 촘스키의 도전에 맞서서 많은 생물학자나 진화론자들이 진화론적 언어기원설의 전통을 굳건히 지켜나갈 수 있게 하는 것은 현대언어가 태어나기 전에는 일종의 원형언어가 있었다는 신념인데 이들의 이런 신념을 뒷받침하고 있는 두 개의 대표적인 학설이 바로 가창설과 몸짓설이다. 그러니까 생물학자나 진화론자들이 지금까지처럼 앞으로도 이들을 촘스키의 최소주의적 언어기원설에 대한 가장 강력한 방패 이론으로 내세우게 될 것이 분명한데, 흥미롭게도 이들은 많은 점에 있어서 서로 대조적이다. 그런데 최근에 유일하게 제안된 언어진화와 관련된 뇌신경학적 이론으로 볼 수 있는 Arbib와 Rizolatti에 의한 '거울신경이론'이 강력하게 뒷받침하고 있는 것이 몸짓설이다. 이런 사실은 물론 최근에 피치가 가창설을 가장 대표적인 반 촘스키적인 언어기원이론으로 내세우고 있다는 사실과는 크게 어긋나는 사실이다. 이런 의미에서 보면 도대체 가창설이 아닌 몸짓설이 어떤 근거와 논리로 오랜 기간에 걸쳐서 많은 학자에 의해서 주장됐는가를 살펴보는 것은 곧 앞으로도 언어기원에 관한 연구는 역시 촘스키의 도전에 아랑곳하지 않고서 주로 생물학자나 진화론자들이 이끌어가게 될 것이라는 예측의 타당성을 다시 한번 확인하는 일이 될 것임이 분명하다.

그런데 사실은 몸짓설과 가창설 간의 제일 큰 차이점은 몸짓설은 굳이 그동안의 여러 학자가 내세운 근거나 이론에 의하지 않고서 우리 자신의 관찰력만으로도 그것의 타당성을 익히 실증할 수 있다는 점이다. 다시 말하면 그동안에 학자들이 자기네들 이론의 근거로 내세운 사실들은 하나같이 마음만 먹으면 우리와 같은 일반인도 직접 눈으로 관찰할 수 있는 것이라는 점이 이 학설의 가장 중요한 특징이다. 두말할 필요도 없이 학자들은 저마다 필요한 경우에는 특별한 실험도 시행할 수 있다. 그러나 그것의 결과는 일반인들의 상식적인 예상과 크게 벗어난 것이 아니다. 구체적으로 말하면 이 학설의 타당성은 어린이들의 언어습득 양태를 관찰해보거나, 아니면 우리 자신의 언어나 의사소통 행위를 성찰해 보는 것만으로써 익히 실증될 수 있다. 물론 가창설의 타당성이 이런 식으로 실증될 수는 없다.

그런데 이 학설의 높은 실증성에 관한 한 빼놓을 수 없는 사실은 청각 장애인이 사용하는 손짓 언어도 사실은 일종의 몸짓언어라는 점이다. 누구나 일단 그들의 정교한 손짓언어를 보게 되면, 음성언어와 그것 간에는 높은 기능적 대등성이나 구조적 정교성이 있다는 데 놀라게 될 것이고, 따라서 음성언어를 만들어 쓸 수 있을 만큼 음성체계가 발달하기 이전에는 인간이 일종의 몸짓언어로 사용했을 것이라는 추리를 익히 하게 마련이다. 이 학설의 높은 실증성에 관한 한 또 한 가지 빼놓을 수 없는 사실은 원숭이와 같은 영장류에 대한 비교연구가 비교적 쉽게 실시될 수 있다는 점이다. 특히 최근에 인간언어의 유일성을 확인하기 위해서 침팬지를 대상으로 해서 실시한 실험들은 일정한 범위내에서의 손짓언어의 학습은 그들에게 있어서도 가능하다는 사실을 익히 드러내게 되었다. 물론 가창설의 타당성을 놓고서 이런 실험을 할 수는 없다.

그런데 사실은 그동안에 이 학설을 내세운 학자들이 자기네 이론이나 주장의 근거로 내세운 증거들은 하나같이 우리와 같은 일반인들도 우리의 주변에서 어렵지 않게 관찰할 수 있는 것들이었다. 가창설과 몸짓설의 뿌리를 결국에는 모두 그의 언어기원론(1794)에서 찾아야 할 정도로 루소의 언어기원설은 근대 이후 언어기원론의 발전에 선도적 역할을 수행하게 되었는데, 아쉽게도 그후 많은 사람이 편의주의적인 발상법에 따라서 '자연발생설'이라는 이름으로 그의 학설을 단순화하다 보니까 자연히 그의 다분히 철학적이고 문화인류학적인 언어 기원설의 진가를 제대로 평가하지 못하는 잘못이 저질러지게 되었다.

그런 잘못 중 하나가 바로 그가 사실은 가창설뿐만 아니라 몸짓설의 창시자이기도 했다는 것을 제대로 드러내지 않은 잘못이었다. 그의 언어기원론에는 분명히 "최초의 언어는 정념의 표현체로서 단순한 노래의 모습을 지니고 있었다."라는 말만 나와 있는 것이 아니다. "필요는 몸짓에 명령을 내린 반면에 정념은 최초의 말들을 자극하였던 것 같다"라는 말도 나와 있음에도 불구하고, 훗날 의학자들은 으레 첫 번째 말만을 자주 인용하고 두 번째 말은 아예 무시해버리는 잘못을 저지르게 되었다. 엄밀히 따지면 물론 몇 년 뒤에 가서 이른바 '숙고력설'로써 그의 언어기원설을 완전히 무력화시킨 헤르더가 적어도 원시원어의 탄생에 관한 한은 언어를 감정의 표현 수단으로 보는 그의 가창설이 틀린 것이 아니라는 의견을 가지고 있었다는 사실도 그의 학설을 이렇게 편향적인 것으로 왜곡시키게 된 이유 중 하나로 꼽을 수 있을 것이다.

그러나 특이하게도 최초에는 앞의 두 번째 말이 익히 실증하고 있듯이 그는 음성언어만 있었던 것이 아니라 몸짓언어와 그것이 같이 있었다고 생각하는 식의 하나의 복합적 언어기원주의자였다. 오늘날의 언어가 음성언어라는 사실을 몰랐을 리가 없는 그임에도 불구하고 "필요는 몸짓에 명령을 내렸다"와 같은 말을 그가 한 사실로 미루어보아서, 그간 엄밀히 따지면 몸짓언어가 음성언어보다 더 중요한 기능을 담당했었다고 생각했음이 분명하다. 다만 아쉽게도 누구라도 그의 책 대부분은 결국에 음성언어와 관련된 사실에 관한 것이지, 몸짓언어와 관련된 것은 아니라는 것을 부인할 수 없다.

그러나 그는 최초에는 음성언어와는 별도로 몸짓언어도 쓰였다는 사실을 실증할 수 있는 근거를 제시하는 일은 잊어버리지 않았다. 그는 이런 근거로 크게 세 가지 사실을 내세웠는데, 그중 첫 번째 것은 동물에게도 일종의 몸짓언어가 널리 쓰이고 있다는 사실이었고, 그중 두 번째 것은 고대 때는 말 대신 오직 몸짓만을 사용하는 연극, 즉 팬터마임이 예술의 한 장르로 존재했었다는 사실이었으며, 그중 세 번째 것은 우리가 말을 할 때는 으레 일정한 몸짓언어가 그것에 수반되게 되어 있는데, 누구라도 일단 사람들이 실제로 말하는 장면을 관찰하게 되면 의사소통의 효율을 제고시키는 데 결정적 역할을 수행하게 되는 것은 말이라는 청각적 언어가 아니라 몸짓이라는 시각적 언어라는 것을 익히 알아차리게 된다는 사실이었다. (Rousseau. 1764.9.15.)

최근에 촘스키의 생성변형주의적 문법이론의 세력이 드디어는 언어기원의 문제를 연구하는 학자들을 크게 그것의 지지자 진영과 그것의 반대자 진영으로 양분하는 정도로까지 거세지게 되자 그것의 반대자 진영에서 보란 듯이 내세우게 된 것이 바로 Tomasello의 '문법화이론'인데 실제로 그가 앞세운 것은 문법화이론이 아니라 몸짓이론이었다. 그가 2008년의 책에서 내세운 바는 크게 두 가지라고 볼 수 있는데, 그중 첫 번째 것은 『From ape gestures to human language(원숭이의 몸짓으로부터 인간의 언어로)』라는 캐치프레이즈로 익히 요약될 수 있는 몸짓 설이고(그의 책의 마지막 장인 제7장의 제목임), 그중 두 번째 것은 Witlgenateim의 일상언어론이나 Grice의 화용론이 익히 증거하고 있듯이 상호협동심과 사회문화적 인지력의 발달이 지금의 의사소통적 내지는 문법적 능력의 발달 선행자며 기저가 되었다는 의사소통적 언어이론이다. 그러니까 그는 인간의 언어를 원형언어와 현대언어로 나누었다는 점만으로도 자기가 하나의 어엿한 반 촘스키주의자임을 선언하고 나선 셈인데, 흥미롭게도 그는 적어도 겉으로는 현대언어를 위한 상호협동과 사회문화적 인지력의 발달과는 별 관계가 없어 보이는 몸짓설을 자기의 원형언어 이론으로 내세웠다.

그런데 어떤 의미에서는 그보다 더 흥미로운 사실은 그는 몸짓설의 근거로 크게 침팬지 같은 유인원들은 으레 몸짓으로 의사소통을 하고 있다는 사실과 어린이들은 언어습득 시 으레 표정이나 손짓과 같은 몸짓언어를 음성언어보다 먼저 배운다는 사실을 들었다는 점이다. 그는 유인원의 의사소통적 몸짓은 크게 의도 동작과 주의 환기의 두 범주로 나누어질 수 있는데, 특히 동물 세계에서의 의도 동작의 기능적 중요성을 제일 먼저 언급한 사람은 다윈이었다는 점을 강조하기도 했다.

그런데 이렇게 보면 자칫 그의 언어기원설을 주로 상고 때의 원형언어에 대한 것으로 오해하는 잘못을 저지르기 쉬운데, 사실은 '원숭이의 몸짓으로부터 인간의 언어로'라는 캐치프레이즈대로 그것은 지금 인간의 언어의 특징과 구조에 초점이 맞추어진 이론이다. 지금의 언어의 특징과 구조를 제대로 파악할 수 있으려면 먼저 그것의 뿌리를 알아보아야 한다는 것이 그의 언어이론의 특징인 것이다. 그런데 무엇보다도 중요한 사실은 그의 언어기원설은 결국에 일종의 몸짓설이라는 것이다. 그것에 대한 실증적 근거나 논리적 전개법으로 보아서 그를 몸짓설의 현대적 주창자의 한 사람으로 보는 것이 마땅한 일인데, 그의 책에서는 아쉽게도 실제에 있어서는 그는 문법화 이론의 주창자로 알려져 있다.

그런데 그의 언어기원설이 결국에 일종의 몸짓설이라는 것을 직접적으로 뒷받침할 수 있는 사실들을 어렵지 않게 발견할 수 있는데, 그중 대표적인 것이 바로 손가락질과 도상적 몸짓(팬토타이밍)을 의사소통에 있어서 가장 기본적인 몸짓언어로 쓰이고 있는 것으로 보고 있는 점이다. 그런데 놀랍게도 그는 이들 두 몸짓언어를 "큰 의미에서 보면 유인원의 두 기본적 몸짓언어와 유사한 것"으로 보고 있다. 예컨대 그는 인간의 손가락질은 수령자의 주의를 목적으로 한다는 의미에서 유인원의 주의 환기의 몸짓과 유사하다고 볼 수 있고, 인간의 도상적 몸짓은 실제적 행동을 대신해서 그것의 상징체로 쓰인다는 의미에서 유인원의 의도 동작의 몸짓과 유사하다고 보았다. (Tomasello. 2008. p.62)

Tomasello는 자기식으로 몸짓설의 타당성을 검토하는 것은 결국에 언어기원의 문제를 개체 발생론적으로뿐만 아니라 계통 발생론적으로도 검토하는것이라고 자랑했었는데, 그와 동일한 입장에서 몸짓설을 주창하고 나선 사람이 바로 Vauclair와 Cochet였다. 이들은 최근에 「Speech-gesture links in the ontogeny and phylogeny of gestural communnication(동작적 의사소통의 개체 발생론과 계통 발생론에 있어서의 말과 몸짓의 연결)」이라는 논문에서 몸짓설의 근거로 어린이들의 언어습득 단계가 처음에는 손짓언어만이 쓰이고, 그 다음에는 그것과 말이 연결된 형태로 쓰이며, 마지막에는 그것이 말의 보조수단으로 쓰이는식으로 되어있다는 사실을 들었는데, 우선 적어도 구체적으로 제시된 근거의 면에 있어서는 이들의 견해는 Tomasello의것과 일정한 차이를 보이고 있음이 분명하다.

그런데 엄밀하게 따지면 이들이 몸짓설의 근거로 내세운 것은 한 가지가 아니라 두 가지라고 보아야 마땅한 일인데, 그 이유는 이들은 인간의 오른손 선호현상을 어린이들의 손짓 사용의 현상과 함께 그 근거로 제시했기 때문이다. 그런데 이들은 인간의 오른손 선호현상의 특징으로 첫 번째로 이런 현상은 인간에게 있어서 뿐만 아니라 유인원과 같은 비인간에게 있어서도 일어나고 있다는 사실과 두 번째로 인간에 있어서는 이 현상으로 인하여 좌반구의 측위화 현상이 일어나게 되었다는 사실 등의 두 가지를 들었는데 오늘날 인간의 언어의 원천 영역으로 좌반구의 Broca 영역이나 Wernike 영역이 지목되고 있다는 사실을 고려한다면 이런 사실은 곧 이들은 몸짓설의 근거나 타당성을 검토하는 데는 마땅히 일종의 생물학적 내지는 뇌신경학적 접근법이 쓰여야 한다고 믿고 있다는 것을 익히 드러내 주고 있다.

그렇지만 이들은 현실적으로는 몸짓설의 주된 근거로 오른손 선호현상을 내세우기보다는 어린이들의 언어습득 시의 몸짓언어의 발달과정을 그런 것으로 내세우는 것이 바람직하다는 잘 알고 있었다. 이들이 조사한 바에 따를 것 같으면 예컨대 최근에 주목받게 된 '거울신경체계' 이론마저도 아직 충분한 검증을 받지 못한 것으로 평가되는 식으로 언어 기원론을 뇌신경학적으로 연구하는 것 자체가 누구에게나 여간 버거운 일이 아니었다. 그래서인지 그들이 보기에는 어린이들의 언어습득 시의 동작언어의 사용이나 발달에 관한 심리학적 연구의 사례의 수가 오른손 선호현상에 대한 뇌신경학적 연구의 사례의 수보다 훨씬 많았다. 예컨대 최근의 연구에서는 어린이의 의사소통적 몸짓발달은 만 한 살 전에 이루어진다는 사실이나, 어린이는 만 두 살쯤 되면, 손과 눈, 몸통 등으로 이른바 '신체언어'를 널리 사용하게 된다는 사실, 어린이가 제일 많이 사용하는 몸짓은 손가락질인데, 이것은 크게 지시적인 것과 상징적인 것, 표현적인 것으로 나누어질 수 있다는 사실 등을 밝혀냈다.

그런데 이들의 몸짓설은 결국에 Tomasello의 것과는 적지 않게 다른 것이라는 사실을 단적으로 드러내고 있는 것이 바로 이 논문의 결론으로 맨 마지막에 나와 있는 아래와 같은 말이다. 몸짓설의 결정적인 한계점은 누구나 몸짓언어로부터 음성언어로의 전이절차를 제대로 밝히기가 쉽지 않다는 점이라는 점을 고려한다면, 이 말은 누구에게나 특별히 주목할만한 가치가 있는 것임이 분명하다. (Vauclair and Cochet. 2013. p.180)

> 종합해보았을 때 이들 발견은 언어를 위한 좌측으로서의 측위화는 침팬지와 인간의 공통의 조상에게 이미 존재해 있던 일종의 동작적 의사소통체계로부터의 결과라는 가설을 뒷받침하고 있다. 비록 의도적 의사소통체계의 진화에 있어서 늦은 참여자이기는 할지라도, 성음화는 궁극에 가서는 인간에 있어서의 음성적 양태, 즉 말의 지배로 유도되어간 진화과정에 있어서 이런 동작적 체계에 단계적으로 삽입이 된 것일 것이다.

최근에 일종의 동물기저적 언어 기원설을 주창하고 나선 인류학자가 바로 Gibsn인데, 쉽게 말하면 침팬지와 같은 유인원에게도 인간의 것만은 물론 못해도 나름의 일정한 지력이 있는 점으로 미루어보아서 그들이 간단한 몸짓언어를 가지고 있었음이 분명하며, 따라서 비교 동물학적 입장에서 볼 것 같으면 이 이상의 상고 때는 인간이 동작적 원형언어로써 의사소통을 했었다는 것을 확실하게 입증하는 근거는 있을 수 없다는 것이 그의 이론의 요지이다. 그러니까 엄밀하게 따지면 그는 몸짓설을 요즘에 새삼 하나의 원형언어설로 내세우고 나선 학자는 아니다.

그러나 우리는 그가 언어는 오직 인간만의 것이라는 것은 재론할 여지가 없지만, 원형언어를 가질 수 있는 능력은 유인원에게도 있다는 입장을 내세우면서, 이론적으로는 응당 [Descartes가 아닌 다원적인 접근법으로 이런 입장의 근거는 구명되어야 한다고 주장하면서도 실제에 있어서는 다원적인 발상법과는 거리가 먼 발상법을 택하고 있다는 점을 특별히 주목하지 않을 수 없다. 예컨대 「Talking about apes, birds, bees and other living creatures: language evolution in light of comparative animal behaviar(유인원과 새, 벌, 기타 생물에 대한 논의:비교적 동물행동의 측면에서의 언어진화)」라는 그의 논문의 제목에는 유인원과 새, 벌 등의 세 가지 생물의 이름이 나와 있다. 그러나 그가 여기에서 집중력으로 논의한 것은 유인원과 인간 간의 지력적 차이점이다. 또한 그는 원형언어는 인간에게뿐만 아니라 동물에게도 있었다고 상정할 수 있는 비교동물학적 근거로는 '도구를 사용한 수렵'과 협동적 자녀 육성, '강력한 썩은 고기 지키기', '침입자 방어', '잡담', '노래, 음악, 성적선택' 등의 다섯 가지를 들 수 있다고 내세우고 있는데, 만일에 그가 다원의 이론과 발상법을 충실히 계승하려는 고전적 진화론자였다면 그의 논의는 응당 마지막 근거인 '노래, 음악, 성적 선택'의 양태에 관한 것에 집중되었을 텐데, 사실은 그렇지 않다. 그의 논의의 강도는 이들 다섯 가지 근거들에 고르게 분배되어 있다. 그는 크게는 이들 다섯 가지 근거는 언어기원에 관한 논의에서는 마땅히 다양한 비교동물학적 접근법이 적용될 수 있다는 것과 작게는 현재로서 최선의 언어기원설로 내세울 수 있는 것은 이른바 인간의 적응력 다양성 이론이라는 것을 뒷받침하고 있을 따름이라고 주장하고 있다. 자기 논문의 결론을 "현대언어는 이처럼 다양한 부위의 의사소통체계에 삽입된 다목적 의사 소통장치이다. 아마도 조 상째 언어와 원형언어도 마찬가지였을 것이다."처럼 내리고 있는 점으로 미루어보아서 그는 여기서 자신을 분명히 신 다원주의자로 자처하고 있다. (Gibson 2013 p221)

그런데 엄밀하게 따지면 그의 논의의 초점은 역시 유인원에게도 동작적 원형언어를 가질 수 있는 지력은 있다는 것을 실증하는 데 맞추어져 있다고 볼 수 있다. 그는 유인원에게는 자식을 위계화시키는 능력이 없다는 점이 바로 그들과 인간 간의 지력상의 차이점 중 제일 중요한 것이라는 것을 익히 실증할 수 있는 근거로서 그동안에 실시된 유인원에 대한 실험들, 즉 그들에게도 일정한 범위 안에서의 'ASL'과 유사한 기호나 창조적 동작언어를 배울 수 있는 능력이 있다는 것을 보여 시험들을 들었다. 예컨대 Fouts Mille(1997)의 실험에 따르면 'Washse'라는 침팬지는 'feeder(턱받이)'라는 의미를 나타내는 동작적 기호화 같은 새로운 창조적 동작들을 일정하게 만들어 낼 수 있었고, 또한 Boesch와 Tomasello(1998)의 실험에 의하면 어느 야생 침팬지 집단은 다른 집단에서 발견되지 않는 새로운 의사소통적 몸짓들을 개발해서 사회적으로 전의시키고 있었고, Waal과 Pollick(2012)의 실험에 의할 것 같으면 침팬지와 보노보 수는 모두가 상당한 수준의 동작적 융통성을 가지고 있었다.

물론 그는 "비록 유인원들은 인상적인 참조적 의사소통체계를 습득했을지라도 그들 중 어느 것도 어휘의 양이나 문법적 능력의 면에서 인간의 3세 어린이의 수준에 이르지는 못했다."라는 말로써 유인원 의지력의 한계성을 지적하고 있다. 그러나 무엇보다도 중요한 사실은 이렇게 함으로써 그의 논의의 초점은 자연스럽게 유인원에게도 일정한 수준의 동작언어가 있었다는 사실을 드러내는 데 맞추어지게 되었다는 점이다. 결국 이런 의미에서 보면 그는 동물의 동작언어를 근거로 한 하나의 현대적 몸짓설 주창자인 셈이다. (Ibid. p.211)

최근에 촘스키의 최소주의적 언어기원론으로 그동안의 다원주의적인 언어기원론의 한계점이나 문제점의 노출되게 되자. 이른바 '동작적 통사론'으로 그의 공격을 정면으로 방어 내지는 역습하고 나선 사람들이 바로 Armstrong과 Stokoe, Wilcox 등인데, 이들이 내세운 '동작적 통사론'이란 쉽게 말해서 하나의 동작적 원형언어이론이고, 이들이 자기네 이론의 주된 근거로 삼은 것은 'ASL(미국기호언어)'이다. 이들의 이론의 원전격인 『Gentune and the Natune of language(몸짓과 언어의 본성)』 (1995)은 책 전체가 몸짓언어의 실체를 밝히는 것이 곧 작게는 촘스키의 언어이론이고, 크게는 그동안의 전통적 음성언어 중심의 언어이론의 허구성을 들추어내는 데 있어서 최선의 방책으로 쓰일 수 있는 것이라는 것을 잘 보여주고 있다.

이런 의미에서 보면 일단 이들의 이론은 Tomasello의 이론과 같은 부류의 이름임이 분명하다. 그러나 그의 이론은 '문법화 이론'으로 불렸지. '동작적 통사론'으로 불리지는 않았다. 그러니까 지금까지 제안된 반변형생성주의적 언어 기원론치고서 이들의 것만큼 극단적이고 도전적인 것은 없었다. 예컨대 아무리 강력하게 다윈의 진화론을 신봉하는 학자라 할지라도 촘스키가 일찍부터 인간만의 종특이적인 기구로 내세워오던 문법조직을 통사론의 원형은 동작언어에 이미 마련되어 있었다는 식으로 그것을 철두철미하게 폄훼 내지는 무시하지 않았다.

이들의 이론이 결국에 선례를 찾아볼 수 없을 만큼의 일종의 극단적인 몸짓설이라는 것을 가장 웅변적으로 증거하고 있는 것은 곧 이 책에서는 크게 다음과 같은 네 가지 점에 논의 초점이 맞추어져 있다는 사실일 것이다. 첫 번째로 이 책에서는 이른바 '신체화된 언어이론'이라는 이름의 반형식주의적이고 인지주의 인문법이론의 타당성을 설명하는 데 전력을 기울이고 있다. 이들은 예컨대 이 책의 34쪽에서 "언어는 그것의 신체적 실현체로부터 이원적으로 분리되어 있지 않고서 오히려 그것은 개체 발생론적으로나 계통 발생론적으로 그것의 육체적 기저에 깊게 뿌리내려져 있다." 문법은 의미와 독립된 것도 아니라고 보란 듯이 말하고 있다. 이들은 이 자리에서 일찍이 예스페르센이 그의 1924년의 책에서 "언어의 본질은 인간의 활동이다"라고 말한 사실을 상기시키고 있다. (Armstrong, Stokoe, Wilcox, 1995. p35)

두 번째로 이 책에서는 원래 언어는 시각적 몸짓으로부터 태어났으며, 따라서 언어에 있어서는 몸짓이 으레 중추적 역할을 수행하게 되어 있다는 점을 부각하는 데 최선을 다하고 있다. 필연적으로 물론 이런 설명 대부분은 촘스키나 소쉬르의 형식주의적 언어이론의 부당성을 지적하는 일로 대체되게 되어 있다. 예컨대 이 책에서는 "언어는 정신적 모듈로 이루어져 있다"나 "언어의 구조는 의사소통적 기능과는 독립적으로 분석될 수 있다", "언어적 능력은 언어적 수행과는 전혀 다른 것이다"와 같은 구조주의자나 변형주의자들의 주장은 모두 잘못된 것이라는 것을 실증하는 데 여러 지면에 할애되어 있다. 그러나 무엇보다도 중요한 사실은 이건 비판을 오직 여기에서만 발견될 수 있는 특이한 동작 기저적 언어이론을 제시하는 일로 마무리하고 있다는 점이다.

이들이 이 책에서 그동안의 형식주의적 언어이론에 대한 하나의 대안으로 제안하고 있는 언어이론은 크게 네 가지 가정으로 구성되어 있는데, 그중 첫 번째 것은 "언어이론은 언어는 신체에 기재되어있다는 사실을 인정해야 된다. 그것은 다시 말해서 신체는 정신 안에 있으며 언어의 본질은 신체적 활동이라는 것을 인정해야 한다"처럼 요약될 수 있는 이른바 언이 신체화의 가설이다. 그중 두 번째 것은 "신체적 기호 산출의 동작은 기호언어와 음성언어가 실현되는 수단이다. 기호언어와 음성언어의 분절적 동작 간이나, 또는 언어적 동작과 비언어적 동작 간에는 많은 차이점이 있지만, 인간 언어의 능력을 이해하는 열쇠는 무엇이 이들을 동작으로 통합시키느냐를 탐구하는데 달렸다."라고 요약될 수 있는 이른바 기호언어와 음성언어의 통합화 가설이다.

그중 세 번째 것은 "인지와 의식, 언어의 진화를 이해하려는 추구의 더 나아간 단계는 시각적 동작의 산출과 지각이 핵심적 역할을 수행하게 된다는 것을 확인하는 단계이다."처럼 요약될 수 있는 이른바 인지와 언어의 공진화 가설이다. 그중 네 번째 것은 "언어 대 동작이나 언어 대 일반적 인지력, 비 양대적 언어 대 양태 간 언어식의 모든 유형의 비연속성이 존재함을 인정한다. 진화는 새로운 체계를 개발하기보다는 기존의 것을 확대하기를 선호한다."라고 요약될 수 있는 이른바 부분적 불일치의 가설이다. (Ibid p.36~37)

세 번째로 이 책에서는 동작이 문법의 기원체라는 점을 부각하는데 전력을 쏟고 있다. 음성언어의 문법은 간단히 말해서 이름 붙이기와 연결하기에 관한 규칙으로 볼 수 있는데, 이런 규칙은 사실은 동작언어의 속성과 관행으로부터 비롯된 것이라는 것이 이들이 이 책에서 내세우는 문법관이다. 우선 여기에서는 초기의 시각적 동작들은 음성언어의 낱말처럼 기능했을 것이라고 추리하고 있다. 다시 말해서 여기서는 이들은 일시적으로 사물이나 사람을 가리키거나 아니면 이런 것들에 영구적인 이름을 붙여주는 기능을 했을 것이라고 추리하고 있다. 여기에서는 더 나아가서 팔과 손으로 일정한 행동을 수행함으로써 어떤 사건을 기술하고 있는 사실로 미루어보아서 이때의 동작들은 예컨대 "무언가가 무엇에게 무언가를 한다"라는 의미를 나타내는 문법적 장치, 즉 'SVO'의 규칙을 지키고 있었을 것이라고 추리하고 있다. 요약할 것 같으면 여기에서는 초기의 동작들은 사물을 상징화하는 기능뿐만 아니라, 사물 간의 관련성을 상징화하는 기능도 수행하였을 것이라고 추리되고 있다.

그런데 여기에서는 문법적 규칙에는 'SVO'와 같이 기본적인 어형에 관한 것만 있는 것이 아니라 기본적인 문장의 의미를 수식하거나 확대하는 것도 있는데, (예: He somehow caught it, The guy with two legfte hands eaught it. After it fell down paralyzed, he caught it) 따지고 보면 이런 것들도 시각적 동작의 속성으로부터 비롯되었다고 볼 수 있다고 주장하면서, 이런 판단의 근거로 시각 작용은 청각 작용처럼 차원적으로 제한되어 있지 않다는 점을 들고 있다. 다시 말하면 여기에서는 동작 사용자의 손에 의한 동작은 'SVO' 구조의 기본적 행위나 의미를 나타내게 되고, 그의 표정과 자세의 변화는 형용사나 부사에 의한 수식적 의미를 나타낸다고 보고 있다. 결국에 통사론에서의 SVO 유형은 우리 주변의 세계에서 늘 보게 되는 원인과 결과라는 유형의 반영체라는 것이 이 책에서 강조되고 있는 결론이다.

네 번째이며 마지막으로 이 책에서는 'ASL'이야 말로 이상과 같은 언어이론이나 문법이론의 타당성을 가장 확실하게 실증하고 있는 근거라는 점이 강조되고 있다. 예컨대 1960년대에 이미 ALS에서의 문장의 의도에 관한 기호, 즉 그것은 서술인가, 명령인가 아니면 의문에 관한 기호는 손에 의한 행동이 아니라 표정의 변화나 시선, 머리와 몸덩이의 움직임 등임이 분명히 밝혀졌는데, 이것은 곧 ASL은 기능 면에 있어서 음성언어와 차이나는 점이 없음을 잘 드러내 주는 증거이기도 했다. 특히 여기에서는 최근에는 Lidell 같은 학자가 일찍이 Ekman과 Fiesen이 개발한 '얼굴 행동 기호화 체계법'을 사용해서 ASL의 통사적 능력이 음성언어의 그것에 비해서 조금도 모자람이 없음을 실증하는 데 성공했다는 사실을 언급하고 있다.

또한 이 책에서는 몸짓언어의 보편성을 설명하는 자리에서도 ASL을 그 예로 들고 있다. 예컨대 ASL의 음운규칙에 의할 것 같으면, '권총'을 의미하는 기호는 엄지와 인지로써 'L'자의 손 모양을 만들어내게 되어 있는데, 사실은 이 기호는 ASL에서만 쓰이고 있는 것이 아니라 모든 미국인에 의해서도 쓰이고 있는 것이었다. 실제로 이 기호는 권총이 알려진 모든 세계에서 정상인과 청각장애인 모두에 의해서 쓰이고 있는 일종의 보편적 기호이었다. 이와 유사한 성격의 음성적 기호로는 부서지는 바람을 의미하는 입술부는 소리나 기차를 의미하는 'chug-chug'이나 'choochoo', 'chut-chut'과 같은 소리를 들 수 있었다. (Ibid, p.6)

지금까지의 발달과 과정을 보았을 때 가창설과 몸짓설 간의 또 한지 큰 차이점은 역시 오늘날까지 원형언어로서의 타당성을 실증하기 위한 생물학적 내지는 뇌신경학적 연구가 꾸준히 이어져 오고 있는 것은 몸짓설뿐이라는 점이다. 이런 차이가 이들 간에 생겨난 것은 궁극적인 의미에서 보면 동작의 특성에 관한 연구에서는 으레 생물학적이거나 뇌신경학적 접근법이 쉽게 쓰일 수 있지만, 언어의 특성에 관한 연구에서는 그렇지 못하기 때문이다. 그런데 제일 큰 문제는 이런 차이점으로 인하여 결과적으로 이들 간에는 이론적 심도에서도 똑같은 차이점을 드러내게 되었다는 데 있었다. 다시 말하면 오늘날에 와서는 가창설에 대한 논쟁의 열기는 몸짓설에 대한 논쟁의 그것보다 크게 떨어지는 결과가 생겨난 것이다.

그런데 흥미롭게도 그동안의 몸짓설에 대한 논쟁은 가창설이 아니라 발성설을 대척 이론으로 삼은 상태에서의 것이었다. 많은 진화론자는 원래 동물의 신호체계로부터 인간의 언어가 갈라져 나올 수 있었던 것은 인간에게는 발성의 능력이 있었기 때문이었다고 보아온 탓으로 몸짓설에 대한 논쟁은 자연히 그것을 발성설에 대한 하나의 대척이론으로 삼은 상태의 모양을 띠게 되었다. 그러니까 쉽게 말해서 가창설과는 다르게 몸짓설은 드디어 언어기원에 관한 진화론적 논쟁에서 핵심적 학설의 하나로 자리를 잡게 된 것이다. 모든 원형언어의 기본요소를 소리로 보느냐 아니면 기호로 보느냐의 문제로 귀결되게 마련이니까 여기에서의 몸짓설의 위상이 점점 높아지는 것은 너무나 당연한 일이었는지도 모른다.

이렇게 보면 지금까지의 몸짓설의 발달과정은 어떤 진화론적 근거로 몸짓을 최초의 기호언어로 볼 수 있느냐에 대한 여러 견해의 전개 과정이라고 볼 수 있는데, 이런 의미에서 보면 Hewes가 1973년 발표한 [Primate commumication and the gestral origin of language(영장류의 의사소통과 몸짓설)]이라는 논문은 원형언어에 관한 과학적 논쟁의 시작을 알리는 기념비적인 논문이었다고 볼 수 있다. 특히 이 시기는 촘스키의 최소주의적 언어기원론의 등장으로 전통적인 진화론자들이 크게 수세에 몰리게 된 때였다는 점을 고려한다면 이때 발표된 그의 몸짓설은 다른 어느 몸짓설의 그것보다 더 값있는 것이었다고 볼 수 있다.

그런데 그의 몸짓설이 많은 학자의 주목을 받게 된 것은 역사상 최초로 화석에 의한 근거를 그것의 근거로 내세운 몸짓설이었기 때문이었다. 언어기원론자들이 그동안에 실시한 화석에 관한 연구는 크게 두뇌의 크기에 대한 것과 성도의 발달에 관한 것, 도구 사용의 능력에 관한 것 등의 세 가지로 나누어질 수 있는데, 그는 이들 중 앞의 두 가지 연구를 집중적으로 수행했으며, 그 결과가 바로 그의 몸짓설의 주창으로 나타나게 되었다. 그가 집중적으로 분석한 것은 'Homo habilis'(도구인)와 'Homo erectus(직립인)'와 같은 유원인들의 화석이었는데, 이것을 통해서 그가 얻은 결론은 이들의 두뇌의 용량은 현대인의 것만큼 커져 있음에도 불구하고 이들의 발성기관은 현대인의 것만큼 아직 발달하지 못했다는 사실로 미루어보아서 인간의 원형언어는 일종의 음성언어가 아니라 일종의 동작언어였을 것임이 분명하다는 것이었다.

일단 Hews에 의해서 시작된 화석 기반적 언어기원 연구의 바람은 그 후 Lieberman이나 Premaek, Gardness 등에 의한 성도 체계에 관한 연구의 흐름으로 발전이 되어갔는데, 이것을 대표하는 것이 바로 Lieberman

의 이론이었다. 물론 그의 『The Biology Evolution of Languge(생물학과 언어기원)』(1984)이라는 저서가 익히 증거하고 있듯이 Lieberman은 유인원의 종류를 종전의 '호모하비리스'와 '호모에릭터스'에 '오스트랄로피테쿠스(Cautalpitioncime)' 원인과 네안데르탈인, 크로마뇽인 등을 더 추가시키는 식으로 크게 확대함과 동시에 컴퓨터 모델링이라는 최첨단적 방법을 화석분석에 적용함으로써 단번에 화석 기반적 언어기원연구의 1인자의 자리를 차지하게 되었다. 그러나 그보다 더 훨씬 더 중요한 사실은 Hews가 도출한 것은 하나의 몸짓설인데, 반하여 그가 도출한 것은 반몸짓설, 즉 일종의 음성언어설이었다는 점이다. 유인원이나 원시인들의 발성기관은 현대인의 그것만큼 발달되지 못했다는 똑같은 사실을 근거로 해서 Hews와 Lieberman은 서로 정반대적인 학설을 내놓게 된 것이다.

그런데 몇 년 뒤인 1992년에 Corballis Lieberman의 이론에 바로 반기를 들고나왔다. 엄밀한 의미에서 보면 그가 내세운 몸짓설은 일종의 이중적 절충이론이지, Hews의 옛 몸짓설을 되풀이한 것은 아니다. 우선 1992년에 발표된 「On the evollution and Generativity(진화와 생성성에 관하여)」라는 논문에서는 생성성을 언어 특유의 특성이 아니라 인간의 일반적인 지력의 특성으로 봄으로써 촘스키의 최소주의적 언어기원론과 전통적인 언어기원론이 하나로 통합될 가능성을 열어놓았다. 두 학파 간의 대결적 자세가 가관이었던 시기에 이런 절충이론이 나왔다는 것은 누구나가 크게 주목할만한 일이었다.

그리고 그는 2002년에 나온 『Form hand to mouth :the origins of language(손에서 입으로: 언어의 기원)』라는 저서에서는 200만 년 전에 살았던 'Homo hablis'와 'Homo erectus'는 몸짓언어를 사용했었는데 20만 년 전의 'Homo sapiens' 그것을 음성언어로 대치하게 되었다는 식의,

Hews의 몸짓설과 Lieberman의 음성언어설을 하나로 묶는 견해를 내놓게 되었다. 그러나 그가 2010년에 발표한 「Did Language evolve before Speech?(말 이전에 언어는 진화했는가?)」라는 논문에서는 "분절된 말이 가능해지기 이전까지는 언어는 일종의 손 및 표정의 체계로서 진화하고 있었다."라는 말을 하는 점으로 보아서 그가 몸짓설의 주창자임을 의심할 여지가 없다.

최근에 발표된 Donald의 언어기원론은 한편으로는 촘스키의 최소주의적 언어기원설을 전면 거부함으로써 Corbalis의 이론과는 일정하게 차별화된 것이면서도, 다른 한편으로는 그의 이론에서처럼 몸짓설과 음성언어설을 한 체계로 연결함으로써 하나의 진화론적 대이론을 구축하려고 한 이론이다. 그가 1998년에 낸 논문의 제목이 「mimelie and the executue Suite: missing link in language evolution(모방과 수행체계: 언어진화에 있어서의 잃어버린 고리)」처럼 되어 있는 사실로 미루어보아서는 그이 이론은 일단 '모방력설'로 불리는 것이 맞는 일인데, 일단 모방의 모형이나 대상이 어떤 것이었느냐의 입장에서 볼 것 같으면, 그것을 몸짓설로 부르는 것이 옳은 일이다.

원래 진화론에서는 꽤 오래전부터 유인원과 인간의 중간에는 이들을 잇는 일정한 생물이 존재했었다는 가설, 즉 잃어버린 고리의 가설이 뜨거운 쟁점이 되어왔었는데, 그의 이론에 의할 것 같으면 일단 모방력을 모든 진화의 원동력으로 설정하게 되면 굳이 이런 가설을 제어할 필요가 없이지게 되어 있었다. 그런데 그의 이런 견해가 잘못된 것이 아니라는 것을 강력하게 실증하고 있는 것이 바로 원형언어가 현대언어로 발전되는 언어진화의 과정이었다. 그가 보기에는 원시인들의 최초의 몸짓언어는 기본적인 불수의적 동작이나 자세, 표정, 성음, 울음, 웃음 등과 같은 인간 특유의 본능적 표현 동작의 집합체이었는데, 이것은 머지않아서 사회의 구성원들에 의한 일정한 모방력의 발동에 힘입어서 하나의 규약된 의미를 나타내는 아날로그적인 언어로 발전했다.

그런데 그 후 그들의 사회와 문화가 크게 발달하면서 정보 전달력이 더 우수한 일종의 디지털적인 언어가 필요하게 되었는데, 이때 자연스럽게 나타나게 된 것이 바로 음성언어이었다. 그런데 모방력의 위력은 음성언어가 주된 의사소통의 매체로 쓰이게 되면서 더 크게 작용하게 되었는데, 그 이유는 음성언어야말로 사회 구성원들이 만들어낸 하나의 규약이며, 따라서 습득이라는 사회문화적 절차에 의하지 않고는 누구나 그것을 가질 수 없게 되어 있기 때문이었다 그의 이론에서는 물론 언어의 발달에 있어서 뿐만 아니라 문화 전체의 발달에 있어서 모방력이 주도적 역할을 담당하게 되었다는 점이 강조되고 있다.

5.2 과학적 언어기원론의 전범

언어기원론 발달의 역사상 몸짓설에 관한 논쟁이 가졌던 의의는 크게 두 가지라고 볼 수 있는데, 그중 첫 번째 것은 그전까지 주로 철학자들이 주도하던 사변적 언어기원론에 대한 논쟁에 종지부를 찍고서 실증적 증거나 관찰의 결과들을 근거로 한 과학적 언어 기원론에 관한 논쟁의 전범이 되었다는 것이고, 그중 두 번째 것은 진화론적 언어기원론의 전통을 굳건히 세웠다는 것이었다. 굳이 따지면 이 두 번째 의의에는 촘스키의 언어학적 언어기원론에 대한 방패 이론이 되었다는 점도 들어갈 수 있다. 이들 두 가지 의의는 모두가 언어기원설 발달의 역사에 크게 영향을 준 것이다. 이런 의미에서 볼 때 몸짓설에 대한 논의는 그동안 내내 언어기원론의 중핵적 자리를 차지해 왔다고 볼 수 있다.

몸짓설은 현대에 이르러 과학적 몸짓설로 재탄생 되기 이전에도 이미 중요한 언어기원설의 하나로 자리 잡고 있었는데, 그 근거로 내세울 수 있는 것이 바로 Condilac이 1756년에 「An essay on the origin of human knowledge: Being a Supplemnt to mr. Locke's essay on the human understanding(인간 지식의 기원론: Locke의 인간성론에 대한 보충)」라는 논문에서 자기의 경험주의적 지식 이론의 한 증거로 몸짓설을 내세우고 나섰다는 점이다. 원래 로크의 논문은 데카르트의 이성주의적 이론에 대한 하나의 대척이론으로서 제안된 것이었는데, 그는 자기의 경험주의적 이론을 백 프로 지지한다는 의미에서 이 논문을 썼던 것이다.

그는 모든 지식은 감각을 통해서 얻어지게 된다고 주장하리만큼 철저한 경험주의자였다. 그러니까 인간의 본성이나 지식의 문제를 놓고서 데카르트와 로크가 서로 맞서있는 마당에 로크의 편을 그가 드는 것은 너무나 당연한 일이었다 그런데 그는 루소의 친구이기도 해서 "지식의 발달은 언어의 발달에 기인한다"라고 말하리만큼 언어의 중요성을 강조했다. 그런 언어 우선주의자가 몸짓언어를 최초의 원형언어로 설정했다는 것은 대단히 의미 있는 일이었다. 그러나 그는 하나의 철학자이었기에, 그의 몸짓설도 결국에 하나의 사변적 언어 기원설에 지나지 못했었다.

흥미롭게도 현대에 이르러서의 첫 번째 과학적 몸짓설로 볼 수 있는 몸짓설은 실험심리학의 창시자인 독일의 Wundt에 의해서 제안된 것이었다. 그의 심리학은 크게 직접적인 경험을 실험적인 방법으로 분석하는 실험심리학과 인간의 정신적 작동 절차를 비 실험적인 방법으로 구명하는 국민 심리학의 두 부분으로 이루어져 있었다고 볼 수 있는데, 그의 몸짓설은 이들 중 두 번째 것의 핵심적 이론의 일부분이었다. 그는 언어나 신화, 관습 등을 모두 오랜 기간에 걸쳐서 형성된 인간의 심리적 의식의 표출물로 보았을 때, 이들의 형성과정은 곧 인간의 정신능력의 발달 과정이나 마찬가지라는, 이른바 '발전 이론(Entwicklungs theorie)'을 내세웠는데, 그가 이 이론의 주된 모형으로 삼는 것이 바로 언어기원의 모형이었다. 그래서인지 모두 10권이나 되는 방대한 양의 그의 국민 심리학적 연구 업적을 1973년에 영어로 번역하는 작업에 있어서는 『The Language of Gestures(몸짓언어)』이라는 제목의 책을 그의 대표작으로 내세우게 되었다.

그런데 언어발달의 모형을 그것의 기본모형으로 삼다보니까 그의 발전이론은 결국에 일종의 3단계적 발전이론이라는 것이 드러나게 되었다. 이 이론에 따르면 인간의 언어는 그의 의식 안에 들어있는 표현의 욕구가 단계별로 일정한 양태로 드러난 것으로서, 그것은 최초에는 그것이 일종의 동작언어의 양태로 나타났다가, 그다음에는 그것이 하나의 음성언어의 양태로 바뀌게 되었고, 마지막에는 그것이 일종의 상징언어의 양태를 갖게 되는 식의 일종의 3단계씩 발전 절차를 밟은 결과물이었다. 철학적으로 보면 그는 17세기에 유럽에서 이성주의 철학을 이끌던 Leibniz의 직계 후계자였다. 그런 그가 순전히 논리력이나 추리력만으로 몸짓설 기반적 언어발달의 모형을 만들어냈다는 것 자체가 놀라운 일이었다. 그러나 그의 몸짓설이 생물학적 내지는 뇌신경학적 근거를 바탕으로 한 것이 아님은 분명하다. 이런 의미에서 보면 그의 몸짓설은 사변적 언어기원설과 과학적 언어기원설의 중간에 있는 학설로 보는 것이 마땅한 일인지도 모른다.

앞에서 이미 말이 나왔듯이 몸짓설의 특징은 그것의 이론적 타당성을 입증할 수 있는 근거를 비교적 쉽게 발견할 수 있다는 점이다. 따라서 현대에 이르러서 몸짓설이 과학적인 탐구의 대상으로 자리 잡게 된 이후에는 그것이 적용되는 접근법이나 연구법이 어느 기원설에 관한 연구의 경우보다 다양해졌다. 그동안의 몸짓설의 발달과정을 살펴보게 되면 자연히 언어기원의 문제를 연구하는 데 쓰이는 방법은 일단은 거시적인 것과 미시적인 것으로 대변될 수도 있고, 구체적으로는 그것은 어린이의 언어습득 과정이나 청각장애인의 손짓언어, 정상인의 의사소통 시의 동작언어 등에 대한 관찰적인 방법과 동물을 대상으로 한 실험 또는 관찰방법, 유인원의 두뇌와 성도의 화석을 분석하여 원시언어의 양태를 추리하는 고고 인류학적 방법, 현대인의 두뇌 조직을 생리학적으로 분석하는 뇌신경학적 방법 등으로 세분될 수 있다는 것을 알 수 있게 되어 있었다. 쉽게 말하면 그동안의 몸짓설의 발달과정을 살피는 일은 그동안의 언어기원론 전체의 발달과정을 살피는 일의 한 축소판이나 다름이 없게 되었다.

이런 의미에서 보면 1970년에 발표된 Hews의 몸짓이론은 과학적 몸짓설의 전범은 과연 어떤 것인가를 사실적으로 보여준 것이었다고 볼 수 있는데, 여기에 쓰인 연구법이 바로 화석 분석법이었다. 원래 고고 인류학이 탄생한 이래 여기에서 정적적 연구법으로 쓰이게 된 것이 화석 분석법인데, 이것을 그는 역사상 최초로 언어기원론의 연구에서 사용하게 되었으니까 어떤 의미에서는 이 연구를 통해서 몸짓설이라는 학설을 다시 내세우게 되었다는 사실보다도, 오히려 화석 분석법을 언어기원론의 연구에서 사용하는 전통을 새로 세우게 되었다는 사실이 더 중요하다고 볼 수 있다. 그게 그렇다는 것은 10년 뒤인 1980년대에 분석의 대상과 분석법을 한층 확대하고 과학화한 Lieberman의 연구가 그의 것을 뒤따르게 되었다는 사실로써 익히 알 수 있다.

그런데 사실은 Hews의 몸짓설은 언어기원론의 연구에 있어서는 주변에서 쉽게 관찰될 수 있는 사실들도 보조증거로 쓰일 수 있다는 전통을 세워놓기도 했다. 따지고 보면 이런 이점은 몸짓설의 경우만큼 최대로 이용할 수 있는 경우도 드문데, 그는 실제로 일종의 시범을 보였다. 예컨대 그는 이런 사실적인 근거로 청각장애인에게 있어서는 으레 손짓언어가 정상인의 음성언어 기능을 수행하게 된다는 사실과 정상인들도 비정상적인 상황에서는 으레 음성언어 대신에 몸짓언어를 사용하게 된다는 사실 등의 두 가지를 들었는데, 이치상 너무나 당연한 일이겠지만 이런 관행은 그 뒤에 이어지는 대부분의 몸짓설에서도 그대로 답습되었다. 물론 Tomasello의 경우나 Amstrong 등의 경우는 몸짓설에 있어서는 이런 주변적 증거가 얼마든지 보조 근거가 아니라 주 근거로도 쓰일 수 있다는 것을 익히 보여주는 사례들이다.

언어기원론은 결국에 크게 어느 특정한 시기에 있어서의 어느 특정한 학설의 타당성만을 집중적으로 내세우는 미시적인 것과 수백만 년에 걸친 언어발달의 전 과정을 배경으로 한 상태에서 어느 특정산 학설의 거시적인 것의 두 가지로 나뉠 수 있는데, 몸짓설의 경우에도 이런 구별이 바로 생겨났다. Hews의 몸짓설은 분명히 두 가지 범주 중 첫 번째 것에 드는 것이었다. 그러나 그로부터 20년 뒤인 1990년대에 등장한 Corbalis의 몸짓설은 그들 중 두 번째 것에 속하는 것이었는데, 그 근거로는 그는 두 가지 가설을 먼저 설정한 다음에 몸짓설의 타당성을 내세웠다는 사실을 들 수 있다. 그가 설정한 첫 번째 가설은 인간의 언어는 지난 2백만 년 동안에 단계적인 자연도태 과정을 밟아 왔다는 것이고, 두 번째 가정은 20만 년 전에 '호모 사피엔스'에게 일종의 돌연변이가 일어나게 되었다는 것이었다. 물론 그는 이런 구도로써 진화론자들의 연속주의적 발상법과 촘스키의 단절주의적 발상법을 모두 정당화시키려고 했다.

그런데 그가 이런 식의 절충주의적 언어발달의 구도를 정당화할 수 있는 근거로 내세운 것은 바로 다음과 같은 세 가지의 진화적 사실들이었다. 이들 중 첫 번째 것은 인간의 두뇌의 크기와 구조가 지금으로부터

30만 년 전인 '호모 사피엔스' 때에 이르러 원래 것의 3배 정도로 커지게 될 때까지 오랜 세월에 걸쳐서 단계적으로 변화하게 되었다는 점이었다. 예컨대 그의 이론에 따르자면 인류 자체의 진로는 물론 언어발달을 촉진한 원인 중 기본이 되는 것은 역시 '오스트랄로피테쿠스', 원인의 두뇌의 크기는 원숭이의 머리의 크기와 비슷했는데, 지금으로부터 이백만 년 전인 '호모 하빌리스' 때 그의 두뇌의 크기는 일단 그것보다 훨씬 커졌다가 지금으로부터 백만 년 전인 '호모 에렉투스' 때 그것의 크기는 다시 한번 커졌으며, 지금으로부터 30만 년 전이 '호모 사피엔스'에 이르러서는 그것이 드디어 원래의 3배 정도로 커지게 되었다는 사실이었다 (Conlaslie. 1992. p.204) 이들 중 두 번째 것은 지금으로부터 160만 년 전에 '호모 하빌리스'가 '호모 에렉투스'로 진화하면서 어린이의 유아기가 지금의 것처럼 길어졌다는 사실이었다. 물론 일단 언어를 의사소통의 도구로 보는 입장에서 볼 것 같으면 몸짓언어 때든지나 아니면 음성언어 때든지 간에 가족이라는 이름의 언어 사용의 장이 그것의 발달에 미치는 영향은 거의 결정적이라는 것은 진화론자 간에 이미 익히 알려진 사실임을 고려한다면, 여기에서의 그의 주장은 특별히 새로운 것이 아님이 분명하다. 실제로 그는 여기에서 Brown 등이 1985년에 발표한 「Ealy homo erectus from west lake Turkana, Kenya(케냐 서터카나 호수에서 발견된 초기 호모 에렉투스의 두개골)」라는 논문에서 내세운바, 즉 '호모 에렉투스' 때는 원인의 두뇌의 크기가 상당히 커졌는데, 이로 인하여 자연스럽게 어린이의 유아기도 길어졌을 것이라는 그의 주장을 반복하고 있다. (Brown, F.et al. 1985)

이들 중 세 번째 것은 '오스트랄로피테쿠스' 원인 때부터 '호모 사피엔스 사피엔스' 때까지 인류는 다양한 도구를 만들어 썼다는 사실이었다. 인류의 도구 문화의 발달은 지금으로부터 250만 년 전에 '오스트랄로피테쿠스'원이 '호모하비리스트'인으로 진화했을 때 시작되었다는 것이 지금까지 알려진 정설인데, 보통 '호모하비리스트'인을 '도구인'으로 부르고 있다는 사실이 이를 잘 뒷받침하고 있다. 물론 이런 정설의 사실적인 근거가 될 수 있는 것은 이른바 '올드원(Old won)석기였다. 최근에 발표된 Foley의「Hominid species and stone tool assembloges(인간의 기원)」이라는 논문과 Simons의「Human origins(인간의 기원)」이라는 논문 등에서 다시 한번 확인되었다.

인류의 도구문화는 그 후에도 꾸준히 발달해 왔지만, 그 수준이나 다양성이 그 전과는 본질적으로 달라진 것은 이른바 '칼날 기술'의 시기로 알려진 '호모 사피엔스 사피엔스' 때였다. '호모 사피엔스 사피엔스'는 보통 '신인'으로 불리는 사실만으로 미루어보아서도 익히 알 수 있듯이, 이때부터는 인류가 한층 발달된 지력을 바탕으로 해서 높은 수준의 도구 사용을 위시한 다양한 문화적 활동을 전개하기 시작했는데, 무엇보다도 중요한 사실은 이런 변화는 누진적 진화의 결과가 아니라 Pfeiffer가 말하는 '진화적 폭발'의 결과였다는 점이다. 예컨대 Pfeiffer는 1985년에 출판된『The Emelgence of humankind(인류의 출현)』에서 현대인의 출현 과정을 지금으로부터 7만 년 전쯤인 구석기 시대에서 지금으로부터 3만 5천 년 전인 신석기시대에 이르는 사이에 '진화적 폭발'이 일어난 결과, 신인이라는 이름의 현대인들은 창의성과 정교성에 있어서 그전의 것과는 확연한 차이성을 드러내는 도구들은 다양하게 만들어 쓸 수 있게 되었다는 식으로 설명하고 있다. (Pfeiffer, 1985)

그런데 그의 '진화적 폭발'설은 보기에 따라서는 일종의 인류 진화의 비연속성을 뒷받침하는 이론으로 해석될 수 있으니까 응당 여기에서 촘스키의 돌연변이적 언어기원설과 이것과의 관계가 언급될 만도 한데, 사실은 그렇지 않다. 엄밀하게 따지면 그가 자기 이론의 기지적 가설로 내세운 두 개의 가설은 두 번째 것은 첫 번째 것에 대한 하나의 대척사항이나 예외사항이 되어 있는 식으로 서로 조화를 이루지 못하고 있다는 약점을 지니고 있었으니까, 이런 약점을 보완하기 위해서라도 그는 넓게 보면 '호모 사피엔스' 때와 지금으로부터 7만 년 전인 '호모 사피엔스 사피엔스' 때를 동일시기로 볼 수 있으니까 Pfeiffer의 '진화적 폭발설'은 촘스키의 돌연변이적 언어기원설을 뒷받침하고 있다고 볼 수 있다는 주장을 할 만도 한데, 그렇게 하지 않았다. 이런 측면으로 보면 그가 자기 이론의 기저적 가설로 생각한 것은 둘이 아니라 첫 번째 것 하나였다는 것이 확실해진다.

그런데 인류 진화의 동력을 이상과 같은 세 가지 사실로부터 비롯된 것으로 보다 보니까 그의 이론은 자연히 일종의 공진화설이 되고 말았다. 예컨대 기왕에 일부 진화론자들이 내세웠듯이 인과에게 일어난 첫 번째 변화는 '호모 하비리스'가 '호모 에렉투스', 즉 두 발로 걸어 다니는 직립인으로 진화한 것이었는데 그 후부터 그것이 원인이 되어서 두뇌가 커지고 높은 지능을 갖게 되었으며 또한 자유로워진 손과 그런 지능으로 여러 가지 도구를 만들어 쓸 수 있게 되면서 지능이 더욱 높아지게 되는 식의 공진화적 진화과정을 인류는 밟아왔다는 것이 그의 이론 요지였다. 특히 그는 여기에서 원형언어의 일종인 몸짓언어로부터 출발하여 현대적 음성언어로 발전해간 언어발달의 과정도 결국에는 이런 식의 공진화적 진화과정이었다고 보았다.

일단 Coarbalis의 몸짓설을 일종의 거시적 진화이론으로 보게 될 것 같으면 바로 뒤에 나온 Donald의 몸짓설도 똑같이 하나의 거시적 진화이론으로 보는 것이 마땅한 일인데, 그 이유는 이것에서도 몸짓언어 출현의 의의는 마땅히 인류 진화의 전 역사나 판도 안에서 발견되어야 한다고 주장되고 있기 때문이다. 그런데 굳이 이들 간의 과학 성사의 차이성을 따져 볼 것 같으면 이것이 Coarbalis의 것보다 진일보한 것이라는 점이 드러나게 되는데, 이런 판단의 근거로 내세울 수 있는 사실은 바로 Coarbalis는 촘스키의 최소주의적 언어기원설을 수용하려고 의도한 나머지 결국에는 두 개의 상반된 가설들을 설정한 데 반하여 그는 단 하나의 진화론적 가설만을 설정했다는 점과 Coarbalis는 인류와 언어의 진화과정을 일종의 공진화적인 것으로 보는 데 반하여 그는 그것을 모방력이라는 단 하나의 원동력에 의해서 작동된 것으로 보았다는 점 등이다.

그의 이론의 초점은 물론 모방력을 어떻게 일찍이 [호모 하빌리스] 원인 때부터 현대인 때에 이르기까지의 인간의 전 진화과정을 이끌어 간 힘으로 볼 수 있느냐를 해명하는 일에 맞추어져 있는데, 그의 해명법의 특징은 문화의 발달과정을 제1축으로 삼고 언어의 발달과정을 제2축으로 삼는 식의 일종의 복합구조적 형식을 취했다는 점이었다. 우선 그는 지난 이백만 년에 걸친 인류의 문화의 발달과정은 인류 특유의 모방력에 의해서 추진됐다는 것을 실증하는 사실로서 다음과 같은 네 가지 사실을 들었다. 첫 번째로 그동안의 원인의 유적에 관한 고고학적 연구들은 하나같이 "호모 하비리스 원인들은 이미 상당한 수준의 도구 제조력을 가지고 있었고, 불 사용이나, 사냥, 채취와 같은 잘 협조 된 집단노력을 할 수 있었으며, 합리적 노동 분할법을 사용하고 있었는데, 이런 것들이 가능한 것은 결국에 그들에게 높은 수준의 모방의 힘과 기술이 있었기 때문이다"는 식의 결론을 내리고 있다는 사실이었다.

두 번째로 최근에 실시한 생리 및 신경심리학적 연구로 현대인의 표현 양식에는 디지털적인 것만 있는 것이 아니라 아날로그적인 것도 있다는 사실이 밝혀졌다는 것이었다. 디지털적인 표현 양식이 발달하기 이전에 이미 발달한 것이 아날로그적인 표현 양식인 데다가 디지털적 표현 양식 중 대표적인 것이 바로 음성언어이니까, 인류의 표현 양식을 발달시킨 원동력은 결국에 모방력이라는 것이 분명했다. 세 번째로 현대에 이르러서 인간이 즐기는 문화적 활동 중 많은 것들이 그의 모방력이나 모방적 원리에 의해서 만들어진 것들이라는 점이었다. 예컨대 춤을 위시하여 운동경기, 무언극, 연극, 그림, 기예 등이 모두 그런 것들이었다. 네 번째로 그동안에 많은 진화론자는 다양한 고고학적이거나 인류 문화적 연구의 결과를 근거로 해서 '호모 하빌리스' 원인 때나 '호모 에렉투스' 원인 때는 현대언어와는 구조와 능력상 판이하게 차이가 나는 원형언어가 쓰이고 있었다고 주장하기에 이르렀는데, 이들은 하나같이 모방력은 원형언어가 처음에 만들어지는 데 결정적인 요소로 작용한 것으로 보고 있다는 점이었다.

원래 언어가 문화의 일부나 그것의 핵심기구라는 점을 고려한다면, 그가 두 번째로 전개하는 언어의 발달과정에 관한 설명이 인류의 문화의 발달과정에 관한 것의 축소판처럼 될 것은 너무나 당연한 일이었다. 그런데 그의 논법을 자세히 살펴볼 것 같으면 그의 이론의 진짜 특징은 이들 두 대상의 발달과정을 병렬적으로 나열시키는 대신에 직렬적으로 연결한 데 있음이 당장 드러난다. 이런 의미에서 보아서는 그의 이론은 문화기저적 언어설로 불리는 것이 마땅한 일이다. 그의 이론에서는 언어 발달 과정을 크게 본능적 몸짓언어 단계와 규약적 몸짓언어 단계, 음성언어 단계의 세 단계로 나누고 있는데, 이들 세 단계 모두에 있어서 발달의 기본적 원동력으로 작용한 것은 모방력이라는 점이 그것의 특징이다.

앞에서 네 번째 증거로 내세운 것이 바로 '호모 사피엔스' 이전에는 현대언어와는 전혀 다른 원형언어가 있었다는 것이었는데, 그 원형언어는 바로 일종의 본능적 몸짓언어이었다. 원래 본능적 몸짓언어 이론은 '운동기원 이론'이라고도 불려왔는데, 그 이유는 이 이론에서는 본능적 몸짓언어를 원시인의 두뇌의 연속동작 체계가 오랜 세월에 걸쳐서 알맞게 적응하는 방향으로 진화한 결과로 보고 있기 때문이었다. 이 이론의 타당성을 뒷받침할 수 있는 사실로는 실어증과 운동신경장애증은 상호 간에 밀접한 유사성을 지니고 있다는 사실이나, 좌우 두 손 중 어느 손을 더 잘 쓰느냐에 따라서 언어 전담의 반구가 달라진다는 사실 등을 들 수 있었다. 이런 본능적 몸짓언어에는 불수의적 동작이나 신체의 자세, 표정, 성음, 울음, 웃음 등이 들어가 있었다.

모방력이 본격적으로 작동하게 되는 단계는 본능적 몸짓언어가 규약적 몸짓언어로 한 차원 격상되는 단계이었는데, 인류 특유의 모방력으로써 서로 간에 일정한 몸짓을 모방해서 하나의 공동적 기구로 만들어낸 것이 규약적 몸짓언어이기 때문에 엄밀한 의미에서는 바로 이때부터 인류는 일종의 원형언어를 갖게 되었다고 볼 수 있었다. 이렇게 해서 태어난 몸짓언어는 결국에 하나의 몸짓이나 행동이 하나의 은유처럼 쓰이게 되는 일종의 아날로그적인 언어였는데, 이것의 발달 순서는 의도적 손가락질(응시도 포함), 상호접촉, 상호게임, 자기시범, 연극놀이, 연습활동, 재연, 무언극, 집단적 규약몸짓, 집단행동처럼 되어 있었다. 그런데 무엇보다도 중요한 사실은 이런 규약적 몸짓언어로써 원시인들은 서로 간에 의사소통이나 정보교환을 충분히 할 수 있게 되었으며, 그 결과 다양한 형태의 협업이 이루어지게 되었다는 점이었다.

물론 그들의 사회와 문화가 더 발달하면서 규약적 몸짓언어와 같은 아날로그적인 언어보다 정보처리의 수준이나 능력 면에 있어서 한 차원 격상된 디지털적인 언어가 필요하게 되었는데, 이런 필요에 부응하여 탄생한 것이 음성언어였다. 그들에게 있어서는 세 번째 언어인 이 언어는 소리를 매체로 한 하나의 상징언어이기 때문에 이것에서의 모방력의 역할은 거의 결정적이었다. 그런데 그가 보기에는 음성언어가 주된 언어로 쓰이게 된 다음에도 몸짓언어가 일종의 보조언어로써 같이 쓰이게 되었다는 사실이 의미하는 바는 결코 사소한 것이 아니었다. 이런 사실로서 몸짓언어가 원형언어로서 음성언어 이전에 존재했었다는 점을 알 수 있을 뿐만 아니라, 그것이 음성언어의 모형의 역할을 수행했을 것이라는 추측도 익히 알 수 있었다

그는 여기에 Nelon은 1996년에 출판한 『language in coguitiue development:emegence of the mediatied mind(인지발달에 있어서의 언어: 중재된 정신의 출현)』라는 책에서 어린이들이 말을 배우는 과정에서는 으레 몸짓언어를 음성언어보다 먼저 배운다는 사실을 음성언어가 주된 언어로 쓰이게 된 다음에도 밝혀 놓았다는 사실을 적시하고 있는데, 그가 이렇게 한 이유는 틀림없이 그는 자기의 언어 기원론은 하나의 몸짓설인데 몸짓언어는 결국에 음성언어의 모체였다는 그의 이론의 타당성을 어린이들의 언어습득 양상만큼 실증하고 있는 것은 있을 수 없다고 굳게 믿고 있기 때문이었을 것이다. (Nelson, 1996)

Donald의 이런 믿음을 뇌신경학적으로 더욱더 확실하게 뒷받침하고 나선 것이 바로 1998년에 Rizzalati와 Arbib가 내세운 '거울신경체계'이었다. 이들의 이론은 최근에 이 분야에서 Enard 등에 의한 [FOX P2유전자]이론과 함께 생리 및 뇌신경학적 언어기원론의 개척이론으로 주목을 받는 것인데, 놀랍게도 이들의 이론은 몸짓언어를 최초의 원형언어로 보고 있는 점과 모방력을 언어출현의 원동력으로 보고 있다는 점 등으로 미루어보아서 Donald의 이론의 복사판과 같은 것이다. 현재로서는 생리 및 뇌신경학직 연구법을 도입하는 것은 결국에 인간의 진화나 언어출현의 문제를 연구하는 방법을 궁극적으로 과학화하는 길이라는 것을 아무도 부인 못 한다 이렇게 보면 1970년대에 Hews에 의해서 시작된 몸짓설의 과학화 과정은 30년 만에 드디어 최종적 단계에 이르렀다고 볼 수 있다.

그런데 그동안 실제로 Rizzolati와 Arbib 자신이 자기네 이론이 크게는 Hewes에 의해서 제안된 몸짓설의 연장선에 있는 것이라는 말을 한 적이 없다. 그러나 최근에 Studdent-Kennedy가 「How did language go discrete?(어떻게 언어는 분산화된 단위를 갖게 되었는가?)」라는 논문에서 이들의 이론을 근거로 해서 원래 음성이 언어적 단위로서 탄생하게 된 것은 바로 몸짓이 발성기관의 모방 모체가 되었기 때문이라는 주장을 편 것을 보면 지금의 진화론적 언어기원론자 가운데는 이들의 이론을 Hewes나 Donald 등에 의한 몸짓설의 연장선에 있는 것으로 보려는 사람도 적잖게 있음을 익히 알 수 있다. 그는 여기에서 이들의 이론을 근거로 내세워서 몸짓설의 열렬한 주창자나 할 수 있는 말을 대담하게 하고 있는데, 예컨대 인간과 붉은털원숭이의 '브로카 영역'에는 '거울신경체계'가 형성되어 있는 사실로 미루어보아서 원형언어를 위시한 일종의 모방문화가 '호모 하비리스'나 '호모 에렉투스' 때 발달하였을 것이라고 주장하나 음성언어가 출현할 단계에는 손짓 동작의 모방과 성음의 모방은 나선처럼 같이 진행될 수 있었을 것이라는 주장 등이 바로 그런 예들이다. (Studdent Kennedy. 2005)

5.3 실증적 사실들

인류의 최초의 원형언어는 몸짓언어이었을 것이라는 추리를 많은 진화론자가 익히 할 수 있게 하는 것은 역시 이렇게 하면 화석에 의한 것 말고는 실증적 증거를 거의 찾을 수 없다는 언어기원 연구의 태생적 한계성을 쉽게 극복할 수 있다는 것을 그들은 잘 알고 있기 때문이다. Tomasello가 일찍이 일종의 사회인지적 몸짓설을 내세우게 된 것도 그가 몸짓설에는 이런 장점이 있다는 것을 잘 알고 있었기 때문이었을 것이고, 또한 Vauclair와 Cochet이 일종의 뇌신경학적 몸짓설을 내세우게 된 것도 이들은 원래 몸짓설에는 이런 이점이 있다는 것을 잘 알고 있었기 때문이었을 것이다. 이런 의미에서 보면 이들은 모두 촘스키의 언어기원론에 동의할 수 없는 것은 궁극적으로 그의 문법 이론 자체가 일종의 하향적 접근법에 따라서 만들어진 것이기 때문이라고 주장하고 있으면서도 실제로는 이들이 일종의 상향적 접근법을 채택하도록 한 것은 주변의 현상이나 사실들을 넓게 관찰할 수 있게 한 직관력이었다고 볼 수 있다.

1) 언어습득 시의 몸짓언어

몸짓설의 타당성을 뒷받침할 수 있는 실증적 사실 중 첫 번째로 꼽을 수 있는 것은 어린이들이 언어습득 시 사용하는 몸짓언어이다. 우선 20세기에 여러 학계에서 언어학습이라는 옛 용어 대신에 언어습득이라는 새 용어가 쓰이도록 한 사람은 촘스키였다. 1960년대에 그는 언어학습이란 결국에 경험주의적 언어관을 그대로 반영한 것인데 이제는 그것이 아니라 이성주의적 언어관이 맞다는 것이 익히 실증된 이상 그말은 마땅히 언어습득으로 바뀌어야 한다고 주장하고 나섰다. 더 직설적으로 말하면 흥미롭게도 역사상 처음으로 어린이들의 언어습득의 장이야말로 자기가 내재주의적 언어이론의 타당성을 웅변적으로 실증하고 있는 자리라고 생각했다. 4에서 5년의 기간에 걸쳐서 이 세상의 모든 어린이가 습득언어의 종류나 습득환경이 같지 않음에도 불구하고 종알거림의 단계로부터 일어문의 단계, 2어문의 단계, 러문의 단계, 완습의 단계에 이르는 식의 보편적이고 성공적인 습득 절차를 밟는다는 사실을 통해서 보편문법이 그들의 몸 안에는 생득적으로 일정한 내재되어 있다는 것을 익히 알 수 있다고 그는 주장했다. 그런데 공교롭게도 어린이들의 언어습득 장은 그의 언어이론에 대한 대표적인 대안이론의 하나인 몸짓설의 타당성을 실증하는 자리가 되기도 했는데, 그 이유는 어린이들은 언어습득시 으레 손가락질을 비롯한 다양한 몸짓을 사용한다는 것이 잘 밝혀져 있기 때문이었다. 크게 보면 이런 목적에서의 그동안 어린이들의 언어습득 절차에 관한 연구들은 몸짓언어의 선행성과 그것의 다양성 그것과 음성언어 간의 조화성 등의 세 가지 주제에 그 초점이 맞추어졌었는데 이들은 하나같이 한마디로 말해서 어린이들은 처음부터 음성언어와 몸짓언어를 같이 배우게 된다는 사실을 분명히 밝히고 있었다. 굳이 Wordsworth의 시를 빌리면 '어린이는 어른의 아버지'라는 사실이 이들의 연구로 다시 한번 드러나게 된 것이다.

이런 의미에서 볼 때 2000년에 출판된 Blake의 『Routes to child language(어린이 언어의 길)』라는 책은 최근까지 출판된 어린이의 언어습득 과정에 관한 연구서 중 우리의 목적에 가장 잘 부합되는 것이라고 볼 수 있다. 예컨대 이 책의 서문에서 저자는 이 책의 목적을 크게는 종간의 계통 발생론적 연속성과 유아기로부터 어린이기로 이어지는 개체 발생론적 연속성으로 대별되는 연속성의 문제를 다루는 것으로 정하고서, 구체적으로 여기에서 다루어진 주제로는 아래와 같은 총 여덟 가지의 언어 전 행동들을 들었는데, 우선 그동안 대부분의 언어습득 과정에 관한 연구들이 언어 자체의 발달양상만을 집중적으로 연구한 것이라는 점을 상기한다면 이 책이 다분히 예외적임을 당장 알 수 있다. (Blake 2000, p.Xi)

(1) 의미 없는 소리의 산출
(2) 초기의 의미와 소리의 사상 현상
(3) 의사소통적 손과 몸의 움직임(의사소통적 몸짓)

(4) 행동과 대상을 표상하는 움직임(상징적 몸짓)
(5) 장난감과 물건을 이용한 연극놀이
(6) 목적을 달성하기 위한 사물의 사용(도구 사용)
(7) 가시적 내지는 불가시적 공간에서의 사물의 이 동양태의 이해
(8) 진열된 대상과 행동, 사건 등에 관한 공간적 배치의 기억(지연된 모방)과 항목의 목록에 대한 기억(청각적 기억)

그런데 실제로 이 책에서 내세워져 있는 저자의 주장 중 특별히 주목할만한 것은 어린이들은 생후 2.5개월에서 4개월 사이에 몸짓을 쓰기 시작하는데, 생후 13개월경까지는 의사소통적 몸짓을 주로 사용하고 그 후부터는 주로 상징적 몸짓들을 사용하게 되는 식으로 이들의 출현의 순서가 미리 정해져 있는 점으로 미루어보아서 첫 번째 것은 본능적 몸짓으로 보고 두 번째 것은 모방적 몸짓으로 보는 것이 마땅한 일인 듯하다는 것과 그들의 의사소통적 몸짓에는 으레 시선을 엄마와 맞추는 일 이외에 약간의 음성이 수반되게 되어 있는 점으로 미루어보아서 처음부터 그들의 몸짓언어는 독자적인 형태로서가 아니라 음성언어와 잘 조화된 형태로서 발달하게 되어 있다는 것 등의 두 가지 주장이었다.

그런데 어떤 의미에서는 이런 주장들 자체보다 그들의 신빙성을 익히 뒷받침할 수 있는 실증적 사실들이 밝혀져 있다는 점이 더 중요한 일일는지도 모르는데, 이런 사실 중 첫 번째 것은 어린이들의 의사소통적 몸짓의 범주와 종류가 이들의 출현의 시기와 함께 자세하게 밝혀졌다는 점이다. 우선 어린이들의 의사소통적 몸짓들은 의견 개진과 물건교환, 요구, 항의나 거부, 감정표현 등의 다섯 가지 범주로 나뉠 수 있는데, 각 범주마다 아래처럼 다섯 가지나 일곱 가지의 것들이 들어있어서 결국에 그것의 총수는 23가지에 이르고 있다. 물론 이렇게 세밀하게 분류하다 보면 자연히 과연 어떤 것까지를 어린이들의 의사소통적 몸짓으로

볼 수 있느냐의 문제가 제기될 수도 있다. 그러나 그보다 중요한 사실은 이런 분류를 통해서 어린이들은 생후 2, 3개월 때부터 의사소통적 욕구를 드러내기 시작한다는 점과 그런 욕구는 음성언어가 습득되기 이전에 몸짓으로 표출되게 되어 있다는 점을 새삼 확인할 수 있다는 사실이다.

[의사소통적 몸짓의 범주와 종류]
 (1) 의견 개진
 -가리킴: 사람이나 물건, 사건 등을 향하여 팔을 뻗고 인지를 편다. 다른 손가락들은 오므려져 있다.
 -책을 가리킴: 가리키는 대상이 책이라는 점만 빼고는 위의 것과 같다. 대상이 다만 책의 경우에는 그것을 만지기도 한다.
 -보이기: 팔꿈치를 구부린 상태에서 어떤 물건을 들어서 다른 사람에게 보여준다.
 -작별: 팔이나 손을 좌우로 흔든다.
 -머리를 끄덕이거나 흔들기: 머리를 끄덕여서 긍정의 의미를 나타내기도 하고, 반면에 그것을 좌우로 흔들어서 부정의 의미를 내기도 한다.

 (2) 물건교환
 -제공: 팔을 뻗고 손바닥을 위로 한 상태에서 물건을 다른 사람에게 내민다.
 -주기: 어떤 물건을 다른 사람에게 준다.
 -잡기: 다른 사람의 손에 있는 물건을 손을 내밀어 잡는다. 다른 사람이 물건을 줄 때도 같은 몸짓을 한다.

(3) 요구

-팔 뻗기: 손바닥을 밑으로 하고 손가락을 모두 펼친 채 물건 쪽으로 팔을 뻗는다.

-가리킴: 손가락의 움직임은 의견 개진 때의 그것과 동일한데, 상황으로 보아서 그것의 의미는 요구임을 알 수 있다.

-올리기: 한나 두 팔을 들어 올려서 다른 사람에게 자기를 들어달라는 의미를 나타낸다.

-내리기: 성인의 팔이나 무릎에 안겨 있을 때 내려 달라는 뜻으로 몸을 바닥 쪽으로 기울인다.

-도움 찾기: 성인과 시선을 맞춘 상태에서 도와달라는 의미로 애써 몸을 움직인다.

-제공이나 주기: 동작은 물건교환 시의 그것과 같지만, 물건에 대해서 뭔가를 해달라는 요구를 하고 있다.

-손잡기: 다른 사람의 손이나 몸의 일부분을 잡고서 어떤 물건 쪽으로 끌고 간다. 문을 열어 달라고 할 때는 손이나 몸을 문 쪽으로 이끈다.

(4) 항의나 거부

-외면하기: 다른 사람이 잡고 있거나 잡으려고 할 때 머리나 몸을 돌린다.

-밀어내기가 몸 떼기: 다른 사람이나 그가 주는 물건을 손이나 팔로써 밀어낸다. 다른 사람이 잡고 있는 경우 빠져나오려고 한다.

-육체적 저항: 다른 사람에게 발길질을 하기도하고 몸이 굳어지기도 한다.

-치기: 손을 펴서 다른 사람이나 물건을 친다.

-머리 흔들기: 머리를 좌우로 흔들어서 아니라는 의미를 나타낸다.

(5) 감정표현
-뛰기: 앉거나 서 있는 동안에 위아래로 뛴다.
-팔흔들기: 팔을 뻗거나 구부린 상태에서 상하나 좌우로 움직인다.
-손뼉치기나 손 쥐기: 손가락을 편 상태에서 손뼉을 치거나 두 손을 하나로 합친다.

여기에서는 또한 이상과 같은 어린이들의 의사소통적 몸짓 출현의 시기를 크게 초기(생후 9~10개월 사이)와 중기(생후 11~13개월 사이), 후기(생후 13개월 후) 등의 세 시기로 나누고 있는데, 이들의 총기간이 모두 3, 4개월밖에 되지 않음에도 불구하고 초기의 몸짓들은 비교적 단순한 것인데 비하여 후기의 것들은 약간 복합적인 것들이라는 식의 일정한 차이점을 드러내고 있다. 특히 후기의 몸짓들은 으레 초기의 몸짓들이 기능적으로 발전 내지는 확대된 것이라는 점으로 미루어보아서 이런 식의 분류는 자못 인위적이라는 비판을 받기에 딱 알맞다.

아무튼 이런 사실을 통해서 우리는 어린이들의 몸짓의 발달과정은 크게는 그들의 생리 및 인지력의 발달과정이고, 작게는 그들의 음성언어의 발달과정과 불가분의 관계에 있음을 익히 확인할 수 있다. 구체적으로 말하면 이들 세 시기는 어린이들이 생후 6개월까지의 옹알거림의 단계와 그 후 만 1세경까지의 종알거림의 단계를 지나서 드디어 'mama'나 'dada'와 같은 첫 낱말로서 일어문들을 쓰기 시작하는 단계이다. 그러니까 우리는 어린이들은 음성언어의 발달이 정식으로 시작되기 이전, 즉 이른바 일어문 단계 이전에 몸짓들을 쓰기 시작하지만, 그 후부터는 그들이 음성언어와 병행해서 쓰일 것이라는 추리를 쉽게 할 수 있다. 여기에 제시된 의사소통적 몸짓 출현의 순서는 아래와 같다. (Ibid. p.100)

[초기(생후 9-10개월)]

보이기, 주기(교환), 잡기, 팔뻗기(요구), 올리기, 내리기(요구), 외면하기, 밀어내기가 몸 떼기, 육체적 저항, 위아래로 뛰기, 팔 흔들기

[중기(생후 11-13개월)]

가리킴(먼데나 책), 가리킴(요구), 주기나 제공(요구), 도움 찾기

[후기(생후 13개월 이후)]

작별, 제공(교환), 치기, 머리흔들기(거부) 손뼉치기나 손쥐기, 부모 손잡기, 머리를 끄덕이거나 흔들기(의견 개진)

그런데 그녀가 연구한 바에 의할 것 같으면 생후 13개월경이 되면 어린이들은 의사소통적 몸짓들과 함께 상징적 몸짓들도 사용하게 되는데, 이들 간에는 출현의 시기가 뒤엣것이 앞엣것을 으레 후속하게 되어 있는 식으로 세로 구별되어 있다는 차이성이나, 앞에 있는 것은 본능적인 특성이 강한 데 반하여 뒤엣것은 모방적인 특성이 강하다는 차이성, 앞엣것은 의사소통의 방편으로 쓰이는 데 반하여 뒤엣것은 인간 특유의 놀이나 문화적 표현 양식으로 쓰인다는 차이성 등을 발견할 수 있다. 아마도 어린이들은 어릴 때 상징적 몸짓을 즐기던 습성을 가지고 있었기 때문에 인류는 결국에 무언극을 예술의 한 장르로 발달시킬 수 있었을지도 모른다. 그런데 어떤 의미에서 보면 이들 간의 제일 큰 차이성은 앞엣것은 그 범주나 가짓수가 일정하게 정해져 있는데, 반하여 뒤엣것은 그렇지 않다는 점일는지도 모른다. 예컨대 어린이들의 의사소통적 몸짓은 거의 다가 보편적인 것들이다 그렇지만 그들의 상징적 몸짓은 모두가 문화지향적인 것들이다. 따라서 앞엣것의 범주나 종류를 밝히는 일은 어렵지 않은 데 반하여 뒤엣것의 범주나 종류를 밝히는 일은 여간 어렵지 않다. 예컨대 여기에 제시된 사례들을 자세히 검토해보면 누구나 일단 어디까지를 상징적 몸짓으로 볼 수 있느냐와 같은 궁극적인 질문에

마주치게 마련이다. 흥미롭게도 여기에 제시된 상징적 몸짓의 가짓수는 'AD'라는 남자아이의 경우는 아홉 가지고 'LA'라는 여자아이의 경우는 여섯 가지인 식으로, 의사소통적 몸짓의 가짓수보다 적다.

[생후 12개월에서 14개월 사이에 AD가 하는 남자아이 사용한 상징적 몸짓]
- 엄마에게 음악을 틀어 달라고 몸을 흔든다(12:09).
- 장난감 차를 밀면서 자동차 소리를 낸다(12:09).
- 엄마의 요청에 따라 말이 걷는 흉내를 내기도 하고 토끼가 뛰는 흉내를 내기도 한다. (12:09)
- 웃으면서 마루에 머리를 대고서 잠을 자는 체한다. 같은 동작을 여러 번 되풀이한다. (13:14)
- 엄마가 인형에게 우유를 먹이는 체하자 엄마를 흉내를 내 입술을 움직여 입맛을 다신다. (14:18)
  엄마가 "개가 무엇을 하지?" 하고 묻자 턱을 올렸다 내렸다 한다 (13:14)
- 빈손으로 아빠에게 우유를 먹이는 체한다. (13:29)
- 엄마가 "아가는 얼마나 크지?"라고 묻자 팔을 들어올린다. (13:29)
- 아빠가 곰이 배고프고 목마르다고 말하자 빈 손가락으로 곰에게 먹이를 먹인다. 아빠에게도 이런 동작을 한다. 이따금 빈 그릇에 먼저 숟가락을 넣어보기도 한다. (14:18)

[같은 무렵에 LA라는 여자아이가 사용한 상징적 몸짓]
- 인형이나 원숭이에게 입맞춤한다. 제안이나 본보기에 따라서 이들을 껴안고 흔든다. (11:24)(12:00)(13:13)

- 성냥갑을 향하여 부는 소리를 낸다. (11:24)
- 엄마가 원숭이가 배고프다가 말하자 그것에게 밥을 먹인다. 나중에는 그런 제안 없이도 그렇게 한다. (12:08)(12:29)
- 제안에 따라서나 제안 없이 원숭이의 머리와 인형의 머리를 빗질한다. (12:19), (13:13). (14:02)
- 엄마의 모형제시에 따라서 트럭을 밀면서 트럭 소리를 낸다. 청소기를 밀면서는 '웅웅' 소리를 낸다. (13:13)
- 자신이 안경을 끼기도 하고 나중에는 그것을 원숭이에게 끼워주기도 한다. (14:02)

2) 비언어적 의사소통 체계로서의 몸짓언어

아마도 그동안에 주변 언어학자나 동작학자들이 비언어적 의사체계로서의 몸짓언어의 중요성을 강조한 말 가운데서 일찍이 Birdwhistl이 『*Intwoduction to kinesics*(동작학 개론)』(1952)이라는 책에서 "의사소통적 정보의 65~70%는 비언어적 전달 수단에 의해서 전달되고 나머지인 30~35만이 음성언어에 의해서 전달된다."라고 한 말만큼 충격적인 것은 없을 것이다. 쉽게 말해서 우리가 일상적인 의사소통 행위 시에 서로간에 주고받는 정보의 2/3가 음성언어가 아닌 여타의 매체들에 의한 것이라는 것이 그의 주장이니까 누구나 일단은 그것을 믿지 않으려고 할 것이다. 그런데 그가 말하는 비언어적 체계의 구성요소에는 몸짓을 위시하여 표정, 눈, 행동, 접촉, 자세, 근접거리, 외모, 목소리, 냄새 등이 들어간다. 한마디로 말해서 우리 인간은 으레 주위 환경이나 사물의 도움을 일정하게 받는 상태에서 온몸으로 의사소통을 하게 된다는 것이 그의 주장인데, 그렇다면 누구라도 과연 이런 것들을 하나의 체계로 묶는 것이 가능한 일인가 하는 의문을 품게 마련이다.

그에 반하여 얼마 뒤에는 언어학자인 Bolinger는 『*Aspects of language*(언어의 양상)』(1968)에서 구체적으로 몸짓언어의 중요성을 음성언어와 대비적인 관계 안에서 강조하고 나서서 시선을 끌게 되었다. 예컨대 이 책에서 그는 "동작언어 안에 감싸여 있는 것이 음성언어이기 때문에 이들 두 가지를 따로 떼어놓는 일은 불가능한 일일는지 모른다."와 같은 말을 함으로써 자기가 결국에는 당시에 유행하던 미국적 구조주의의 열렬한 신봉자임을 만천하에 알렸다. 물론 그의 이런 언어관은 그 후에 등장한 촘스키의 언어관과는 정반대적인 것이었다.

그는 우선 여기에서 우리의 신체 내지는 몸짓언어는 크게 본능적인 것과 기호적인 것, 주변언어적인 것 등의 세 가지로 나눌 수 있는데, 이 중에서 기능 면에서 음성언어와 맞먹을 수 있는 것은 오직 기호적인 것뿐이라고 주장하고 나섰다. 그가 말하는 기호적 몸짓언어란 쉽게 말해서 손짓언어인데, 그는 이것을 음성언어와 맞먹을 수 있는 것으로 볼 수 있는 근거로 다음과 같은 몇 가지 사실을 들었다. 첫 번째로 그는 언어장애인과 같은 비정상인에 있어서는 으레 그들만의 손짓언어가 정상인들의 음성언어의 기능을 하게 된다는 사실을 들었다. 두 번째로 그는 예컨대 농구나 야구장에서의 심판들처럼 정상인들도 시끄럽거나 소리가 잘 들리지 않는 환경에서는 으레 일종의 손짓언어를 사용한다는 사실을 들었다.

세 번째로 그는 일상적인 의사소통 시에는 손짓언어가 으레 음성언어의 한 보조언어로 쓰이게 된다는 사실을 들었다. 이렇게 되는 이유로 그는 인간에게는 원래 자기가 전달하려고 하는 정보를 최대한 빠르고 정확하게 표현하려는 욕구가 있기 때문으로 보았다. 예컨대 '이것, 그것, 저것, 여기, 거기' 등의 지시어에는 으레 일정한 손가락짓이 수반되게 되어 있고, 또한, '절대로'나 '아주'와 같은 강조사에도 일정한 손짓언어가 수반되게 되어 있었다. 물론 이런 버릇은 어린이들이 언어습득 시에 터득하는 버릇이다. 그러니까 '세 살 버릇 여든까지 간다'라는 속담의 진리는 우리의 일상적인 언어활동에서 가장 잘 드러나고 있는 셈이다.

네 번째로 그는 원래 손은 신체의 여러 부위 중 가장 움직이기 쉬운 부위인 탓으로 손짓언어는 본능적인 특징과 문화적인 특징을 모두 지니고 있다는 사실을 들었다. 그가 보기에는 손에는 높은 수준의 묘사력이 있는데, 어린이들은 일찍부터 이 능력을 자연이나 사건을 모방하거나 그들이 정서나 감정을 표출하는데 100% 쓴 나머지, 그들은 '레퍼토리'가 풍부한 손짓언어를 갖게 되었다. 모방적 손짓언어의 극치는 물론 춤이나 무언극 등이었다. 특히 그는 여기에서 문화적 손짓언어는 음성언어처럼 문화나 사회적으로 규약화된 것이어서 후천적인 학습으로 배워진다는 점을 강조했다. 예컨대 손의 인지와 중지로 'V'자를 만들어 승리의 의미를 나타내는 동작이나, 엄지손가락과 인지로 'O'자를 만들어 잘 되었다는 의미를 나타내는 동작 등은 모두 후천적으로 학습된 것이었다.

최근에 의사소통 시의 동작언어의 기능과 중요성을 사실적이거나 실험적인 연구의 결과를 근거로 해서 다시 강조하고 나선 사람이 바로 MacNeill인데, 그가 1992년에 낸 책의 서명이 『Hand and mind(손과 정신)』인 점 한 가지만으로도 그의 동작언어에 관한 이론은 다른 이론들보다 고차원적임을 익히 알 수 있다. 그는 놀랍게도 몸짓언어는 원리 음성언어와 밀접하게 묶여 있는 탓으로 그것은 언어의 실체를 제대로 밝힐 수 있는 기구가 될 수 있을 뿐만 아니라 우리의 사고나 정신체계의 실체를 구명할 수 있는 기구도 될 수 있다고 보았다. 예컨대 그는 대담하게도 "어휘와 어구, 문장이 그렇듯이 몸짓은 언어의 한 중핵적 부분이라는 것, 즉 몸짓과 언어는 하나의 체계라는 것"을 실증하려는 것이 이 책의 목표라고 주장하고 있다. (McNeill, 1992)

그러나 그는 흥미롭게도 바로 같은 자리에서 그의 이런 목표가 희망처럼 쉽게 달성될 수 없을 것이라는 점도 솔직히 인정하고 있는데, 그 이유는 "몸짓은 일정하게 고정되어 있지 않고서 자유롭게 사고의 특이한 심상을 드러내게 되어 있기" 때문이었다. 그러나 그는 네 살 된 자기 아들이 갑자기 새로운 몸짓을 언어 일부로 사용하는 것을 보고서, 몸짓과 언어는 하나의 체계로서 연구되어야 한다는 그의 소신을 더욱 확실하게 굳힐 수 있었다. 이번에 그가 이 책의 이름을 『*Mirrors of Gesture*(몸짓의 거울)』라는 다분히 정적인 것 대신에 크게 역동적인 새것으로 정하게 된 것도 결국에는 그의 이런 소신 때문이었다. 그가 보기에는 이렇게 함으로써 언어는 디지털적이면서도 아날로그적인 기구이며 또한 그것은 음성적이면서도 동작적인 기구라는 그의 신념이 더욱 분명해질 수 있었다.

몸짓의 실체는 으레 그것이 음성언어와 같이 쓰이고 있는 장면을 통해서만 제대로 파악될 수 있다는 것이 그의 기본 입장인 이상, 몸짓의 종류를 나누는 분류법부터가 특이한 것은 너무나 당연한 일이었다. 그는 크게 몸짓을 도형적인 것과 은유적인 것, 박자, 응집적인 것, 지시적인 것 등의 다섯 가지로 나누었는데, 이것의 특징은 문장이 아니라 이야기나 서술을 언어 사용의 기본 단위로 삼은 상태에서 몸짓의 종류가 분류되었다는 점이었다. 예컨대 도형적 몸짓은 말의 의미적 내용과 형식상 밀접한 유사성이나 관계를 보이는 것이고, 그다음으로 은유적 몸짓은 구체적인 사물이 아니라 추상적인 심상을 표현하는 것이며, 세 번째로 박자는 말의 운율적 진행에 맞추어서 손이나 손가락을 위아래나 앞뒤로 잠깐 움직이는 것이며, 네 번째로 응집적 몸짓은 주제 상으로는 서로 연관되어 있으면서 시간상으로는 서로 떨어져 있는 이야기의 부분들을 하나로 묶는 것이며, 다섯 번째로 지시적 몸짓은 구체적으로 어느 사물이나 사건을 손가락으로 가리키는 것으로 정의하는 식으로, 이들 다섯 가지 몸짓들은 모두가 사용자가 이야기하는 과정에서 사용하게 되는 것들이었다. (Ibid. p.76)

특별히 그는 여기에서 크게는 인간의 의사소통 행위의 진짜 특징이고 작게는 몸짓의 진짜 특징으로 볼 수 있는 점은 구조나 조직적으로 음성언어와는 전혀 다른 몸짓이 그것과 정교하게 조화를 이루어서 하나의 체계를 만들어내는 점이라는 것을 강조하고 있다. 예컨대 그는 몸짓의 특징으로 첫 번째로는 몸짓은 전체적이고 통합적이며 비위계적이라는 점과 두 번째로는 몸짓은 작은 것을 합쳐서 더 복잡한 것을 만들어내는 식의 조립성을 갖지 않는다는 점, 세 번째로는 몸짓은 정형적이거나 표준적인 형식이 없다는 점, 네 번째로는 몸짓은 이원적 구조성을 가지고 있지 않다는 점들을 내세우고 있는데, 이들은 모두가 음성언어의 특징과 대조성을 띠고 있는 것들이었다.

그런데 그가 보기에는 몸짓과 음성언어 간의 이상과 같은 네 가지의 대조성보다 더 중요한 것이 다름과 같은 다섯 가지의 공통성인데, 그 이유는 바로 이들로 인하여 몸짓과 음성언어는 하나의 의사소통체계를 형성해내게 되기 때문이었다. 첫 번째로 몸짓은 오직 말을 하는 동안에만 쓰이게 되어 있었다. 두 번째로 몸짓과 말은 의미 및 화용적으로 공동적 표현성을 지니고 있게 되어 있었다. 세 번째로는 몸짓과 말은 언제나 동시화 되어 있었다. 네 번째로는 몸짓과 말은 어린이들에 있어서는 으레 같이 발달하게 되어 있었다. 다섯 번째로 브로카 실어증에 있어서는 몸짓과 말이 같이 망가지게 되어 있었다. (Ibid P.24)

그의 몸짓이론의 또 다른 특징은 몸짓을 크게 정상인이 말을 할 때 쓰는 것과 청각장애인이 말처럼 쓰는 손짓언어(예: ASL, WSL)의 두 가지로 대별했다는 점이었다. 앞엣것은 다분히 자연발생적이고 개별적인

데 반하여, 뒤엣것은 기호언어로 익히 불릴 수 있을 만큼 거의 완벽한 규약성과 체계성을 지닌 것이라는 식의 차이가 있다. 그러나 뒤엣것도 결국은 일종의 몸짓언어라는 것이 그의 견해이었다. 특히 그는 여기에서 일찍이 Kendon은 몸짓의 발달 순서를 '동작화→언어 같은 몸짓→무언극→상징화→기호언어'처럼 잡았었는데, 이런 사실 하나만으로 자기가 몸짓을 크게 두 가지로 나눈 것은 합리적인 조치라는 것을 익히 알 수 있다고 내세우고 있다.

그의 몸짓이론의 정수는 역시 '어떻게 몸짓은 사고에 영향을 주는가' 라는 제목 밑에서 이 책의 제9장에 정리된 그의 사고에 대한 견해인데, 쉽게 말하면 "언어와 함께 몸짓은 사고체계의 구축에 도움을 준다는 것이 그의 견해이다. 돌이켜보면 그동안에 언어와 사고의 불가분의 관계를 내세운 언어학자는 몇몇 있어서도, 이 일에 몸짓도 참여한다고 내세운 사람은 그가 처음이다. 흥미롭게도 그는 여기에서 자기의 발상법은 일종의 변증법적인데, 따지고 보면 일찍이 Vygotsky가 『Thought and language(사고와 언어)』라는 책에서 낱말과 사고의 관계에 대해서 '하나의 사물이 아니라 서로 간에 앞뒤로 움직이는 하나의 절차'라고 생각한 것 자체가 이런 식의 발상법이었다고 볼 수 있다는 말을 하고 있다. 물론 그는 몸짓과 사고의 관계를 이런 식으로 본 것은 아니었다. 그는 자기의 발상법의 중핵적 명제로 다음과 같은 여섯 가지를 내세웠다. (Vygotsky, 1986. p.218) (Ibid, P.248)

(1) 사고와 언어, 몸짓은 시간적으로 연장된 간격을 두고서 발달한다.
(2) 이 간격 동안에 그들의 구조는 내적인 것에서 외적인 것으로 바뀐다.
(3) 사고와 언어, 몸짓은 그들의 평생 내내 공존한다.

(4) 언어와 몸짓은 사고의 형성에 서로 다른 충격을 준다. 몸짓의 기여는 개별적인데 반하여 언어의 기여는 표준적이다.

(5) 언어와 몸짓의 사고와의 관계 길게 보아서는 바뀌게 되어 있다. 초기의 단계에서는 사고는 최대로 심상적이고 최소로 분석적인 데 반하여, 마지막 단계에서는 그것이 전체적인 기능과 분석적인 기능의 통합체계가 된다.

(6) 이런 통합체는 어느 특수한 운율적 순간에 이루어진다. 이때 언어와 몸짓은 하나의 조립체가 되어서 같은 의미를 나타낸다.

3) 청각장애인의 손짓언어(수화)

앞에서 이미 말이 나왔듯이 그동안에 여러 가지 원형언어설 중 가장 대표적인 것으로서 몸짓설을 내세운 학자 중 일부가(예: Hewes, Armstrong 등) 그것의 타당성을 실증하는 사실적인 근거로 청각장애인의 손짓언어를 내세웠는데, 사실은 몸짓설에서 말하는 몸짓과 청각장애인의 손짓언어 사이에는 형식이나 기능상 유사성보다는 차이성이 더 있는 이상 이런 관행은 잘못된 것이었음이 분명하다. 몸짓언어에 대한 Kendon의 분류법에서도 이런 오류를 범하고 있다고 볼 수 있는데 그 이유는 거기에서는 기호언어를 원초적 몸짓언어가 최종적으로 도달하는 최상의 것으로 보고 있기 때문이다. 정상인들이 의사소통시 사용하는 몸짓언어는 어디까지나 음성언어를 돕는 하나의 보조언어이지, 청각장애인의 손짓언어처럼 독립적인 대용 언어는 아니다. 쉽게 말해서 청각장애인의 손짓언어에 관한 연구를 통해서는 언어의 본질이 어떤 것인가와 같은 보다 기본적인 질문에 대한 해답을 얻을 수 있는 것이지, 몸짓설의 타당성을 실증하는 근거를 얻을 수 있는 것은 아니다. 이런 의미에서도 정상인들의 음성언어와 대비를 하면서 청각장애인의 손짓언어의 특징을 살펴보는 것은 유익한 일일 것이다.

청각장애인의 손짓언어의 연구에 관한 한 그동안에 관련 학자들의 관심을 가장 많이 끌 수 있는 결과를 낸 것은 거의 미국이 청각장애인들이 사용하는 손짓언어(ASL)에 관한 것이었는데, 이런 연구는 크게 그것의 습득과정 및 환경에 관한 것과 그것의 언어적 구조성에 관한 것의 두 가지로 나뉘어 있었다. 먼저 청각장애인 어린이들의 손짓언어의 습득과정에 대한 그동안의 연구의 결과를 정리해볼 것 같으면 그것에는 크게 두 가지 특징이 있음이 밝혀지게 되었다. 그중 첫 번째 것은 청각장애인 어린이들에 의한 손짓언어의 습득단계는 신기할 정도로 정상적인 어린이들의 음성언어의 그것과 똑같다는 사실이었다.

엄밀히 비교하면 정상아의 언어습득 과정과 청각장애인 어린이의 손짓언어 습득과정 간에는 생후 5, 6개월경에 있게 되는 종알거림의 기간이 후자의 경우에 있어서는 아주 짧고 종알거리는 소리의 내용도 부실하다는 차이가 있었다. 그러나 Moores가 일찍이 연구한 바에 의할 것 같으면 정상아와 청각장애인 어린이 모두가 만 1세경의 일어문단계로부터 시작하여 만 2세경의 2어문단계와 만 3세경의 다어문 내지는 전보문 단계를 거쳐서 만 4, 5세경에 완습단계에 이르는 식이 총 4단계적 습득과 과정을 밟고 있었다. 물론 이런 놀라운 사실을 놓고서 우선 피아제와 같은 인지주의자들은 이들 모두가 같은 지능 발달의 과정을 밟고 있다고 해석할 수 있었고, 반면에 촘스키 학파에서는 이들 모두가 보편문법을 지니고 있다는 해석을 내놓을 수도 있었다. (Moore, 1974)

그중 두 번째 것은 어떤 의미에서는 너무나 당연한 일이겠지만 청각장애인 어린이가 습득한 손짓언어의 가짓수가 정상아가 습득한 몸짓의 가짓수보다 훨씬 많다는 사실이었다. 일찍이 Goldin-Meadow 등은 부모가 정상인인 탓으로 손짓언어를 스스로 배울 수밖에 없었던 만 1세에서

만 4세경 사이의 청각장애인 어린이가 습득한 손짓언어와 같은 나이의 정상아가 습득한 몸짓을 비교한 결과, 청각장애인 어린이는 으레 정상아보다 훨씬 많은 수의 상징적 몸짓을 사용한다는 사실과 그들의 상징적 몸짓의 거의 다가 스스로 만들어낸 것이라는 사실을 발견할 수 있었다. (Golden-Meadow, 1985)

그다음으로 청각장애인의 손짓언어의 구조성에 관한 연구결과를 정리해볼 것 같으면 그것은 크게 두 가지로 나누어질 수 있었다. 그중 첫 번째 것은 청각장애인의 손짓언어의 구조는 정상인의 음성언어의 그것과 아주 유사하다는 것이었다. 예컨대 Bellugi가 일찍이 연구한 바에 따르면 우선 ASL에서 사용되는 손짓의 가짓수는 모두 34개인데, 이는 영어에서 쓰이는 음소의 가짓수와 비슷한 것이었다. 또한 이들 두 언어의 품사조직과 어형적 규칙들도 서로 유사했다. ASL에서도 영어에서처럼 어미변화는 크게 굴절과 파생의 두 가지로 나뉘어 있었고, 그것에서의 신어를 만들어 내거나 복합어를 만들어내는 절차도 영어의 것과 거의 같았다. (Bellugi, 1983)

그뿐만 아니라 이들 두 언어에서 쓰이는 문법적 규칙들도 서로 유사했다. 우선 영어의 기본적인 어순은 [주어+동사+목적어]인데, 이것은 ASL에서도 마찬가지였다. 그다음으로 영어에서 쓰이는 부정어(예: not, no)나 관계사(예: who, which)와 같은 문법소나 기능어들은 ASL에서도 발견될 수 있었다. 세 번째로 영어에서 쓰이는 시제나 수 등의 문법적 범주들이 ASL에서도 똑같이 쓰이고 있었다. ASL에서는 모두 다섯 가지의 시제가 '시간선'이라는 이름의 위치적 장치 때문에 표현되고 있어서, 예컨대 손을 앞으로 길게 뻗은 상태에서 어떤 손짓을 하게 되면 그것은 먼 미래에 일어나는 사건을 가리키게 되고, 바로 코나 입 앞에서 그런 손짓을 하게 되면 그것은 가까운 미래에서 일어나는 사건을 가리키게 되며, 그런 손짓을 얼굴의 볼 근처에서 하게 되면 그것은 현재에 일어나고 있는 사건을 가리키게 되고, 그런 손짓을 귀 근처에서 하게 되면 그것은 가까운 과거에 일어났던 사건을 가리키게 되며, 그런 손짓을 귀 뒤에서 하게 되면 그것은 아주 오래전에 일어났던 사건을 가리키게 되었다.

그중 두 번째 것은 그와 동시에 청각장애인의 손짓 언어의 구조는 영어의 그것과 일정한 차이성도 드러내고 있다는 것이었다. 첫 번째로 영어의 어휘와 비교했을 때 ASL의 낱말들은 상징성보다는 도상성이 강한 것들이 큰 비중을 차지하고 있었다. 두 번째로 영어에서 쓰이고 있는 어휘의 총수는 전체적으로는 40만 개를 넘고 개인적으로는 적어도 몇만 개에 이르는 데 반하여, ASL에서 쓰이고 있는 어휘의 총수는 약 4천 개 정도에 지나지 않았다. 세 번째로 영어의 문법조직에 비하여 ASL의 그것은 정교성이나 형식성이 크게 떨어진 것이었다. Bochner와 Albertini의 말을 빌리면 ASL와 같은 손짓언어는 영어와 같은 음성언어보다는 피진이나 크레올과 많이 닮아 있었다. (Bochner, et Al 1988)

4) 영장류의 신호적 동작

몸짓설의 타당성을 뒷받침할 수 있는 실증적 사실 중 네 번째로 꼽을 수 있는 것은 침팬지와 같은 영장류가 사용하는 신호적 동작들이다. 물론 영장류의 신호적 동작에 관한 연구는 기껏했자 몸짓설의 타당성을 실증하는 일과 간접적인 관계밖에 가질 수 없다. 그러나 그동안에 동물학자나 비교 행동학자들이 밝혀낸 결과만으로도 우리는 이런 연구가 크게는 인간의 언어의 실체를 파악하는 데이고 작게는 몸짓설의 타당성을 실증하는 데 작지 않은 이바지하게 된다는 것을 익히 알 수 있다. 일찍이 Akmajian 등은 『Linguisties: an intoduction to language and communi- cation(언어학: 언어 및 의사소통개론)』이라는 책에서 인간의 언어와 대비적인 차원에서 영장류의 신호체계를 소개하였었는데, 여기에서 이들이 특별히 방점을 찍고 있는 점은 영장류도 그것 나름의 훌륭한 신호체계를 가지고 있다는 사실이었다. 영장류의 신호체계는 크게 자세와 몸짓으로 이루어져 있는 신체적인 것과 수십 가지의 호출적 소리로 구성된 성음적인 것으로 나누어질 수 있는데, 이들 두 가지가 서로 간에 상보적인 역할을 수행하고 있었다. 쉽게 말해서 이들도 일종의 유능한 의사소통체계를 가지고 있었다. 우선 그들이 신호체계의 일부로 사용하는 자세에는 크게 앉아있는 모양과 걷는 모양, 꼬리의 모양 등의 세 가지가 있는데, 주로 위계의식이나 자신감, 불안감 같은 것들이 이들에 의해서 표현되었다. 그다음으로 그들이 사용하는 몸짓은 크게 의도적 동작과 얼굴의 표정으로 대별될 수 있는데, 이들의 특징으로는 표현되는 내용이 거의 다 감정적이라는 점과 각각의 모양이 특이하다는 점을 들 수 있었다. 예컨대 상대방을 공격하려는 원숭이는 머리를 연속적으로 흔들기도 하고, 손으로 땅을 치기도 하며 때에 따라서는 입을 크게 벌리기도 했다.

그런데 그동안에 동물학자나 비교행동학자들은 어떤 의미에서는 이런 사실보다 훨씬 더 의미 있는 사실을 발견하게 되었는데, 영장류의 신호적 동작 가운데는 형식상 어린이들의 의사소통적 몸짓과 겹치는 것이 적지 않게 있다는 것이 바로 그것이었다. 최근에 Blake는 Tomasello 등에 의한 '역스지역 영장류 연구센터'에서의 침팬지의 동작에 대한 관찰을 비롯한 총 여섯 가지의 연구 결과를 종합해 본 결과 아래와 같은 도표를 얻게 되었는데, 여기에 나와 있는 공통된 동작은 무려 열다섯 가지나 된다. (Blake, 2000, p.83)

어린이의 몸짓	같은 동작을 하는 야생 영장류	같은 동작을 하는 사육 영장류
손가락질	어린침팬지(손가락뻗기만)	침팬지, 우랑우탄
보이기		우랑우탄
머리를 끄덕이거나 흔들기	고릴라	침팬지
주기	침팬지(음식물 나누기만)	우랑우탄, 침팬지
잡기	어린침팬지	
팔뻗기	침팬지	침팬지, 고릴라
팔올리기	어린 침팬지	보노보침팬지, 우랑우탄
주기요구	어린 침팬지	침팬지, 고릴라
손잡기	어린 침팬지	보노보 침팬지
외면하기	침팬지, 몸을 굽혀 피란다	침팬지
밀어내기나 몸떼기	어린 침팬지	침팬지
치기	침팬지	침팬지
뛰기	어린 침팬지	침팬지
팔흔들기	침팬지	보노보 침팬지
손뼉치기나 손쥐기		

　그런데 이 도표를 근거로 해서 그녀는 두 가지 중요한 결론을 내릴 수 있었는데, 그중 첫 번째 것은 어린이와 영장류가 공통으로 사용하는 몸짓 대부분은 문화적으로 전수된 것이 아니라 본능적으로 타고 난 것이라는 사실로 미루어보아서, 이들은 결국에 계통발생적인 것들이라는 것을 익히 알 수 있다는 것이었다고, 그중 두 번째 것은 야생 영장류의 팔흔들기는 협박의 의미를 나타내는 데 반하여 어린이의 그것은 좋다거나 싫다는 의미를 나타내는 사실로 미루어보아서 계통 발생적 몸짓은 때에 따라서는 개체 발생적 변화 과정도 밟게 된다는 것을 익히 알 수 있다는 것이었다.

5.4. 거울신경체계 이론

1997년에 Arbib와 Rizzolatti에 의해서 제안된 거울체계가설「(The mirror system hypothesis: MSH)」은 엄밀하게 따지면 아직까지도 이름 그대로 언어진화에 관한 하나의 이론이 아니라 하나의 가설로 남아 있다. 그런데도 오늘날 피치를 비롯한 많은 언어진화론자들이 이것을 중요한 언어진화설의 한 가지로 소개하고 있는 것은 아마도 촘스키의 도전으로 야기된 연속성 대 비계속성 간의 논쟁에서 연속성을 옹립하는 이론 중 이만큼 과학적이고 논리적인 것은 없다고 판단되기 때문일 것이다. 또한 이것은 [FOX P2 유전자] 이론과 함께 뇌 신경학적 발견을 근거로 한 것이라는 점도 그런 이유 중 하나일 것이다.

이 가설이 어떤 것인가를 파악하려면 먼저 이들이 정식으로 이 가설을 제안했을 때 논문의 제목이「Language within our gasp(우리의 손이 미치는 곳에 있는 언어)」처럼 되어 있다는 점에 주목해야 한다. 물론 그 이유는 여기에서 쓰이고 있는 'gasp'라는 단어는 이들의 이론은 인간들의 7단계씩 언어발달 모형에서 제1 단계를 가리키는 용어이기 때문이다. 언어발달과정을 손으로 물건을 쥐는 행위로부터 시작되는 것으로 본다는 의미에서 일종의 몸짓설로 볼 수 있는데, 그 단어를 그들은 자기네 이론을 소개하는 논문 제목의 일부로 쓰게 된 것이니까 이런 생각은 들 스스로도 가지고 있었다고 판단될 수 있다.

그런데 사실은 'with in our gasp'라는 어구에는 '우리가 이해할 수 있는'이라는 은유적 의미도 지니고 있다. 따라서 이 제목의 저변에는 이제는 더 이상 언어진화의 문제가 온갖 사변과 추리의 대상으로 남아 있지 않고서 과학적 사실을 근거로 한 하나의 어엿한 이론을 제안할 수 있는 단계에 들어섰다는 일종의 자부심도 깔려있다고 볼 수 있다. 다시 말하면 이 논문을 통해서 이들은 자기네가 이번에 제안하는 언어발달 이론이야말로 언어진화 연구의 역사상 최초의 과학적인 이론이라는 점을 강조하고 있다. 그러나 아쉽게도 이들의 생각은 아직도 일종의 희망사항으로 남아 있을 따름이다.

이 가설이 어떤 것인가를 파악하기 위해서는 그다음으로 이것의 정식 명칭이 '거울체계 가설'로 정해졌다는 사실을 주목해야 하는데, 그 이유는 거울신경체계의 줄인 말인 거울체계라는 용어는 분명히 뇌신경학적 술어의 한 가지이기 때문이다. 최근에 와서 언어 연구의 과학화라는 이름 아래서 인간의 언어적 능력의 뿌리를 그의 뇌조직에서 찾으려는 노력이 크게 증가한 것은 누구도 부인할 수 없는 사실이다. 그렇지만 언어기원론의 명칭으로 뇌신경학적 술어가 쓰이게 된 것은 이번이 처음이다. 두말할 필요도 없이 이들은 이렇게 함으로써 자기네 이론이 가장 과학적인 것임과 동시에 특이한 것이라는 사실이 저절로 드러나게 된다는 것을 잘 알고 있었을 것이다.

그런데 무엇보다도 중요한 사실은 이들은 이 체계를 거울신경체계로 부르게 되었다는 점이다. 너무나 당연한 일이었겠지만 우선 이들은 처음부터 이 체계는 인간과 유인원이 공유하고 있는 체계라는 점, 즉 인간의 경우에는 브로카 영역 일대에 자리하고 있고 짧은 꼬리 원숭이의 경우에는 그것에 상응하는 영역에 자리하고 있는 것이라는 사실이 지금까지의 생리 및 뇌신경학적인 연구로 익히 밝혀졌다는 점을 강조하고 나섰다. 그다음으로 이들은 이 체계는 일종의 '거울'과 같은 능력, 즉 모방력의 원천체계이어서 결국에는 구성원 모두가 이로 인하여 '움켜잡기'라는 동작을 첫 번째 동작으로 쓸 수 있게 되었다고 보았다. 이런 의미에서 보면 이들의 이론은 Donald의 것과 같은 일종의 모방력이론인 셈인데 그것과 차이가 나는 점은 모방의 대상을 넓게 잡았다는 점이다. 예컨대

Arbib는 2006년에 편집된 『*Action to language via the mirror neuron system*(거울신경체계에 의한 행동으로부터 언어로의 이행)』이라는 책에 실린 논문에서, 신경체계가설에 대해서 "거울 신경은 사회적 상호교섭에 대한 두뇌의 열쇠를 쥐고 있을지도 모른다. 각 체계는 특수한 행동이나 감정을 기호화할 뿐만 아니라 타인의 그런 행동이나 감정을 인지하기도 한다."와 같은 말을 하고 있다. (Aulil, 2006.9.10.)

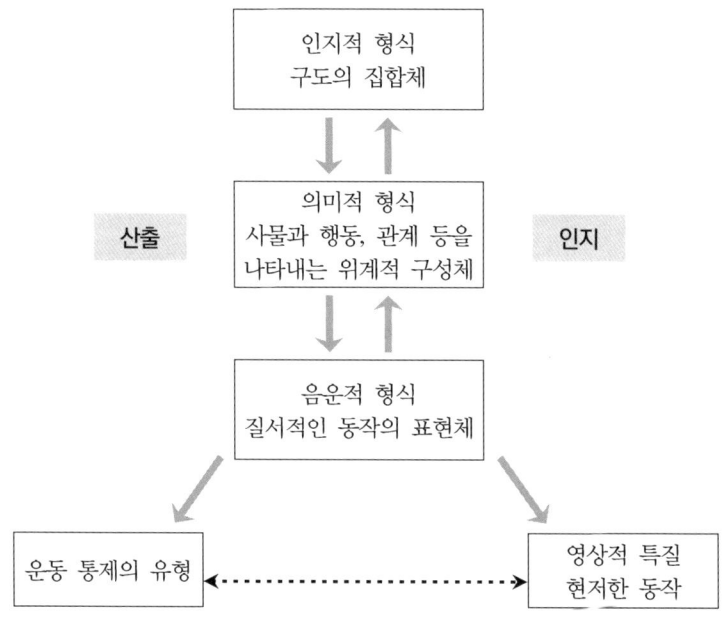

그런데 이 논문에서는 MSH의 실체를 드러내는 발상법, 즉 그것의 두 가지 기본 모형도 제시되어 있는데, 그중 첫 번째 것은 대략 위의 도표처럼 그려질 수 있는 언어산출 및 인지의 모형이다. 우선 어떤 의미를 보아서나 이 모형만큼 그들은 원래부터 언어학적 언어관이 아니라 뇌신경학적 내지는 인지심리학적 언어관을 가지고 있다는 사실을 웅변

적으로 실증하고 있는 것은 없다. 이것에서는 촘스키가 말하는 통사적 규칙이나 능력 등은 완전히 무시되어 있다. 그다음으로 이것에서는 의미적 형식이 전 체계의 중핵적 위치에 자리해서 인지형식과 음운형식이라는 나머지 두 형식을 연결해주고 있다. 세 번째로 이것에서는 의미적 형식이나 음운적 형식과 같은 언어적 형식이 만들어지는 과정에서는 으레 일정한 행동이나 몸짓의 기여도 고려되게 되어 있다. (Ibid P.7)

그중 두 번째 것은 인간의 언어가 이상과 같은 3구조적 언어산출 및 인지 모형을 갖게 되기까지의 그것과 진화의 과정을 총 7단계로 나눈 모형인데, 이것이 바로 이들의 MSH이론의 정수에 해당하는 것이라는 것은 더 말할 나위가 없다. 그러니까 이들의 언어관의 특징은 당연히 첫 번째 모형보다 이 모형에 더 많이 드러나 있다고 볼 수 있는데, 거기에다가 이들의 MSH 이론이 주목받게 된 것은 이것이 결국에 하나의 반언어학적 언어진화 이론이기 때문이라는 사실을 고려한다면, 이것에 대한 철저한 분석작업은 오늘날의 언어진화 연구의 현황을 파악하는 데 필수적인 일이 될 것임이 분명하다.

작게는 S1으로부터 S7까지의 총 7단계로 나뉘어 있는 이 과정은 크게 보면 인과의 조상과 유인원의 조상이 공통으로 신경체계를 갖게 되는 제1기(S1~S3까지)와 인과가 유인원으로부터 분리되어 나온 제2기(S4에서 S6까지), 인간이 언어를 갖게 되는 제3기(S7) 등의 세 가지 기간으로 묶여질 수 있다. 그런데 여기에서 굳이 이들의 생각과는 다르게 언어의 진화과정을 이렇게 세 가지 기간으로 묶어 보는 이유는 쉽게 말해서 이른바 7단계 발달설로 불리는 이들의 모형의 장단점이 더 쉽게 드러나게 되기 때문이다. 우선 이렇게 하게 되면 이 모형의 제일 큰 장점은 이것은 역시 연속성이론의 타당성을 실증할 수 있는 모형이라는 점이 분명해진다. 이런 판단의 근거라 될 수 있는 것은 크게 두 가지인데, 그중 첫 번째 것은 세 개의 기간 중 첫 번째 것, 즉 S1, S2, S3 등의 세 단계가 호모 하비리스와 호모 에렉투스가 유인원으로부터 분리되어 나오기 이전의 시기를 가리키고 있다는 점이다. 다시 말해서 이 모형에 의하면 인간의 언어발달 역사는 지금으로부터 200만 년 전이나 100만 년 전으로 거슬러 올라가게 되어 있으니까, 이것이 일종의 신 다윈주의적 언어 진화론임을 의심할 여지가 없다.

그중 두 번째 것은 이것에서는 세 개의 기간 중 세 번째 것, 즉 S7단계를 행위 및 사물의 틀이 동사 및 논항의 구조로 바뀌는 시기로 잡았으니까, 결국에 여기에는 촘스키가 내세우는 비연속성적 이론들도 모두 포섭되어 있다고 볼 수 있다는 점이다. 더 구체적으로 말하면 여기에서는 지금으로부터 10만 년 전에 언어가 통사론 중심적 기구로 바뀌게 된 것은 "인지적 복잡성과 언어적 복잡성이 같이 진화하였기 때문이라고 보고 있는데, 이것은 곧 2000만 년이라는 긴 역사 중 10만 년이란 비교적 짧은 기간에 지나지 않는다는 점을 강조하고 있는 것이나 다름이 없다. 그러나 S7단계 하나를 세 개의 기간 중 마지막 기간인 제3기로 잡은 것은 이 모형에서는 이 단계를 총 일곱 개의 단계 중 가장 중요한 단계로 보고 있다는 증거이다.

이 모형의 두 번째 장점은 이것에서는 사회적 구성원 간의 상호교섭관 의사소통을 최고의 적응적 가치로 삼다 보니까, 오랜 기간에 걸쳐서 자연적으로 모방적 절차가 S4단계에서는 복합적 모방체계가 발달하였고, 그 후 S5단계와 S6단계에서 손짓언어의 모방과 성음언어의 모방이 '나선처럼' 진행되었으며, 마지막인 S7단계에서는 모방이 음운체계와 통사체계 발달의 원동력으로 작용하게 되었다고 보고 있다. 물론 무엇보다도 중요한 사실은 여기에서는 이런 모방벅 절차의 뇌생리적 근거지로 거울신경체계를 내세웠다는 점이다. 이 모형의 세 번째 장점은 이것은 두 개의 가장 대표적인 원형언어설인 몸짓설과 발성설을 하나의 계열로 묶음과 동시에 사회 인지적 능력과 언어적 능력을 공진화적으로 진화한 것으로 보는 식의 일종의 통합적 내지는 거시적 이론이라는 점이다. 이 것은 또한 그동안에 인류학이나 고고학적 근거를 근거로 해서 내세워진 여러 가설과 다윈의 진화론을 근거로 해서 내세워진 여러 가설을 하나의 구도로 통합시킨 이론이기도 하다. 그동안에 대부분의 미시적 언어발달 이론들이 가지고 있던 한계성은 바로 몸짓언어의 음성언어로의 전이 과 정을 제대로 설명하지 못한다는 점이었는데, 이 모형에서는 그 문제를 모방력이 바탕이 되어서 S5단계가 S6단계로 발전되었다는 식, 즉 몸짓 으로 된 원형 기호체계가 기본모형이 되어서 음성으로 된 원형 기호체계 를 탄생시키게 되었다는 식으로 해결하고 있다.

반면에 이렇게 이 모형을 3기간형으로 고쳐 놓고 보면 이것의 단점도 쉽게 드러나게 되는데 그중 첫 번째 것은 이 모형에서는 제1기로 묶일 수 있는 S1단계와 S2단계, S3단계 등이 세 개의 독립된 단계로 분리되어 있는데, 그렇게 한 근거가 미약하다는 점이다. 예컨대 이것에서는 이들 세 가지 단계 중 첫 번째 것이 '움켜잡기'의 단계로 되어 있는데, 왜 '움 켜잡기'를 중요한 몸짓으로 보아야 하는가에 대한 설명이 없다. 또한 이것에서의 S2단계와 S3단계 간에는 이 들을 나눌 만큼의 특별한 차이 점도 없다. 그렇다고 해서 이것에서는 이른바 '잃어버린 고리'의 문제가 해결된 것도 아니다.

그중 두 번째 것은 이것에서는 상고 때 인과의 선이 유인원의 선에서 갈라져 나오면서 제일 먼저 나타난 현상은 움켜잡기를 위한 단순 모방체 계가 그것을 위한 복합적 모방체계로 바뀐 것으로 보고 있는데, 이런 견해는 결국에 움켜잡기의 기능을 크게 중요시하는 데는 일정한 이바지 하고 있을지 몰라도 인간에 있어서의 모방체계 자체의 발달과정을 설명하는 데는 아무런 역할을 하지 못하고 있다. 이것에서는 이로 인하여 인간은 원형 동작기호 체계와 원형음성기호 체계를 갖게 된다고 보고 있는데, 나쁘게 말하면 이런 주장은 원인과 결과 간의 서순적 관계를 뒤집은 것에 지나지 않는다. 아직은 오직 인간의 모방체계만이 복합적이라는 것을 실증할 수 있는 뇌신경학적인 근거가 전혀 제시되어 있지 않기 때문에 이런 식의 비평까지도 나올 수 있는 것이다.

그중 세 번째 것은 이 모형에서는 s7을 제3기의 단 하나의 단계로 잡음으로써 원형언어와 현대언어의 구별성을 일부러 등한시하려는 의도를 드러내고 있다. 굳이 따지면 이것에서는 마땅히 인지 체계의 복잡성은 고도의 모방력에 의해서 촉진되었다고 말해야 하는데, 그런 말 대신에 그것은 언어체계의 복잡성과 공지화한 것이라는 말만 하고 있다. 나쁘게 말하면 원인과 결과 간의 서순적 관계를 뒤집는 오류를 현대언어의 특성을 논하는 자리에서도 범하고 있다고 볼 수 있다. 물론 여기에서는 '행동과 사물의 틀'이 '동사와 논항의 구조'로 바뀌는 일은 곧 현대언어의 탄생을 신호하는 사건, 즉 인간, 언어발달의 역사상 가장 중요한 사건이라는 말도 하지 않고 있다. 결국 이래서 이 모형은 현대판 몸짓설이나 모방력설의 일종으로 간주될 수밖에 없는 태생적 약점을 지니게 된 것이다.

이렇게 보면 결국에 MSH의 원전으로 볼 수 있는 것은 그의 2006년의 논문이라는 데는 아무도 이의를 제기하지 않겠지만, 이것의 진가는 최근 촘스키의 도전에 맞서서 그것의 문제점들을 낱낱이 노출한 데 있다는 것을 확인시켜주는 논문은 1년 전인 2005년에 발표된 「The Mirror system Hypothesis:how did protowlanguage evolve?(거울체계 가설: 원형언어는 어떻게 진화했는가?)」라는 논문이다. 이것은 우선 총 17개의 논문이 네 개의 부분으로 묶여 있는 척에서 주로 음성과 음성언어의 진화과정을 다룬 제1부의 주요 논문의 하나로 실린 것인데, 흥미롭게도 여기에서는 MSH의 내용을 소개하는 일보다도 오히려 촘스키의 언어이론의 문제점들을 지적하는 일에 더 큰 비중이 주어져 있다. (Arbib, 2005)

물론 Arbib 자신이 이런 평가에 동의할 리가 없는데, 그 근거로는 원형언어와 현대언어의 자질을 언어 준비성에 관한 것(LR) 6가지와 언어습득성(LA)에 관한 것 4가지 등의 열 가지로 잡고서 그들과 총 7개의 언어발달의 단계와의 관계를 아래의 도표에서처럼 정리해 놓았다는 사실을 들 것이다. 이런 의미 바로 여기에 그의 7단계 언어발달 이론의 기초적 작업이 이루어져 있다고 볼 수 있다. (Ibid, P40)

LR4: 위계적 구조에서 시간적 서순으로	S1: 움켜잡기 S2: 움켜잡기를 위한 거울
	S3: 단순모방 S4: 복합모방
LR1: 상징화 LR2: 의도성 LR3: 등가성(거울 자질)	S5: 원형기호
	S6: 원형음성언어
LA1: 상징화 및 조립성 LA2: 통사론, 의미론, 순환성	S7: 언어
LR5: 여기 및 지금을 넘어서 1 LA3: 여기 및 지금을 넘어서 2	
LR6: 소아 형태성과 사교성 LA4: 학습 가능성	

그러나 그도 자기의 2005년의 논문과 2006년의 그것 간의 차이는 오직 2005년의 것에서만 실제로 촘스키의 이름을 거명하면서 그의 언어이론의 문제점들은 지적하고 있다는 점이라는 것을 인정할 것이다. 첫 번째로 그는 여기에서 촘스키의 언어능력과 언어수행을 상호대립적인 개념으로 보는 언어관을 잘못된 것으로 보았다. 현대언어는 일정한 원형언어로부터 시작되어 발달한 것이라는 입장에서 보면 촘스키의 통사론 중심적 언어관이 아니라 Jackendoff의 의미론 중심적 언어관이 맞는다는 것이 분명해진다고 그는 주장했다. 두 번째로 그는 여기에서 촘스키가 말하는 동일 규칙의 '순환성'의 현상은 동물의 행동에서도 쉽게 발견될 수 있다고 주장했다.

세 번째로 그는 여기에서 촘스키가 내세우는 두뇌의 신비스러운 변이라는 발상법은 아무런 과학적 근거가 없는 것이라는 점을 강조하고 나섰다. 다시 말하면 인간의 진화과정 자체와 마찬가지로 인간의 두뇌도 돌발적으로 발달한 것이 아니라 오랜 기간에 걸쳐서 점진적으로 발달한 것이라는 것이 하나의 진화론자로서의 그의 견해이었다. 그가 이 논문의 결론을 "이제 거울 체계의 진화는 언어 준비성의 진화 기저가 되는 두뇌 변화의 한 중요한 양상"이라는 것이 분명해졌다. 점점 내리고 있는 점으로 미루어보아서, 그는 결국에 마지막으로 앞으로 신경언어학의 발전에 크게 이바지할 이론은 촘스키의 언어학적 이론이 아니라 자기의 신경체계 가설이라는 식의 일종의 아전인수적인 소신을 피력하고 있음이 분명했다. (Ibid, P46)

그런데 그의, 이런 소신이 지나치게 과장된 것이 아니라는 것을 실증하는 사실 중 한 가지는 바로 그가 2006년에 편집한 책에는 MSH이론의 타당성과 그것의 앞으로의 전망 등을 뒷받침할 수 있는 논문이 무려 15개나 실려 있다는 점이다. 그리고 이들 논문의 저자들은 Arbib를 위시하여 Hobbe, Bota, Byrd 등의 총 21명의 신경언어학자들이다. 한마디로 말하면 이것은 곧 그동안에 MSH학파는 촘스키학파와 맞설 수 있을 만큼 커졌다는 의미일 수 있는데 이 점에 있어서 크게 대조가 될 수 있는 것이 'FOX P2'에 대한 연구의 현황이다. 이런 의미에서는 MSH를 더 이상 하나의 가설로 부르는 것이 부적절한 일일는지도 모른다. 아무튼 과학의 세계에서는 가설과 이론이라는 두 술어가 서로 동의어처럼 쓰이게 마련인 셈이다.

그런데 이들 15개의 논문 가운데는 이 이론의 진가와 이것의 전망을 알아보기에 딱 알맞은 것도 있는데, 앞에서 살펴본 Arbib의 논문과 함께 제1부를 구성하고 있는 Hobbs의 The Obbs and evolution of language:a plausible strong-AI account(언어의 기원과 진화: 그럴듯한 강성 인공지능적 설명법)]가 바로 그것이다. 쉽게 말해서 지금처럼 다양한 언어진화설이 난무하는 시대에는 응당 컴퓨터 모형화라는 최첨단 연구법의 필요성이 제기될 만도 한데, 실제로 그동안에 이런 연구법이 적용된 실례는 극히 드물었다, 이 논문의 가치는 그러니까 컴퓨터 모형화의 연구법의 실례를 보여준 데 있다고 볼 수 있다. (Hobbs, 2006)

그러나 이 논문의 진짜 가치는 MSH과 같은 다소 이질적 언어진화설의 타당성을 실증하는데 컴퓨터 모형화라는 C최첨단 연구법이 쓰인 데 있다. 틀림없이 Arbib가 자기의 논문과 함께 이것을 최적의 총론적 논문으로 선택한 것도 바로 이런 이유에서였을 것이다. 물론 이 논문에서는 MSH이론의 컴퓨터 모형화의 이론적 가능성만을 논의하고 있지, 실제로 그가 모형화를 해본 결과를 제시하고 있지는 않다. 그러나 Arbib가 보기에는 언어를 일단 음운조직과 통사체계, 의미조직 등의 세 부분으로 이루어진 것으로 보고서 각 부분의 진화과정을 아래의 도표처럼 서로 다르게 본 것 자체가 자기가 내세우는 MSH이론의 타당성을 익히 실증하는 일이었다. 실제로 Hobbs는 이 도표의 장점은 Arbib가 내세우고 있는 몇 가지의 언어 준비적 내지는 언어실현적 자질들이 언어탄생에 있어서 구체적으로 어떤 이바지하게 되었는가를 보여주고 있는 점이라는 말을 하고 있다. (Ibid, P.76)

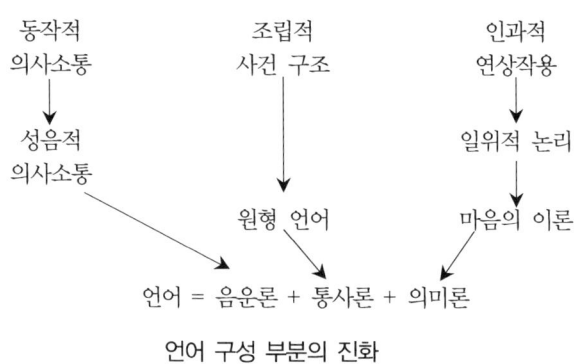

언어 구성 부분의 진화

물론 어떤 의미에서는 이 논문의 생명은 바로 이상과 같은 3구성부적 언어진화과정을 실제로 하나의 컴퓨터 프로그램으로 만들어낼 수 있나에 달려있다고 볼 수 있는데, 우선 Hobbs는 자기가 말하는 '강성인공지능'이란 '두뇌는 컴퓨터이다'라는 은유를 한 술어로 집약한 것이라는 설명과 함께, 의도적 심리절차의 단계를 아래와 같이 네 수준의 것으로 나누면 이 일이 결코 불가능한 일이 아니라는 자신감을 나타내고 있다.

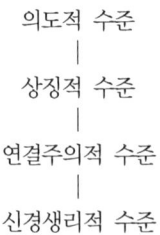

또한 그는 컴퓨터 프로그램을 만드는 데 쓰이는 정보나 지식의 서술법은 결국에 그동안에 논리학에서 개발된 것들일 수밖에 없다는 점을 강조하였다. 다시 말해서 그는 컴퓨터 프로그램에서는 마땅히 [논리는 사고의 언어]라는 원리가 제일 기본적인 원리로 작동되어야 해서 모든 정보나 지식은 일위적 논리법으로 표현되어야 하고 모든 추리나 이론은 정리 증명적 절차에 의해서 검증되어야 한다는 점을 강조했다. 특히 그는 여기에서 쓰이는 검증법은 최적의 사례만을 근거로 삼는 '유괴법(Abduction)'이어야 한다는 점을 강조했다. 예컨대 전형적 유괴법은 'We want to prove R'→'We know P∧Q⊃R'>'We assume Q'>'We concle R'처럼 되어 있었다. 마지막으로 그는 여기에서 이런 식의 컴퓨터 모형은 MSH이론 뿐만 아니라 그동안에 알려진 여러 언어진화설의 타당성을 실증하는 데 쓰일 수 있다는 점을 드러내기 위해서 성음적 의사소통체계는 '호모 에렉투스' 때 등장했다거나 현대언어는 '호모 사피엔스 사피엔스' 때 등장했다는 식의 다분히 인류학적 발언도 하고 있다. 특히 그가 자기 논문의 결론을 거의 틀림없이 완전한 현대적 언어의 출현은 생리적 현대인의 그것과 함께 동시에 일어난 사건일 것이며, 언어의 기본적 자질들은 "호모 사피엔스 사피엔스의 등장과 확산에 따르는 문화적 습득의 일부가 아닐 것이다. 분명히 그와는 반대로 완전한 현대적 언어는 다른 어느 것보다도 우리 종의 시작 때부터 우리를 인간으로 만든 것일 것이다."처럼 내리고 있는 점으로 미루어보아서, 그는 결국에 컴퓨터 모형화라는 방법은 어디까지나 일정한 언어 진화설에 대한 실증성을 높이는 데 쓰일 따름이라는 점을 믿고 있음이 분명하다. (Ibid. p.85)

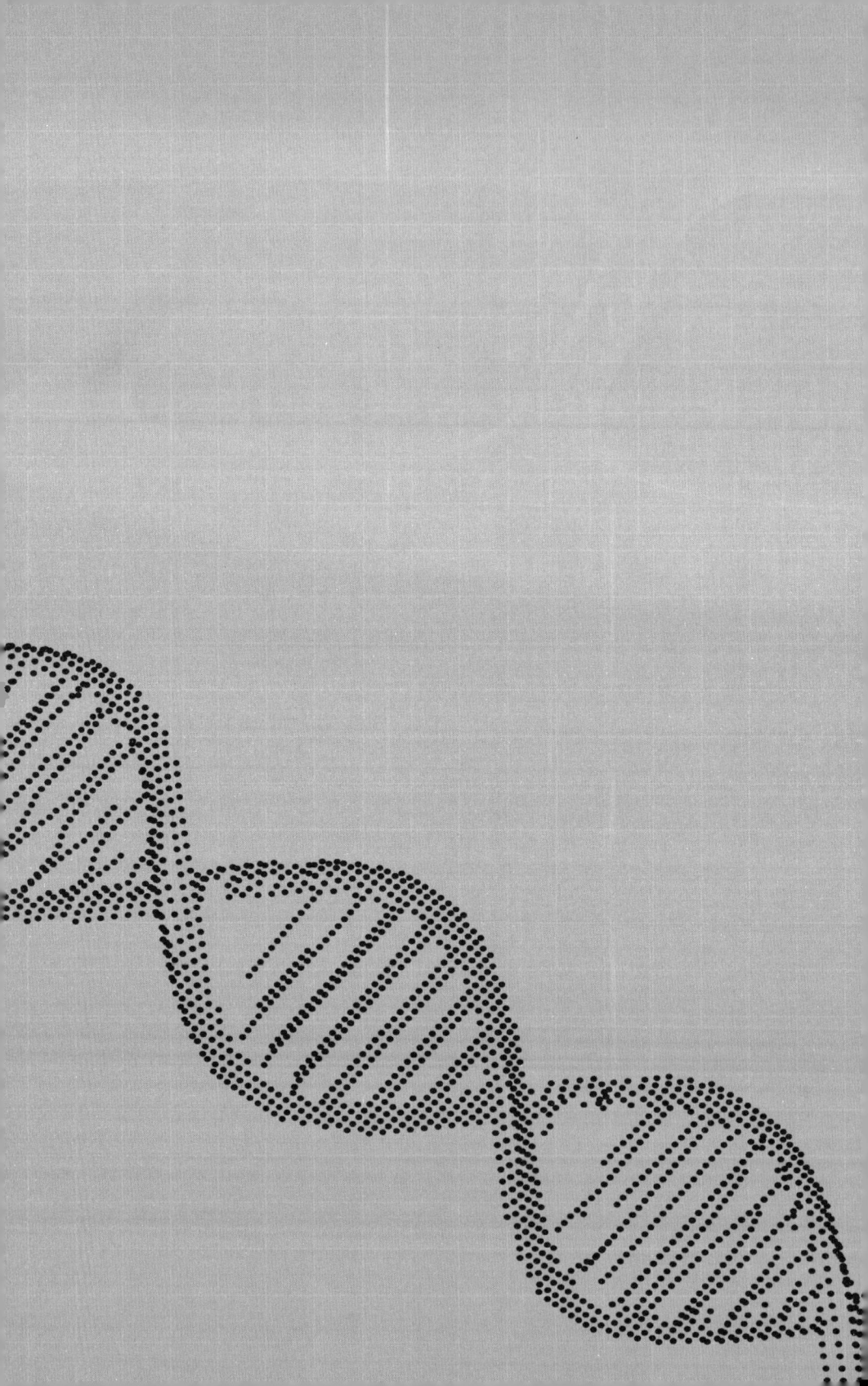

제6장
사회적 지능 발달설

6.1 제3의 반 촘스키적 언어진화설

Arbib와 Rizzolatti의 MSH이론을 일단 몸짓설의 일종으로 간주할 것 같으면 지금까지 제안된 반 촘스키적 언어진화설 중 대표적인 것에는 가창설과 몸짓설의 두 가지 있다고 볼 수 있는데, 사실은 그들에 더해서 제3의 그런 이론으로 마땅히 추가되어야 할 것이 바로 사회적 지능발달설이다. 쉽게 말해서 이것은 이름 그대로 사회적 지능의 발달로 인하여 언어가 탄생하였다는 이론이니까 많은 점에 있어서 가창설이나 몸짓설과는 대조적일 수밖에 없다. 물론 보기에 따라서는 연속성이나 의사소통성, 반문법성 등으로 집약될 수 있는 반 촘스키적 언어 내지는 언어진화관을 이것도 그들과 공유하고 있다는 사실이 그들과 대조성보다 더 중요하다고 생각할 수도 있다. 그러나 그런 대조성이 인간이나 언어의 진화와 관련된 피상적이거나 주변적인 사실들에서 드러나는 것이 아니라 그에 관한 본질적이고 핵심적인 사실들에서 드러나게 되어 있다는 사실을 알게 되는 순간 그런 생각은 바로 바뀌게 마련이다.

첫 번째로 이것은 익히 하나의 인류학적 언어진화설로 불릴 수 있을 만큼 거시적인 학설이다. 앞에서도 약간의 언급이 있었지만, 언어진화설은 본래 길게는 200만 년 전의 이야기로부터 시작될 수도 있고, 짧아도 5만 년 전이나 10만 년 전의 이야기로부터 시작되어야 할 것이기 때문에 어느 것이나 결국에는 거시적 이론이 될 수밖에 없다. 그러나 그러다 보면 자칫 이론 전체 초점이 흐려질 우려가 있으니까, 많은 경우 논쟁의 대상이나 문법음성체계의 발달이나 원형언어의 출현 등과 같은 언어 중심적인 것으로 한정되게 되어 있다. 이렇게 해서 이 연구에 있어서는 자연히 거시적 이론과 대립하는 미시적 이론이 많이 등장하게 된 것이다.

물론 이들 간의 구분은 결국에 절대적인 것이 아니라 상대적일 수밖에 없을 뿐만 아니라, 이런 구분을 통해서 얻을 수 있는 이득이 특별히 따로 정해져 있는 것도 아니어서, 사람에 따라서는 얼마든지 이런 작업의 불필요성을 내세울 수 있을 것이다. 그런데 여기에서 굳이 이런 구분을 시도하게 된 것은 모든 미시적 이론의 타당성은 궁극에 가서 하나의 거시적 틀에 넣어서 검증되게 되어 있기 때문이다. 다시 말하면, 오직 이런 방법에 따라서만이 이 연구가 제대로 발달하기 위해서는 언제나 모든 미시적 이론의 타당성을 검토하기에 충분한 만큼의 거시적 이론이 준비되어 있어야 한다는 점이 알려질 수 있기 때문이다. 이런 의미에서 볼 것 같으면 이런 구분법이야말로 오늘날 사회적 지능발달설이 언어진화 연구의 세계에서 차지하고 있는 위상이 얼마나 큰 것인가를 확인할 수 있는 가장 쉬운 방법 중의 한 가지일지도 모른다.

두 번째로 이것은 인간이나 언어의 진화 문제를 다루는데 있어서 다윈의 진화론을 끈질기게 적용하려는 입장, 즉 신 다윈주의자들의 입장을 가장 확실하게 고수하는 이론이다. 생물학자들이 보기에는 일찍이 다윈이 내세웠던 진화론은 크게 세 가지 점에서 있어서 지금도 불변의 진리로 받아들여져야 하는데, 그중 첫 번째 것은 인간의 진화과정을 신체적인 진화와 지능적 진화, 사회문화적 진화 등이 각각이 아니라 상호유발전인 관계 속에서 이루어지는 식의 공진화적인 과정으로 보았다는 점이었다. 예컨대 이것에서는 언어의 탄생은 두뇌의 크기의 증가와 사회적 규모의 증가 등과 불가분의 관계에 있다고 보았다.

그중 두 번째 것은 인간과 유인원은 아주 먼 옛적에는 같은 뿌리로부터 시작되었음에도 인간은 '호모 하빌리스'인지나 '호모 에렉투스'인 '호모 사피엔스' 등의 진화단계를 거치면서 그만의 종 특이적인 특성을 갖게 되었는데, 이런 과정을 이끈 원동력을 바로 고도의 선택적 적응력으로 보았다는 점이다. 예컨대 다윈은 이른바 음악적 원조언어 설을 내세우면서 언어야말로 인간과 동물을 구분시키는 가장 확실한 기구이다라는 말을 했었다. 그중 세 번째 것은 자연도태나 선택적 적응 절차는 일시적이거나 일회적으로가 아니라 오랜 기간에 걸쳐서 누진적으로 이루어져 왔다고 보았다는 점이다. 사회적 지능발달설의 기저에는 물론 이들 세 가지 발상법이 모두 깔려있다. 이런 의미에서 볼 때 이것은 하나의 신 다윈주의적 학설인 셈이다.

세 번째로 이것은 언어진화의 양태를 하나의 독립적인 양태로 가 아니라 인간 진화라는 큰 양태 일부로 보려는 이론이다. 우선 가창설이나 몸짓설에서는 아주 옛날에는 하나의 원형언어가 현대언어의 전신이나 모체로서 존재했다는 것을 불문의 전제로 삼고 있는데, 이것에서는 그런 전제를 내세우지 않는다. 그 이유는 이것에서는 사회적 손질이 사회적 잡담으로 발전된 것을 언어의 시초로 보기 때문이다. 또한 가창설이나 몸짓설에서는 당연히 원형언어가 현대언어로 바뀌게 되는 과정, 다시 말해서 현대언어에서 문법체계가 발달하는 과정을 설명하는 데 으레 어려움을 겪는 데 반하여, 이것에서는 그렇지 않다. 그 이유는 이것에서는 문법을 지식처리나 저장의 체계로 보기 때문이다. 이것에서는 결국에 어차피 언어는 인간의 제일 두드러진 종특이적인 특성인 이상 그것의 진화과정은 인간의 진화 과정의 일부로서 파악하는 것이 논리적으로 맞는 일이라는 사실이 사실적으로 실증되고 있다.

    네 번째로 이것은 일종의 언어학적 이론이 아니라 사회학적 이론이다. 그동안에 제안된 대부분의 언어진화설이 촘스키의 것은 더 말할 나위가 없고, 진화론적인 것들까지 하나같이 언어의 3대 체계인 음운론과 통사론, 어휘론 중 어느 하나의 발달과정을 밝히는 일을 기본 주제로 삼는 것들이었다는 점을 고려하면 이것이 하나의 비주류적인 이론이라는 것이 당장 드러난다. 물론 학문연구의 이치로 보았을 때는 주류적인 이론들이 제대로 된 접근법을 따르고 있는 것이지 비주류적 이론이 그렇게 하는 것은 아니다. 예컨대 일찍이 다윈이 "자연사에서 있어서는 발생학적 사실보다 더 중요한 것은 없다"라고 내세웠는데, 그동안에 대부분의 언어진화론자들은 그의 말의 가르침을 충실히 지켜온 것이다. 그러나 실제에 있어서는 지금까지의 대부분 이론가는 일정한 원리나 기저적 이론의 뒷받침이 없는 '발생학적 사실'은 무의미한 것임을 익히 인식한 나머지, 언어적 사실을 설명하는 데보다는 오히려 그것이 원인이나 원리가 될 수 있는 이론을 설정하는 데 더 큰 노력을 기울였다. 예컨대 최근에 Studdent-Kennedy는 음운론의 탄생과정에 관하여 단일 음절적 성음화 설차로부터 다양한 조음법이 생겨났다는 식의 음절발달 이론을 내세우면서, 이것의 배경이론으로 유한한 수단을 무한히 사용하는 체계의 이론, 즉 '미립자 원리'의 이론을 설정했다. (Studdent-Kennedy. 1998)

    또한 최근에 Gardenfore or Osvath는 상징발달 이론을 뒷받침하는 가설로서 전망적 인지력의 가설을 내세웠다. 이들이 보기에는 오늘날 인간

언어의 제일 큰 특징은 하나의 정교한 상징적 의사소통체계라는 점에 있어서는 많은 사람이 동의하면서도 어떻게 인간만이 상징력을 갖게 되었는가에 대해서는 아직도 그저 높은 수준의 일반적 인지력의 발달로 상징력이 생겨 나왔다는 식의 '인지적 선행자'설만이 존재하고 있을 정도로 깊은 관심을 보이지 않았었다. 그리고 굳이 따지면 이 문제와 관련해서 인지적 선행자설과 함께 유행하던 이론에는 '사회적 상호교섭설' 같은 것도 있었는데 이것은 이들이 보기에는 인지적 선행자설보다 더 미약한 이론이었다. 그 이유는 궁극적으로는 영장류도 서로 일정한 형태의 사회적 교섭을 수행하고 있기 때문이었다.

이래서 이들이 내세운 것이 바로 '전망적 인지력'의 가설이었다. 이들의 정의에 따르면 전망적 인지력은 미래의 필요를 미리 계획하는 지력으로서 일반적 인지력보다 한 차원 높은 것임과 동시에 오직 인간만이 가지고 있는 특이한 능력이었다. 이런 특이한 지력이 바탕이 되어 태어난 것이 일종의 격리된 표현체계인 상징체계이었고, 이것은 곧 사회적 구성원 상호 간의 의사소통용으로 쓰이게 되었다. 이들은 자기네 가설의 타당성을 뒷받침할 수 있는 증거로서 'Oldowan' 지역에서 발견된 석기문화에는 이른바 장거리 문화로 판단될 수 있는 요소들이 적지 않게 들었다는 사실을 내세우기도 했다. (Gardenfors and Osvath. 2010)

이런 의미에서 볼 것 같으면 우선 사회적 지능발달설을 일종의 제3의 이론으로 구별하는 것 자체가 무의미한 일인 것처럼 보이기도 하는데, 그 이유는 언어적 사실이 아니라 그것의 발생적 원인을 논쟁의 주제로 삼는다는 의미에서는 분명히 이것은 Studdent-Kennedy의 '미립자 원리'의 이론이나 Gardenfors와 Osvath의 '전망적 인지력'의 가설과 크게 다르지 않기 때문이다. 그런데도 여기에서 굳이 이렇게 한 이유는 이것은 기존의 언어학적 이론들과 확실하게 대비가 되는 일종의 사회학적 이론이기 때문이다. 완고한 진화론자가 아니더라도 인간의 본성이나 문화적 기구가 일찍이 일정한 크기로 삶의 공동체의 크기를 확장시킨 다음에 발달 되었으리라는 것은 어렵지 않게 추리해볼 수 있다. 그런데 그동안에 이것처럼 그런 사회학적 발상법을 하나의 언어진화설로 발전시킨 예는 아주 드물다.

다섯 번째로 이것은 이른바 '마음의 이론(Theory of mind)'의 이론을 창조적으로 내세우게 될 만큼 독창적인 이론이다. 우선 이 이론은 지금의 사회학을 움직이고 있는 원리나 이론과는 아무런 관계도 없을 뿐만 아니라, 어떤 의미에서는 그것에서 원용해 갈 만한 가치가 있는 특이한 이론이다. 예컨대 Duntan의 설명에 따르면 인간에게 언어가 발달할 수 있었던 것은 다른 사람의 정신상태를 이해하는 능력, 즉 마음의 이론을 마음대로 구사할 수 있는 능력을 갖추고 있기 때문인데, 이런 인간 고유의 인지력은 일찍이 그의 두뇌의 크기가 갑자기 커지면서 전두엽 앞의 신피질이 Broca 영역이나 Wernice 영역보다 더 커지게 되면서 생겨난 것이었다. 두말할 필요도 없이 이것도 궁극적인 의미에서는 일종의 인지심리학적 이론이다. 그러나 그동안에 심리학에나 사회학에서 이런 부류의 이론이 제안된 적이 없다.

또한 Dunbar의 이론은 자주 '손질(Gloooming)'이론으로 불리기도 하는데, 이점 역시 이것이 얼마나 독창적인 이론인가 하는 것을 웅변적으로 드러내 주고 있는 증거이다. 좋게 말해서 독창성이지 나쁘게 말하면 가공성이 결국에는 그의 이론의 제일 큰 특징이라는 것을 드러내 주는 사실로는 원래는 주로 손으로 하는 가족 간의 손질이었던 것이 구성원의 수가 150명에 이를 만큼 사회의 규모가 커졌을 때 상호 간의 '잡담'이 사회적 손질의 역할을 수행하게 되었고, 바로 그것이 언어의 최초의 형태였다는 식의 그의 언어탄생 절차에 대한 특이한 설명이다. 그가 또한 지금의 대화의 60-70%가 사회적 문제에 관한 것이라는 사실을 자기의 손질이론의 타당성을 뒷받침하는 유일한 증거로 내세우고 있다는 점도 우리로 하여금 그의 이론의 특징을 나타내는 말로는 독창성보다는 가공성이 더 적절한 것 같다고 판단하게 한다.

여섯 번째로 이것은 하나의 대표적인 반언어학적 내지는 반 촘스키적 이론이다. 앞에서 이미 말이 나왔듯이 지금의 언어진화 연구에서는 전통적인 진화론파와 최근의 촘스키의 언어이론파가 도전 대 응전식의 맞대결을 벌이는 식의 역사상 초유의 사태가 전개되고 있다. 물론 이들 두 파들은 기본적으로 정반대적인 언어관이나 언어진화관을 가지고 있는 탓으로 이상적으로 말하면 각각이 상대방의 약점을 보완하여 진일보한 언어진화론을 만들어내는 데 일정한 이바지할 것 같은데, 사실은 그와는 반대로 각각이 상대방의 약점을 집요하게 공격하는 데만 전념하고 있다. 더구나 이런 평행선적인 사태가 언제, 어떻게 끝날지는 아직 아무도 모른다.

이런 대결의 판국에 이것과 같은 강력한 신진화론적 이론이 나오게 되었다는 것은 의미하는 바가 매우 크다. 예컨대 Dunbar는 처음부터 촘스키의 이론을 의식한 나머지 언어의 돌연 출현이라는 '루비콘강'은 아예 존재할 수도 없게 존재하지도 않았다고 선언하고 나섰다. 굳이 그런 사태를 찾아내면 그전까지 영장류가 공유하던 의사소통체계가 오직 인간에게 있어서만은 약 5만 년 전인 구석기 시대에 상징언어로 바뀌게 된 나머지 일종의 생물학적 균형상태를 유지할 수 있게 된 사건을 들 수 있다는 것이 그의 설명이었다. 오직 인간에게 있어서만 이런 변화가 일어날 수 있었던 것은 사회집단의 크기의 증가와 두뇌의 크기의 증가가 원인이 되어서 마음의 이론의 능력을 그가 갖게 되었기 때문이라고 그는 보았다. 물론 굳이 따지면 이들 중 원천적 원인이 되었던 것은 첫 번째 것이라는 점을 그는 강조했다. 결국에 그는 ① 큰 집단의 생활요구, ② 두뇌 크기의 증가, ③언어진화 식의 언어진화의 3단계설을 내세우다 보면 촘스키의 언어진화 이론의 무의미성은 저절로 드러나게 되어 있다고 생각했다.

그런데 사실은 오늘날 사회적 지능 발달설을 지향하고 있는 이론에는 손질과 잡담설로 불리는 Dunbar의 것만 있는 것이 아니다. 오직 인간만이 마음의 이론의 능력을 갖추게 된 나머지 그는 일정한 크기의 사회를 영위할 수 있게 되었고, 그 결과 언어라는 유능한 기구를 발달시킬 수 있었다는 그의 발상법이 심리학적으로나 사회학적으로 그럴싸한 것이기에 그의 이론이 오늘날 사회적 지능발달설을 대표할 수 있게 된 것은 누구도 부인할 수 없다. 그러나 언어진화에 관해서 이런 부류의 시나리오를 제안하고 있는 사람은 그만이 아니다. 예컨대 이른바 사회적 두뇌의 가설을 제일 먼저 내세운 사람은 Byrne과 Whiten이었고, 그밖에 Barton과 Cheney, Seyfarth 등도 그동안에 사회적 지능의 발달을 기본 개념으로 한 언어발달설들을 제안했었다.

그러나 여기에서는 이상과 같은 유사한 성격의 이론들의 발전과정을 역사적으로 검토하는 수고를 피하고서, 이런 부류의 이론의 장래성에 대해서 가장 고무적인 견해를 내놓은 논문 중 하나를 골라서 그것의 내용을 검토해보기로 했다. Worden이 일찍이 발표한 「The evolution of language from social intelligence(사회적 지능으로부터의 언어의 진화)」라는 논문이 바로 그것이었는데, 이것이 선택된 이유는 마음의 이론에 의한 언어진화의 시나리오를 컴퓨터적 모형으로 모형화한 것이기 때문이다. 어떤 의미에서는 사회적 지능 발달설의 발달설의 발달에 관한 한 Dunbar의 논문보다 이것이 더 크게 이바지했다고 볼 수 있는데, 우선 이것에는 최초로 컴퓨터 모형화라는 최첨단 연구법이 적용되어 있다는 점 이외에도, 언어진화 이론은 마땅히 인류 진화과정 상의 제약을 위시하여 언어 사용상의 제약, 신경생리학적 제약, 컴퓨터적 제약 등에 부합되어 있어야 한다는 식의 거시적 구상법이 적용되었다는 점 등이 그런 판단의 근거 있었다.

예컨대 이 논문에서는 인간의 언어의 발달과정을 일단 아래의 도표와 같이 네 개의 단계로 나누게 될 것 같으면 어떻게 언어는 200만 년이라는 긴 기간에 그렇게 빠르게 진화할 수 있었는가라는 '진화적 수수께끼'가 저절로 풀리게 된다고 내세우고 있다. 여기에서는 언어는 결국에 새로운 연산적 능력이 필요하지 않았기 때문에, 다시 말해서 마음의 이론이 기저가 된 사회적 지능과 같은 기존의 인지적 기능을 그대로 적용하기만 하면 되었기 때문에 그렇게 빠르게 진화할 수 있었다고 설명하고 있다. 이런 의미에서는 이것은 신 다윈주의적 이론의 타당성을 실증하고 있는 논문이었다. (Worden, 1998. p.149)

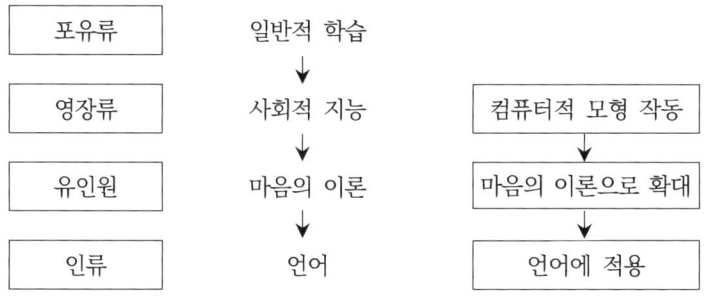

그런데 여기에서는 세 번째로 Deacon의 상징지시설의 실체도 자세히 살펴보기로 하였는데, 우선 사회적 지능발달이라는 측면에서 보면 이 이론은 Dunbar나 Worden의 이론과 적지 않은 차이성을 드러내고 있는 것이기에, 이렇게 한 의도나 이유를 일단 밝히는 것이 순리인 것 같다.

이렇게 한 이유 중 첫 번째 것은 이것은 분명히 발상법이나 논리성상 Dunbar의 이론에 뒤지지 않는 신진화론적 이론이기에 그의 것과 함께 촘스키의 도전에 대한 하나의 가장 강력한 응답이론일 수 있기 때문이다. 이 이론에서는 예컨대 Dunbar의 이론에서와 마찬가지로 언어진화의 과정상 문법출현이라는 '루비콘강 건너기'의 사건을 상정하는 것은 하나의 아전인수격적인 허구에 지나지 않는다는 점이 강조되고 있다.

이렇게 한 이유 중 두 번째 것은 언어와 두뇌는 결국에 공진화적으로 진화했는데, 이 말은 곧 일정한 지력이나 지능의 발달이 언어 발달을 유도 내지는 선행했다는 말로 바뀔 수 있다고 생각했다는 점에 있어서 이것과 Dunbar의 이론 간에는 일정한 유사성이 있기 때문이다. 물론 엄밀하게 따지면 Dunbar의 이론에서는 사회적 지능을 이런 지력으로 본 데 반하여, 이것에서는 상징력을 이런 지력으로 보았으니까, 이런 두 지력을 하나의 같은 차원의 것으로 볼 수는 없다. 다시 말하면 이것에서는 언어를 상징적 체계로 볼만큼 상징력을 가장 높은 수준의 지력으로 보고 있는데, 반하여 Dunbar의 이론에서는 마음의 이론으로 구체화한 사회적 지능을 정보교환의 용이화를 꾀하기 위하여 음성언어를 만들어내 지력으로 보고 있으니까, 이들 두 지력이 같은 차원의 것은 아님이 분명하다. 그렇지만 인간 특유의 지력이나 지능의 발달이 언어의 발달을 유도했다고 보았다는 점에 있어서는 이들 두 이론은 똑같다고 볼 수 있다.

이렇게 한 이유 중 세 번째 것은 마치 Dunbar의 이론의 약점은 바로 "전두엽 앞의 신피질이 Broca나 Wernicke의 영역보다 큰 이유는 마음의 이론의 능력이 있기 때문이라"는 정도의 설명 외에는 신경생리학적 언급이 없다는 점이라는 점을 부각하려고 하듯이 이것에서는 두뇌의 발달 과정에 관해서 '치환의 절차'를 따로 설정할 정도로 높은 수준의 신경생리학적 검토가 이루어지고 있기 때문이다. 이런 의미에서 보면 둘 다 일종의 거시적 언어진화설이면서도 적용된 접근법은 서로 다른 것이었다고 볼 수 있다. 결국에 이런 신경생리학적 이론을 거울로 삼았을 때만 Dunbar의 이론의 실체는 더 잘 드러나게 되어 있을 것이다.

이렇게 한 이유 중 네 번째 것은 이것에서는 촘스키의 언어학적 도전과 관련해서 이른바 '볼드윈(Baldwin)적인 진화절차'라는 정면 승부적인 대안을 제안하고 있기 때문이다. Dunbar의 이론에서의 문법 문제에 대한 대응은 예컨대 SVO나 OVS, SOV 등의 어순은 인간이 세상에 대한 지식을 저장하는 틀이었다고 내세우는 식으로 간접적이거나 회피적이었다. 그러나 이것에서는 학습된 행위는 유전질적 변화의 원인으로 작용한다는 볼드윈적인 진화이론을 맞는 것으로 받아들임으로써, 한편으로는 고전적 진화론의 단점을 보완할 수 있으면서 다른 한편으로는 촘스키 문법의 돌연출현설에 대한 하나의 대안을 내놓을 수 있는 식의 일거양득적인 효과를 거두고 있다. 이런 의미에서도 이것과 Dunbar의 이론을 비교하는 일은 의미 있는 일임이 분명하다.

이렇게 한 이유 중 마지막이며 다섯 번째 것은 자세히 살펴보게 되면 이들 두 이론 사이에서 공통점도 발견할 수 있기 때문이다. 예컨대 Dunbar의 이론에서는 인류는 약 5만 년 전인 구석기 시대에 상징언어를 갖게 됨으로써 생물학적 균형상태를 유지할 수 있게 되었다고 내세울 만큼 인류 진화 과정에서의 상징언어의 출현의 의의를 결정적인 것으로 보고 있다. 그러니까 이것에서도 상징력을 인간의 지력 중 가장 높은 차원의 것이라는 점과 인간의 언어는 결국에 일종의 상징적 체계라는 것을 익히 인정하고 있었다. 그런가 하면 Deacon은 상징은 일찍이 가족 공동체에서 집단응집성을 유지하는 수단으로서 탄생하였다고 주장함으로써, 언어는 결국에 사회적 정보교환의 방편으로서 개발되었다는 식의 Dunbar의 견해와 유사한 견해를 그가 가지고 있음을 드러냈다. 마지막으로 이들 두 이론은 모두 언어를 여러 가지 생물학적 요소와 문화적 요소들이 오랜 기간에 걸쳐서 다수준적인 공진화 과정을 밟은 결과 생겨난 것으로 보는 식의 일종의 거시적 언어진화설이다.

6.2. Dunbar의 마음의 이론설

일반적으로 마음의 이론의 이론으로 불리는 Dunbar의 언어진화설은 그 자신부터가 으레 예컨대 1998년의 「Theory of mind and the evolution of Languege(마음의 이론과 언어진화)」라는 논문의 제목에서처럼 마음의 이론의 개념을 자기의 언어진화설의 핵심사상으로 내세우고 있음에도 불구하고, 사실은 가장 대표적인 사회적 지능 발달설로 보는 것이 마땅한 일일 텐데 이런 판단의 근거로 내세울 수 있는 사실 중 한 가지는 그 자신이 자기이론을 소개하는 과정을 크게 '언어의 기능'을 논의하는 단계와 '마음의 이론'의 실체를 밝히는 단계, '언어진화의 역사'를 구명하는 단계 등의 3단계로 나누고 있다는 점이다. 마음의 이론의 개념이 그의 언어진화설의 핵심적 사상인 것은 틀림이 없지만, 그런 개념을 그가 갖게 된 동기나 배경적 언어관을 제대로 알기 전에는 그것의 실체를 정확히 파악할 수는 없을 것이라고 그는 생각했다.

그는 우선 흥미롭게도 언어연구에 있어서는 어떤 성격이나 종류의 것이든지 간에 으레 일정한 양의 언어진화에 관한 연구가 필수적이라는 점을 강조하기 위하여 1963년에 Tinbergen이 내세웠던 'Four whys(네 개의 왜)'의 이론의 요지를 소개하는 일을 자기 논문의 서론으로 삼았다. 기능(목적)과 기구(구조), 개체 발생론(발달), 계통 발생론(진화적 역사) 등이 바로 네 개의 '왜'인데, 논리적으로는 이들에 관한 연구는 응당 각각 개별적으로 이루어져야 마땅한 일이지만, 언어의 특성을 제대로 파악하기 위해서는 이들의 연구가 공동으로 이루어져야 한다는 것이 Tinbergen의 주장이었다. 자기 논문의 구조도 물론 이들 네 가지 외에 대한 해답을 차례대로 찾아 나가는 식의 것이 되리라는 것이 그의 설명이었다. (Dunbar, 1998)

먼저 언어의 기능에 대한 그의 해답은 그것에 관한 일반적인 속설에 대한 반박으로부터 시작하여 그것에 대한 자기 나름의 대안의 제안으로 마무리가 되는 식으로 이루어졌다. 언어진화론자들 사이에서 그동안에 널리 회자 되어왔던 언어의 기능에 대한 속설은 언어는 두뇌가 커지면서 생겨난 것인데, 서로의 정보전이를 용이하게 해주는 것이 그것의 기능이었다는 것이었는데, 이런 속설을 뒷받침하는 진화론적 이론으로는 '선택적 이익이론'이 제안됐었다. 그렇지만 생물학적으로 보면 선택적 이익이론을 이런 속설의 배경이론으로 내세운다는 것은 크게 불합리한 일임이 분명한데, 그 이유는 무게가 성인의 체중의 2%밖에 되지 않는 두뇌는 전 신체의 소비열량의 20%를 소비하고 있기 때문이었다. 이런 사실은 곧 서로 외계의 사실적 정보를 더 쉽게 교환할 수 있게 하려고 두뇌의 크기가 지금의 것처럼 켜졌다는 설명법은 진화론에서 말하는 선택적 이익이론과는 전혀 어울리지 않는 것임을 익히 드러내 주고 있었다.

그의 견해로는 그렇다면 진화론자들은 이제는 마땅히 선택적 이익 이론 대신에 선택적 압력이론을 내세워야 할 때가 왔다고 생각하게 마련인데, 이런 움직임은 최근에 이른바 '사회적 두뇌의 가설'을 내세우는 연구집단의 출현으로 구체화하였다. 간단히 말해서 이들은 이제 상고 때 인류의 진화를 이끈 선택적 압력의 힘은 환경적이거나 기술적인 것이 아니라 사회적이었다고 생각하게 되었는데, 이 말은 곧 옛날의 인류에게 있어서는 크고 고도로 구조화된 사회적 집단을 유지해야 할 필요가 생태적 문제를 해결해야 할 필요보다 훨씬 더 중요했다는 의미일 수 있었다. 이들은 실제로 자기네 가설의 타당성을 실증하는 사실로서 영장류는 생태적 문제를 해결해야 할 필요보다 훨씬 더 중요했다는 의미일 수 있었다. 이들은 실제로 자기네 가설의 타당성을 실증하는 사실로서 영장류는 생태적 문제를 해결하는 데 있어서보다 사회적 문제를 해결하는 데 있어서 훨씬 더 유능한데, 이런 사회적 기술의 기저가 되는 것이 바로 '마키아벨리적(Machiavelli) 지능'이라는 사실을 내세우기도 했다.

그런데 그가 보기에는 이들이 그동안에 자기네 가설과 관련해서 밝혀낸 사실 중 가장 결정적인 것은 바로 영장류에 있어서는 사회적 집단의 크기는 신피질의 크기와 밀접히 연관되어 있다는 것이었다. 특히 그가 보기에는 이런 관련성과 관련해서 찾아낸 사실 중 제일 중요한 것은 인간의 경우에 있어서는 신피질의 크기로 미루어보아서 사회적 집단의 크기는 150명으로 추리될 수 있다는 것이었다. 그런데 이런 추리의 타당성을 가장 강력하게 뒷받침할 수 있는 사실로는 이런 크기의 사회적 집단은 전통적 상황과 현대적 상황 모두에 있어서 '단조로운 빈도성'을 보일 정도로 쉽게 발견될 수 있다는 점을 들 수 있었다.

그런데 그의 생각으로는 사회적 집단의 크기의 문제를 논의하는 자리에서는 반드시 사회적 손질의 문제가 동시에 논의되게 되어 있는데, 그 이유는 손질은 원래가 사회적 집단을 유지하게 시켜주는 주요 수단인 탓으로 집단의 크기와 손질에 쓰이는 시간 사이에는 으레 일종의 선형적 관계가 성립되게 되어 있기 때문이었다. 그런데 이들의 계산법에 따르면 150명의 집단이 효과적인 상태로 사회적 결합이 이루어져 있으려면 낮 시간 전체의 40% 이상을 손질에 사용해야 한다는 계산이 나왔다. 지구상 어떤 종도 굶기를 각오하지 않는 한 이렇게 많은 시간을 사회적 상호교섭에 쓸 수는 없었다. (Ibid. p.95)

그가 보기에는 이래서 결국에 상고 때의 인류는 생태적 압력에 따라서 집단의 크기를 증가시킬 것인가와 시간적 예산과 에너지 제한에 따라서 이런 증가를 막아야 할 것인가 사이의 딜레마에 직면하게 되었을 것이었다. 그러나 종의 소멸이냐 아니면 이 딜레마의 해결이냐의 중요한 분기점에서 인류는 언어를 진화함으로써 시간적 예산상의 제약을 '고르디오스(Gordius)의 매듭'처럼 단 한 번에 해결하는 두 번째 책략을 택했다. 언어가 효과적인 수단일 수 있는 것은 사회적 손질은 두 사람 사이에서만 이루어질 수 있는 데 반하여 언어로는 그런 접촉 없이 세 사람을 동시에 손질할 수 있는 탓으로 많은 양의 시간적 절약이 이루어질 수 있기 때문이었다.

그동안에 몇몇 학자들에 의해서 언어로 인류가 사회적 상호교섭을 하게 됨으로써 얼마만큼의 시간적 이득을 보게 되었는가에 관한 인류학적 연구가 이루어졌었는데, 연구 대상의 인종이나 문화는 '스코틀랜드'의 '던디(Dundee)' 지역의 산업 문화로부터 '탄자니아'의 '마사이(Masai)' 지역의 목축문화나 '아프리카'의 '아이보리코스트(Ivory coast)' 지역의 농경문화에 이르는 식으로 다양했는데도 그 결과는 비슷했다. 이들의 연구에 따르면 눈을 뜨고 있는 시간을 16시간으로 잡고 보았을 때 그것의 20%인 3시간 정도가 회화에 쓰이고 있었다. 이런 결과를 근거로 Dunbar는 '인간은 유인원과 똑같은 양의 한정된 사회적 시간을 사용하되, 그것을 더 많은 개인과 접촉할 수 있는 더 효율적인 방법으로 쓰게 된다는 것이 차이점'이라는 결론을 내릴 수 있었다. (Ibid, p.98)

그런데 그가 보기에는 언어의 주된 기능은 바로 크고 확산한 사회적 집단에서 사회적 정보를 교환할 수 있게 함으로써 결과적으로는 구성원들 간의 사회적 유대를 강화하는 것이라는 것을 뒷받침하고 있는 또 다른 증거는 자연스러운 인간의 회화의 60~70%는 예컨대 누가 누구와 무슨 일을 하고 있다든지, 개인적 경험이나 호불호에 관한 이야기 등과 사회적 문제에 관한 것이었다. 물론 언어적 이득 가운데는 사회적 기관이나 선전을 감시하고 통제하는 능력도 들어있었다. 그러나 그의 생각으로는 현대사회에서의 '마키아벨리적 행위'는 사회적 집단이 커짐에 따른 결과이지 그것의 원인은 아니었다. 이런 의미에서 볼 때 자기의 사회적 정보(잡담) 이론과 마키아벨리적 지능이론은 서로 대척적인 것은 아니었다.

그의 논문에서 두 번째로 다루어진 것은 마음의 이론이라는 인간 특유의 인지적 기구였다. 언어학자들은 으레 언어가 정보교환이라는 기본적 기능을 수행할 수 있으려면 그것은 문법을 가지고 있어야 한다고 내세우는데 그의 생각으로는 그것에 못지않게 중요한 것이 그것의 사용자인 인간이 상대방의 마을을 제대로 읽을 수 있는 능력, 즉 마음의 이론의 능력을 갖추고 있어야 한다는 점이었다. 우선 그의 견해로는 문법은 심층적 기저구조의 한 표현체에 지나지 않았다. 우선 개별적 문법의 외형은 예컨대 'SVO'나 'OVS' 'SOV' 등으로나 아니면 단순구문이나 복합구문 등으로 다양화되어 있지만 그렇다고 해서 이들의 심층구조는 행위자와 행위 및 수령자 간의 일종의 서열화된 관계를 나타내는 것이라는 사실이 달라지는 것은 아니었다.

일찍이 Johnson-Laird는 이런 사실을 근거로 해서 '정신적 모형(mental models)'의 가설을 내세우기도 했는데, 동물들은 자연적으로 이 세상의 사건을 문법적 형식으로 부를 수 있는 양식으로 기호화한다는 것이 그 요지였다. 그런데 그의 생각으로는 동물들의 인지법이 이렇게 된 것은 자연 자체가 자연적으로 이런 식으로 조직되어 있기 때문이었다. Johnson-Laird의 말을 빌리면 세상의 자연적 절차를 이런 식으로 해부하는 것은 사건에 대한 지식을 저장하는 데 있어서나 세상의 미래상태를 예측하는 데 있어서 가장 효과적인 방법이었다. 'SVO'나 'OVS' 중 어느 것을 택하느냐 하는 것은 자의적인 절차일지 모른다. 그렇다고 해서 심층적 문법구조는 세상을 해부하는 자연적 방법의 파생물이라는 사실이 달라지는 것은 아니었다. (Ibid, p.101)

그러나 그가 보기에는 언어가 이런 인지적 유형과 일치되어 있어야 할 이유에는 또 하나가 있는데, 언어는 정형적인 서술을 단순히 기호화하고 해독하는 일 이상의 것을 요구하게 되어 있다는 것이 바로 그것이다. 예컨대 성공적인 회화에 있어서는 으레 Grice가 말하는 화자의 의도성이 문법보다 더 중요한 기능을 수행하게 되어 있었다. 그리고 Sperber와 Wilson의 관련성 이론에서는 회화적 절차란 결국에 표출된 자료를 근거로 해서 상대방의 의도된 메시지를 정확하게 감청하고 해석해내는 절차이었다. 또한 자연언어에 있어서는 누구에게나 은유적 표현을 제대로 사용하거나 해석하는 일이 무엇보다도 중요한 일이었다.

그런데 그의 견해로는 상대방의 의도를 제대로 파악하는 능력은 언어적 능력이 아니라 일종의 인지적 능력이었다. 마음의 이론으로 명명된 이 능력은 구체적으로 말해서 다른 사람의 정신상태를 이해하는 능력인데 이것은 우선 오직 인간만이 가지고 있는 능력이라는 점이 제일 중요한 특징이었다. 다시 말하면 마음의 이론이 없다면 오늘날 우리가 알고 있는 것과 같은 언어는 존재할 수 없다고 단언할 수 있을 만큼 인간언어에 있어서의 그것의 중요성을 결정적이고 막대했다. 특히 이 능력이 없다면 인간에게는 시도 있을 수 없고, 소설도 있을 수 없었다. 그가 보기에는 현대소설의 작법에서는 우리는 최소한 제5차 서순의 의도성을 소유하고 있다는 것을 전제하고 있었다.

이렇게 보면 마음의 이론의 능력의 특징 중 제일 중요한 것은 이것은 결국에 일종의 고 비용적인 지력이라는 점인데, 이것을 실증해주는 증거로는 두 가지를 들 수 있었다. 그중 첫 번째 것은 그가 최근에 Kinderman 과 Bentall과 함께 실시한 정상적 성인들을 대상으로 한마음의 이론의 능력에 관한 실험의 결과이었다. 이들의 과제는 마음의 이론의 능력에 의해서만 제대로 해석될 수 있는 이야기들과 단순한 인과관계성과 사실의 암기만으로도 제대로 해석될 수 있는 이야기들을 읽고서 이해도를 측정하는 일이었는데, 그 결과는 예측했던 대로 제4차 서순의 삽입성이 바탕이 된 이야기들까지는 오류의 비율이 5~15%로 비교적 낮은 데 반하여 삽입성의 서순이 제5차나 제6차로 증가한 이야기들에 있어서는 그것이 무려 60%까지 올라갔다. 이 실험을 통해서 이들은 대부분의 일상생활적 상황에서는 제2차 서순의 의도성밖에 요구되지 않을 것이라는 추측도 익히 할 수 있었다.

그중 두 번째 것은 Worden이 최근에 사회적 지능발달의 모형을 컴퓨터로 시뮬레이션해보는 과정에서 알게 된 사실이었다. 이 과정을 통해서 그는 언어가 진화하는 데 든 비용은 문법적 모듈을 만드는 데 든 비용이 아니라 마음의 이론의 모형을 만드는 데 든 비용이었음을 발견하게 되었는데, 이런 발견의 주된 근거가 된 것은 두뇌의 구조적 특성이었다. 예컨대 그의 연구에 의할 것 같으면 주된 언어영역으로 알려진 브로카 영역과 베르니케 영역의 크기는 전두엽 앞부분의 신피질의 그것보다 훨씬 작은데, 여기는 바로 사회적 기능이나 마음의 이론의 능력을 관장하는 곳이었다. 그의 연구로 결국에 언어는 두뇌가 지금의 것과 같은 초대형의 것으로 진화하는 데 주된 수동력으로 작용하지 않았음이 분명해졌다. (Ibid, p.103)

마음의 이론이라는 두 번째 주제에 이어서 그의 논문에서 세 번째로 다루어진 것은 언어기원의 시기에 관한 것이었다. 그와 Aiello는 1993년에 어떤 시점에 손질 시간의 요구가 더 효율적인 융합기구의 진화를 강요하게 되었는가를 알아내기 위하여, 신피질의 크기와 집단의 크기, 손질시간 강의 상관관계를 연구해보았는데, 여기에서 얻은 결론은 그 시점은 지금으로부터 25만 년 전과 50만 년 전 사이라는 것이었다. 이 말은 곧 시간상 언어의 진화는 '호모 사피엔스'의 출현과 일치한다는 의미였다. 물론 이 말은 다시 '호모 에렉투스'와 '호모 사피엔스' 간의 경계시점에 언어가 태어났다는 의미일 수도 있었다.

그가 이런 결론과 함께 알게 된 또 한 가지 중요한 사실은 언어진화의 과정이 돌발적인 것이 아니라 원활한 것이었다는 점이었다. Bickerton이 1990년에 나온 'Language and Species(언어와 종)'이라는 책에서 지적했듯이 그동안에 많은 언어학자는 언어 출현의 과정에 일종의 '루비콘강'이 있었음을 주장해왔는데, 이런 주장은 잘못된 것이었다. 다시 말해서 언어는 기존의 영장류의 의사소통체계에 점점 더 복잡한 계층이 추가되는 식으로 조금씩 누진적으로 진화되었음이 분명했다.

1993년의 그와 Aiello의 논문에서는 이상과 같이 연속성의 패러독스라는 가장 근본적인 논쟁에 대한 그들 나름의 입장이나 견해뿐만 아니라, 그들이 내세우는 언어진화설의 두 가지 핵심적 문제에 대한 해답도 제시되었는데, 그중 첫 번째 것은 언제 어떻게 해서 성음적 언어 대신에 상징적 언어가 탄생하게 되었는가에 대한 것이었다. 우선 이들은 상징적 언어가 태어난 시기를 지금으로부터 5만 년 전인 초기 구석기 시대로 보았다. 이때는 바로 다양한 고고학적 증거로 상징주의가 문화의 주된 특징으로 자리 잡게 된 때임이 확실하게 드러난 시기인데, 이런 증거 중 대표적인 것이 장묘문화의 발달이나 비기능적 도구 문화나 장식문화의 발달 같은 것들이었다. 이 시기는 간단히 말해서 인류의 문화 전체에 일종의 혁명이 일어났던 때이었다.

그다음으로 성음적 언어가 상징적 언어로 탈바꿈하게 되는 과정에 관해서는 '상징적 언어는 기존의 사회적 언어에 존재하지 않던 새로운 구조적 및 인지적 자질들을 구현하지는 않는 상태에서의 일종의 소프트웨어적 발달의 결과이었다'라는 식의 견해를 내놓았다. 사회적 집단의 규모가 점점 커짐에 따라서 재래적인 손짓을 보완해오던 성음적 손짓의 기능은 머지않아서 일정한 한계점에 도달하게 되었고, 결국에는 그것이 과도하게 복잡해진 복잡성으로 인하여 자멸하게 된 시점에 형이상학과 종교, 과학, 교육 등의 도구로 쓰일 수 있는 상징적 언어가 탄생하였다는 것이다.

그중 두 번째 것은 상고 때 왜 원인만이 사회적 집단의 크기를 증가시킬 수밖에 없었는가에 대한 것이었는데, 일단 '현재로서는 어떤 의결도 가진 것이 없다'라는 식의 황당한 대답을 내놓은 상태에서, 다음과 같은 두 가지 사실만은 분명히 밝혀둘 가치가 있다고 이들은 보았다. 그중 첫 번째 것은 이 문제에 대한 제대로 된 설명법이 없으므로 해서 이들이 내세우는 언어진화설의 타당성이 조금이라도 약화하는 것은 아니라는 점이었다. 사회적 집단의 크기는 현대인 때 이르러 커졌으며, 언어는 융합의 장치로서 진화했다는 이들의 견해에는 아무런 변화가 있을 수 없다는 것이었다. 다시 말해서 언어는 집단적 크기의 진화의 원인이 아니라 결과라는 것이 이들의 기본 입장이었다.

그중 두 번째 것은 언어의 탄생과 집단의 크기의 증가 간의 인과관계를 앞엣것과는 정반대로 언어의 탄생으로 집단의 크기가 커졌다는 식으로 설정할 수도 있지 않겠느냐는 질문에 대한 해답이었다. 이런 실문을 하는 사람들은 대개가 비 생물학자들인데. 이들이 공통으로 저지르는 잘못은 특정한 자질을 진화시키는 데 드는 비용은 상상외로 크다는 사실을 무시하는 것이었다. 그러나 지난 30여 년에 걸친 유인원의 행동에 관한 연구를 통해서 분명히 알게 된 사실은 집단생활에는 으레 일정한 비용이 든다는 것이었다. 그리고 이런 진리는 큰 두뇌를 진화시킬 때에도 똑같이 적용되었다. 따라서 이들 세 가지 변수들을 생물학적 균형이 유지될 수 있도록 통합시킬 방법은 그가 앞에서 제안한 대로 이들의 출현의 순서를 잡는 것뿐이었다. 즉, 큰 집단으로 사회를 진화시키려는 필요는 두뇌의 크기를 상향시키게 되었고, 이런 변화는 결국에 더 효율적인 융합의 수단으로서의 언어의 진화를 필요로 하게 했다는 것이 바로 그 순서이었다. (Ibid, p.106)

이상과 같은 세 가지 주제에 대한 논의를 최종적으로 마무리한다는 의미에서 그는 이 논문의 결론부에서 자기가 내세우는 사회적 지능발달설의 요지를 다시 강조하고 나섰다. 우선 그는 자기 자신부터가 언어의 기능이나 진화의 문제에 대한 자기의 견해는 진화심리학적 영역 밖에서의 통상적인 생각과는 정반대적인 것임을 잘 이해하고 있다고 선언했다. 우리는 지난 1세기에 걸친 통상적인 연구를 통해서 크게는 두 가지 중요한 교훈을 배우게 되었는데, 그중 첫 번째 것은 지난 세기에서의 인지심리학과 신경과학은 잘못된 방향으로 치달아왔는데, 인지적 내지는 두뇌적 기능은 주로 지각적 처리 절차와 관련되어 있다고 상정한 것이 바로 그것이었다.

그러나 그가 제안하는 사회적 두뇌의 가설에서는 영장류의 두뇌는 원대 매일매일의 사회적 문제를 다루기 위해서 진화했다고 상정하고 있으며, 따라서 인간의 모든 인지적 기술과 능력들을 이런 식의 진화 절차의 일종의 부산물로서 생겨났다고 간주하고 있다. 그중 두 번째 것은 만약에 우리의 두뇌가 사회적 문제를 다루기 위해서 진화했다면 똑같은 진리가 언어에서도 적용되리라는 것이었다. 지금까지의 언어연구는 이런 가정과 아무런 관계가 없거나 아니면 그것과 정반대적인 방향으로 이루어져 왔다. 따라서 이제부터는 언어의 기능과 그것의 처리방식(modus operandi)은 마땅히 물리적 세계에서가 아니라 사회적 세계에서 탐구되어야 한다는 것이 그의 견해이었다.

마지막으로 그는 일찍이 Bickerton이 1996년의 책에서 제기했던 문제에 대한 나름대로 대답을 내놓았다. Bickerton이 제기한 문제는 어떻게 언어학을 정식으로 전공하지도 않은 사람이 언어와 그것의 진화 문제에 대해서 그렇게 권위 있는 의견을 내놓을 수 있느냐 하는 것이었는데, 이것에 대한 그의 대답은 "언어학자가 연구하는 것 중 어느 것도 내가 논의한 문제들과 관련성을 가지고 있지 않다"라는 것이었다. 그는 "문법의 기능은 복잡한 생각들이 효율적으로 전달될 수 있게 하는 것이지만, 언어의 기능은 사회적 관계의 관리를 용이하게 하는 것이다. 다시 말해서 어떻게 언어가 우리로 하여금 사고를 전달할 수 있게 하느냐 하는 질문은 왜 사고를 전달하는 것이 유용한 일인가 하는 질문과 같을 수 없다"라는 말로써 그의 짧은 대답을 좀 더 긴 설명으로 보완하고 있다. (Ibid, p.107)

6.3. Worden의 사회적 지능설

Dunbar의 사회적 지능발달설이 자신이 지적했듯이 언어학적으로나 심리학적으로 다분히 반전통적인 학설인 이상, 그동안에 그것의 가치와 신뢰성을 인정하고서 그것과 관련된 생물학적 연구를 계속해나갈 사람은 많지 않았는데, 이런 고군분투적인 상황에서 천군만마의 지원군의 역할을 하게 된 것이 바로 Worden의 사회적 지능설이었다. 이것의 역할이 이렇게 큰 것은 이것은 우선 사회적 지능설을 컴퓨터로 시뮬레이션해본 것이기 때문인데, 실제로 Dunbar의 논문에서도 "인지적으로 보았을 때 마음의 이론은 대단히 고 비용적인 능력이라"라는 것을 실증하는 증거로 Worden의 시뮬레이션 모형을 들었다. 그의 논문을 통해서 익히 알 수 있듯이 언어진화설은 최소한 수십만 년 전으로까지 이야기가 거슬러 올라가야 하므로 어떤 성격이나 종류의 것이든지 간에 지금으로서는 많은 것을 추리하거나 가정한 상태에서 만들어질 수밖에 없게 되어 있다. 이런 약점을 최대한 보완할 수 있는 연구법이 컴퓨터 시뮬레이션법인데, Worden의 것은 이것의 효시였다.

그다음으로 Dunbar의 사회적 지능발달설의 위상을 높이는 데 Worden의 학설이 이렇게 큰 역할을 하게 된 또 하나의 이유는 언어진화의 속도에 관한 의견이나 아니면 사회적 지능의 위치에 관한 신경생리학적 근거를 제시함으로써 Dunbar의 학설의 약점들을 최대로 보완해주었기 때문이다. 그런데 무엇보다도 중요한 사실은 이것에서는 이른바 신진화론자들이 그동안에 구상해낸 진화의 틀 안에서 모든 작업이 이루어지도록 함으로써, 결국에는 Dunbar의 학설이 그동안에 제안된 다양한 신진화론적 언어진화설 중 가장 대표적이라는 것을 실증하게 되었다는 점이다. 예컨대 이것에서는 오직 "언어는 인간의 두뇌 안에서 새롭게 생겨난 것이 아니라 기존의 동물의 인지기능이 기저가 되어서 생겨난 것이라"라는 것을 익히 실증할 수 있는 언어진화설만이 과학적인 언어진화설로 평가될 수 있다고 주장되고 있는데, 이런 주장을 제일 먼저 한 사람은 Dunbar이었다.

세 번째로 Worden의 학설이 Dunbar의 학설의 위상을 높이는 데 큰 역할을 하게 된 세 번째 이유는 이것에서는 그동안에 사회적 지능발달설의 발전에 중요한 기여를 한 연구 업적들을 최대로 밝혀놓았기 때문이다. 예컨대 이것에서는 1990년에 Cheney와 Seyfarth가 '엠볼레시(Ambolesi) 국립공원에 있는 벨벳원숭이들의 행태에 대한 관찰 때문에 우리는 사회적 지능으로서 영장류는 어떤 기능을 수행하게 되는가를 구체적으로 알게 되었다고 밝히고 있고, 또한 1993년에 Passingham이 실시한 뇌생리학적 연구로 우리는 사회적 지능의 위치는 전두엽 앞의 복부 신피질이라는 것을 알게 되었다고 밝히고 있다.

Worden의 사회적 지능설의 실체는 1998년에 발표된 「The evolution of Languege from social intelligence(사회적 지능으로부터의 언어진화)」라는 논문에 잘 밝혀져 있는데, 이것을 구성하고 있는 모두 여덟 개의 부분 중 첫 번째 것에서는 '소개의 요약'이라는 제목 밑에서 이 학설의 핵심개념인 사회적 지능에 대한 정의와 이것의 장점이 소개되고 있다. 자기가 내세우는 사회적 지능설이 파격적인 학설이라는 사실을 지나치게 깊게 의식해서인지 그는 여기에서 논문의 서두에서부터 그것의 장점을 자화자찬하는 식으로 소개하는 파격적인 행보를 보인 것이다. 한마디로 말해서 사회적 지능설을 일종의 컴퓨터적 모형으로 모형화한 것은 자기의 것이 역사상 최초라는 것이 그의 자랑이었다.

그런데 사실은 그가 익히 자랑할 만한 것은 그의 이런 자랑 뒤에는 이런 모형화 작업이 왜 중요한가를 해명해주는 이론이 있다는 점이었다. 그가 보기에는 언어진화 이론은 크게 네 가지의 기준에 의해서 평가할 수 있는데, 이들 기준에 의할 것 같으면 자기의 학설이 최선의 것임이 저절로 드러나게 되어 있다는 것이다. 그중 첫 번째 것은 '진화적 기준'으로서 이것에 따르면 그것은 모름지기 인간 진화에 관한 화석의 증거와 우리 조상들이 받은 선택적 압력의 크기 등으로부터 도출된 진화이론상의 제약들과 일치하고 있어야만 했다. 쉽게 말해서 이것은 언어진화 이론은 인간의 진화이론과 일치하고 있어야 한다는 기준이었다.

그중 두 번째 것은 '언어 사용적 기준'으로서 이것에 따를 것 같은 그것은 으레 언어적 의미의 범위와 언어사용의 속도 및 용이성, 언어학습의 절차, 언어의 구조성, 언어의 다양성 등과 같은 우리가 언어에 대해서 이미 알고 있는 사실들과 일치하고 있어야만 했다. 그중 세 번째 것은 '신경생물학적 및 생리학적 기준'으로서 이것에 의할 것 같으면 그것은 모름지기 우리가 '페트(PET)검사법과 뇌손상 자료 등을 통해서 두뇌 내에서의 언어처리의 위치에 대해서 알고 있는 바와 일치하고 있어야만 했다.

그중 네 번째 것은 '컴퓨터적 기준'으로서 이것에 따르면 그것은 으레 두뇌 내에서 어떻게 언어가 연상되는가에 대해서 실제적인 설명법을 제공하고 있어야만 했다. 언어적 연산작업에는 언어적 의미의 표현법을 위시하여 언어이해 시의 어휘적 음성이 의미로 전환되는 절차, 언어산출 시의 그 방향이 거꾸로 되는 절차, 언어학습의 절차 등이 들어가 있었으니까, 여기에서 말하는 실제적 설명법이란 쉽게 말해서 두뇌를 하나의 컴퓨터로 본 입장에서의 설명법이었다.

그런데 여기에서 그가 제일 중요시하는 것은 이들 네 가지 기준들이 요구하는 바의 비중은 등가나 동질의 것이 아니고, 순서상 밑으로 내려옴에 따라서 그것이 점점 증가하게 되어 있다는 점이었다. 이것은 곧 이들 네 가지 기준 중 마지막 것인 '컴퓨터적 기준'이 가장 지키기 어려운 것이라는 말인데, 아마 이런 이유로 그동안에 제안된 언어진화 이론 중 어느 것도 '컴퓨터적 기준'을 기준으로 내세우지 않았을 것이었다. 그러나 그의 생각으로는 자기가 내세우는 언어진화 이론만큼은 분명히 이들 네 가지 기준을 모두 충족시키는 것이었다. 언어는 결국에 영장류의 사회적 지능이 발달해서 생겨난 것이라는 사실을 부각하기 위해서 사회적 지능설로 이름 붙였지만, 이것의 진짜 특징은 그것을 컴퓨터적 모형으로 모형화한 것이라는 점이었다.

그런데 그는 이 자리에서 인간에 있어서는 사회적 지능이 마음의 이론이라는 종 특이적인 지능으로 진화하게 되었다는 점을 강조함으로써 최소한 언어진화 이론상으로는 그의 학설은 결국에 Dunbar의 것과 같은 것이라는 사실을 실토하고 있다. 그러나 너무나 당연한 일이겠지만 그는 여기에서 Dunbar의 것과 자신의 것을 구별시켜주는 점은 바로 그런 이론의 타당성을 컴퓨터적 모형에 의해서 실증했다는 점이라는 것도 강조하고 있다. 다시 말해서 그는 오직 자기의 이론에 있어서만 200만 년에 걸친 오랜 언어진화의 과정을 일단 사회적 지능의 모형이 실제적 연산모형이 된 다음에 이것이 일차적으로는 마음의 이론의 실체를 드러내게 되고, 2차적으로는 언어 출현의 절차를 그려내게 되는 식으로 설명하고 있다고 내세우고 있다. 특히 그는 여기에서 자기가 만든 컴퓨터적 모형은 1977년에 Schank와 Abelson이 『Scripts, plans, goals and understanding: An Inquiry into Human knowledge structures(대본, 계획, 목표 그리고 이해·인간의 지식구조의 탐구)』라는 책에서 사용했던 것과 유사한 것임을 밝히고 있다. (Schank and Abelson, 1977)

이 논문의 두 번째 부분에서는 진화적 속도의 문제가 논의되고 있는데, 간단히 말해서 이것은 어느 언어진화 이론이 신 다원적 진화론과 일치하고 있으려면 그것에서는 마땅히 자연적 선택 절차에 의해서 두뇌가 신구조를 갖게 되는 데는 일정한 속도상의 한계가 있게 되어 있다는 점을 인정하고 있어야 한다는 그의 소신을 구체화한 부분이었다. 우선 그가 보기에는 이런 이론에서는 두뇌의 진화과정은 '세대당 1/10 비트(bit) 성도만 개선되는' 식의 아주 느린 과정임을 전제하고 있어야 했다. 최선의 경우 두뇌는 한 세대에 1비트 정도의 개선이 이루어진다고 볼 수 있는데, 질병 상의 저항이나 육체적 제약 등의 이유로 그것의 1/10만이 실제로는 작동하게 되는 것이었다.

그렇다면 이 숫자를 인류가 유인원으로부터 분리해 나온 35만 세대에 적용해 보면 작동된 정보의 총량은 5,000바이트에 이르렀다. 이것은 타자로 친 한 페이지에 해당하는 아주 적은 양의 정보인데, 바로 이것으로 인하여 인류는 언어를 창출할 수 있는 새로운 두뇌를 갖게 된 것이었다. 그런데 컴퓨터적 언어모형을 만들려는 사람이라면 누구나가 무한한 의미구조와 정교한 통사구조, 복잡한 언어사용절차, 복합적 언어습득절차와 같은 인간 언어의 전 기능을 5,000 바이트라는 적은 양의 정보로써 명시한다는 것은 불가능한 일이라는 것을 잘 알고 있었다. 그래서 그는 언어를 두뇌 내에서 새롭게 나타나게 된 것이 아니라 기존의 동물적 인지기능을 기저로 해서 진화가게 된 것으로 보는 식의 특이한 언어진화이론을 내세울 수밖에 없었다.

일단 이 이론에서는 언어는 지금으로부터 25만 년 전인 '호모 사피엔스' 때 생겨난 것이라는 지금까지의 대부분의 진화론자의 의견을 그대로 따르기로 했는데, 그렇다면 25만 년은 12,000세대에 해당하는 기간이니까, 두뇌가 이 기간에 새롭게 쓰게 된 정보의 양은 최대한 150바이트, 즉 한 단락에 담긴 정보밖에 되지 않았다는 결론이 나올 수 있었다. 이런 결론은 물론 언어를 두뇌 내에서 새롭게 나타난 것이 아니라 기존의 동물적 인지기능이 기저가 되어서 진화한 것으로 보는 그의 언어진화이론의 타당성을 강력하게 뒷받침할 수 있는 것이었다. 다시 말해서 그의 언어진화이론은 언어진화상의 속도적 한계성의 제약과 일치하는 이론이었다. (Ibid. p.151)

이 논문의 세 번째 부분에서는 영장류의 사회적 지능의 문제가 다루어지고 있는데, 그동안에 Cheney와 Seyfarth의 연구를 비롯하여 Tomasello와 Call의 연구, 그 자신의 연구 등에서 이 문제의 중요성이 익히 강조되어서 그런지 여기에서는 그 자신의 의견을 새롭게 개진하는 식이 아니라 다른 사람에 의해서 과거에 이미 밝혀진 사실들을 다시 소개하는 식의 토의법이 쓰이고 있다. 그가 보기에는 그동안의 영장류의 사회적 지능에 관한 연구 중 제일 의미 있는 것은 1990년에 Cheney와 Seyfarth가 '암보레시 국립공원'에 있는 버빗 원숭이들의 행동을 관찰한 것이었는데, 이를 통해서 밝혀진 것이 바로 사회적 지능을 갖기 위해서는 영장류는 다음과 같은 세 가지 능력을 갖추고 있어야 한다는 사실이었다.

이들 중 첫 번째 것은 과거나 현재의 사회적 상황에 관한 정보를 마음 안에 표현해 둘 수 있는 능력이었다. "Profumo는 Shelly의 엄마이다."나 "Shelly는 방금 소리를 질렀다."와 같은 것이 그런 사실이었다. 이들 중 두 번째 것은 하나의 사회적 상황이 또 하나의 상황을 끌어내는 인과적 규칙성을 학습하고 내적으로 표현해 둘 수 있는 능력이었다. "만약에 X가 비명을 지르고 Y는 X의 엄마라면, Y는 반응을 한다."와 같은 것이 그런 규칙성이었다. 이들 중 세 번째 것은 현재의 사회적 상황에 대한 지식과 그다음에 일어나는 일을 예측할 수 있는 인과적 규칙성에 관한 지식을 결합하는 능력이었다. 이 경우로 말하면 "Profumo가 반응을 할 것임"을 아는 능력이었다.

그가 보기에 이들 세 가지 능력 중 기본이 되는 것은 첫 번째 것인 사회적 상황을 마음 안에 표현해 둘 수 있는 능력인데, 이 능력이 제대로 발휘된 상태란 두뇌 내의 내적 표현체는 그것이 표현하는 사물의 자질과 상응 관계를 이루고 있는 상태였다. 예컨대 그것은 'V1'이라는 시각적 피질에 나타나 있는 시각적 장의 표현체는 시각적 장 자체가 가지고 있는 2차원적 자질과 일정한 상응관계를 이루고 있는 상태였다. 그가 보기에는 영장류의 두뇌에 표현된 표현체가 반드시 상응관계를 유지하고 있어야 할 사회적 상황의 자질에는 다음과 같은 다섯 가지가 있었다. (Ibid. p.153)

첫 번째로 하나의 사회적 상황은 구조화되어 있어야 했다. 그것은 신분과 성, 계급, 성격 등의 개인적 속성과 모자 사이와 솔질하는 사이, 위협적 등의 상관관계를 지닌 몇몇 개인으로 구성되어 있어야 했다. 두 번째로 그것은 복잡하고 개방적이어야 했다. 몇 가지 사건들이 어느 한 상황 내에서 같이 일어날 수 있어서, 결국에는 하나의 큰 셋 안에는 가능한 작은 셋들이 모두 들어있을 수 있어야만 했다. 세 번째로 그것은 분리된 가치가 부여된 요소들로 구성되어 있어야만 했다. 사회적 상황을 특징짓는 중요한 변수들은 으레 예컨대 신분이나 성, 인척관계, 동맹관계 등과 같은 분리된 가치를 지니고 있어야만 했다.

네 번째로 그것은 공간과 시간에 있어서 제한적이지 않아야 했다. 하나의 사회적 상황을 구성하는 사건들은 며칠이나 그 이상의 기간에 걸쳐서 일어날 수도 있고, 또한 전혀 다른 장소에서 일어날 수도 있어야만 했다. 다섯 번째로 그것은 모든 양태의 지각적 자료에 의존하고 있어야만 했다. 사회적 상황에 관한 중요한 정보는 시각과 청각, 취각, 동작, 육체적 느낌 등으로부터 얻어지게 되어 있었다. 다시 말하면 두뇌 안에 들어있는 사회적 표현체는 이런 지각적 자료와 반드시 연결되어 있어야만 했다.

그가 보기에는 그런데 사회적 표현체가 가지고 있어야 할 이상과 같은 다섯 가지 자질은 언어적 의미가 있어야 할 그것과 같았다. 다시 말해서 우리가 문장으로써 표현할 수 있는 의미는 첫 번째로는 구조화되어 있고, 두 번째로는 복잡하고 개방적이며, 세 번째로는 분리된 가치가 부여되어 있고, 네 번째로는 공간과 시간에 있어서 제한적이지 않으며, 다섯 번째로는 모든 양태의 지각적 자료에 의존하고 있었다. 이런 사실을 근거로 해서 그는 하나의 핵심적 가설을 설정할 수 있었는데, "두뇌에 들이있는 언어 의미의 내적 표현체는 영장류의 사회적 상황에 대한 표현

체로부터 비롯된 것이다."라는 것이 바로 그것이었다. (Ibid, p.153)

이 논문의 네 번째 부분에서는 언어사용과 마음의 이론에 관한 문제가 다루어지고 있는데, 우리의 언어사용의 능력은 다른 사람이 알고 있는 것을 미리 읽어내는 능력, 즉 마음의 이론의 능력을 기반으로 한 것이라는 학설의 타당성은 최근에 이르러 어린이의 언어습득과정에 관한 연구와 자폐증 환자의 언어사용에 관한 연구, 영장류의 행동양식에 관한 연구 등을 통해서 비교적 널리 밝혀지게 되었음에도, 실제에 있어서는 이 이론에 관한 연구는 다음과 같은 두 가지 문제에 있어서 서로 다른 견해가 제안되고 있는 상태에 놓여 있어서, 결국에는 이 이론은 '정리가 아직 안 된' 이론으로 평가될 수밖에 없다는 것이 그가 여기에서 내세우고 있는 점이다.

이들 중 첫 번째 것은 인간의 마음의 이론은 어떻게 작동하는가에 대한 것으로서, 크게 볼 것 같으면 이것에 대한 이론에는 '이론 이론'과 '시뮬레이션 이론'의 두 가지가 서로 맞서있다고 볼 수 있었다. 먼저 '이론 이론'은 1992년에 Gopnik과 Wellman이 「Why the child's theory of mind really is a theory(왜 어린이의 마음의 이론은 실제로 한 이론인가?)」라는 논문을 통해서 발표했던 것인데, 다른 사람의 마음에 대한 우리의 지식은 우리의 마음 안에 원리와 추리적 규칙의 형태로 구성된 하나의 명시적인 상징이론으로 구현되어 있다는 것이 그것의 요지였다. (Gopnik and Wellman, 1992)

그다음으로 '시뮬레이션 이론'은 1986년에 Gordon이 「Folk psychology as simulation(시뮬레이션으로서의 통속 심리학)」이라는 논문을 통해서 발표했던 것으로서, 우리는 우리 자신의 정신적 자원을 다른 사람들 것의 모형으로 삼아서 그들의 사고절차와 감정을 시뮬레이트하게 된다는 것이 그것의 요지였다. 그런데 흥미롭게도 실제로는 이들 두 이론을 하나로 합친 일종의 변이이론들이 인기를 끌고 있다는 점이었다. 결국에 이들은 모두가 통속 심리학적 발상법에 따른 것이라는 점을 고려한다면 이런 사태가 벌어지는 것은 하등 이상한 일일 수 없었다. (Gordon, 1986)

이들 중 두 번째 것은 다른 영장류들도 마음의 이론을 가지고 있는가에 대한 것으로서, 이것에 대한 지금까지의 통설은 원숭이와 같은 영장류는 마음의 이론을 가지고 있지 않다는 것이었다. 그러나 최근에 발표된 연구결과들은 Byrne과 Whiten이 1992년 실시한 현장 연구에서는 침팬지와 같은 영장류에게도 마음의 이론이 있는 것으로 드러난 데 반하여 1996년에 Povinelli가 실시한 실험실 연구에서는 그렇지 않은 것으로 드러나는 식으로 일치하고 있지 않았다. 특히 눈에 띄는 점은 Povinelli의 부정적 견해는 어린 침팬지들은 마음의 이론의 전제 조건이라 할 수 있는 시각적 주의의 기본 양상을 이해하는 능력마저 갖추고 있지 않다고 내세울 만큼 강력한 것이었다는 점이었다. 그래서 그가 보기에는 지금으로서 내릴 수 있는 최선의 결론은 침팬지에게 마음의 이론이 있는지에 대해서 우리는 그저 모를 따름이라는 것이었다.

그러나 그의 생각으로는 이들 두 가지의 핵심적 쟁점에 대한 논의가 현재로서는 아직 완전한 합의에 도달하지 못하고 있다고 해서 문제의 심각성이 언어적 능력의 기본이 되는 것은 마음의 이론이며 영장류의 마음의 이론은 사회적 지능으로 비롯된 것이라는 자기의 주장을 수정해야 할 만큼 큰 것은 아니었다. 그러나 이상과 같은 문제의 복잡성과 불확실성을 고려했을 때 그는 우리 조상들이 초기에 가졌던 마음의 이론은 오늘날의 우리가 가지고 있는 마음의 이론같이 '복잡하고 다면적인 것'은 아니었을 것이라는 추리는 익히 알 수 있었다. 다시 말하면 초기의 우리 조상들이 가지고 있던 마음의 이론은 지금의 성인의 그것보다 훨씬 단순한 것이었는데, 그런데도 그것은 언어 탄생에 특별한 지능이 필요하지 않게 할 만큼 중요한 역할을 한 능력이었다고 추리할 수 있었다.

이 논문의 다섯 번째 부분에서는 그의 이론에 대한 신경생물학적 근거, 즉 두뇌 내에서의 사회적 지능의 위치에 대한 문제가 논의되고 있는데, 여기에서는 이 일이 1993년에 Passingham이 『The Frontal lobes and voluntary action(전두엽과 의지적 행동)』이라는 책에서 제안했던 'ventral pre-frontal cortex(복부 전두엽 앞의 피질(VPC))』의 이론을 소개하는 일로 간소화되고 있다. 우선 Passingham이 사회적 지능의 위치로 지정한 'VPC'는 크게 세 가지 기능이나 작동상의 특징을 지니고 있었는데, 그중 첫 번째 것은 이곳은 사회적 표현체를 만들어내는 데 필요한 모든 양태의 지각적 정보를 받아들이는 자리였다. 이때 작동되는 피질은 시각적 피질과 청각적 피질, 운동지각적 피질, 취각적 피질과 같은 일시적 피질이었다.

그다음으로 이곳은 편도선과 시상하부와 강력하게 연결되어 있었는데, 이들은 사회적 상황의 평가 후에 자주 후속되는 정서적 반응(예: 혈압 상승 호흡 속도 변화, 동공 확장)과 직접적으로 관련된 기관들이었다. 세 번째로 이곳은 다양태간 학습과 시간지연적 학습, 직접적인 외적 자극 없이 일어나는 의지적 행동 등에 깊게 관여하고 있는 자리였다. 그런데 사실은 1992년에 Deacon은 「Brain-language coevolution(두뇌와 언어의 공진화)」라는 논문에서 인간의 두뇌는 그가 유인원으로부터 갈라져 나오면서 커지게 되었는데 바로 그때 'VPC'의 크기도 같이 커지게 되었다는 증거를 제시했다. 누구나 이 기간에 그의 사회적 지능의 크기도 켜졌을 것임을 익히 추리할 수 있었다.

또한 1994년에는 Baron-Cohen과 그의 동료 5명이 「Recognition of mental state terms - chinical findings in children with autism and a functional neuroimaging study of normal adults(정신적 상태술어의 인식, 자폐증 어린이와 정상적 성인 간의 차이에 대한 신경영상적 임상실험)」이라는 논문을 통해서 인간이 마음의 이론적 과제를 수행할 때 나타나게 되는 전두엽 앞의 피질과 인접한 환상영역의 활성화 현상을 'PET' 영상법으로 확인한 결과를 발표했었다. 그리고 같은 해에 Damasio는 『Descarte's error : emotion, reason and the human brain.(데카르트의 오류: 정서와 이성, 인간의 두뇌)』라는 책에서 전두엽 앞 피질의 손상은 사회적 및 정서적 행동상의 결손을 유발한다고 주장했었다.

이상과 같은 여러 연구결과들을 종합해보았을 때 'VPC'가 사회적 지능의 주된 위치라는 것은 더는 의심할 여지가 없게 되었는데, 여기에서 특별히 주목할 사실은 이곳은 자세히 보면 언어의 위치로 알려진 '브로카(Broca) 영역'의 바로 뒤에 있는 곳이지만 크게 보면 그것과 중첩이 되어 있는 곳이라는 점이었다. 'PET' 영상법에 의한 증거에 의할 것 같으면 언어의 고수준의 의미적 내지는 통사적 작업은 브로카 영역의 앞부분에서 이루어지고 있었다. 이렇게 보았을 때 그는 언어는 사회적 지능으로부터 진화되어 나왔다는 자기의 가설의 타당성은 신경생리학적 자료에 의해서 이미 충분히 뒷받침된 것이나 마찬가지라는 사실과 언어와 사회적 지능은 모두 'VPC'와 강력히 연결되어 있다는 사실 등을 다시 한번 확인할 수 있었다. (Ibid, p.156)

이 논문의 여섯 번째 부분에서는 사회적 지능 및 마음의 이론의 컴퓨터적 모형이 제시되어 있는데, 우선 그는 지금까지 어느 언어진화설도 컴퓨터적 모형화 시도를 한 적이 없다는 사실만으로도 여기에서의 이 시도의 가치를 익히 인정할 수 있다고 자랑하고 있다. 그는 이런 부류의 컴퓨터적 모형화 작업만으로써 자기가 내세우는 사회적 지능설의 타당성은 이미 실증된 것이나 마찬가지라고 내세우고 있다. 여기에 제시된 컴퓨터적 모형의 실체는 다음과 같은 두 개의 '스크립트(script)'에 의해서 파악될 수 있는데, 그중 첫 번째 것은 버빗원숭이가 "I bit Portia and then Portia bit me.(내가 포시아를 물자 포시아는 나를 물었다)"처럼 표현될 수 있는 사건을 일종의 수형도적 기술법에 따라서 내적으로 표현해 둔 것이었다. 이처럼 원숭이들이 사회적 사건을 일종의 수형도적 형태로 마음에 기록해둠으로써 그들에게는 사회적 경쟁력이 생기는 것이었다.

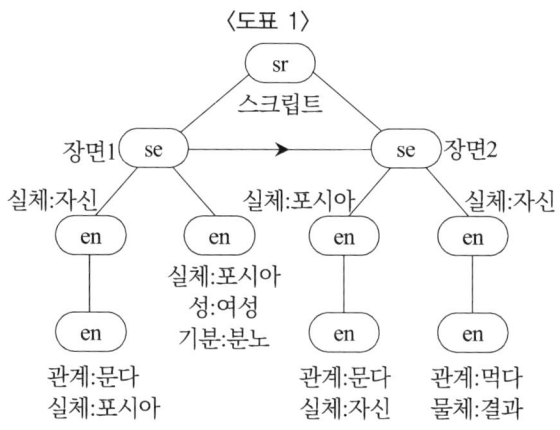

〈도표 1〉

　이해를 돕기 위해서 이 스크립트의 구조성을 살펴볼 것 같으면 우선 이것은 장면1과 장면2의 두 개의 소구조로 이루어져 있고, 각 장면은 또한 두 개의 절점으로 구성되는 식의 일종의 수형도적 구조를 가지고 있다. 그다음으로 각 절점에서는 행동의 행위자와 수령자, 행동의 내용 등이 밝혀져 있다. 세 번째로 이것에서는 두 개의 소구조 간의 인과관계가 화살표로써 표시되어 있다. 그러니까 이것은 종적으로는 네 개의 절점으로 구성되어 있으면서 횡적으로는 두 개의 소구조로 나뉠 수 있는 식의 비교적 단순한 구조로 되어 있는 셈이다. 그리고 이것이 표현하고 있는 사건은 "내가 포시아를 물자 포시아는 나를 물었다."라는 아주 간단한 사건이다.

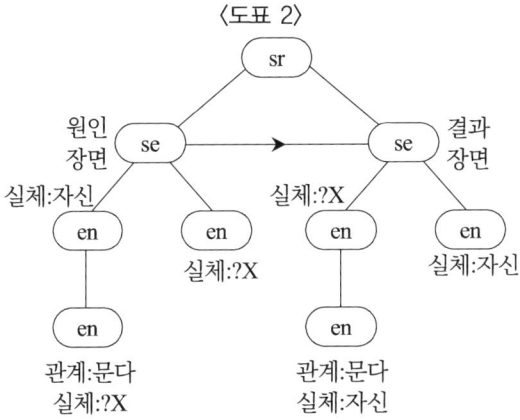

〈도표 2〉

  <도표 2>는 원숭이의 사회적 생활에서 적용되는 인과적 규칙성을 표현하는 스크립트로서, <도표1>에서와는 다르게 이것에서는 행동의 실체가 '?X'라는 기호로서 하나의 변수로 표현되어 있다. 그리고 두 장면이 각각 원인 장면과 결과 장면으로 명명되어 있다. 이것을 통해서 우리는 크게 원숭이들은 으레 과거의 경험 때문에 일종의 귀납적 규칙을 배우게 된다는 사실과 그들은 으레 두 개의 작은 스크립트를 연결해서 하나의 큰 스크립트를 만들어내는 이른바 '스크립트 결합'이라는 연산적 절차를 구사하게 된다는 사실을 알 수 있다.
  그런데 <도표2>와 같은 스크립트는 실제에 있어서는 일종의 마음의 이론에 대한 스크립트인 셈인데, 그 이유는 이것은 아래와 같이 기능적 표기법으로 기술될 수 있는 규칙들을 도식화한 것이기 때문이다. 이들에 들어있는 변수들(S와 R)은 어떤 개인뿐만 아니라 어떤 스크립트도 가리킬 수 있기에 이들은 결국에 무한정 스크립트 기능이 되는 셈이다. 또한 양방향적 화살표가 두 기능 간에 쓰인 점으로 미루어보아서 이들은 왼쪽

으로부터 오른쪽으로나 아니면 오른쪽으로나 아니면 오른쪽으로부터 왼쪽으로 적용될 수 있는 가역적 기능임을 알 수 있다. 실제로 곧이어서 컴퓨터적 언어모형을 만들어보게 되면 가역적이며 문한정한 스크립트 기능은 마음의 이론의 본질적 부분일 뿐 아니라 컴퓨터적 언어모형의 핵심요소라는 사실이 드러나게 마련이다.

  (Z가 있고 S가 일어나다) ↔ (그는 그 S를 안다)
  (규칙 R이 유지된다) ↔ (Z는 그 규칙 R을 안다)

 이 논문의 일곱 번째 부분에서는 컴퓨터적 언어모형이 제시되어 있는데, 이것의 특징은 언어적 의미는 스크립트이다라는 가정과 모든 어휘는 하나의 스크립트 기능이라는 가정 아래에서 만들어진 것이라는 점이었다. 먼저 언어적 의미를 하나의 스크립트로 보려는 가정은 모든 문장의 의미는 의미적 속성이나 가치 등의 표현체를 가진 몇 개의 층으로 된 절점들로 이루어진 하나의 스크립트로 표현될 수 있다는 가정이니까, 결국은 이것은 그가 여기에서 제시하는 컴퓨터적 언어모형의 기본적 발상법이나 마찬가지이다.
 그다음으로 모든 어휘를 하나의 스크립트 기능으로 보려는 가정은 어휘를 가역적이고 무한정한 스크립트로 기술했을 때만 일차적으로는 언어의 산출절차와 이해 절차에 제대로 부합되면서, 이차적으로는 반복된 기능적용으로 무한한 의미적 셋을 만들어낼 수 있는 스크립트가 만들어질 수 있다는 판단 밑에서 내세워진 가정이기에, 결국에 이것 없이는 첫 번째 가정은 죽은 가정이나 다름없게 되는 것은 너무나 자명한 일이다. 굳이 따지면 그러니까 이들 두 가정 중 이 컴퓨터적 모형의 형식적 특징을 직접적으로 보여주고 있는 것은 바로 이 두 번째 가정이다. 실제도 그는 여기에서 쓰이고 있는 접근법을 스크립트 기능 접근법이 가고 부르고 있다.

그래서인지 그가 여기에서 실례로 다루고 있는 것도 'Fred'라는 고유 명사의 스크립트 기능과 'sleep'라는 동사의 스크립트 기능의 두 가지이다. 이들 중 먼저 아래에 제시된 것과 같은 첫 번째 것의 구조성을 살펴볼 것 같으면, 이것은 기호적으로 'Fred ↔ X'처럼 표현될 수 있는 것으로서, 우선 좌측의 가지에서는 하나의 '장면(se)'에서 'Fred'의 발음이 명시되어 있고, 반면에 우측의 가지에서는 하나의 '실체(en)'를 거느린 하나의 '장면'에서 그의 개인적 자질이 명시되어 있는 식의 일종의 수형도적 구조로 되어 있다. 그런데 이런 구조성은 일단 가지들을 S_1과 S_2로 표현하면 그들 간에는 '$S_1 ↔ S_2$' 또는 '$f = S_2$'로 표현될 수 있는 가역성의 관계가 있게 되어 있다는 것을 나타내고 있다.

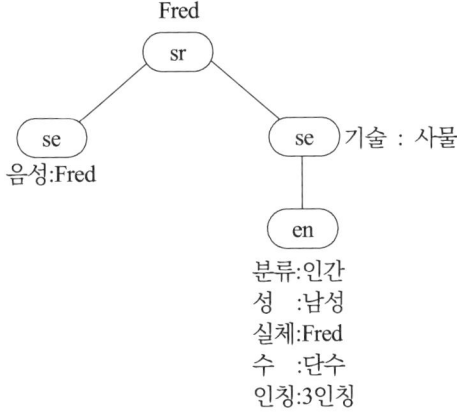

〈고유명사의 어휘 스크립트 기능〉

그다음으로 이들 중 두 번째 것의 구조성을 살펴볼 것 같으면 이것은 기호적으로는 '(X sleeps)↔Y'처럼 표현될 수 있는 것으로서 절점의 층과 수 'Fred'라는 고유명사의 경우보다 크게 증가하여 있다는 사실만으로써 동사의 구조성은 으레 명사의 그것보다 훨씬 복잡하게 되어 있다는 것을 익히 알 수 있다. 그런데 크게 보면 이것의 구조도 두 개의 가지를 가진 하나의 나무처럼 되어 있어서, 결국에는 여기에서는 어떤 품사의 어휘에 있어서 간에 같은 기술법이 쓰이고 있음을 알 수 있다. 예컨대 'Fred sleeps'라는 말을 듣는 경우라면, 우선 바로 앞의 스크립트와 이 스크립트를 하나로 연결하는 절차를 밟으면 되는 것이었다.

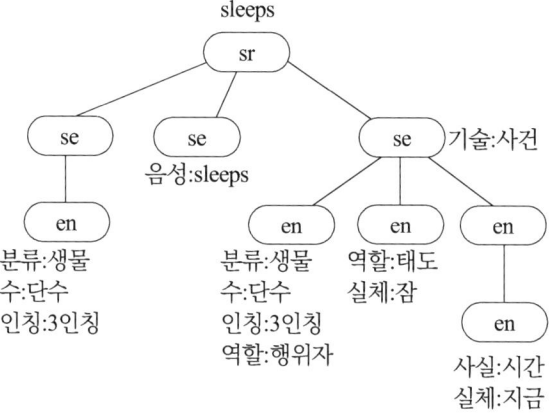

문제는 물론 이상과 같은 어휘 스크립트 기능법으로 과연 영어와 같은 자연언어를 위한 모형이 만들어질 수 있겠느냐인데, 이런 우려를 깨끗이 씻어줄 근거로 그는 크게 세 가지 사실을 들었다. 첫 번째로 그는 이런 기능법을 사용해서 400개의 어휘로 된 영어의 한 부분 셋을 위한 모형을 만드는 데 성공했음을 밝혔다. 이 하위 셋에는 의도적으로 모든 품사와 복합동사, 시제, 상, 법, 태, 조응관계, 중의성 등이 드러나 있도록 했다. 또한 이것에는 다양한 복합문도 들어있었는데, 이 모형은 이들의 산출과 이해의 두 과제를 모두 원활하게 수행할 수 있었다.

두 번째로 그는 이 모형의 기본절차로 볼 수 있는 것이 여러 개의 어휘 스크립트 기능들을 하나의 구조체로 통합시키는 절차인데, 일단 이런 식의 문법을 '통합 기저적 문법'으로 분류하고 보면, 최근에 이르러 언어학계에서는 이런 부류의 문법들이 하나의 학세를 이루게 되었다는 사실을 익히 발견할 수 있다고 내세웠다. 그가 든 예는 1981년에 Kaplan과 Bresman이 제안한 'LFG(어휘기능 문법)'과 1987년에 Pollard와 Sag이 제안한 'HPSG(수부구구조 문법)', 1988년에 Oerhle 등이 제안한 'Categorial Grammar(범주문법)', 1992년에 Alshawl이 제안한 'Core Language Engine(핵심언어기구)' 등이 있다. 이들 문법은 일찍이 모든 언어적 자질들을 다루기에 적절한 것임을 보여주었는데, 이와 유사하게 스크립트 기능 모형에 의해서도 모든 언어적 자질이 다루어질 수 있었다.

세 번째로 그는 이 모형의 제일 중요한 특징은 이것에는 언어학습의 절차가 명시되어 있는 것이나 다름이 없다는 점이라는 것을 내세웠다. 예컨대 만약에 어린이가 한 개의 모르는 어휘가 들어있는 몇 개의 문장을 듣게 된다면, 그는 그것의 통사적 환경이 기술된 좌측 가지와 그것의 의미가 기술이 기술된 우측 가지로 이루어져 있는 하나의 스크립트 구조를 만들어내게 될 것인데, 이런 스크립트를 여러 개 만들어서 이들을 상호교섭시키는 것이 곧 그가 이 새 단어의 의미와 그것과 관련된 문법을 배우는 절차이었다. 이런 절차를 그는 'm-스크립트 절차'라고 이름 붙였다. 실제로 그는 이런 방식에 의해서 50어로 된 영어의 한 부분 셋을 어린이가 배울 수 있는 'Prolog(프로그래밍)언어'를 개발해서 발표했었다. (Ibid, p.163)

6.4. Deacon의 상징체계설

　Deacon의 상징체계설은 Dunbar의 마음의 이론설이나 Worden의 사회적지능설과는 기본적인 발상법이 전혀 다른 학설이다. Deacon의 학설에서는 1977년에 나온 『*The Symbolic Species:the co-evolution of Language and Brain*(상징적 종: 언어와 두뇌의 공진화)』이라는 책의 제목처럼 언어를 인간이 갖게 된 것은 그에게 하나의 상징체계를 만들 수 있는 상징력이 있었기 때문이라고 내세우고 인 데 반하여, Dunbar와 Worden의 학설에서는 마음의 이론이라는 특이한 사회적 지능이 있었기에 이간은 결국에 언어를 갖게 되었다고 내세우고 있으니까 엄밀한 의미에서는 이들 간에는 뚜렷한 차별성이나 이질성이 존재한다고 보는 것이 맞는 일이다. (Deacon, 1997.)

　그러나 넓게 보면 이들 간에는 적잖은 공통성도 있다. 따라서 Dunbar와 Worden의 학설에 이어서 Deacon의 학설을 서로 대비하는 식으로 검토하는 것도 의미 있는 일임이 분명하다. 이들 간의 공통성 중 첫 번째 것은 지금으로서 언어진화의 과정을 제대로 설명할 수 있는 학설들은 다윈의 진화론적인 것밖에 없다는 것은 틀림이 없는 사실이지만, 그의 고전적 진화론으로는 언어의 탄생 절차를 적절히 설명하지 못한다는 사실이 밝혀진 이상, 이제는 그것이 신 다윈주의적 이론으로 대치되어야 한다는 입장에서 만들어진 학설이라는 점이다. 예컨대 Dunbar는 1998년의 「Theory of mind and the evolution of Language(마음의 이론과 언어진화)」라는 논문에서 일단 사회적 단위의 크기가 150명 정도로 커진 단계를 제1단계로 보고, 그다음으로 사회적 손질의 압력이 커짐에 따라서 두뇌의 크기가 커진 단계를 제2 단계로 보며, 마지막으로 마음의 이론 발달에 힘입어서 지금으로부터 약 5만 년 전인 구석기 시대에 상징언어가 탄생한 단계를 제3단계로 보는 식의 일종의 3단계설을 내세웠는데, 이런 발상법은 크게 보면 다윈의 진화론의 틀 안에 있는 것으로 볼 수 있지만, 실제로는 그의 진화론의 미비점을 보완한 것이라고 볼 수 있다.

그런가 하면 Deacon은 2003년의 「Evolution and Language(진화와 언어)」라는 논문에서 언어진화에 관한 진화생물학적 접근법의 궁극적 과제는 이른바 '잃어버린 고리'의 문제를 해결하는 것으로 볼 수 있는데, 그가 보기에는 현재까지 제안된 세 가지 주요 방안, 즉 1) 원했던 대로 언어라는 이름의 '괴물'이 갑자기 탄생하였다는 안과, 2) 단순한 전능절차에 의해서 언어는 태어났다는 안, 3) 다 수준의 공진화 과정에 의해서 언어는 탄생하였다는 안 등의 세 가지 방안 중 최선의 것은 세 번째 것이라는 견해를 피력했었다. 공진화 과정도 엄밀한 의미에서는 진화과정의 한가지라는 점만으로도 이런 발상법이 크게 보면 다윈의 진화론의 틀 안에 들어갈 수 있는 것이라는 것을 익히 알 수 있다. 그렇지만 다윈은 언어를 여러 수준의 공진화 과정에 의해서 태어난 것으로 보지는 않았다.

이들 간의 공통성 중 두 번째 것은 촘스키에 의한 언어학적 도전으로 전통적인 진화론적 학설들이 궁지에 몰리게 된 마당에서 그의 이론에 대한 가장 강력한 방어 내지는 대안이론으로 부상한 학설이라는 점이다. 이들은 모두 우선 연속성의 문제에 있어서 단호한 반촘스키적 입장을 취하고 있다. 예컨대 Dunbar는 "언어의 돌연출현이라는 루비콘강은 있을 수 없다"라고 내세웠었고, Worden은 "두뇌에 들어있는 언어의미의 표현체는 영장류의 사회적 상황에 대한 표현체로부터 비롯되었다"라고 주장했었다. 그런가 하면 Deacon은 '원했던 대로 언어라는 괴물이 어느 날 갑자기 탄생하였다'와 같은 생각은 과학자가 가질 수 있는 생각 중 마지막 것이라고 내세웠었다.

그다음으로 언어의 기능의 문제를 놓고서도 이들은 단호히 반촘스키적인 입장을 취했다. 예컨대 Dunbar는 대화의 60~70%가 사회적 문제에 관한 것이라는 사실만으로도 언어의 기능은 원래가 사회적 정보를 서로 간에 주고받는 것, 즉 서로 간에 잡담을 나누는 것이었다는 것을 익히 알 수 있다고 주장했고 또한 Worden은 "우리의 언어사용의 능력은 다른 사람이 알고 있는 것을 미리 읽어내는 능력, 마음의 이론의 능력을 기반이 되고 있다는 것은 어린이의 언어습득과정에 관한 연구를 통해서 익히 실증되었다"라고 내세움으로써 언어의 기능은 사회적 구성원 상호 간에 의사소통을 원활하게 하는 것이라는 점을 분명히 했다.

그런가 하면 Deacon은 언어진화의 연구에 진화생물학적 접근법을 적용하다 보면 마땅히 원숭이들의 경계신호에 관한 연구를 비롯하여 새들의 노래 학습에 관한 연구, 침팬지와 같은 동물에 의한 언어학습에 대한 연구 등도 일정한 수준까지 이루어져야 한다고 내세움으로써 언어의 주된 기능은 사회적 구성원 간의 원만한 정보교환이나 의사소통임을 암시하였다. 물론 이런 비교 연구적 연구를 통해서 확인할 수 있는 것은 작게는 동물의 신호체계에는 문법이 없다는 것이고 크게는 언어는 오직 인간만의 것이라는 것을 그는 강조했다. 그러니까 인간의 언어처럼 정교하고 효율적인 의사소통의 도구는 없다는 것이 그의 생각이었다. 그러니까 이들은 모두가 언어를 사고의 도구를 보는 식의 촘스키의 견해에는 동의하지 않았다.

세 번째로 이들은 하나같이 문법의 문제를 놓고서도 촘스키의 입장과는 정 반대의 입장을 취했다. 촘스키는 문법과 관련해서 종특이성과 내재성, 창조성, 고효율성, 규칙 지배성 등과 같은 언어의 특성들은 모두 문법에 내포되어 있다는 식의 일종의 문법 지상주의적인 견해를 가지고 있었다. 그러나 Dunbar가 보기에는 인간에게 내재하여 있는 지적 능력은 문법적인 것이 아니라 마음의 이론의 능력이었다. 또한 기본 어순이라는 것도 특이한 언어적 규칙이 아니라 세상에 대한 지식을 두뇌 내에 저장하는 한 양식이었다. 물론 Worden의 문법관도 Dunbar의 것과 대동소이한 것이었다. 예컨대 그는 문법적 규칙은 반복된 경험이라는 귀납적 절차에 의해서 학습되며, '스크립트 결합'이라는 연산적 절차에 의해서 두 사건 간의 인과성을 드러내는 절차가 바로 문법이라는 식의, 일종의 경험주의적이고 어휘기반적이며 의미중심적인 문법관을 가지고 있었다.

Deacon의 문법관도 촘스키의 문법관과는 거리가 최대로 떨어질 수 있을 만큼 떨어진 것이었다. 예컨대 그는 1997년의 책의 제목대로 인간을 문법적 종이 아니라 상징적 종으로 보았다. 그러니까 그는 문법을 인간의 그만의 특이한 상징력에 의해서 만들어낸 일종의 상징체계로 보았다. 특히 그는 문법은 결국은 일종의 작은 개념들을 큰 틀로 묶는 장치이기에 진화 과정상의 어느 단계 때 새로 추가된 기구가 아니라 원형언어 때부터 있었던 것으로 보고 있다. 그는 "만약에 어린이들의 정신 안에 일정한 문법적 규칙들이 내재하여 있다면, 그들은 유전적 동화절차에 의해서 얻어진 것이 아니라 어떤 기적에 의해서 얻어진 것이다"와 같은 말로써 촘스키의 내재설을 비판하고 있다. (Ibid. p.333)

이들 간의 공통성 중 세 번째 것은 높은 수준까지 발달한 지력을 언어 탄생의 원동력으로 보았다는 점이다. 앞에서 이미 살펴보았듯이 대부분의 진화론자는 상고 때의 원형언어의 존재는 일단 인정하면서도 그것의 뿌리를 캐내는 접근법에 있어서는 저마다의 특색을 보여왔다. 예컨대 일차적으로는 진화 과정상 인간은 영장류로부터 갈라져 나온 사실을 중요시한 탓인지, 몸짓설이나 가창설, 모방설과 같은 인류학적 학설들이 제안되었고, 이차적으로는 언어는 이원적 구조성을 중요시한 탓인지, 발성기관 발달설이나 문법발달설, 의미조직 발달설 등의 언어학적 학설들이 제안되었다.

그러나 설사 유난히 언어는 인간만의 종 특성적인 기구임을 강조하는 사람일지라도 현재로서는 누구도 인간은 그것을 '호모 사피엔스 사피엔스' 때 갖게 되었다는 진화론적인 사실을 부인할 수 없는 한, 일정한 수준까지 발달한 지력이 언어 탄생의 원동력이 되었을 것이라는 추리를 익히 할 수 있을 텐데, 어떻게 보면 아주 상식적인 이런 추리를 학설화한 사람들이 바로 Dunbar와 Worden, Deacon이었다. 물론 이들이 내세운 지력의 실체는 한쪽에서는 사회적 지능으로 보고 다른 쪽에서는 상징력으로 보는 식으로 동일한 것이 아니다. 그러나 문법과 같은 추상적인 상징체계를 만들어내는 상징력도 분명히 고도의 수준까지 발달한 일종의 지력이고, 마음의 이론과 같이 타인의 정신세계를 읽어낼 수 있는 사회적 지능도 분명히 고도의 수준까지 발달한 일종의 지력이다.

그런데 흥미롭게도 Deacon은 가족이라는 공동체가 유지되려면 일정한 집단 응집력이 형성되어 있어야 하는데, 상징은 그것을 위한 최선의 도구였을 것이라는 주장을 했었다. 물론 Dunbar는 사회적 구성원 상호간의 손질을 이런 도구로 보았으니까 이들의 주장인 데는 커다란 차이점이 있다고 볼 수 있다. 그러나 이런 사실로 미루어보아서 Deacon도 Dunbar와 마찬가지로 언어기원의 문제는 으레 태고 때 인간이 직면한 제일 중요한 과제는 어떻게 사회적 공동체를 유지하느냐였다는 전제로부터 검토되기 시작해야 한다고 생각했던 것이 확실하다. 그런가 하면 Dunbar는 지금으로부터 5만 년 전인 구석기 시대에 나타난 인간의 언어는 일종의 상징언어였는데, 이로써 드디어 생물학적 균형이 이루어지게 되었다고 주장했었다. 그러니까 그도 인간의 언어는 결국에 고도의 지적 표현체라는 점을 중요시했다.

이들 간의 공통성 중 네 번째 것은 이간 특유의 고도의 지력의 위치를 전두엽 앞의 피질로 잡았다는 점이다. 물론 더 근원적으로 보면 이들 간의 공통성은 일찍이 다윈이 그랬던 것처럼 두뇌의 크기가 지금의 것처럼 커지면서 인간에게는 고도의 지력이 생기게 되었다고 생각한 점이라고 볼 수도 있다. 그리고 엄밀히 따지면 Dunbar는 이 영역의 크기가 Broca의 영역이나 Wernicke의 영역보다 더 크다는 사실을 더 중요시한 데 반하여, Deacon은 이 영역의 크기가 다른 어느 영역의 크기보다 더 크다는 점을 중요시했다고 볼 수도 있다. 또한 자세히 따지면 여기에는 Worden은 이 영역을 '복부전두엽 앞의 피질(VPC)'로 부르는 데 반하여 Deacon은 이 영역을 '전액골의 대뇌피질'로 부르는 식의 명칭상의 차이도 있다. 그뿐만 아니라 더 구체적으로 따지면 Dunbar와 Worden은 이 영역을 사회적 지능이나 마음의 이론의 근거영역으로 보았는데, 반하여 Deacon은 이 영역을 언어를 위시한 모든 높은 차원의 지적 활동의 총본산지로 보았다.

그렇지만 넓은 의미에서 볼 것 같으면 이들 모두가 오직 인간만이 언어를 갖게 된 것은 200만 년이라는 긴 진화과정을 거쳐오면서 인간의 두뇌만이 전두엽 앞의 대뇌피질 영역이 커졌기 때문이라고 보았다는 것은 틀림이 없는 사실이다. 그리고 이들보다 앞서서 이 영역의 중요성을 강조했던 사람으로는 'VPC'의 이론을 최초로 제안했던 Passingham과 1994년에 이 영역의 손상은 사회적 및 정서적 행동상의 결손을 유발한다는 사실을 발견한 Damasio 등을 들 수 있으니까, 엄밀한 의미에서는 이런 발상법은 이미 일정한 뇌생리학적 검증을 받은 것이라고 볼 수도 있다. 이런 의미에서 볼 때 이들이 가진 공통성 중 이 점이 가장 중요한 것이라고 볼 수도 있다.

그러나 누구라도 이상과 같은 네 가지 공통성이 있다고 해서 이들 두 이론을 같은 범주로 묶을 수 있는 유사한 이론으로 볼 리가 없는데, 그 이유는 Deacon의 이론은 으레 그 자신이 자기의 1997년의 책의 부제목으로 제시했던 것처럼, '언어와 두뇌의 공진화' 이론으로 불릴 만큼 특이한 것이기 때문이다. 그런데 사실은 인간의 언어와 두뇌는 공진화했다는 의견을 제일 먼저 내놓은 사람은 바로 다윈이었다. 예컨대 그는 1871년에 나온 『Descent of man and selection in relation to sex(성과 관련해서의 인간의 하강과 선택)』이라는 책에서 "단순한 형태의 초기의 언어사용으로 두뇌의 크기가 커졌을 것"이라는 말과 "계속된 언어의 사용은 두뇌의 발달에 일종의 유전적 영향을 주었을 것이며, 이것은 반대로 언어의 개선에 일정한 작용을 하게 되었을 것이다"와 같은 말을 함으로써 자기는 하나의 공진화론자임을 널리 알렸다. (Darwin, 1871. p.390)

그런데 문제는 그의 말은 일종의 추리적 선언일 따름이어서 그것을 뒷받침할 수 있는 구체적인 증거가 없다는 데 있었다. 그러니까 쉽게 말할 것 같으며 이번에 제안된 Deacon의 이론은 다윈의 공진화설의 타당성을 뇌생리학적 접근법에 따라서 실증하려는 시도와 같은 것이었다. 이런 의미에서 보면 그의 이론의 진짜 특징은 최근의 새로운 학문적 경향에 따라서 뇌생리학적 접근법이 적용된 몇 가지 언어진화설 중 가장 주목을 많이 받게 된 것이라는 점일는지도 모른다. 또한 그의 이론은 촘스키의 언어학적 도전을 잠재울 수 있는 것은 오직 뇌생리학적 이론뿐이라는 것을 사실적으로 실증하고 있는 것이기도 했다.

아마 Deacon의 이론이 일종의 뇌생리학적 언어진화설이라는 것을 단적으로 드러내 주고 있는 사실은 그의 이론의 원전이라 할 수 있는 1997년의 책의 핵심 부분이 두뇌의 진화에 관한 것이라는 점일 것이다. 쉽게 말하면 치환의 이론과 볼드윈적인 진화이론을 그의 이론을 구성하고 있는 두 가지의 뇌생리학적 하위이론으로 볼 수 있는데, 그의 이론의 궁극적 과제인 언어와 두뇌의 공진화성을 해명하는 데 쓰인 이론이 볼드윈적인 진화이론임에도 불구하고 그것에 대한 논의의 양은 치환의 이론에 대한 것보다 적지 않게 적다. 이런 점으로 미루어보아서는 그의 이론을 언어와 두뇌의 공진화이론이 아니라 두뇌의 진화에 관한 이론이라고 부르는 것이 정당한 일인듯하다.

이 책에서의 그의 두뇌의 진화에 대한 논의는 크게 세 부분으로 나뉘어 있다고 볼 수 있는데, 두뇌의 크기에 관한 것과 치환의 절차에 관한 것, 전액골의 대뇌피질의 발달에 관한 것 등이 바로 그들이다. 순서에 따라서 먼저 두뇌의 크기에 대한 그의 견해를 살펴볼 것 같으면 바로 앞에 인용된 것과 같은 아주 간단한 서술을 근거로 해서라도 이 문제에 대한 논의는 마땅히 다윈의 진화론을 재평가하는 입장에서 전개되어야 한다는 주장이 여기에서는 나올 만도 한데, 그 대신에 19세기에 골상학자인 Gall이 내세웠던 '적정 질량의 이론'에 대한 분석을 그의 논의의 시발점으로 삼고 있다.

Gall의 이론을 요약하면, 첫 번째로는 더 많은 지능적 기능이 요구됨에 따라서 두뇌의 크기도 커진다는 것과 두 번째로는 두뇌 안의 여러 부위는 기능의 크기에 따라서 그 크기가 달라진다는 것이었는데, 큰 의미로 보았을 때는 오늘날의 모든 두뇌의 크기에 대한 논의는 으레 큰 의미에서의 이것의 타당성을 일단 인정하는 일로부터 시작되어야 한다는 것이 그의 견해이었다. 그러나 그가 보기에는 이것은 결정적인 비과학성도 지니고 있었다. 그러니까 바꾸어 말하면 그는 이것의 잘못된 점을 수정함으로써 일종의 현대적 '적정 질량의 이론'을 세우는 일이 오늘날에 있어서의 모든 두뇌의 크기에 대한 논의의 귀착점이 되어야 한다고 생각한 것이다.

그의 생각으로는 Gall의 이론의 맹점에는 크게 세 가지가 있는데, 그 중 첫 번째 것은 인간의 두뇌와 지능은 모두 다 일종의 선형적인 진화과정을 밟아왔다고 가정한 점이었다. 현대적 뇌생리학자의 입장에서 볼 것 같으면 만약에 두뇌와 지능의 진화과정이 선형적이었다면 이들의 구조나 조직이 그렇게 복잡하고 특이한 형태의 것일 수 없다는 것은 너무나 뻔한 사실임에도 불구하고 그는 이를 무시하는 오류를 범했다. 이 점 하나만으로도 그의 이론은 나쁘게 말하면 일종의 전근대적인 이론이고, 좋게 말하면 두뇌의 크기에 관한 연구의 선구자적 이론임을 익히 알 수 있었다.

그중 두 번째 것은 두뇌의 어느 부위의 기능적 용량은 으레 그것의 질량과 비례한다고 가정한 점이었다. 쉽게 말해서 이런 생각은 두뇌의 여러 부위 간의 크기의 차이는 으레 그들 간의 기능적 차이와 일치하게 되어 있다는 생각인데, 현대적 뇌생리학자의 입장에서 보면, 일단은 누구에게나 그럴싸하게 보이는 이런 가정도 순전히 두뇌의 구조나 생리에 대한 몰이해에서 비롯된 것이었다. 예컨대 오늘날의 뇌생리학에서는 여러 부위 간의 두뇌의 기능적 차이에 관한 한 중요한 것은 그들의 질량이나 크기가 아니라 그들에 연결된 신경회로의 수나 복잡성이라는 것이 분명히 밝혀져 있는데, 19세기 때만 해도 뇌생리학이 새로운 인체과학적 학문으로서 아직 정식으로 출범하지 못한 시기이었다. 이런 사실로 미루어보아서도 그의 이론은 하나의 전근대적인 이론이었다.

그중 세 번째 것은 언어적 지능을 일반적 지능의 일부로서나 아니면 그것과 같은 수준의 것으로 가정한 점이었다. 그가 보기에는 크게 볼 것 같으면 19세기에는 언어학이 아직 지금의 것만큼 발달하지 못했기 때문에, 골상학자인 그가 언어에 대해서 이런 가정을 갖게 되는 것은 하등 이상한 일이 아니었다. 오늘날 촘스키와 같은 생성주의자가 아닌 언어학자들도 그들의 연구의 제일 큰 전제로 내세우고 있는 점은 언어의 문법조직이나 어린이들의 언어습득 절차로 보아서 언어적 지식이나 지능은 일반적인 지식이나 지능과는 전혀 별개의 것이라는 것이다. 따라서 그들이 그의 이론을 언어의 진화과정을 설명하기에는 부적절한 것으로 폄하해 버리는 것은 너무나 당연한 일이었다.

결국 오늘날의 뇌생리학자가 구상하는 두뇌발달 이론은 마땅히 Gall의 이론이 지닌 이상과 같은 세 가지 비과학성을 모두 해소한 것이어야 하는데, 이런 의미에서 볼 때 크게 치환의 절차와 전액골의 확장이라는 두 가지 신발상법을 기본축으로 해서 만들어진 자기의 이론이야말로 Gall의 이론을 대체할 수 있는 최선의 이론 중 한 가지임이 분명해진다는 것이 그의 생각이었다. 물론 굳이 따지면 이들 두 신발상법 중 기본이 되는 것은 치환의 절차이다. 피치가 그의 2010년의 책에서 그의 이론을 '효력적 매수모형' 이론으로 이름 붙인 것도 바로 이 신발상법 때문이다.

치환의 절차란 간단히 말해서 오랜 진화과정에 걸쳐서 두뇌의 어느 특별한 부위가 특별한 신경적 연결체를 갖게 되는 절차인데, 우선 엄밀하게 따지면 이 절차의 특징은 단 하나의 동질적 절차가 아니라 세 단계의 절차로 나뉠 수 있는 절차라는 점이다. 이 절차의 첫 번째 단계는 생존이나 환경상의 이유로 어느 특정한 영역이나 종류의 정보에 대한 처리와 저장의 양이 증가하게 되면서 이 일을 담당하는 부위의 신경세포의 수가 특별히 늘어나는 단계이다. 쉽게 말하면 이것은 기능의 양에 비례해서 두뇌의 여러 부위의 크기가 달라지는 단계이다.

이 절차의 두 번째 단계는 이 부위가 여러 신경세포 간의 신경색과 이 부위와 주변의 신경체계를 연결시켜주는 축삭돌기를 더 많이 갖게 되는 단계인데, 여기에서 주목할 사실은 이렇게 확충된 두 가지의 신경망 중 더 큰 기능을 수행하게 되는 것은 당연히 두 번째의 것이라는 점이었다. 이 절차의 세 번째 단계는 증가한 축삭돌기 사이에서 일종의 자연적 선택의 경쟁이 일어나는 단계로서, 구체적으로 말하면 이것은 상대적으로 작은 기능을 수행하는 신경체계와 연결된 축삭돌기의 수는 줄어드는 반면에, 상대적으로 큰 기능을 수행하는 신경체계와 연결된 축삭돌기의 수는 늘어나는 단계이다.

그는 이 세 번째 단계를 치환의 단계라고 부르고 있는데, 그 이유는 이 단계에서는 으레 기능의 크기가 작은 축삭돌기가 그 기능을 그것이 큰 축삭돌기 쪽에 치환시키는 일이 벌어지기 때문이었다. 이렇게 보면 바로 여기에 그가 왜 치환의 절차를 자기 이론의 기본축으로 삼게 되었는가에 대한 이유가 밝혀져 있는 셈이다. 그러니까 그가 말하는 치환의 절차란 결국에 축삭돌기적인 치환의 절차인 셈인데, 바로 이로 인하여 비유적으로 말하면 두뇌의 조직과 신경조직에 있어서 일종의 '부익부 빈익빈'의 현상이 일어나게 된 것이었다. 특히 그는 이 절차의 중요성을 실증해주고 있는 사례로서 눈의 망막 크기나 어느 특정한 촉각 표면에 있어서의 감각기관의 밀도 증가로 말미암아 두뇌의 어느 특정 부위만이 특별히 더 발달하게 되었다는 사실을 들고 있다.

그런데 그는 여기에서 치환의 절차의 제일 중요한 특징으로 입력과 결과 간의 인과관계가 순환적으로 바뀌게 된다는 점을 들고 있다. 물론 이 절차의 첫 번째 국면에서는 어느 특정한 주변적 신경체계로부터의 정보적 입력의 양이 증가하면서 두뇌의 어느 한 부위가 특별히 더 발달하는 식으로 그것은 으레 일방적일 수밖에 없다. 그러나 이 절차의 두 번째 국면에서는 이번에는 일단 더 발달한 부위가 그것의 신경체계의 활동을 더 촉진하는 식으로 인과관계가 정반대적인 것으로 바뀌게 된다. 물론 이 절차의 세 번째 국면에서는 첫 번째 국면에서의 절차가 다시 되풀이되게 된다. 두뇌의 어느 특정 부위가 특별히 커지게 되는 것은 인과관계가 순환적으로 교차하면서 치환의 절차가 반복된 결과이다.

그런데 엄밀하게 따져보면 치환 절차의 양방성이나 순환성이야말로 그가 내세우는 언어와 두뇌의 공진화 이론의 원천적 원리라고 볼 수 있다. 이런 식으로 논리적 추리의 수준을 높이기 위해서는 어느 특정한 신경체계를 통해서 입력되는 정보를 언어적인 것으로 보면 된다. 앞에서 이미 언급이 되었듯이 언어발달과 두뇌 발달 간의 인과관계에 대한 이런 발상법은 비록 순전히 추리적인 논법에 따른 것이기는 하지만 분명히 다윈이 제일 먼저 내세웠다. 이런 의미에서 보면 Deacon은 다윈의 발생법을 현대적 뇌생리학적 언어진화 이론으로 발전시키는 데 성공한 것이다. 아마 이런 사실이 그의 이론이 가장 대표적인 신 다윈주의적 이론 중의 하나로 주목받게 된 주된 이유일 것이다.

엄밀히 따지면 물론 인간의 두뇌에 있어서 전액골의 피질이 특별히 발달하게 된 것은 오랜 기간에 걸쳐서의 치환의 절차가 반복된 결과이기 때문에, 논리적으로 생각했을 때는 치환의 절차의 중요성보다 응당 이 특징의 중요성을 한 차원 낮은 것으로 볼 듯도 한데, 사실은 그는 이와는 정반대로 이 특징의 중요성을 치환의 절차의 중요성보다 더 높은 것으로 보고 있는데, 그 이유는 틀림없이 그가 보기에는 자기의 공진화 이론의 타당성을 실증하고 있는 것은 그것에 대한 절차적 원리가 아니라 그것을 사실적으로 뒷받침하고 있는 원천적 영역이기 때문이었을 것이다. 이런 판단이 맞는다는 것은 이 특징과 관련해서 그는 크게 다음과 같은 두 가지 점을 강조하고 있다는 사실로써 익히 확인할 수 있다.

첫 번째로 그는 인간 두뇌의 제일 큰 특징으로 이 부위의 크기가 다른 부위에 비하여 특별히 큰 점을 들고 있는데, 그 특별함이 머리의 크기가 비슷한 영장류의 것의 두 배쯤 되고, 몸무게가 비슷한 침팬지의 것의 여섯 배쯤 되는 식으로 정말로 특별하다는 데 특별한 의미가 있었다. 그러니까 쉽게 말하면 그는 인간의 두뇌와 다른 영장류의 그것 간의 차이는 바로 무려 두 배로까지 벌어져 있는 전액골의 크기의 차이로부터 비롯된다는 점을 밝힌 셈인데, 이런 발견은 옛날의 다윈이나 Gall 등은 더 말할 나위도 없고, 오늘날의 Passingham이나 Damasco 등도 하지 못했다.

그는 이런 놀라운 특이성이 인간의 두뇌에서 나타나게 된 이유로 대뇌피질 중 오직 이 부위만이 다른 부위에 비하여 다른 주변적 신경체계로부터 아무런 제약을 받지 않는다는 사실을 들고 있다. 다시 말해서 이 부위가 수령하는 정보는 모두가 직접적으로 관련된 기관으로부터 송부된 것이 아니라 다른 대뇌피질로부터 송부된 일종의 간접적인 정보이어서, 결국에는 이 부위는 유난히 더 크게 발달할 수 있는 자유와 여유를 누릴 수 있었으리라 생각했다. 굳이 치환의 절차의 원리를 이 현상과 관련시켜보면 두뇌의 진화과정상 전골의 영역에서는 다른 영역에서는 찾아볼 수 없는 특별한 형태 치환의 절차가 일어났다고 볼 수 있는데, 아쉽게도 그는 이 점에 대해서는 아무런 언급도 하지 않고 있다.

그런데 일단 그가 이 영역의 두 번째이며 진짜로 중요한 특징으로 내세우고 있는 점은 여기가 바로 언어적 능력의 중심지라는 사실을 고려하면, 비록 간접적으로나마 이 영역에서 일어났던 치환의 절차는 다른 영역에서 쉽게 찾아볼 수 없는 형태의 것이었다는 것을 익히 인정하고 있다고 볼 수도 있다. 그는 우선 오직 인간만이 언어를 가질 수 있었던 것은 오직 인간의 두뇌에 있어서만 이 부위의 크기가 아주 커졌기 때문으로 보는 식으로, 이 부위가 결국에는 자기가 내세우는 언어와 두뇌의 공진화 이론의 근원지임을 강조하고 있다.

그는 또한 이 자리에서 언어적 능력은 물론이고 그 외의 인간 특유의 인지적 능력들은 모두가 전액골의 대뇌피질의 특별한 발달과 직접적으로 관련되어 있다는 점을 강조하고 있는데, 이런 의미에서 보면 그가 원래 상징적 종의 이론으로 이름 붙인 언어진화 이론은 전액골 발달의 이론으로 이름을 바꾸는 것이 맞는 일인 것 같다. 이 부위의 중요성과 관련해서 그는 크게 다음과 같은 세 가지 사실은 밝히고 있는데, 이런 의미로 보아서도 그의 이론의 이름은 그렇게 바뀌는 것이 맞는 일이었다. 그중 첫 번째 것은 상징적 연상절차나 고차원적인 문제 해결과 같은 인간 특유의 인지절차는 으레 여기에서 이루어진다는 것이고, 그중 두 번째 것은 바로 여기가 다른 부위에서의 인지적 활동을 총괄적으로 지휘하고 조정하는 곳이라는 것이며, 그중 세 번째 것은 이 부위에 손상을 입게 되면 으레 언어습득이나 언어사용 시에 큰 어려움을 겪게 된다는 것이었다. (Idid, p.353)

1985년에 Baldwin이 「Consciousness and evolution(의식과 진화)」라는 논문을 통해서 발표한 'Baldwin 이론'은 발표와 동시에 신다원주의 이론의 대표적 이론으로 자리를 잡게 되었는데, 그 이유는 이것은 언어의 문제와 같이 고전적 다윈의 이론으로는 제대로 설명이 될 수 없는 문제들에 대한 새로운 해결책을 모색한 것이었기 때문이었다. 원래 다윈이 내세운 자연적 선택이론은 인간의 진화과정을 일종의 선형적 과정으로 보는 이론이어서, 이른바 돌연변이적 사건들을 제대로 설명할 방법이 없다는 한계성이 있었는데, 특히 최근에는 촘스키가 언어의 출현이야말로 인간의 진화 과정상 가장 대표적인 돌연변이적 사건이라고 주장하고 나섬으로써 고전적 진화론자들은 더욱 어려운 경지에 몰리게 되었다. (Balwin, 1985)

그러나 촘스키의 해결책은 진화론자들이 받아들이기에는 적절하지 못한 것이기에, 그들은 자연히 다윈의 진화론적 틀 안에서의 수정안이나 보완안을 찾기에 눈을 돌렸다. 그가 제시한 의견은 두뇌의 크기가 커지면서 두뇌의 신경체계는 '재연결'의 변화를 겪게 되었고, 그 결과 언어가 탄생하게 되었다는 것이었으나, 결국 그것은 그들로서는 도저히 받아들일 수 없는 것이었다. 그래서 그들이 자체적으로 전통적 다윈의 틀을 부분적으로 수정 내지는 보완하는 방안으로 제시한 것이 전능이론과 Baldwin이론이었는데, 굳이 따지면 이들 간에는 유사성만 있는 것이 아니라 일반적으로는 일찍이 Gold와 Vrba가 제안한 '전능이론'이 Baldwin 이론보다 더 많은 인기를 누리게 되는 식의, 일정한 차이성도 있었다.

구체적으로 말하면 전능(exaptation)이론은 인간의 진화과정에서는 누적적인 적응의 절차에 의해서가 아니라 어느 특별한 선택적 압력에 의해서 기존의 기관에 새로운 기능이 발생하게 되는 식의 돌발적 변화도 있게 마련이라고 내세우리만큼 다윈의 이론의 약점을 크게 보완한 이론이었다. 그러니까 이제 진화론자들은 예컨대 촘스키의 도전에 대해서는 그가 말하는 인간 특유의 문법적 지식이나 능력은 기존의 인지기관이 일종의 전능 절차를 통해서 새롭게 갖게 된 지식이나 능력에 불과한 것이라고 주장할 수 있었다. 그러니까 이 이론의 특징은 쉽게 말해서 다윈이 일찍이 내세웠던 자연적 선택의 모형은 그대로 유지되는 상태에서, 그것에 예외적인 사실에 대한 해결책을 추가시킨 것이었다. 이렇게 보면 Balwin 이론보다 이 이론이 진화론자들 사이에서 더 많은 인기를 누리게 된 것은 너무나 당연한 일이었다.

그에 반하여 Baldwin 이론은 다윈의 진화이론과 그 모형 자체를 새롭게 바꾸려는 이론이었다. 한마디로 말하면 이것은 인간의 전진화과정은 환경적 내지는 학습적 요소와 두뇌의 유전질적 변화 간에는 언제나 상호 불가분적인 관계가 성립되어 있다는 입장에서 분석되어야 한다는 이론이다. Baldwin이 보기에는 예컨대 촘스키가 문제시했던 언어적 문제 같은 것도 학습과 행동적 융통성은 자연적 선택 절차를 더 강화하거나 어느 한쪽으로 편향하게 하는데 일정한 역할을 수행하게 된다는 식의 일반적인 설명법으로써 익히 해결될 수 있는 것이었다. 다시 말할 것 같으면 이 이론은 다윈의 이론과는 달리 진화과정에 있어서의 학습의 영향을 크게 중요시하려는 이론이었다.

이렇게 보면 Deacon이 자기의 공진화이론을 Baldwin의 진화이론을 언어의 경우를 중심으로 해서 구체화한 것으로 본 것은 하등 놀라운 일이 아니었다. 궁극적인 의미로 보아서는 자기의 공진화이론의 진화론적 타당성을 재강화하는 목적으로서였겠지만, 그의 1997년의 책의 마지막 부분을 Baldwin의 진화이론에 대한 해설로 대신한 것만으로도 그는 Baldwin이론을 고전적 다윈이론을 대신할 수 있는 최선의 신 다윈주의적 진화이론으로 생각하고 있음을 익히 알 수 있다. 물론 더 구체적으로 말하면 그는 Baldwin의 진화이론이야말로 언어출현을 내재적 문법지식의 돌발적 표출로 보려는 촘스키의 의견에 대한 최선의 응답이라고 생각했다.

그는 흥미롭게도 Baldwin의 진화이론의 타당성을 설명하다 보니까, 자기가 사실은 촘스키보다 한 단계 높은 차원에서의 언어 우선주의자임을 실토하게 되었다. 어떤 성격의 공진화이론이든지 간에 그것의 중요한 발상법 중의 하나는 응당 언어와 두뇌 중 어느 쪽을 공진화 절차의 일차적 유발자로 볼 것이냐에 대한 생각일 텐데, 그는 여기에서 언어를 그런 유발자로 보아야 한다는 의견을 내놓은 것이다. 그는 우선 놀랍게도 그의 1997년의 책의 제11장의 제목으로 '말씀이 곧 육신이 되었다'라는 성경 구절(요한복음 제1장 14절)을 내세웠고, 또한 이 책의 322쪽에서는 "아주 먼 조상들의 최초의 상징적 체계의 사용이 그 후 인과의 두뇌가 어떤 자연적 선택 절차에 의해서 진화하게 될 것인가를 결정지었다"와 같은 말을 하였다.

이렇게 보면 그는 여기에서 자기의 공진화이론의 과학적 신빙성을 제고하기 위하여 Baldwin의 이론을 단순히 원용하는 수준을 넘어서,

Baldwin이 막연히 '학습된 행위'로 내세웠던 것을 언어적 행위로 구체화하고 보면 그의 이론의 타당성은 더욱 분명히 실증될 수 있다는 것을 보여주고 있다고 볼 수 있다. 다시 말하면 그는 여기에서 Baldwin 자신은 미처 하지 못했던 일, 즉 자기이론의 일반성을 익히 뒷받침할 수 있는 구체적인 사례를 드는 일을 해냄으로써 Baldwin이론의 위상을 한 단계 높이는 데 결정적인 역할을 하게 된 것이다. 예컨대 Baldwin은 일정하게 학습된 행위가 유전질적 변화의 원인이 된다는 말만 하였지, 그렇게 진화과정상 중요한 역할을 하게 된 학습된 행위가 구체적으로 어떤 것이었느냐에 대한 의견은 내놓지 않았다. 그러나 그는 여기에서 인간의 두뇌에서 유전질적 변화를 일으킨 것은 언어라는 점을 분명히 밝혔다. 이런 의미에서 보면 지금까지의 역사상 그만한 언어우선주의자는 일찍이 없었음을 익히 알 수 있다.

그런데 그는 여기에서 자기 특유의 언어우선적인 진화이론을 전개함에 있어서 일종의 순환논리적인 논법을 사용하기도 했는데, 이런 점은 누가 보아서도 그의 공진화이론 자체의 큰 단점일 수도 있다. 예컨대 그는 언어가 두뇌발달 과정에 있어서 일찍부터 일종의 유발자나 설계의 역할을 할 수 있었던 것은 결국에 그것은 고차원적인 정신작용을 요구하는 하나의 상징적 체계이기 때문이라고 내세웠다. 다시 말해서 그는 언어가 본래부터 최고의 정신작용을 요구하는 상징체계인 이상, 두뇌의 조직과 기능이 그것이 원활하게 작동할 수 있도록 적응해 나가는 것은 인체의 생리적 순리라고 생각한 것이다.

그러나 그의 이런 설명법에 있어서는 인간의 최초의 언어도 지금의 것처럼 정교하고 복잡한 구조를 가진 것이었으리라는, 아전인수적이고 다분히 비논리적인 전제를 논증의 시발점으로 삼은 오류를 범하고 있다. 일단 그의 이론대로 200만 년이라는 긴 세월에 걸쳐서 언어와 두뇌는 상호교차적인 발달과정을 밟아왔다고 본다며, 언어의 최초의 형태나 구조는 아주 단순한 것이었음이 분명하다. 더구나 그는 자기의 책의 328쪽에서 "우리의 두뇌와 감각운동적 능력들은 일정하게 언어적 적응과정을 거쳐온 것이지만, 그것을 우리의 본능 일부로 볼 수 있는 것은 아니다"와 같은 말을 하였는데, 이런 주장 역시 오랜 기간에 걸친 여러 이론가의 본능 대 학습 간의 논쟁을 재발시키기에 딱 알맞은 것이다.

그는 또한 일찍이 다윈이 내세웠던 자연적 선택의 절차는 이제는 Baldwin적인 선택의 절차로 바뀌어야 한다고 내세운 자리에서, 그 이유로 이것에서는 유전적 전달의 절차와 사회적 전달의 절차, 환경적 변화의 절차 등의 세 가지 절차들이 서로가 서로에게 일정한 영향을 주는 상태에서 병렬적으로 진행이 된다고 보고 있기 때문이라고 주장했었다. 그런데 실제로 그가 논의하고 있는 것은 이런 모형을 최대로 단순화시킨 경우인 유전적 전달의 절차와 사회적 전달의 절차가 상호교차적으로 진행되는 사례이었다. 물론 그는 여기에서 사회적 전달의 절차를 보다 구체적으로 학습된 행위의 절차로 바꾸기도 했다. 그러나 그가 실제로 논의한 모형은 환경적 변화의 절차는 완전히 제거된 아주 단순한 것이었음이 분명하다. 그로서는 응당 언어와 두뇌 간의 공진화관계를 집중적으로 논의하다 보니까 이런 결과가 나왔다고 변명할 것이다. 그러나 다윈의 자연적 선택의 이론에서는 환경적 변화의 영향을 경우에 따라서는 얼마든지 무시할 수 있을 만큼 하찮은 것으로 보지 않았다. 결국 그는 여기에서 앞뒤가 안 맞는 논리적 비약이나 모순을 저지르고 만 것이다.

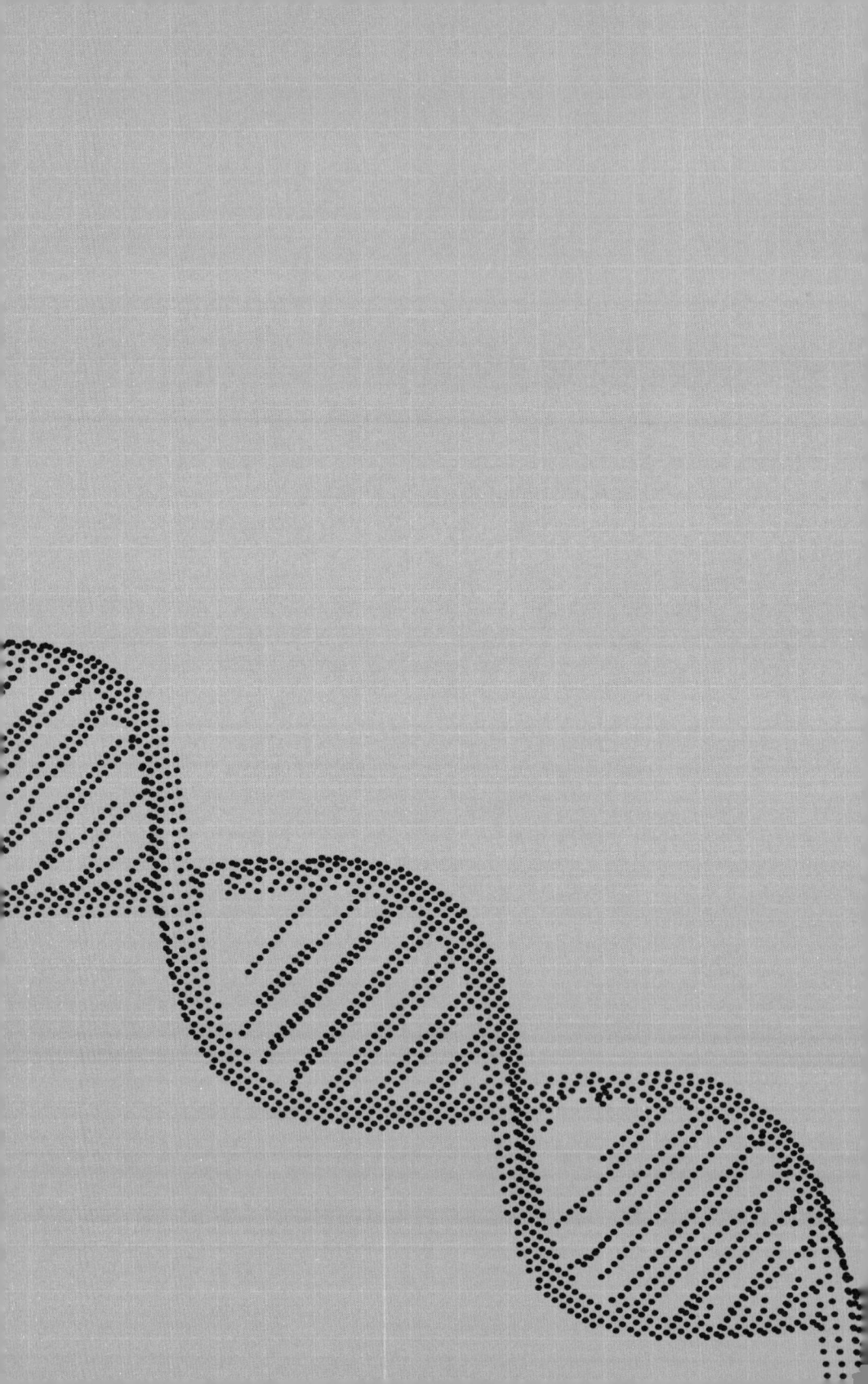

제7장
진화언어학의 전망과 결론

7.1 생물언어학 대 진화언어학

인간의 언어의 진화과정을 밝히는 학문을 진화언어학(evolutionary linguistics)으로 명명하고 보면, 그 이름 자체가 이것은 결국에 진화론과 언어학이 하나로 합쳐진 일종의 학제적 학문이라는 것을 잘 드러내고 있다. 그런데 원래 진화론은 생물학의 한 기저이론인 탓으로 이 학문의 이름은 생물언어학(bio-linguistics)으로 불릴 수도 있다. 그런데 이렇게 되면 이 학문이 언어학의 한 파생학문이라는 사실이 더욱 뚜렷해진다. 그 이유는 이것은 언어학이라는 명사에 하나의 접두사를 붙여서 만들어졌기 때문이다. 그래서인지 촘스키는 일찍이 1974년에 Massiono Piatelli-Palmarini가 생물언어학을 언어학과 진화생물학, 신경학, 철학 등이 참여하는 학문으로 정의한 것을 잘한 것으로 보고서 진화언어학이라는 이름보다 이 이름의 사용을 선호한다.

그러나 역설적으로 그동안의 이 학문의 발전양상은 그가 일찍이 인지과학(cognitive science)의 탄생을 선도했을 때의 꿈과 같은 화려한 꿈이 이것에서는 이루어지기 힘들다는 사실만을 만천하에 알리게 되었는데, 이런 비판적 판단의 사실적 증거품으로 내세울 수 있는 것이 바로 2010년에 Larson과 Deprez, Yamakido 등의 세 명의 언어학자가 편집해낸 『The Evoilution of Human language: biolinguistic peropectives(인간언어의 진화: 생물언어학적 전망)』이라는 책이다. 우선 누구나가 제목에 생물언어학적 전망이라는 말이 나와 있는 점으로 미루어보아서 이것이 촘스키의 견해를 중심으로 한 것임을 익히 알아차릴 수 있다. 그런데 실제로 이것은 촘스키의 언어학적 도전의 선언문과 같은 「HCF」 논문이 《Science》지에 발표된 2002년으로부터 겨우 3년밖에 지나지 않은 2005년의 10월에 'Stony Brook' 대학교에서 개최된 언어와 의사소통에 관한 제1차 '모리오 국제학술대회(Morrio International Symposium)'에서 발표된 논문을 한데 모은 것이기에, 오늘날의 생물언어학의 현황을 한눈에 파악할 수 있는 일종의 학문적 평가서와 같은 책이다.

크게는 이 국제학술대회이고 작게는 이 책의 제일 큰 특징은 그 구조가 2002년에 발표되었던 「HCF」 논문을 맨 앞에 다시 게재해 놓고서, 그 뒤에 이것의 세 저자의 것을 포함한 모두 14개의 해석적 논문들이 실려있는 식의 일종의 일극적 체계를 이루고 있다는 점이다. 그러니까 이런 특이한 구조성만으로도 이것의 목적이 크게는 촘스키의 언어진화 이론이고 작게는 그가 「HCF」에서 주장한 바를 널리 알리려는 것이었음을 익히 알아차릴 수 있다. 그런데 사실은 촘스키는 자기 스스로를 생물언어학의 창시자로 생각하고 있었다. 그래서 이 책을 통해서 편집자들이 해낸 일은 의도적이었던지 결과적이었던지 간에 결국에 오늘날의 생물언어학의 현황을 일별해보는 일이 되고 말았다.

그런데 이 책을 통해서는 우선 우리는 그가 꿈꾸는 생물언어학의 실체가 어떤 것인가를 알아볼 수 있는 단서를 발견할 수 있는데, 그것은 바로 여기에 실린 논문의 저자의 전공영역이 최대로 다양하다는 사실이다. 여기에서는 총 14개의 해석적 논문들이 제1부 언어의 구조와 제2부 언어와 인터페이스 체계, 제3부 생물학 및 신경학적 기저, 제4부 인류학적 문맥 등의 네 가지 범주 안에 고르게 분배되어 있다. 그러니까 이를 통해서 우리는 생물언어학자들은 앞으로 자기네 학문은 크게 이런 네 가지 방향으로 발전될 것으로 생각하고 있다는 것을 익히 알 수 있고, 또한 생물언어학은 이름 그대로 언어학과 생물학, 신경학, 인류학 등이 공동으로 이끌어가는 일종의 최첨단적 학제적 학문이라는 것을 익히 알 수 있다.

  그런데 일단 이들 14개의 논문의 저자들의 전공영역을 살펴보게 되면 생물언어학의 구성학문을 이상과 같이 언어학과 생물학, 신경학, 인류학 등의 네 가지로 잡는 것은 과잉 단순화의 오류를 범하는 일이라는 것을 당장 깨닫게 된다. 약간 장황스럽기는 하지만 여기에 게재된 논문의 순서에 따라서 이들의 이름과 각 대학에서의 소속학과명을 밝혀보면 2)의 촘스키는 언어학 및 철학과 소속이고, 3)의 Jackendoff는 철학과 소속이며, 4)의 피치는 신경생물학 및 인지학과 소속이며, 5)의 하우저는 심리학과 소속이고, 6)의 Gardenfors와 Qsvath는 인지과학과 소속이며, 7)의 Corbalis는 심리학과 소속이고, 8)의 Sperber와 Origgi는 언어학과 소속이며, 9)의 Dor과 Jablonka는 의사소통 및 철학과 소속이고, 10)의 Piattelli-Palmarini는 언어학과 소속이며, 11)의 Lieberman은 인지 및 언어학과 소속이고, 12)의 Stromswold는 심리학과 소속이며, 13)의 Tattersall는 인류학과 소속이며, 14)의 Bickerton은 언어학과 소속이고, 15)의 Bingham은 생물화학 및 세포생물학과 소속이다.

  학과명 중 많은 것이 복합명사식으로 되어 있는 데다가 이들의 대부분이 인지과학과 같은 첨단학문의 명칭과 철학과 같은 전통적 학문의 명칭이 서로 섞인 상태의 것이어서, 이들의 학과명별 분포도를 만들어보는 일이 무리한 일임이 분명하지만, 그래도 생물언어학의 현황을 알아보는 데는 이들의 분포도를 작성해 보는 알만한 것도 없겠다고 판단되어서 만들어 본 결과 다음과 같은 결과를 얻게 되었다. 우선 이것에 등장한 학과명은 언어학을 비롯하여 심리학, 철학, 신경생물학, 인지과학, 인류학 등의 여섯 가지인데, 이런 특징은 일찍이 Piattelli-Palmarini가 구상했던 생물언어학의 실체와 아주 근사한 점이라고 볼 수 있다.

그런데 여기에서의 학과명의 분포도는 그가 일찍이 구상했던 생물언어학의 실체가 구체적으로 어떤 것이었는가를 보여주고 있다고 볼 수 있는데, 그 이유는 그것이 언어학 다섯 번에 심리학 세 번, 철학 두 번, 신경생물학 두 번, 인지과학 한번, 인류학 한번처럼 되어 있기 때문이다. 여기에서 가장 먼저 눈에 띄는 점은 물론 언어학이 무려 다섯 번이나 나오고 있다는 점이다. Piattelli-Palmarini나 촘스키가 원래 구상했던 대로 생물언어학은 역시 언어학의 한 파생학문인 것이다. 그밖에 흥미로운 점은 언어학 다음에 두 번째로 많이 나오는 학문은 철학이나 생물학이 아니라 심리학이라는 사실이다. 또한 인지과학과 인류학이 각각 한 번씩 나오고 있다는 점도 주목할만한 사실이다.

그런데 두말할 것도 없이 생물언어학의 실체와 현황을 파악하는 데 있어서 결정적 요소로 작용하는 것은 이들 14개의 논문이 누구에 의해서 쓰였느냐의 문제보다 어떤 내용이나 성향의 것이냐의 문제일 텐데, 아쉽게도 앞에서 이미 자주 언급이 되었듯이 이들은 하나같이 작게는 「HCF」 논문의 가치를 대단한 것으로 보지 않는 것들이고, 크게는 이 학문 자체의 장래를 자못 험난하게 보는 것들이다. 이들 저자 중 「HCF」 논문의 가치와 중요성을 다시 제고하고 나선 사람은 「Some evo devo theses: how true might they be for language?(진화발달의 논제: 언어의 경우 이것은 얼마나 맞는 것인가?)」라는 논문을 쓴 촘스키뿐이다. 그는 여기에서 자기가 일찍이 내세웠던 '원리와 매개변인'의 이론은 Francois Jacob의 'evo devo(진화발달)'의 이론을 따른 것이었다고 주장하였다.

그런데 그다음 논문들은 Piattelli-Palmarini의 것을 제외하고는 모두가 「HCF」논문의 약점이나 한계성을 노출하는 데 초점을 맞춘 것들이었다. 예컨대 세 번째인 Jackendoff에 의한 「Your theory of language evolution depends on your theory of language(당신의 언어진화 이론은 당신의 언어이론에 달려 있다)」라는 논문에서는 「HCF」이론의 모형에서는 어휘의 문제가 제외되어 있을 뿐만 아니라 원형언어의 설정이 고려되고 있지 않다는 점이 지적되고 있다. 네 번째인 피치에 의한 「Three meanings of recursion: key distinctions for biolinguistics(순환의 세 가지 의미: 생물언어학을 위한 핵심적 구별)」라는 논문에서는 원래 순환이라는 개념은 언어학에서 찾아낸 개념이 아니라 수학이나 컴퓨터 공학에서의 중핵적 개념의 한가지라는 점이 강조되고 있다.

다섯 번째인 하우저에 의한 「On obfuscation, obscurantism, and opacity: evolving conceptions of the faculty of language(난처함과 몽매주의, 투명함에 대하여: 진화되는 언어기능의 개념)」이라는 논문에서는 자기는 반적응주의자도 아닐 뿐만 아니라 탁상공론적인 최소주의자도 아니라는 말로써 「HCF」논문의 비평에 대한 그의 견해가 제시되어 있다. 한 가지 특이한 점은 여기에서 그는 '진화발달'의 이론을 근거로 한 '진화언어학(evolingo)'의 창설을 제안하였다는 점이다. 결국 이렇게 보면 「HCF」논문의 세 저자 중 이것의 가치와 의의를 백 퍼센트 인정하고 있는 사람은 촘스키뿐인 셈이다.

여섯 번째인 Gardenfors와 Qsvath에 의한 「Prospcection as a cognitive purcurser to symbolic communication(상징적 의사소통체계에 대한 인지

적 선행자로서의 예견력)」이라는 논문에서는 인간만이 상징적 언어를 갖게 된 것은 오직 그만이 미래의 필요를 미리 계획할 수 있는 지력, 즉 예견력을 가지고 있었기 때문이라는 견해가 제안되고 있다. 그런데 이런 견해는 엄밀한 의미에서 보면 「HCF」 논문과는 아무런 관계가 없는 것이다. 기본적으로 앞에서 살펴본 Dunbar의 이론이나 Deacon의 이론과 대비되어야 할만한 의견이 도대체 왜 여기에 제안되어 있는지가 의심스럽다.

일곱 번째인 Corbalis에 의한 「Did language evolve before speech(언어는 말이 이전에 진화했는가?)」라는 논문에서는 이른바 연속성 대 돌발성의 문제로 알려진 오늘날의 언어진화론의 핵심적 주제를 놓고서 양자택일적인 견해가 아니라 일종의 양시론적인 견해가 개진되어 있다. 언어는 200만 년에 걸친 단계적인 자연선택절차에 의해서 생겨났다는 진화론자들의 가설도 맞고, 또한 20만 년 전인 '호모 사피엔스' 때 돌연변이에 의해서 언어가 생겨났다는 촘스키의 가설도 맞는다는 것이었는데, 이런 양시론적 주장의 근거가 될 수 있는 것이 바로 말이 쓰이기 이전에는 손짓언어가 쓰였다는 사실이었다. 이런 양시론적 근거로 그는 최근에 일부 뇌생리학자가 거울체계를 손짓언어의 원천체계로 볼 수 있다는 주장이나, 돌발적인 FOX P2유전자의 출현으로 말이 쓰일 수 있게 되었다고 주장하고 있다는 사실을 들고 있다. 그런데 문제는 이것도 바로 앞의 여섯 번째 논문과 마찬가지로 「HCF」 논문과는 직접적으로는 아무런 관계가 없는 것이라는 데 있다.

여덟 번째인 Sperber와 Origgi에 의한 「A pragmatic perspective on the evolution of language(언어진화에 대한 화용론적 전망)」이라는 논문에서는 인간의 의사소통체계는 마땅히 하나의 부호모형이 아니라 추리모형으로 보아야 한다는 그들의 관련성이론의 타당성이 앞으로는 언어진화론에 있어서도 실증되어야 한다고 주장되고 있다. 그런데 한가지 여기에서 특별히 눈에 띄는 점은 일찍이 일부 언어진화론자가 마음의 이론의 능력을 언어 탄생의 원동력으로 본 것은 화용론적 언어진화 연구의 효시로 볼 수 있다고 내세운 사실이다. 무슨 이유에서인지 Dunbar라는 이름은 밝혀져 있지 않다.

아홉 번째인 Dor과 Jablonka에 의한 「Plasticity and canalization in the evolution of linguistic communication: and evolutionary and developmental approach(언어적 의사소통의 진화에 있어서의 가소성과 도관성: 진화발달적 접근법)」이라는 논문에서는 일단 진화발달적 접근법에서 취하는 기본 입장을 진화에 있어서는 유전자는 선행자가 아니라 추종자이며, 따라서 많은 진화적 변화는 유전적 변이가 아니라 표현형의 발달로 보아야 한다는 식으로 정리하고 보면, 언어의 진화과정을 밝히는 데는 왜 진화발달적 접근법이 적용되어야 하는가가 분명해진다고 주장되고 있다. 특히 여기에서는 언어진화과정을 진화발달적 접근법에 따라서 분석해보면 두뇌와 언어는 서로가 서로에게 영향을 주는 식의 일종의 공진화적 나선을 그려왔다는 점과 이런 공진화적 나선이 그려지는 데는 문화의 힘이 중요하게 작용했다는 점이 확실해진다고 내세워지고 있다. 이것에서는 우선 최근에 촘스키가 옹립하고 나선 진화발달 이론의 타당성이 검증되고 있는 데다가 일종의 수정된 보편문법론까지 제안되고 있으니까, 이것은 반갑게도 「HCF」 논문과 직접적으로 관련성이 있는 것으로 볼 수 있다.

열 번째인 Piattelli-Palmarini에 의한 「What is language, that it may have evoluted, and what is evolution, that it may applay to language?(진화한 것으로 가정되는 언어는 어떤 것이고, 언어에 적용될 수 있는 진화는 어떤 것인가?)」라는 논문에서는 마치 자기가 촘스키의 생성문법이론

의 대변인이라도 된 듯이 그가 그동안에 발달시켜온 I-언어이론이나 모듈이론, 협의의 통사이론, 순환이론 등이 소개되고 있는데, 특히 여기에서 눈에 띄는 점은 언어진화의 문제를 논의하는 자리에서 원형언어의 존재를 가정하는 것은 비과학적인 일일 수 있는데, 그 이유는 그렇게 되면 삭감의 오류를 범하는 셈이 되기 때문이라는 논법으로 촘스키의 돌발적 언어기원설의 타당함을 설명하고 있다는 사실이다. 그런데 이 논문에서 그가 진짜로 내세우고 있는 바는 분자유전적 혁명으로 생물학은 이제 새로운 과학적 학문으로 탈바꿈한 이상, 앞으로 생물언어학을 이끌어갈 학문은 언어학이 아니라 생물학으로 보아야 한다는 것이었다. 그 근거로 그는 규제적 유전자에 있어서의 단 하나의 돌연변이로 신경체계상에 대혁명적 변화가 일어나게 된 사실이 최근에 생물학에서 밝혀지게 된 점을 들고 있다. 이런 의미에서 볼 것 같으면 이것만큼 거의 맹목적으로 「HCF」 논문의 가치와 생물언어학의 출범의 의의를 높이 사고 있는 것은 없다고 볼 수 있다.

열한 번째인 Lieberman에 의한 「The creative capacity of language, in what manner is it unique, and who had it?(언어의 창조적 능력, 어떤 양태로 그것은 특이하고, 누가 가졌는가?)」라는 논문에서는 먼저 생물학적으로 보았을 때는 동일규칙의 반복성이나 순환성은 언어만의 현상으로 보는 것보다는 오히려 일반적인 현상을 보는 것이 맞는다는 주장이 펼쳐진 다음에, 인간이 언어를 갖게 된 것은 상위 후두부에서 성도가 발달했기 때문이라는 주장과 다양한 피질 및 기구 중 특히 뇌저 신경절이 언어사용에 있어서 중요한 역할을 담당하게 된다는 주장과 같은 언어의 진화 문제와 관련된 그만의 특이한 뇌생리학적 견해가 피력되고 있다. 엄밀하게 보면 그러니까 이 논문은 「HCF」 논문과 직접적인 관련성이 있는 것으로 볼 수는 없다.

열두 번째인 Stromswold에 의한 「Genetics and the evolution of language: what genetic studies reveal about the evolution of language(유전학과 언어진화: 유전학적 연구를 통해서 언어진화에 대해서 알게 된 것)」이라는 논문에서는 언어에는 원래 표현적 변이성을 보여주는 면과 유전적 상속성을 보여주는 면이 있기 때문인지, 오늘날의 주요 언어진화 이론에는 'A이론'과 'B이론'의 두 가지가 있게 되었다는 견해가 피력되어 있다. 먼저 'A이론'은 촘스키와 Piattelli-Palmarini가 내세우고 있는 것으로서 여기에서는 '편승이론'으로 이름이 붙여져 있는 것이며, 반면에 'B이론'은 Pinker와 Bloom이 내세우고 있는 것으로서 여기에서는 '자연적 선택이론'으로 이름이 붙여져 있는 것이다. 그런데 이들 간의 제일 큰 차이점은 'A이론'에서와는 달리 'B이론'에서는 원형언어라는 선행자가 설정되어 있다는 점이었다. 이것 역시 「HCF」 논문과는 직접적인 관련성이 없는 논문이다.

열세 번째인 Tattersall에 의한 「A Putative role for language in the origin of human consciousness(인간 의식의 기원에 있어서의 언어의 추정적 역할)」라는 논문에서는 약 5만 년 전에 '호모 사피엔스'는 두뇌의 일부 부위에 전능현상이 일어나게 되면서 높은 수준의 상징력을 갖게 됨과 동시에 고도로 문화가 발달하는 변화를 겪게 되었다는 가정이 해설되어 있다. 물론 이런 변화 준 일부가 언어의 탄생인 셈인데, 무슨 이유에서인지 이것에 대한 구체적인 언급은 발견될 수 없다. 촘스키의 돌연변이를 여기에서는 전이작용으로 보았으니까, 이것이 「HCF」 논문을 직접적으로 지지하지는 않는 논문임이 분명하다.

열네 번째인 Bickerton에 의한 「On two imcompatible theories of language evolution(두 개의 양립될 수 없는 언어진화 이론)」이라는 논문에서는 먼저 「HCF」 논문의 무가치성이 지적된 다음에, 이른바 '배열이론'이라는 자기 자신의 문법이론이 촘스키의 것에 대한 하나의 대안으로 제안되어 있다. 그가 보기에는 「HCF」 논문에서는 진화의 문제는 전혀 검토되고 있지 않았다. 그리고 촘스키의 언어진화 이론은 지금의 언어를 기준으로 한 것에 불과한 것인데다가 원시언어의 존재 자체를 무시한 것이기에 대부분 사람이 타당한 것으로 받아들일 수 없는 것이며, 따라서 누구에게나 원시언어를 아무런 문법체계도 없는 단순한 어휘의 배열체로 보려는 자기의 이론이 촘스키의 언어진화 이론보다 더 합리적인 것임이 분명했다.

열다섯 번째인 Bingham에 의한 「On the evolution of language: implications of a new and general theory of human origins, properties, and history(언어의 진화에 대하여: 인간의 기원과 자질, 역사에 관한 새롭고 일반적인 이론의 함의)」라는 논문에서는 그것의 유일성을 비롯한 언어진화의 문제는 이제는 마땅히 1980년대에 Hamilton이나 다윈 등에 의해서 제안된 유전적 진화이론에 의해서 검토되어야 한다는 점이 강조되고 있는데, 여기에서 특별히 눈에 띄는 점은 첫 번째로는 「HCF」 논문에서 거론된 '순환성'에 대해서 다분히 부정적인 의견을 내놓은 점이다. 진화생물학자의 입장에서 볼 것 같으면 인간 아닌 동물들도 고도로 구조적이고 복잡한 정보를 분해하는 능력을 갖추고 있었다.

두 번째로는 일단 동물은 이익의 충돌로 서로 간의 사회적 협력성을 이루지 못하는 데 반하여, 인간은 많은 정보를 적응적으로 교환하는 기술을 발달시킴으로써 고도의 사회적 협력성을 유지할 수 있었다는 점은 인정하지만, 그래도 앞으로 언어에 대한 정의가 더 정확해지려면 그것을 마땅히 보편적인 동물적 장치와 자질을 단순히 강화 내지는 이동시킴으로써 탄생한 것으로 보아야 한다고 내세운 점이다.

이렇게 촘스키의 것을 제외한 모두 13개의 논문 내용을 살펴보게 되면 간단히 말해서 과연 촘스키가 구상하는 생물언어학의 장래가 그가 바라는 만큼 밝은 것이 아니며, 따라서 굳이 그와 Piattelli-Palmarini 등이 진화언어학이라는 옛 이름을 폐기하고서 새 이름을 찾게 된 이유가 무엇이었는가를 의심하기에 족할 만큼 언어진화에 관한 연구는 아직도 초보적인 단계에 머물러 있음을 확인할 수 있다. 우선 이것을 통해서는 저자들의 소속학과명의 무의미성을 확인할 수 있다. 예컨대 언어학과에 소속된 저자 수는 총 5명이고, 심리학과에 소속된 저자는 3명이고, 신경생물학에 소속된 저자는 2명인데, 실제로 이들이 주로 다룬 주제는 모두 생물학적인 것들이다. 이들은 하나같이 앞으로의 생물언어학의 주도권은 언어학이 아니라 생물학이 잡아야 한다는 것을 암시하려는 듯한 의도를 나타내고 있다.

그런데 사실은 이들은 역설적으로 생물학이 앞으로 이런 학제적 과제를 제대로 수행해 낼 수 있을까에 대한 의견은 일치되어 있지 않다는 사실만을 드러냈다. 예컨대 촘스키의 단짝인 Piattelli-Palmarini는 "현대 생물학에서는 게놈에서의 원자적 사건으로 인하여 생리 및 기능적 불연속성의 현상이 나타나게 된다는 사실을 발견했다"라고 말함으로써 촘스키의 불연속성의 이론의 타당성은 이미 생물학적으로 실증된 것이나 다름이 없다는 식의 고무적인 의견을 내놓은 데 반하여, Bingham은 아무리 진화생물학이 이른바 '유전적 기도 정보이론'을 내세울 만큼 발달했다고 해도 아직은 언어의 유일성을 비교연구적 방법으로 구명해낼 수 있을 만큼 발달한 것은 아니라고 실토하고 있다.

그런데 무엇보다도 우리를 놀라게 하는 점은 이들 중 상당수는 일찍부터 진화론자들이 내세우고 있는 원형언어설을 직접적으로 지지하고 있다는 사실이다. 구체적으로 말하면 이런 부류의 논문의 수가 무려 아홉 개나 되니까, 이들 중 상당수라는 말 대신에 이들 중 대부분이라는 말이 더 정확한 표현인듯하다. 예컨대 세 번째인 Jackendoff의 논문을 위시하여 여섯 번째인 Gardenfors와 Qsvath의 논문, 일곱 번째인 Corbalis의 논문, 여덟 번째인 Sperber와 Origgi의 논문, 아홉 번째인 Dor과 Jablonka의 논문, 열한 번째인 Lieberman의 논문, 열두 번째인 Stromswold의 논문, 열세 번째의 Tattersall의 논문, 열네 번째인 Bickerton의 논문 등이 바로 그런 논문들이다.

두말할 필요도 없이 이렇게 되다 보면 앞으로 언어진화 연구는 촘스키의 의도와는 정반대 쪽으로 발달하여 나갈 것이 뻔하다. 다시 말하면 설사 신경생물학적 접근법이라는 새로운 접근법이 시도된다고 해도 이렇게 원형언어의 실체를 밝히는 일에 언어진화론의 논의의 초점을 맞춘다는 것은 현대언어의 문법체계가 어떻게 발달하게 되었는가를 구명하는 일에 앞으로의 언어 진화론의 명운을 걸려는 촘스키의 생각과는 정반대적인 것이다. 그렇다면 도대체 어떻게 이렇게 반촘스키적인 입장을 내세우는 논문들이 무더기로 「HCF」 논문의 '게임 변화자'로서의 역할을 논하는 자리에 집결되게 되었을까 하는 질문을 던져보는 것이 순리인듯하다.

이것에 대한 대답은 물론 대답자가 누구인가에 따라서 달라지게 마련이다. 먼저 그가 이 책의 편집자들과 같이 생물언어학의 새로운 출범에 큰 기대를 거는 언어학자라면 일단 신경생물학적 접근법의 필요성을 특별히 강조하려는 의도에서 그런 접근법으로 언어진화의 문제를 분석하려는 사람의 견해를 널리 비교해 보려다 보니까 이런 결과가 나왔다고 답변할 것이다. 이런 결과는 그러니까 기본적으로는 오늘날의 생물학의 학문적 수준과 능력을 과대평가한 데서 비롯된 것이고, 더 나아가서는 이런 결과는 촘스키의 언어진화론을 정당화하려는 욕심이 지나치게 컸던 데서 연유된 것으로 볼 수밖에 없다.

그에 반하여 그가 만약에 어차피 언어진화론도 결국에 진화론의 일부이니까 다윈의 진화론을 고전적인 것이 아니라 수정보완된 것으로 고친 것이라고 할지라도 언어진화론의 기본이론으로 받아들여야 한다고 믿는 사람이라면, 이런 결과야말로 아무리 최근 촘스키의 충격이나 도전의 영향이 크다고 해도 크게 볼 것 같으면 오래전부터 시작된 전통적 언어진화 연구의 모습에는 별로 달라진 것이 없는 것을 웅변적으로 실증하고 있는 것이라고 대답할 것이다. 다시 말해서 그는 이런 결과는 설사 최근 촘스키의 도전으로 연속성 대 비연속성의 주제나 아니면 공유성 대 유일성의 주제, 의사소통 대 사고적 도구의 주제 등이 언어진화 연구의 궁극적이고 중핵적인 주제로 자리 잡게 되었다고 할지라도 연구자 대부분은 여전히 지금으로부터 200만 년 전에 일정한 원형언어가 존재했었다는 가정이나, 아니면 현대언어는 그 후 5만 년이나 10만 년 전에 일종의 돌연변이에 의해서 탄생하였다는 가정하에서 연구를 진행해 왔다는 사실에는 아무런 변화가 없다는 것을 웅변적으로 실증하고 있을 따름이라고 주장할 것이다.

그러니까 이 책을 통해서 우리는 크게 두 가지 결론을 얻을 수 있는데, 그중 첫 번째 것은 오늘날의 언어진화 연구의 특징은 이런 궁극적이고 난해한 문제들의 연구에 드디어 신경생물학적인 접근법이 적용되게 되었다는 것이고, 그중 두 번째 것은 생물학적 접근법은 어디까지나 일종의 이상적인 접근법에 지나지 않는 것이어서 이것이 언어진화 연구의 발달에 언제, 어떤 식의 이바지를 하게 될는지는 아직 아무도 모른다는 것이다. 쉽게 말하면 이 책을 통해서 우리는 생물언어학이라는 허울 좋은 가면의 실체와 그 밑에 숨겨진 언어진화 연구의 '민낯'을 다시 한번 확인할 수 있었는데, 더 구체적으로 말하면 우리는 이 책을 통해서 '언어의 신비성'을 제대로 구명하는 일은 역시 우리의 학문적 탐구의 궁극적인 과제의 한 가지라는 점과 지금의 생물학의 능력이나 수준은 아직 그 것을 감당할 수 있을 만큼 높아지지 않았다는 점을 다시 한번 확인할 수 있었다.

그런데 이 책과 관련해서 우리가 마땅히 던져보아야 할 질문은 바로 현재로서 진화언어학이라는 옛 이름 대신에 생물언어학이라는 새 이름을 쓰는 것이 과연 바람직하냐 하는 것이다. 약간 나쁘게 말하면 이번의 이름 바꾸기에서는 실질적인 내용은 거의 그대로인데 포장지만 새것으로 바꾸는 식의 일반적인 상술이 쓰인 셈인데, 물론 촘스키파의 입장에서 보면 촘스키의 도전을 널리 알리는 방법 중 최선의 것은 역시 이것이었을 것이다. 그렇지만 이들은 앞으로는 언어진화 연구의 양태가 진화언어학과 생물언어학이 서로 경쟁적으로 발달해가는 식의 것으로 바뀔 것으로 전망하지도 않는다. 그러니까 이들은 쉽게 말해서 결국에 앞으로는 진화언어학의 시대는 가고 생물언어학의 시대가 올 것이라는 꿈을 꾸고 있는 것인데, 문제는 지금의 현황으로 보아서는 이런 꿈은 한낱 헛된 꿈으로 끝날 가능성이 크다는 데 있다.

7.2. 평행선의 현상과 Bickerton의 이론

1) 평행선의 현상

어차피 한 학문의 현황은 오늘날 어떤 학풍이나 학세가 그것을 주도해가고 있는가에 따라서 결정되게 되어 있는 이상, 그것을 여러 학리나 학세 간 경쟁의 장으로 보는 것이 맞는 일인데, 이런 시각에서 보면 지금의 언어진화 연구는 전통적인 다윈주의적 이론과 그것에 새롭게 맞서려는 촘스키주의적 이론과의 대결의 장인 셈이다. 그런데 「HCF」 논문이 발표된 것이 2002년이었으니까, 거의 20년이 지난 지금쯤에는 일종의 중간 평가라도 해 볼 만한데, 안타깝게도 지금의 이 학문의 현황은 바로 앞에서 살펴본 책의 실상대로 어느 한 학리나 학세의 승리를 선언할 수 있기에는 너무 먼 거리에 있다.

지금의 이 학문을 일단 이렇게 두 가지의 이질적이거나 상반된 학리 간 경쟁의 장으로 보게 되면 그것의 현황의 특징을 가장 간명하게 드러내 주는 표현에는 크게 전통성 견지의 현상이라는 것과 평행선의 현상이라는 것의 두 가지가 있을 수 있다고 볼 수 있다. 먼저 전통성 견지의 현상이라는 표현은 쉽게 말해서 설사 최근에 있었던 촘스키에 의한 도전이나 충격이 이 학문의 역사상 가장 충격적이었다고 인정한다고 해도, 그것이 이 학문의 전통이나 역사의 흐름을 바꿀 만큼 충격적인 것은 절대로 아니라는 식으로 이 학문의 현황을 파악하려는 사람이 쓰는 표현이다. 두말할 필요도 없이 이것은 전통적인 다원주의잖아, 아니면 극단적인 반 촘스키 주의자들이 즐겨 사용할 만한 것이다.

그에 반하여 평행선의 현상이라는 표현은 최근에 있었던 촘스키의 도전과 충격의 영향을 최대로 크게 잡으려는 사람이 선호할 만한 것으로서, 오늘날의 이 학문의 양태를 주로 진화론자들이 이끌어오던 전통적인 흐름과 최근에 촘스키의 도전으로 생겨난 새로운 흐름이 나란히 병진하고 있는 모습으로 보고 있는 것이니까, 결국에 이런 표현은 하나의 통합주의자나 절충주의자가 쓰게 될 것임이 분명하다. 물론 이것은 촘스키파에서는 무난한 표현으로 받아들여질 만한 것인데 반하여, 진화론파에서는 절대로 그런 표현으로 받아들여질 수 없기에, 자칫 잘못하면 양쪽 모두가 즐겨 쓰기를 거부하는 일종의 제삼자적 표현으로 전락할 위험을 지니고 있다.

그런데 엄밀히 따지면 평행선이라는 말에는 각자가 상대방의 진행에는 아무런 간섭을 하지 않고서 독립적으로 자기의 길만을 고수해간다는 함의가 깔려있다. 그런 의미에서 보면 오늘날의 이 학문의 현황을 묘사하는 데 있어서 절대로 쓰일 수 없는 말이 바로 평행선이라는 말이다. 문자 그대로 촘스키의 도전은 전통적 진화론의 타당성을 문제 삼은 전면적인 도전이었지, 독자적 신이론의 고매한 전시행위는 아니었다. 쉽게 말하면 지금의 이 학문의 판국은 언젠가 승자와 패자가 가려지게 될 일종의 싸움판이지, 신구의 두 이질적 학리가 상호 경쟁적으로 공존하고 있는 평행선의 장은 아니다.

그런데도 이 표현은 분명히 전통성 견지라는 첫 번째 표현이 가지고 있지 못한 중요한 특징을 가지고 있는데, 두 학리 간의 이 싸움은 아직 끝난 것이 아니라 아직도 진행 중이라는 사실을 암시하고 있다는 점이 바로 그것이다. 따라서 우선 촘스키파가 첫 번째 표현과는 다르게 이것에는 특별한 거부감을 표시하지 않을 것이 분명한데, 현실적으로 보면 이 점이 이것이 가진 더 중요한 특징일 수도 있다. 그리고 무엇보다도 중요한 사실은 지금의 현실을 고려했을 때 첫 번째 표현보다는 이것이 더 객관적이라는 점이다. 아마 이런 이유로 대부분의 전통적 진화론자들도 이것에 대해서 일종의 수용적인 태도를 보일 것이다.

2) Bickerton의 이론

결국 이렇게 보면 지금의 이 학문의 현황을 가장 그럴싸하게 묘사할 수 있는 표현은 결국에 평행선의 현상이라는 표현임이 분명한데, 아마도 이런 판단이 크게 잘못된 것이 아니라는 사실을 확인하는 방법 중 한 가지가 바로 Bickerton의 이론의 실체를 자세히 파악해 보는 것이다. Bickerton의 언어진화 이론은 오늘날 대부분의 언어진화론의 개론서에서 빠진 적이 없을 정도로 이미 학리적 위상이 확고하게 확립된 것인데,

이것이 이렇게 되는 데 결정적 요인으로 작용한 것이 촘스키의 언어진화 이론에 대한 그의 수용적 입장이었다. 그는 물론 굳이 분류하면 촘스키학파에 속하는 학자가 아니라 전통적 진화론파에 속하는 학자였다.

그런데 그는, 1981년에 『*Roots of Language*(언어의 뿌리)』라는 책을 출판한 이래 2010년에 나온 바로 앞에서 살펴본 책에도 자기 논문을 기고할 정도로 오랜 기간에 걸쳐서 활동한 학자이다. 그러니까 그는 이 학문의 현황을 총괄적으로 개관할 수 있는 자격을 충분히 갖춘 이 분야에서의 유수한 원로학자의 한 사람인 셈인데, 사실은 그의 이론에 그동안에 많은 사람이 관심을 끌게 된 것은 그의 생애의 원로성 때문이 아니라 그의 이론의 특이성 때문이었다. 그러나 지금까지의 그의 행적으로 미루어서 우리가 익히 추리할 수 있는 것은 그는 틀림없이 지금의 이 학문의 현황을 한 짝의 평행선이 그어져 있는 상황으로 파악하게 되리라는 것이다. 그는 이런 의미에 볼 때 이 학문의 세계에서의 거의 독보적인 통합주의자요 절충주의자인 셈이다.

그런데 우리를 가장 혼란스럽게 만드는 것은 일단 겉으로 보기에는 그의 이론이 일반적으로는 어휘적 원형 언어이론으로 알려져 있는데, 반하여, 본인은 「비구조적 연쇄체 이론」이나 「표현체적 이론」으로 부르고 있는 식으로 명칭이 통일되어 있지 않다는 점일는지도 모른다. 그러나 그의 이론은 명칭상의 혼란성은 언어관 상의 혼란성에 비하면 아무것도 아님을 웅변적으로 드러내고 있다. 바로 앞에서 살펴본 대로 그의 2010년의 논문에서 그는 분명히 자기가 하나의 반 촘스키 주의자임을 밝히고 있다. 예컨대 여기에서 그는 언어는 의사소통 체계로서 발달한 것인 이상, 원시 내지는 원형 언어의 존재를 인정하지 않는 언어진화이론은 절대로 정당한 것일 수 없다고 주장했다. 그러나 그는 적어도 1990년대까지만 해도 보편문법이 「생리적 프로그램(bioprogram)」으로서 내재하여 있다고 내세우거나, 아니면 촘스키가 「지배와 결속의 이론」 에서 제시한 문법모형을 가장 적절한 현대언어의 문법모형으로 내세우 는 정도의 보기 드문 친 촘스키파였다. 예컨대 그는 「the cow with a crumpled hone」이라는 명사구는 아래의 수형도와 같은 구조로 되어 있 다고 내세웠는데, 이런 기술법은 촘스키의 것을 그대로 원용한 것이었 다.

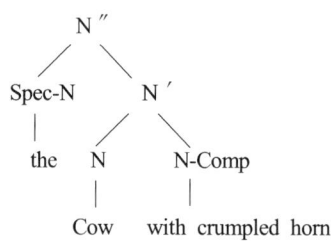

그렇다면 사람에 따라서는 과연 그의 언어진화 이론을 어떤 이름으로 불러주는 것이 맞는 일인가에 대해서 고민할 수도 있는데, 우선 우리로 서는 다음에 논의할 두 가지 조건을 전제한다는 조건으로 어휘적 원형 언어설로 그의 이론을 명명하기로 한다. 이것은 때로는 일어문설이나 유사 어휘 발달설로 불리기도 하는데, 피치를 비롯한 대부분의 진화론자 가 이 이름을 사용하는 점으로 미루어보아서 우리의 결정이 유독 특이한 것은 아님이 분명하다. 그런데 사실은 진짜로 특이한 것은 그가 내세우 는 어휘적 원형언어설의 실체이다. 언어기원론의 역사상 피진을 위시하 여 2세 이전의 유아언어, 야생아의 언어 등을 현존하는 원형언어의 화석 으로 삼아서 학설을 내세운 사람은 오직 그뿐이었다.

그가 말하는 어휘적 원형언어설이란 쉽게 말해서 문법이 있느냐 없느 냐에 따라서 상고 때의 원형언어는 지금의 언어와 구분이 된다는 것이었 는데, 이것에 대한 논의는 1990년에 낸 「Language and Species(언어와 종)」에서 자세히 이루어지고 있다. 크게 볼 것 같으면 여기에서의 그의 논의는 생후 21개월 된 「Seth」라는 어린이의 말의 일어문성을 검토하는 부분과, 'Genie'라는 야생아가 사용하는 말이나 'Russonorsk'라는 피진 영어의 무문법성을 검토하는 부분으로 나눌 수 있는데, 결국에 일어문에는 원래 아무런 문법성도 있을 수 없게 되어 있다는 점을 고려한다면, 이들 모두가 공통으로 원형언어의 특징은 문법이 없는 점이라는 그의 주장을 뒷받침하고 있는 것들이라고 말할 수 있다. (Bickerton, 1990)

먼저 「Seth」의 말에 대한 분석작업은 우선 그것의 일어문성을 드러내는 표본(1)을 제시한 다음에 그것의 이어문의 예들을 「Washoe」라는 침팬지 기호언어로 배운 표현들과 비교하는 식(2)의 두 단계로 이루어져 있다. 물론 이렇게 한 이유는 비록 음성언어가 아니라는 큰 차이점이 있기는 하지만, 동물인 「Washoe」에게도 아직 문법이 자리 잡지 않은 일어문이나 이어문을 배울 수 있는 능력은 있다는 점을 부각하기 위해서였다. 또한 이런 비교작업을 통해서 간접적으로나마 인간의 의사소통체는 동물의 신호체계와 일정한 관련성이 있다는 점을 알 수 있었다. (Ibid, pp.110~114)

(1) 「Seth」가 사용한 일어문(가족과의 대화 장면)
Rock? (의자를 흔든다)
Rock.
Chair
Chair
Chair
House?
Chair
Get up(일어서고 싶으냐고 묻는다)
Get

Please? (주스를 마시고 싶으냐고 묻는다)
Please (주스를 준다)
Thank-you
Thank-you
Apple (그것은 사과주스였다)
Fan
Fan
T.V.
T.V.(아빠가 개 이름을 댄다)
Puppy
Switch
(2) 「Seth」의 2어문과 「Washoe」의 말의 비교

<「Seth」의 말>   <Washoe>의 말

Big train; Red book   Drink red; Comb black

Adam cheker; Mommy lunch   Clothes Mrs. G.; you hat

Walk street; Go store   Go in; look out

Adam put; Eve read   Roger tickle; you drink

Put book; Hit ball   Tickle Washoe; Open blanket

   그다음으로 'Genie'라는 야생아의 말과 'Russonorsk'라는 피진영어의 무문법성을 검토하는 자리에서는 크게 다섯 가지의 문법적 특성이 검토되고 있는데, 여기에서 주목할 것은 현대영어를 기준언어로 삼고 이들 예문들을 원형언어의 표본으로 삼는 식으로 해서 일종의 대조분석작업이 이루어지고 있다는 점이다. 어떤 의미에서 보면 야생아의 말이나 피진을 원형언어의 살아있는 화석으로 본다는 발생법 자체가 그의 어휘적 원형언어이론의 전부나 다름이 없다고 볼 수 있다. (Ibid, pp. 122~6)

   이들 중 첫 번째 것은 어순적 규칙이나 형식성에 있어서의 현대영어와 원형언어 간의 차이성이었다. 예컨대 현대영어에서는 'S+V+O'나

'S+V+C'와 같은 기본어형이 가장 기본적인 문법적 규칙으로서 자리 잡고 있다. 그러나 야생아인 'Genie'가 사용하는 문장에서는 "Applesauce buy store(애플 소스를 사러 가게에 간다)"에서처럼 단지 주제어를 문두에 내놓는다는 규칙 밖에 쓰이고 있지 않았다. 이들 중 두 번째 것은 생략의 규칙이나 형식성에 있어서의 이들 두 언어 간의 차이성이었다. 촘스키가 익히 밝혀 놓았듯이 현대영어에서는 공범주의 사용법이 엄격히 규칙화되어있다. 예컨대 "Bill needs someone e to work for e (빌은 모시고 일할 누군가를 필요로 한다)"라는 문장에서는 첫 번째 공범주(e)는 'Bill'을 가리키고 있고, 두 번째 공범주는 'someone'을 가리키고 있다. 그러나 'Russonorsk'라는 피진영어에서는 "Yes. Big true. me no lie, expensive flour.(맞아요. 참말이에요. 나는 거짓말을 안 해요. 비싼 밀가루예요)』와 같은 황당한 생략문이 정상문처럼 쓰이고 있었다.

이들 중 세 번째 것은 이들 두 언어 간의 동사의 논항구조상의 차이성이었다. 현대영어의 특징은 'S+V'와 'S+V+C', 'S+V+O', 'S+V+O1+O2', 'S+V+O+C' 등의 다섯 가지 기본문형에서 동사로 쓰일 수 있는 동사의 종류가 이미 정해져 있다는 점이다. 그러나 피진영어에서는 이런 식의 엄격한 동사체계도 발달하여 있지 않은 데다가 생략에 대한 규칙도 없다. 그러니까 예컨대 피진 영어에서의 'Give four'나 'throw on deck'와 같은 말에는 으레 앞의 말에서는 'you'를 채워 넣고 뒤의 말에서는 'it(the fish)'를 채워 넣는 식의 일종의 의미기저적 생략어 보충작업이 뒤따르게 되어 있었다.

이들 중 네 번째 것은 이들 두 언어 간의 수식 내지는 확장의 절차상의 차이성이었다. 현대영어에서는 으레 길이가 짧은 단문뿐만 아니라 그것이 긴 중문이나 복문 등도 자주 쓰이는 데 반하여, 원형언어에서는 보통 길이가 짧은 단문만이 쓰이는데, 이런 차이는 주로 잘 발달한 수식 내지는 확장의 절차의 유무로부터 비롯되고 있었다. 예컨대 현대영어에서는 "the very tall young man in the black coat and yellow gloves that made him look like a mortician(그를 장의사처럼 보이게 만든 검은 코트에 노란 장갑을 낀 아주 키가 큰 젊은 남자)"에서처럼 몇 개의 수식어로 이미 확장된 명사가 수식구와 수식절로 다시 확장되는 경우를 어렵지 않게 볼 수 있다.

그러나 원형언어에서의 확장의 절차는 명사에 하나나 둘 정도의 수식어를 첨가하는 것이 그 전부이다. 예컨대 'Genie'의 말에서는 'blue paint'와 같은 단순한 수식어문이 쓰이고 있었고 'Russonask'의 피진영어에서는 'big expensive flour'와 같은 두 개의 수식어가 나란히 쓰이는 수식어문이 쓰이고 있었다. 심지어 'Genie'의 말 가운데서는 "I want Curtiss play piano"와 같은 비문도 발견되는데, 이런 말은 동사인 'play' 앞에 으레 나오게 되어 있는 'to'를 우연히 빠뜨린 데서 나온 결과가 아니라 'to+동사'와 같은 부정사 구문에 대한 문법적 지식이 아예 없다는 데 문제가 있었다.

이들 중 다섯 번째 것은 이들 두 언어 간의 문법적 기능어와 굴절형 사용상의 차이성이었다. 현대영어에 있어서는 조동사나 전치사, 관사 등의 기능어와 복수형이나 3인칭 단수 현재형 등의 굴절형이 중요한 문법적 기능을 담당하고 있다. 그러나 지금까지의 예를 통해서도 익히 짐작할 수 있듯이 'Genie'의 말이나 'Russonosk'의 피진영어에서는 이런 것들은 전혀 발견되지 않았다. 어떤 의미에서는 바로 이점이 원형언어와 현대언어 간의 제일 큰 차이점이다. 물론 가끔 'Genie'의 말이나 피진영어에서도 'the'나 'to'와 같은 기능어가 쓰이고 있기는 한데, 이런 경우 이런 말은 하나의 기능어로서가 아니라 하나의 내용어로서 쓰이고 있다.

앞에서 이미 말했듯이 우리가 여기에서 그의 언어진화 이론을 어휘적 원형언어설로 부르기로 하는 데는 두 가지 조건이 붙여져 있었는데, 그중 첫 번째 것은 경우에 따라서는 그의 이론을 하나의 단순한 이론이 아니라 하나의 복합적 이론으로 보아야 한다는 조건이다. 앞에서 살펴본 바에 따르면 그의 어휘적 원형언어설은 피진이나 어린이말의 예를 근거로 한 일종의 언어학적 이론이다. 그러나 그는 1998년에 발표한 「Catastrophic evolution : the case for a single step from protolanguage to full human language(격변적 진화: 원형언어로부터 완전한 인간언어로의 진일보)」라는 논문에서 'A 연결색의 가설'로 불릴 수 있는 일종의 신경생물학적 언어진화론을 내세웠는데, 이것은 최근에 이르러 언어진화론의 핵심적 주제로 떠오른 현대언어의 출현에 초점을 맞춘 이론이라는 사실만으로도 그의 언어진화 이론의 발전 과정상에 일종의 '격변적' 내지는 혁명적 변화가 있었음을 알리기에 충분한 이론이었다. (Bickerton, 1998)

그런데 쉽게 말하면 이것은 그의 개인적 언어진화관이 전통적 진화론적인 것으로부터 새로운 촘스키주의적인 것으로 송두리째 바뀐 것을 알리는 일종의 변신의 선언문 같은 것인데, 그 이유는 그가 말하는 'A 연결색'이란 아래의 도표에 나와 있듯이 의미역 분석 부분과 어휘의 음성적 표현체를 연결하는 신경조직이기 때문이다. 이 도표에 직접적으로 나타나 있지는 않지만, 이 연결색이 결국에 통사적 작업을 담당하는 곳이라는 것은 너무나 뻔한 일이다. 그러니까 어떤 의미에서는 'A 연결색의 가설'이란 이름 대신에 '통사론의 가설'이라는 이름이 쓰이는 것이 더 바람직할는지도 모른다.

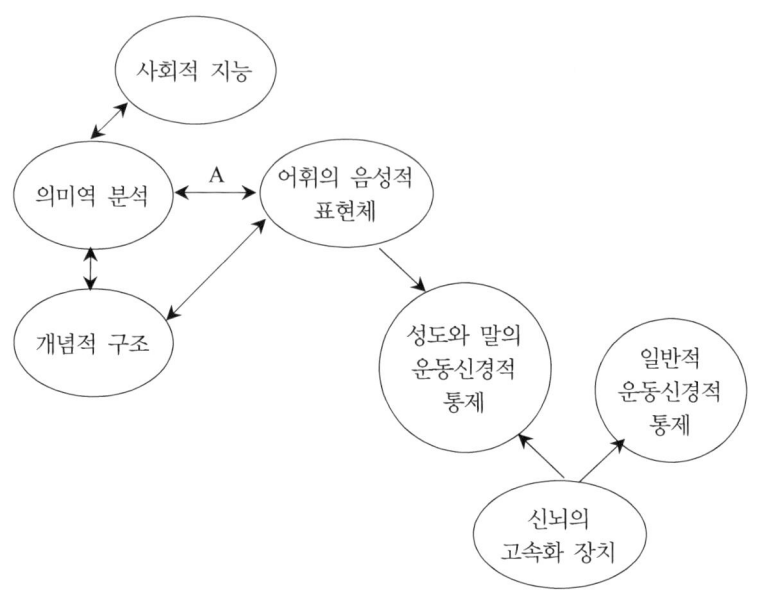

　그런데 사실은 그가 이번에 그렇게 자신만만하게 'A 연결색'의 가설을 내세울 수 있었던 것은 '문화적 대폭발설'과 신경조직의 '돌발적 재연결설'이라는 두 가지의 학설들이 강력한 배경이론으로 이미 존재하고 있었기 때문이라고 볼 수 있는데, 이런 판단의 근거가 될 수 있는 사실로는 첫 번째로 그는 이 연결색의 출현은 오랜 기간에 걸친 누진적 진화의 결과가 아니라 '호모 사피엔스' 때에 단번에 일어난 일이라는 점을 강조하고 있다는 점과, 두 번째로 앞에 제시된 도표에는 모두 일곱 가지의 언어적 모듈들이 설정되어 있는데, 이 가운데는 '사회적 지능'의 모듈이나 '의미역분석'의 모듈, '개념적 구조'의 모듈, '신뇌의 고속화 장치'의 모듈과 같이 인간의 지능이나 문화가 종합적이고 폭발적으로 진화하면서 생겨난 것들이 많다는 점을 들 수 있다.
　우선 문화적 대폭발설의 원 제창자로는 다윈을 내세워야 할만큼 이 학설의 역사는 오래되었다. 그동안 내내 많은 진화론자들은 '호모 에렉투스' 때와 '호모 사피엔스' 때 사이에 인간의 문화는 우주탄생 과정상의 이른바 '빅뱅(The Bing Bang)'과 같은 대변화를 겪게 되는데, 그 주된 원인으로 두뇌의 크기가 지금의 것처럼 커진 사실을 들었었다. 물론 다윈은 언어의 탄생과 두뇌의 크기의 증가 간에는 일종의 선순환관계가 성립되어 있었을 것이라는 주장도 했었다. 그리고 많은 인류학자나 고고학자들은 그동안에 문화적 대폭발설의 타당성을 실증할 수 있는 근거를 제시할 수 있었다.

그다음으로 '신경조직의 재연결설'은 최근에 촘스키가 강력한 최소주의 이론을 자기 특유의 언어진화설로 내세우면서 이것에 대한 신경생물학적 부수이론으로 제안했던 것인데, 지금으로부터 10만년 전에서 5만년 전 사이에 두뇌의 크기가 지금의 것처럼 커진 결과 신경조직의 연결망들의 일부가 재형성되는 일종의 돌연변이가 일어나게 되었다는 것이 요지였다. 그는 특히

여기에서 언어의 돌연 탄생설에 관한 Tattersall의 이론을 원용함으로써 신경생물학적 추리작업에 있어서의 무자격성이라는 자기의 약점을 최대로 덮으려고 했다. 그러나 2011년에 Berwick과 함께 발표한 「The Biolinguistic Program: the current state of development(생물언어학 프로그램: 발달의 현황)」에서는 18세기에 Descartes가 던졌던 언어사용의 창조성에 관한 신비성의 문제, 즉 정신적이라는 말로 나타냈던 것을 두뇌의 조직적 구조체상으로 어떻게 실증하느냐의 문제는 "아직도 탐구의 지평선에도 이르지 못했다"라고 탄식하고 있다. 그는 결국 이 Tattersall의 이론도 이 문제에 대한 진지한 논의의 탐사에 불과하다고 본 것이다.

그렇다면 여기에서 응당 누구나 던져볼 만한 질문은 왜 촘스키는 '신경조직의 재연결설'을 제안하면서 '문화적 대폭발설'에 대한 언급을 전

혀 하지 않았을까 인데, 이것에 대한 이유는 틀림없이 그는 '문화적 대폭발설'은 기껏해야 일부 인류학자가 내세우는 추론 수준의 가설일뿐, 아직 대부분의 진화론자가 그 타당성을 받아들이고 있는 정식 학설의 한가지로 보고 있지 않기 때문이었을 것이다. 또한 굳이 따지면 두 사건의 유사한 발발 시기로 보았을 때나 문화와 언어의 불가분의 관계로 보았을 때 언어출현을 문화적 대폭발 사건의 일부로 볼 만도 한데, 그렇게 하다가는 자기 학설의 제안 자체가 무의미한 일로 치부될 가능성이 있어서인지 그런 일은 하지 않았다.

그런데 Bickerton이 보기에는 자기가 내세우는 'A 연결색'의 가설이야말로 비유적으로 말해서 돌 하나로 두 마리 새를 모두 잡는 묘책일 수 있었다. 우선 'A 연결색'은 그전에 없던 것이 새로 생겨난 신경조직이기에, 촘스키가 내세우는 '신경조직의 재연결설'을 구체화한 이론이 바로 자기의 'A 연결색의 가설'이었다. 그다음으로 'A 연결색'의 탄생으로 문화적 대폭발의 원동력이 마련되는 셈이었다. 예컨대 문화적 대폭발이 일어날 수 있으려면 인간의 사회적 지능력과 연산적 조작 능력, 개념적 지능력, 운동신경적 통제력 등이 서로 연결된 상태에서 고르게 발달하여 있어야 하는데 뇌생물학적으로 보면 결국에 「A 연결색」의 발달로 이런 준비작업은 완성되는 것이었다.

그런데 사실은 그가 'A 연결색의 가설'을 내세우면서 노렸던 바는 하나의 돌로써 두 마리 새를 모두 잡으려는 것이 아니라, 그중의 하나인 촘스키의 '신경조직의 재연결설'의 타당성을 실증하려는 것이었다. 단도직입적으로 말하면 그는 한편으로는 이 가설의 설정으로써 이른바 '연속성의 역설'의 문제에 대한 긴 논쟁에 종지부를 찍을 수 있게 되고 다른 한편으로는 촘스키의 최소주의적 언어진화 이론의 타당성을 백 퍼센트 인정할 수 있게 된다고 생각했다. 다시 말하면 그는 이번 조치로써 자기의 언어진화설은 '어휘적 원형언어설+A연결색의 가설' 식으로 완성되게 되었다고 생각했다. 이런 의미에서 보면 그의 'A 연결색의 가설'이 결국에는 여러 마리의 새를 한 개의 돌로써 한꺼번에 잡는 식의 다목적 기능을 수행하게 되었다는 점에서는 크게 달라진 것이 없다고 볼 수 있다.

그런데 아쉽게도 촘스키의 '아킬레스건'은 그의 '아킬레스건'으로 그대로 남아있는 현상이 여기에서도 일어났다. 그가 이번에 한일은 일찍이 촘스키가 막연하게 '신경조직의 재연결'로 이름 붙였던 사건을 'A연결색의 발달'이라는 구체적인 사건으로 이름을 바꾼 것일 뿐으로써 그것에 대한 신경생물학적 보증의 수준이 달라진 점은 하나도 없다. 기본적으로 따지면 촘스키에게 그럴 수 있는 자격이 없듯이 그에게도 그럴 수 있는 자격이 없었다. 촘스키는 최소주의 이론이라는 언어적 근거를 제시하였는데, 반하여 그에게는 그런 근거마저도 없었다. 이름이 좋아서 하나의 가설이지, 실제로 그의 가설이 한 일은 하나의 과제의 중요성을 다시 한번 각성시킨 것뿐이었다.

우리가 여기에서 그의 언어진화 이론을 어휘적 원형언어설로 부르기로 하면서 두 번째 조건으로 붙인 것은 그의 언어진화에 대한 접근법이나 연구관은 고정적인 것이 아니라 다분히 가변적인 것으로 보아야 한다는 조건이다. 그가 어휘적 원형언어설을 내세울 때만 해도 그는 분명히 언어진화에 대한 접근법은 언어적이었다. 그러나 그 후 'A-연결색의 가설'의 때에 이르러서는 그의 생각은 신경생물학적 접근법 쪽으로 기울어져 있었다. 이런 사실을 증거하고 있는 사실로는 그가 1994년에 쓴 「Origin and Evolution of Language(언어의 기원과 진화)」라는 논문에서 이 학문의 발전은 오직 '신경생물학+언어학'적인 접근법을 채택함으로써만 보장될 수 있다고 주장하고 있다는 점이다.

일단 그가 말하는 '신경생물학+언어학'적인 접근법은 촘스키가 말하는 '생물언어학적' 접근법과 같은 것으로 보게 되면, 이 점 역시 그는 예나 다름없는 친 촘스키주의자임을 잘 드러내는 증거라고 볼 수 있다. 돌이켜 보면 그는 어휘적 원형언어설을 내세울 당시부터 유례를 다시 찾기 어려울 만큼의 철저한 친 촘스키주의자였다. 예컨대 X' 구조성의 이론이나 흔적 이론과 같은 촘스키의 문법이론과 언어분석법을 소개하는 데 앞장설 만큼 1990년대에 이미 그는 열렬한 변형문법주의자가 되어 있었다. 물론 그는 이때 촘스키에 의해서 제안된 혁신적 언어이론을 자기의 언어진화 이론의 일부로 삼기도 했다. 예컨대 촘스키가 내세운 내재 이론은 「생리적 프로그램의 가설」이라는 이름으로 바뀌게 되었고, 또한 언어구조의 자율적 조직성을 설명하는 데 쓰인 촘스키의 '모듈의 이론'은 아무런 수정이나 보완 없이 그대로 그의 언어진화 이론의 한 기본이론으로 자리 잡게 되었다. 그리고 무엇보다도 중요한 사실은 이때 이미 그는 촘스키의 언어 우선주의적 발상법을 그대로 받아들였다는 점이다. 촘스키는 문법적 지식이나 능력은 일반적인 지식이나 지능과 별개의 것일 뿐만 아니라 일단 돌연변이적 사건에 의해서 오직 인간만이 가질 수 있게 된 다음에는 사고력의 고차원적인 신장과 문화 전반의 폭발적 발전을 주도하게 된 원동력으로 작용하게 되었다고 내세웠는데, 그는 그런 주장을 그대로 수용했다.

이렇게 보면 그가 이번에 이 연구의 미래의 상을 놓고시 촘스키와 똑같은 생각을 하게 된 것은 하등 놀라운 일이 아님이 분명하다. 다시 말하면 그는 시종일관 친 촘스키주의자다운 모습을 견지하고 있다. 그런데 우리는 여기에서 그의 이런 태도와 관련해서 두 가지 사실을 지적하지 않을 수 없다. 그중 첫 번째 것은 오늘날까지 이 연구에 참여해온 사람 중에서 그만큼 확실하게 이 연구의 현황을 일종의 평행선의 현상으로 파악하고 있는 사람은 없다는 사실이다. 그가 보기에는 지금으로서 인간 진화의 비밀을 풀 수가 있게 하는 학문은 오직 이 연구뿐인데, 우리가 이런 판단을 내릴 수 있게 하는 것은 오늘날 이것에서는 전통적 진화론적 학리와 새로 등장한 언어학적 학리가 한 짝의 평행선을 이루는 식으로 병진하고 있다는 사실이었다.

그중 두 번째 것은 촘스키가 말하는 생물언어학의 장래는 엄밀히 따지면 그가 전공하는 언어학이 아니라 그는 문외한인 신경생물학의 발달에 전적으로 달려있다는 것을 그도 솔직히 인정해야 한다는 점이다. 그런데 아쉽게도 신경생물학의 현재의 수준은 'A 연결색의 가설'을 실증할 수 있을 만큼 높지 않으며, 지금으로는 아무도 언제쯤에 그것이 그럴 수 있을 만한 수준에 이르게 될지도 모른다. 나쁘게 말하면 그러니까 그가 1990년의 책에서 통사론을 중심에 둔 아래와 같은 추상적인 언어 산출도를 제안한 때가 학리상으로 그가 촘스키와 동맹적 관계를 맺은 최고의 때이었다고 볼 수 있다. (Bickerton 1990. p.208)

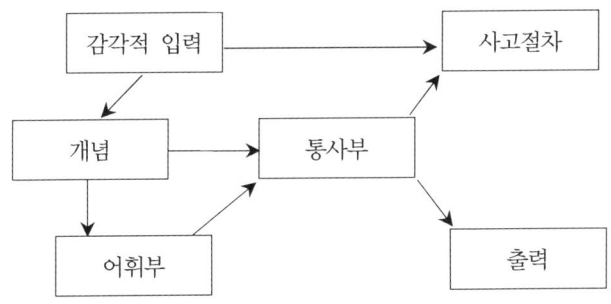

7.3 생물학적 접근법의 재해석

오늘날 언어 진화연구를 이끌어가고 있는 사람들이 공통으로 사용하고 있는 말은 바로 생물학적 접근법이라는 말인데, 따지고 보면 이 말처럼 이 연구의 학세는 크게 진화론자들이 이끄는 학세와 언어학자들이 이끄는 학세로 양분되어 있다는 사실을 극명하게 드러내 주고 있는 것도 없다. 간단히 말하면 모두가 앞으로 이 연구에는 필연적으로 생물학적 접근법이 적용되어야 한다고 주장하면서도, 각자의 의미하는 바는 같은 것이 아니다. 나쁘게 말하면 이들은 각자가 자기 이론의 타당성을 실증하는 자리에서 생물학적이라는 말을 과학적이라는 말의 대용어로 사용하고 있어야 한다.

오늘날, 일반적으로는 인간도 하나의 생명체라는 점만으로도 생물학이 기본적으로는 물리학이나 화학보다 더 중요한 학문으로 다루어져야 함에도 생물이나 생명체란 원래가 복잡한 다양성과 정교한 구조성, 고효율적 작동성 등을 가진 존재이어서 그런지, 실제에 있어서는 그렇지 못하다고 평가됐는데, 역설적으로 이런 부정적 평가는 이 학문의 가치를 폄훼하기는커녕, 그것의 중요성을 더 강조하는 결과만을 낳고 말았다. 이 학문의 이런 역설성을 가장 극명하게 드러내 주고 있는 곳이 바로 언어 진화연구이다. 그런데 여기에서 일어난 현상 중 첫 번째 것은 생물학을 폄훼하는 현상이다. 물론 이런 현상은 생물학자들이 생각과는 정반대적인 것이다.

예컨대 1998년에 한국 생물과학협회에서 편집한 『생물학 사전』의 머리말은 "생물과학 분야는 하루가 다르게 급진적으로 발전되고 있으며, 일반적으로는 분자생물학이나 유전공학의 발전이 가장 활발한 인상을 주고 있지만, 그와 같은 거대한 발전은 그 분야에만 국한되는 것이 아니라 사회생물학 등 새로운 분야의 제창과 발전, 예를 들면 '종의 유지'를 기본바탕으로 하는 생물관이 '개체의 적응도 증대'라고 하는 견해로 변한 것에도 나타나듯이 생물과학은 일대의 큰 전환이 일어나고 있다."

와 같은 말로 시작되고 있는데, 이것만으로도 생물학이 최근에 하나의 현대적 자연과학으로서의 Kuhn이 말하는 '패러다임 추이'에 해당하는 대변혁을 겪게 되었음을 익히 알 수 있다.

또한 진화론이라는 항목에는 18세기 중엽에 이것이 Lamarck의 용불용설과 다윈의 자연도태설에 의해서 하나의 생물학적 이론으로 자리 잡은 이래 한동안에는 다윈의 이론만이 진화론의 전부인 것처럼 받아들여진 적도 있지만, 최근에 이르러서는 대부분 사람이 진화의 문제는 결국에 생명 기원의 문제로 귀결된다는 것을 깨닫게 되면서 Lamarck의 이론도 다시 주목받게 되었다는 식의 진화론의 발달과정에 관한 꽤 긴 설명이 있는 사실로 미루어보아서, 생물학자들은 일찍이 Dobzhansky가 "진화적 관점에서가 아닌 한 생물학에서 말이 되는 것은 아무것도 없다"라고 내세웠던 바를 익히 알고 있었다는 것을 알 수 있다.

특히 여기에서는 다윈의 자연도태설의 그동안의 발전 과정과 현황에 대해서 다분히 긍정적인 평가가 내려져 있는데, 이런 점으로 미루어보아서도 생물학자들은 그의 진화이론이야말로 지금까지 자기네 학문을 이끌어 온 주된 원리일 뿐만 아니라 앞으로도 그렇게 할 주된 원리라는 사실을 깊이 명심하고 있음이 분명하다. 여기에서의 설명은 대략 다윈의 학설과 Lamarck의 학설이 발표된 이래 '네오다윈주의'와 '네오라마르키즘', '정향 진화설', '격리설', '돌연변이설', '소 돌연변이설', '전체 돌연변이설' 등의 다양한 수정 내지는 보완이론들이 속출했는데, 현재에 이르러서는 생존경쟁의 원리를 한쪽의 지주로 하고 변이와 유전 간의 관계에 대한 원리를 다른 쪽의 지주로 하는 수정된 '자연도태설'이 '네오다윈주의'나 '통합적 학설(the synthetic theory)'이라는 이름으로 불리고 있다는 식으로 되어 있으니까, 생물학자들은 결국에 그동안에서처럼 앞으로도 다윈의 진화론이 생물학의 발전을 이끌어갈 기본이론임을 마음

에 깊이 새기고 있음이 분명하다. (생물학사전, p.492)

그런데 이 사전의 다른 곳에서는 이른바 「네오다윈주의(neo-Darwinism)」은 오늘날 구체적으로는 Weismann이 내세운 「수정된 자연도태설」을 가리키고 있음을 적시하고 있다. 그는 우선 생식질의 독립과 연속성에 관한 Lamarck식의 이론을 전적으로 거부했다. 그러나 그는 다윈이 생존투쟁의 원리, 즉 자연도태의 원리만을 생물체의 진화의 만능적 절차로 본 것도 잘못이었다고 생각했다. 그래서 그는 유전과 변이 간의 관계에 대한 그의 유전 중심적인 발상법을 변이 중심적인 것으로 바꾸어야 한다는 의견을 내놓았다. 그렇지만 그의 발상법의 기본이 되는 것은 역시 다윈의 자연도태설이었다. 그래서 그의 이론은 오늘날에 있어서의 가장 대표적인 「신다윈주의」로 불리게 되었다. (Ibid, p.938)

그런데 아마도 생물학이 오늘날 진화론을 그 중심에 위치시킨 상태에서 하나의 현대 과학으로서의 어엿한 모습을 갖추고 있다는 것을 쉽게 확인할 수 있는 또 다른 방법은 바로 오늘날 대학에서 널리 쓰이고 있는 생물학개론서 중 한 가지를 골라서 그 내용을 살펴보는 것일 것이다. 여기에서 살펴볼 것은 Reece와 Taylor, Simon, Dickey, Hogan 등이 집필한 2012년도 판의 「캠벨 생물학(Campbell Biology)」인데, 우선 이것은 크게 제1단위; 세포의 생명과 제2단위; 세포적 재생산, 제3단위; 진화의 개념, 제4단위; 생물학적 다양성의 진화, 제5단위; 동물; 형태와 기능, 제6단위; 식물; 형태와 기능, 제7단위; 생태학 등의 일곱 부분으로 구성되어 있다. 이것을 통해서 우리는 오늘날의 생물학에 대해서 크게 두 가지 사실을 알 수 있는데 그중 첫 번째 것은 생물학의 기본 원리는 예나 지금이나 진화론이라는 사실이고, 그중 두 번째 것은 동물과 식물의 형태 및 기능적 분류작업과 같은 전통적 과제뿐만 아니라 세포 생물학이나 생태학과 같은 다분히 현대적인 생물학적 과제를 같이 추구하고 있는 학문이라는 사실이다. 여기에서 특히 주목할 점은 그것에 관한 단위가 두 개나 될 정도로 진화론의 중요성이 강조되고 있다는 점이다. (Reece, et al, 2012)

또한 최근에는 생물학이 전방위적으로 발달함에 따라서 분자 유전생물학이나 진화 생물정보과학(Evolutionary bioinformatics)과 같은 최첨단 학문이 태어났는데, 이 중의 두 번째 것에서 구체적으로 어떤 문제가 다루어지고 있는가를 살펴봄으로써 우리는 오늘날의 생물학의 발전양상을 익히 확인할 수 있다. 한마디로 말하면 진화 생물정보과학이란 현대적 정보과학에서 개발된 연구법을 원용해서 다윈의 진화론의 문제점을 찾아내서 그것에 대한 수정이론을 제시하려는 학문이다. 그러니까 이것은 최선의 '신자연도태설'을 모색하려는 학문인 셈인데, 그게 그렇다는 것을 단적으로 드러내 주고 있는 책이 바로 2011년에 Forsdyke가 쓴 『진화생물정보과학』이다. (Forsdyke, 2011)

이 책에서는 흥미롭게도 잡종 불임성의 현상이야말로 자연적 선택이론의 약점을 제대로 드러내는 현상이라고 보고 있다. 그동안의 생물학은 역시 자연적 선택이론을 중심으로 해서 발달하여 왔다는 점을 고려한다면, 앞으로의 이 학문의 장래는 응당 잡종 불임성의 현상을 제대로 설명할 수 있느냐에 의해서 결정되게 되어 있는데, 그의 생각으로는 지금까지의 이 문제에 관한 연구는 희망적인 전망을 곧 내릴 수 있을 만큼 크게 진전되었다. 그가 보기에는 우선 자연적 선택이론을 신봉하면서 다윈은 원자를 물질의 궁극적 기저로 여겼던 초기의 화학자와 똑같았다. 그러나 일부 화학자의 생각으로는 나침판 바늘의 진동 현상(자력 현상)과 사과가 떨어지는 현상(중력 현상), 방사능 현상 등이 원자에 관한 이론보다 더 기본적인 원리의 표현체일 수 있었다.

그런데 사실은 다윈 자신도 일찍이 자연적 선택의 절차와 잡종 불임성의 현상 간에는 일종의 필연적 관련성이 있음이 확실하다고 믿고는 있으면서도 나름대로 고민만 했지, 아무런 해결방안은 찾지 못했었다. 예컨대 그는 "자연적 선택의 경우에 있어서는 잡종 불임성의 대부분은 그들에게 어떤 이익이 될 가능성이 없으므로, 계속 이익적 불임성의 보존으로 획득될 수는 없었을 것이다."와 같은 말로써 자기의 자연적 선택 이론의 가장 큰 숙제가 잡종 불임성의 현상을 제대로 설명하는 일임을 솔직히 인정했다.

그런데 그가 보기에는 다윈의 이런 숙제는 드디어 게놈을 해독하고 유전자 배열을 분석해서 새로운 유전자 지도를 만드는 작업, 즉 게놈 프로젝트가 생물학에서 새로운 연구영역으로 자리를 잡게 되면서 해결될 실마리를 찾게 되었다. 다시 말해서 생물학자들은 최근에 이 프로젝트를 통해서 종의 선택 절차를 "옛 종은 부정적으로 변이형을 선택함으로써 자체를 긍정적으로 선택하는 결과를 가져온다"라는 식으로 재해석할 수 있게 된 것이었다. 이 절차에 있어서 옛 종이 하는 일은 크게 두 가지라고 볼 수 있는데, 그중 첫 번째 것은 게놈 표현형을 만들어내는 일종의 재생산적 환경을 이룩하는 것이고, 그중 두 번째 것은 재생산의 기능을 종간의 경계를 무너뜨리려는 변이적 조직체에 넘기는 일이었다. 이렇게 되면 결국에 새로운 종의 구성원들과 옛 종의 구성원들이 재생산의 절차에 있어서의 완전한 양립 가능성의 현상을 보이게 되는 것이었다. (Ibid, p.187)

촘스키의 논설법의 특징은 1960년대에 자기의 변형주의적 문법이론이나 내재이론을 소개하는 때부터 오늘날에 이르기까지 달라진 바가 없는데, 한편으로는 기존의 구 이론이나 구학문의 비과학성과 무능성을 극단적으로 과장하면서 다른 한편으로는 자기가 내세우는 새 이론의 과학성과 유능성을 최대로 부각하는 점이 바로 그 특징이다. 굳이 따지면 이런 식의 양면적 주제 전개법은 결국에 이중 어느 한 가지만을 택한 전개법보다 훨씬 더 효과적이기에 반드시 그만의 것으로 볼 수는 없다. 그런데 문제는 공격의 대상이론이나 대상 학문에 대한 그의 극단적인 '전부냐, 전무냐' 식의 비평 태도로 말미암아 평가의 객관성을 상실할 위험성이 높다는 데 있다. 예컨대 자기의 변형주의적 문법이론이나 내재이론을 소개하는 단계에서는 그는 기존의 구조주의나 행동주의를 마치 이들은 더 이상 아무런 쓸모가 없는 이론인 것처럼 공격했었다.

그러니까 그가 이번에 그동안의 언어진화 연구에 새로운 도전장을 내놓게 되면서, 진화론이나 생물학을 '전부냐, 전무냐' 식으로 극단적으로 공격하는 것을 보고서 새삼 놀랄 사람은 하나도 없었다. 우선 그의 동료인 Piattelli-Palmarini의 생물학에 대한 평가와 태도는 자못 긍정적인 데 반하여 그의 것은 철두철미하게 부정적이었다. 예컨대 그는 2010년에 발표한 「Some simple evo devo theses; how true might they be for language?」에서 앞으로 생물학이 나아갈 길은 지난날의 모든 이론이나 연구법을 버리고서 '진화발달(Evo Devo)'의 이론이 더 깊게 뿌리내리게 하는 것이라고 내세운 바가 있었는데 바로 이를 통해서 지금의 생물학에 대한 그의 폄훼의 정도가 어느 정도인가 하는 것을 익히 알아차릴 수 있다. (Chomsky, 2010)

그는 우선 이 자리에서 오늘날의 생물학의 비과학성과 무능성을 드러내는 데 있어서 최고의 방법으로 쓰일 수 있는 것은 역시 다윈의 진화론의 오류성을 드러내는 것이라는 것을 익히 알고 있음을 잘 보여주고 있다. 그런데 여기에서 한 가지 특이한 점은 그것에 대한 비평의 초점이 일반적으로 그래왔듯이 자연선택설의 문제점에 맞추어져 있지 않고 생명체의 다양성에 대한 설명법에 맞추어져 있다는 점이다. 그가 이렇게 한 이유는 물론 적어도 그가 보기에는 이렇게 하다 보면 자기가 내세우는 '진화 발달'이론의 당위성과 필요성이 저절로 드러나게 되어 있기 때문이었다.

   그런데 그가 여기에서 실제로 구사한 것은 일종의 양면 작전법이었다. 먼저 그는 다윈이 『종의 기원』에서 한 말을 그대로 인용해서 공격하는 정공법을 사용했다. 예컨대 그는 일찍이 다윈이 "그렇게 단순한 시작으로부터 가장 미려하고 가장 경이로운 무한한 형체들이 진화되어왔고, 또한 진화되고 있다"라고 말한 것에 전혀 동의할 수 없다고 주장하고 나섰다. 그리고서 그는 Sean Caroll이 최근에 '진화 발달과학'에 대한 정의를 "진화한 형체들은 무한정과는 크게 다르며, 실제로 그들은 놀라울 정도로 통일된 것이라는 것을 실증하려는 학문"처럼 내렸다는 사실을 지적했다.

   그다음으로 그는 최근에 D'Arcy Thompson과 Alan Turing이 새로운 생물학의 출범을 촉구하는 말을 한 사실을 지적함으로써, 기존의 생물학은 하나의 어엿한 과학으로서 더 이상 명맥을 유지할 가치가 없는 학문이라는 자기 입장을 간접적으로 표명하였다. 예컨대 이들은 "진정한 생물과학은 살아있는 유기체들을 물리학과 화학의 일반적인 법칙이 적용되는 일종의 특별한 종류의 체계로 보아야 한다"라고 내세웠는데, 이 말은 곧 기존의 생물학을 물리학이나 화학보다 크게 뒤진 학문으로 보았다는 의미에서 지금의 생물학의 위상을 폄훼하는 말치고서 이만한 것은 있을 수 없다고 볼 수 있다.

   세 번째로 그는 최근에 생물학에서 발견된 새로운 사실들을 열거함으로써 머지않아서 생물학의 주도 이론으로 '진화발달'이론이 자리 잡을 가능성이 있음을 시사했다. 이런 사실로는 이종 간의 심층적 상동성의 발견을 위시하여 모체 유전자의 발견, 규제적 기구와 조직원리의 발견, 진화발달적 절차 제약성의 발견 등을 들었는데, 이들은 하나같이 분자생물학이나 유전생물학의 분야에서 발견된 것들이었다. 그의 이런 식의 새로운 생물학의 탄생을 희구하는 태도는 그의 동료인 Piattelli-Palmarini가 2011년에 발표한 「What is language, that it may have evolved, and what is evolution, that it may apply to language」라는 논문에서 한 말을 연상시키기에 족하다. 분자 및 유전적 혁명으로 생물학은 드디어 과학적 선사시대로부터 과학적 시대로 돌입하게 되었는데 지금이야말로 이런 혁명을 한 단계 격상시켜야 할 때라는 것이 바로 그의 말이었다.

 네 번째이며 마지막으로 그는 "지난 수년에 걸쳐서 일반 생물학과 언어학 모두에 있어서 시계의 진자는 통일성 쪽으로 움직여오고 있다."와 같은 말을 하였는데, 우선 이 말 자체는 바로 앞에서 살펴본 Piattelli-Palmarini의 말과 같은 취지의 것이라고 볼 수 있다. 오늘날 옛날의 생물학은 새로운 생물학으로 탈바꿈하는 시발점에 서 있어서, 이런 의미에서 볼 때 생물학의 앞날은 밝다고 볼 수 있다는 것이 그 취지이다. 그런데 여기에서 주목할 점은 그는 생물학의 미래와 언어학의 의미를 같이 묶어서 평가하고 있다는 점이다. 물론 이런 식의 평가는 자칫 잘못하면 그는 자기가 전공하는 언어학을 앞으로 생물학이 모형학문으로 삼기에 부족함이 없는 하나의 선진학문으로 보고 있다는 해석을 낳을 수도 있다. 다시 말하면 생물학자들에게는 이런 평가는 촘스키 특유의 오만의 극치로 비추어질 수도 있다.

 그런데 여기에서 진정한 의미에서의 문제가 될 수 있는 것은 역시 지난 수년에 걸쳐서 "시계의 진자가 통일성 쪽으로 움직여오고 있다."라는 그의 평가에 현재로서 과연 얼마만 한 수의 생물학자들이 동의를 할 수 있겠느냐일 것이다. 바로 앞에서 살펴본 '캠벨 생물학'의 네 번째 단위가 '생물학적 다양성의 진화'처럼 제목이 붙여져 있는 사실만으로써, 우리는 적어도 아직은 대부분의 생물학자 관심은 생물학적 다양성의 현상을 설명하는데 가 있지, 생물학적 통일성의 현상을 설명하는 데 가 있는 것은 아니라는 것을 익히 알아차릴 수 있다. 그들이 보기에는 생물계는 역시 그들로 하여금 생물학은 여전히 분류학적 수준을 넘지 못하고 있다는 비판을 무릅쓰고서도 그것의 파악에 몰두하게 할 만큼 다양성과 변이성이 큰 영역이다.

물론 그가 여기에서 말하는 언어학의 시계의 추는 자기가 그동안에 연구해온 변형생성문법에서의 시계의 추이다. 처음부터 이른바 보편문법의 가설을 그는 자기의 문법이론의 핵심이론으로 내세워 왔는데, 보편문법이란 쉽게 말해서 모든 언어의 문법조직의 공통분모와 같은 것이다. 따라서 그는 처음부터 언어학의 과제를 문법적 장치나 규칙의 공통성이나 통일성을 구명하는 것으로 잡은 것이다. 그러니까 그의 말은 그의 문법이론은 지난 수년간에 걸쳐서 다른 문법이론보다 우위적 위치에 자리하게 되었다는 말과 같은 말인데, 설사 이 말의 참됨을 백 퍼센트 인정하는 사람이라 할지라도, 그러니까 이제 언어학은 생물학의 모체 학문일 수 있다고 확대해서 생각하는 그의 사고방식에는 동의하지 않을 것이다. 그의 생각대로라면 머지않은 장래에 일종의 종합과학이나 통일과학이 탄생하게 마련인데, 적어도 현재로서는 누구나가 이런 생각은 하나의 희망 사항으로 치부해두는 것이 현명한 일이라는 것을 잘 알고 있다.

그런데 더 근본적으로 따질 것 같으면 우리는 여기에서 생물학에 대한 그의 태도는 일종의 애증적 양면성을 띠고 있음을 어렵지 않게 발견할 수 있다. 그는 일찍부터 Lenneberg가 1967년에 쓴 『*Biological foundations of Language*(언어의 생물학적 기저)』를 최초의 생물언어학적 연구의 시도로 볼 정도로 생물학에 대한 남다른 호감이 가고 있었다. 이 이유는 물론 이 책에서는 그가 내세우는 내재이론에 대한 예컨대 두뇌의 측위화의 현상과 같은 뇌생물학적 근거를 제시하고 있기 때문이었다. 그러더니 드디어 그는 2010년의 논문에서 자기가 1980년대에 내세웠던 'Principles and Paramaters(원리와 변수매개)'의 이론은 사실은 Francis Jacob의 '진화발달'이론을 따른 것이라는 것을 선언하기에 이르렀다.

이런 선언은 곧 최소한 지난 3, 40년에 걸친 그의 언어연구는 쉽게 말해서 순수 언어학적인 연구가 아니라 생물언어학적인 연구였다는 것을 실토한 것이나 다름이 없음에도 불구하고, 그의 자세는 아무런 주저함을 찾을 수 없을 만큼 당당했는데, 그 이유는 그에게는 자기 특유의 언어습득론과 최소주의적 문법이론이 있기 때문이었다. 우선 그의 언어습득론에서는 언어습득의 세 가지 요소로 유전적 자질과 외적 자료, 언어기능에만 특화되어 있지 않은 원리 등의 세 가지를 내세우고 있는데, 여기에서 말하는 유전적 자질은 바로 그가 말하는 보편문법이라는 사실을 고려한다면, 그의 이런 언어습득모형은 Jacob가 내세운 「진화발달」이론을 언어습득의 절차로 환언한 것이나 다름이 없음이 확실했다. 다시 말하면 언어습득의 세 가지 요소 중 첫 번째 것인 유전적 자질은 곧 진화와 발달의 양면 중 진화의 현상을 드러내는 부분이고 두 번째와 세 번째 것인 외적 자료와 언어기능에만 특화되어 있지 않은 원리는 발달의 현상을 드러내는 부분으로 볼 수 있는 것이다. (Chomsky 2010, p.46)

그다음으로 그의 최소주의적 문법이론을 어떻게 생물언어학적 언어연구의 결과로 볼 수 있느냐의 문제를 살펴볼 것 같으면, 현재로서는 아쉽게도 일종의 간접적인 증거밖에 내세울 수 없다. 우선 논리적으로 보았을 때 아무리 겉으로 보았을 때는 원리와 매개변수의 이론으로부터 거의 공통점이 없을 정도로 달라진 이론이라고 해도, 누구라도 최소주의적 문법이론이 그것을 바탕으로 해서 태어난 것이라는 사실을 부인할 수는 없는데, 그렇다면 일단 원리와 매개변수의 이론 때 자리를 잡은 그의 생물언어학적 언어관은 그 뒤에 이르러서도 그대로 유지되었다고 보는 것이 맞는 일이다. 그다음으로 2010년의 논문에서는 먼저 제목을 「얼마나 언어의 경우에 진화발달의 주제는 진실일 수 있느냐?」처럼 잡은 다음에 이것의 결론 부분에서 자기의 '인터페이스+병합=언어'라는 식의 언어이론과 돌연변이적 신경체계의 재연결설을 내세운 점으로 미루어보아서, 그가 자기의 최소주의적 문법이론을 진화발달 이론의 언어적 근거로 제시하고 있음이 분명하다. 하기야 최근에 그가 그 나름의 반진화론적 언어진화이론을 내세움으로써 언어진화 연구의 세계에서의 일종의 혁명을 시도하게 된 사실 자체가 그는 자기의 언어연구를 생물언어학적인 연구로 간주하고 있다는 산 증거이다.

그런데 그의 생물학에 대한 애증적 태도 중 애정 어린 부분은 여기까지이고, 나머지는 모두가 비판적이고 냉혹한 부분이다. 그런데 사실은 생물학에 대해서 그가 비판적이고 냉혹한 태도를 보이게 된 것은 지금의 형편으로는 도저히 감당할 수 없는 과제를 던지기 위해서였다. 그의 2010년의 논문에 따르면 그가 생물학 측에 던진 과제에는 크게 진화발달의 이론에 관한 것과 뇌신경체계의 재연결에 관한 것의 두 가지가 있다고 볼 수 있는데, 그의 생각으로는 이들은 모두 지금의 생물학의 수준과 능력으로는 해결될 수 없는 것이라는 점을 냉혹하게 강조하는 것이 이들의 중요성을 드러내는 최선의 길이었다.

굳이 따지면 이들은 그중 첫 번째 것은 생물학의 틀이나 기본 원리에 관한 것이고, 두 번째 것은 거기에서 수행해야 할 구체적인 연구과제의 한 가지인 식으로 성격과 수준이 서로 다른 것들이다. 그런데도 그는 같은 자리에서 이들을 마치 하나의 연쇄적인 과제인 것처럼 묶어서 제시하고 있는데, 그의 이런 조치에 대해서 우리는 현재로서는 두 가지 상반된 추리를 할 수밖에 없다. 그중 첫 번째 것은 그는 틀림없이 일단 진화

발달의 이론이 기존에 진화론이 차지했던 자리를 차지하게 되면 생물학에서는 으레 뇌신경체계의 재연결설에 대한 검증작업을 연구적 우선순위의 앞자리에 위치시키게 되리라는 것은 너무나 자명한 사실로 받아들였을 것이라는 추리이다.

이런 추리를 선의적인 입장에서의 것으로 치면 두 번째 것은 악의적인 입장에서의 것인데, 첫 번째 과제는 기존의 진화론의 한계성과 비과학성을 지적하다 보니까 자연적으로 하나의 대안적 이론이 필요했던 탓에 던져진 것인데 반하여 두 번째 과제는 언어탄생에 관한 자기의 돌연변이설을 주장하다 보니까 하나의 가상적 사건을 내세울 수밖에 없는데, 이 사건을 생물학적으로 해명하는 일에 이름을 붙인 결과 생겨난 것이다. 그러니까 그는 여기에서 생물학자들에게 두 가지의 이질적인 과제를 던지게 된 것이지, 이들 간에 어떤 체계적 관련성이 있다는 것을 염두에 두고 있지는 않았다.

그렇다면 우리의 입장에서 보면 이들 두 추리 중 어느 것을 더 그럴싸한 것으로 받아들일 수 있는가를 결정짓는 일도 결코 사소한 일일 수 없는데, 그 이유는 결국에 이 결정에 따라서 그의 생물언어학적 연구관이 어떤 것인가는 저절로 드러나게 되어 있기 때문이다. 단도직입적으로 말해서 그의 논문의 내용은 이상의 두 가지 추리 중 두 번째 것이 맞는다는 것을 실증하고 있다고 볼 수 있는데, 그 이유로는 크게 첫 번째로는 그의 이들 두 과제에 관한 지식이 전문가들이 익히 인정할 수 있을 만큼 그다지 깊지 않다는 사실과 두 번째로는 지금으로는 누구도 언제쯤에 이들에 대한 완전한 해결을 선언할 수 있을 만큼 생물학이 성장하게 될는지를 예측할 수 없다는 사실을 들 수 있다.

먼저 이들 두 과제에 관련된 그의 지식의 깊이를 살펴볼 것 같으면 한마디로 말해서 이들 과제를 제안할 적마다 으레 저명한 전문가의 말을 인용해야 할 정도로 그것에 관한 그 자신의 지식은 얕다. 예컨대 그는 '진화발달'의 이론을 소개하는 자리에서는 Sean Caroll의 말이나 D'Arcy Thompson과 Alan Turing의 말을 인용하였고, 돌연변이적 언어탄생설을 내세우는 자리에서는 Tattesall의 말을 인용하였다. 물론 언어학자인 그가 생물학에 대해서 이종 간의 상동성 발견이나 모체유전자의 발견, 국제적 기구와 조직원리의 발견, 진화발달적 절차 제약성의 발견 등을 생물학의 새로운 생물학으로의 탈바꿈의 징표로 간주할 수 있을 만한 지식을 가지고 있다는 것은 놀라운 일이다. 그러나 이런 사실이 곧 그의 생물학적 지식이 이런 발견을 직접 발견한 생물학자들의 지식만큼 깊다는 의미는 될 수 없다.

그다음으로 앞으로 언제쯤에 생물학자들은 이들 두 과제를 성취할 수 있을는지 살펴볼 것 같으면, 나쁘게 말하면 이들은 지금의 생물학의 수준으로는 거의 해결이 불가능한 것들이라는 것을 잘 알면서 제안된, 일종의 전략적 과제이기에, 현재로서는 누구에게나 이들의 해결의 시기를 예측하는 일 자체가 무모한 일일 수밖에 없다. 우선 가까운 미래에 있어서의 진화발달 이론 정착의 가능성을 검토해볼 것 같으면, 이 일에 있어서는 일단 이것은 연구자들의 방점이 진화가 아니라 발달에 찍힌 이론이라는 사실을 상기하는 것보다 더 중요한 일은 없다고 볼 수 있다. Dor과 Jablanka가 2010년의 논문에서 정확히 정의했듯이 진화에 있어서는 언제나 유전자는 환경적 변화의 추종자일 따름이니까, 연구자들은 마땅히 유전적 변이의 현상이 아니라 표현형의 발달 현상을 구명하는 일을 자기네들의 주된 과제로 삼아야 한다는 것이 이 이론의 요지인데, 그렇다면 이 이론이 생물학의 기본 원리로 자리 잡는 날은 곧 진화이론을 기저이론으로 삼았던 기존의 생물학에 일종의 혁명이 일어나는 날이 되는 셈이다.

이렇게 보면 굳이 일부 생물학자들이 최근에 '진화발달의 신과학' 운동을 벌이지 않았더라도 이런 움직임은 이미 자체 내에서 싹트고 있었다고 볼 수 있다. 고전적 진화론의 문제점이 차차 드러나면서, 여러 가지 신진화론이 등장하게 된 것도 따지고 보면 일부 생물학자들이 하나의 유전자는 다양한 형태의 표현형의 모체가 될 수 있다는 사실을 발견한 데서 비롯된 결과이었다. 이런 의미에서 보면 진화발달 이론을 일종의 신진화론으로 보아도 무방한 듯하다. 그러나 지금의 생물학자 중 실제로 이런 움직임으로 인하여 진화론이 드디어 생물학에서 완전히 축출될 날이 올 것으로 추측하는 사람은 거의 없다. 다시 말하면 그들이 보기에는 앞으로도 진화발달 이론은 기존의 진화론에 대한 하나의 도전자의 자리만 지키게 될 것이 분명하다.

그다음으로 가까운 미래에 있어서 뇌신경체계의 재연결의 과제가 해결될 가능성이 있겠는가를 타진해볼 것 같으면 한마디로 말해서 이 과제가 해결된다는 것은 지난 수백만 년이나 수십만 년에 걸친 뇌조직의 진화과정을 완전히 파악했다는 의미이기 때문에 현재로서는 그런 가능성은 거의 없다고 볼 수밖에 없다. 예컨대 2010년의 Lieberman의 논문에 의할 것 같으면 그동안의 뇌조직 내에서의 언어적 전담 영역이나 부위를 찾으려는 노력은 비유적으로 말해서 일종의 점입가경의 모양새를 띠게 되었다고 볼 수 있다. 그의 설명에 따르면 19세기에 실어증 환자에 관한 연구를 통해서 좌반구의 Broca 영역과 Wernicke 영역을 언어전담영역으로 선언했을 때만 해도 뇌생리학자들은 순진한 낭만주의자들이었는데, 그 후에 가서 Broca 실어증은 일종의 추상화 능력의 상실증임이 밝혀지면서 결국에는 '브로카-베르니케 모형'은 잘못된 것으로 재평가받게 되었다. 또한 최근에 큰 화제가 되었던 'FOX P2'유전자설도, 사실은 이 유전자는 배아발달 기간에 다른 유전자들을 활성화하는 일종의 규제적 유전자임이 드러나면서 관심과 흥미의 대상에서 제외되었다. 그는 하나의 대안으로서 언어사용에는 「피질-협로-피질-회로(cortical-staital-cortical-circuits)」와 같은 다양한 신경회로가 으레 동원되게 된다는 의견을 내놓았다. 정식으로 이름이 붙여지지 않은 점만으로도 그의 대안이 아직은 얼마나 초보적인가를 익히 알아볼 수 있다.

거기에다가 촘스키는 이런 변화의 원인과 절차, 시기 등을 적시해놓기까지 했다. 그의 주장은 약 10만 년 전에서 5만 년 전 사이에서 두뇌의 크기가 증가한 결과 돌연변이적으로 일어났다는 것이었으니까 이것은 누구에게나 마치 사실은 그 변화의 내용까지를 자세히 알고 있으면서도 아직은 일부러 숨기고 있는듯한 인상을 주기에 족한 것이었다. 이런 조건 중 특히 까다로운 것은 물론 이런 변화는 누진적 단계를 밟으면서 점진적으로 일어난 것이 아니라 어느 한 시기에 단번에 일어난 것이라는 조건이었다. 이렇게 보면 생물학자들에게는 첫 번째 과제보다 이 두 번째 과제가 훨씬 더 어려운 과제임이 분명하다.

우리의 이런 판단이 크게 잘못된 것이 아니라는 것을 증명하는 사실로는 피치가 2010년의 책에서 아래와 같은 두 가지의 말을 한 사실을 들 수 있는데, 그중 첫 번째 것은 '호모 사피엔스' 때 두뇌 체계의 신경연결이 다시 짜지게 되었다는 것은 바로 이 무렵에 제3하위 정면 뇌회가 크게 발달했다는 점과 좌반구와 우반구 간에 비대칭성의 현상이 일어났다는 점을 통해서 알 수 있다는 것이었다. 그런데 우선 뇌신경체계의 재연결 현상에 관한 그의 이런 설명은 바로 앞에서 살펴본 Lieberman의 그것과 일치하지 않는다. Lieberman은 '피질-협로-피질회로'를 위시한 다양한 신경회로가 언어사용에 동원된다고 보았지, 제3하위 정면 뇌회와 같은 단 하나의 부위가 언어 사용에 동원된다고 보지 않았다. 그다음으로 그 자신도 익히 인정했듯이 두 반구 간 비대칭성의 현상은 일부 동물의 두뇌에서도 발견될 수 있다. 이렇게 보면 그를 포함한 그 누구도 아직은 두뇌조직상의 이런 변화의 실상을 제대로 파악하지 못하고 있음이 분명하다.

그중 두 번째 것은 이 책의 서두와 끝부분에서의 사뭇 비관적인 생물언어학의 현황에 대한 평가이었다. 우선 이 책의 서두에서는 아직은 모든 이론이나 학설이 가설의 수준을 벗어나지 못하고 있으며, 따라서 학제적 공동연구를 위한 생물언어학의 출범만이 돌파구가 될 수 있다라는 취지의 말을 해서, 결국에 생물언어학은 아직은 미래의 꿈일 따름이라는 사실을 분명히 했다. 그다음으로 이 책의 결론 부분에서는 "인간의 두뇌에서의 언어에 대한 신경 및 유전적 기저를 찾으려는 연구는 무지의 수준에 머무르고 있으며, 이것은 견고한 결론은 하나도 내리지 못한 채 가설과 전망으로만 꽉 찬 분야일 뿐이다."라는 일종의 자학적인 결론을 내리고 있다. 결국에 그는 서두에서 생물언어학은 과학에 있어서의 가장 어려운 문제를 다루는 학문이라고 규정한 것이 결코 과장이 아니라는 사실을 실증하기 위해서 500여 쪽에 이르는 방대한 책을 쓴 셈이 된 것이다. (Fitch 2010, p.512)

그런데 사실은 그의 책에서 찾을 수 있는 제일 중요한 점은 그의 생물언어학에 대한 개념은 복합적이라는 점이다. 물론 기본적으로는 그는 생물언어학에 참여하는 생물학은 마땅히 분자생물학이나 신경생물학 유전생물학과 같은 새로운 생물학이어야 한다고 생각한다. 그러나 그는 이 책 전체에 걸쳐서 인간의 생물학적 특질은 다른 동물과의 비교연구를 통해서 파악될 수 있다는 점을 강조하고 있다. 특히 그는 결국에는 비교해부학적 접근법만이 최선의 생물학적 접근법일 수 있음을 강조하고 있다. 이런 의미에서 보면 그의 생물학에 관한 생각은 촘스키의 것이 아니라 Lieberman의 것과 유사하다고 볼 수 있다. 예컨대 Lieberman은 1984

년에 나온 『The Biology and evolution of Language(생물학과 언어진화)』라는 책의 결론을 아래와 같이 내리고 있는데, 이런 의미에서 보면 촘스키와 그는 현재 생물학이라는 용어를 놓고서 큰 싸움을 한판 벌이고 있는 셈이다. (Lieberman, 1984. p.334)

> 인간의 언어의 어떤 면이 기본적이거나 보편적인가 하는 것을 우리가 결정할 수 있는 유일한 방법은 변이성의 실제적 유형들을 연구하는 것이다. 논리는 아무런 가치도 없다. 데카르트적인 내성은 우리를 오도할 수 있다. 언어의 생물학적 기저의 생리와 진화는 궁극적으로 오직 인간의 실제적인 인지적, 언어적, 의사소통적 행동과 우리와 연관된 다른 동물들을 연구함으로써 확인될 수 있다.

7.4 생물학적 진화 대 문화적 진화

오늘날의 인간은 크게 보았을 때 오랜 기간에 걸친 생물학적 진화과정과 문화적 진화과정을 거쳐서 태어난 존재이기에, 언어의 진화에 관한 연구에서는 물론이고 인간 자체의 진화에 관한 연구에서도 언제나 첫 번째 문제가 될 수 있는 것이 이들 두 과정 중 어느 것을 주된 과정으로 삼을 것인가와 그랬을 경우 나머지 부차적 과정을 얼마만큼 참고적 과정으로 삼을 것인가의 문제인데, 따지고 보면 특히 언어진화에 관한 연구 분야에 있어서는 지금쯤에는 이런 문제점은 한 번쯤 반드시 짚고 넘어가야 할 문제점임이 분명하다. 왜냐하면 촘스키의 도전이 언어의 생물학적 진화과정에 관한 것이어서 그런지 그동안에 이 분야에서는 문화적 진화과정을 완전히 무시하는 전통이 부지불식간에 세워지게 되었기 때문이다.

그런데 사실은 그동안에 내세워진 원형언어설 중 대부분은 언어의 생물학적 진화과정은 오랜 기간에 걸쳐서 으레 문화적 진화과정과 같이 진척되었다는 입장에서 만들어진 것이지, 문화적 진화과정이 완전히 무시된 입장에서 만들어진 것은 아니다. 그러니까 이들은 처음부터 일단 일종의 미시적 접근법이 아니라 일종의 거시적 접근법을 쓰지 않는 한 원형언어설은 내세울 수 없다는 것을 잘 알고 있었다. 물론 촘스키가 보기에는 이런 현상은 이들에게는 우리의 언어가 어떤 것인가에 대한 기본적인 지식이 없으므로 생긴 현상일 따름이었을 것이다. 그러나 이들의 생각으로는 촘스키야말로 여기에서 원형언어와 현대언어를 제대로 구별 못 하는 대오류를 범하고 있음이 분명했다.

이렇게 보면 오늘날 이 연구가 껴안고 있는 문제들 대부분은 그동안에 진화론자들이 사용해오던 생물학적 진화라는 말은 최근에 와서 촘스키가 사용하기 시작한 생물학적 진화라는 말과 의미가 같지 않은 데서 비롯되었다고 볼 수 있다. 간단히 말하면 그동안에 진화론자들은 생물학적 진화라는 말을 다분히 광의적으로 사용해 왔는데, 반하여 최근에 와서 촘스키는 그것을 아주 협의적으로 사용하다 보니까 서로가 내세우는 이론이나 주장이 으레 일종의 대조성이나 대립성을 띠게 마련이었다. 과학의 생명은 규칙이나 원리의 준엄성과 영역의 명확성에 있다고 생각하는 촘스키로서는 바로 그래서 진화론자들의 이론을 모두 비과학적인 것으로 매도해버리는 것이 너무나 당연한 일이었는지도 모른다.

1) 다윈의 경우

이 문제와 관련해서 우선 우리를 놀라게 하는 것은 진화론의 원조격인 다윈이 사실은 생물학적 진화라는 말을 최대로 느슨하고 넓은 의미에서 사용했다는 사실이다. 흔히 많은 사람은 그가 1871년의 책에서 역사상 최초로 음악적 원형언어설을 내세웠다는 사실만을 기억하는데, 사실은 이 책을 통해서 우리가 알 수 있는 것 중 가장 중요한 것은 바로 그는 처음부터 생물학적 진화라는 개념을 다분히 광의적으로 사용했다는 점이다. 예컨대 이 책의 53쪽에는 제1단계: 지능발달, 제2단계:음성적 모방력 발달, 제3단계: 성적 선택절차 식의 언어진화의 3단계설이 제안되어 있는데, 어떤 의미로 보아서나 원래 생물학적 진화와 문화적 진화는 상호 밀접히 결합한 상태에서 이루어졌다는 입장에서 만들어진 원형언어설치고는 이만한 것이 없다. 엄밀하게 보면 이들 세 단계 중 제1단계와 제2단계는 문화적 진화단계이지 언어적 진화단계는 아니다. 그러니까 그는 여기에서 적어도 두 가지의 문화적 진화절차가 제3단계인 성적 선택절차가 이루어지는데 일종의 준비절차로 선행되게 되었다고 보고 있는 것인데, 아마도 생물학적 진화과정을 이렇게 그 안에 문화적 진화과정을 포함하는 식으로 느슨하게 사용한 사람은 그가 처음이었을 것이다. 이 자리에서 그는 또한 언어는 동물과 인간을 구별시키는 가장 중요한 기구이기는 하나, 그것은 어디까지나 본능이 아니라 학습된 것이라는 점과 언어능력은 성도가 아니라 뇌 안에 들어 있다는 점도 강조했는데, 이런 사실도 그의 생물학적 진화관은 일종의 문화적 진화관에 가깝다는 사실을 익히 증거하고 있다.

또한 이 책의 390쪽에는 일단 두뇌의 특별히 큰 크기로 인하여 단순한 형태의 언어가 태어난 다음부터는 두뇌의 발달과 언어의 발달 간에는 일종의 선순환적 관계를 유지하게 되었다는 견해가 제안되어 있는데, 어떤 의미에서는 이것은 그의 음악적 원형언어설보다 그의 생물학적 진화의 개념에는 원래부터 문화적 진화의 개념도 들어있었다는 사실을 더 웅변적으로 실증하고 있다고 볼 수 있다. 한마디로 말해서 그동안에 언어의 중요성을 강조한 사람치고서 그 일을 하는 데 생물학적 진화이론을 적용한 사람은 그뿐이었다. 예컨대 그는 여기에서 언어는 온갖 사물과 자질에 기호를 부쳐주는 기능뿐만 아니라 단순한 감각적 인상으로는 생겨날 수 없는 사고의 연쇄체를 유발하는 기능도 수행하는 「놀라운 기구(wonderful engine)」라고 주장했는데, 그동안에 언어와 사고의 불가분성을 내세운 이론 가운데서 이처럼 논리 정연한 것은 없었다. 또한 그는 이런 주장에 이어서 "계속된 언어사용은 두뇌의 반작용을 일으켜서 일종의 유전적 효과를 산출했고, 이런 효과는 다시 언어의 발전에 반작용을 일으키게 되었다."와 같은 말을 했는데, 역사상 이런 식으로 두뇌의 발달과 언어의 발달 간의 관계를 선순환적인 것으로 본 사람은 그뿐이었다.

그런데 문제는 누구라도 일단 그의 이런 식의 선순환성의 견해를 인정하게 되면 생물학적 진화와 문화적 진화 간의 관계에 대해서 앞에 있는 것을 일차적인 것으로 보고 뒤엣것을 이차적으로 보는 식의 전통적인 관념의 타당성을 의심할 수도 있게 된다는 데 있다. 그 이유는 물론 그가 "계속된 언어사용은 일종의 유전적 효과를 산출하게 된다."와 같은 말을 했기 때문이다. 계속된 언어사용은 분명히 일종의 문화적 사건이니까, 이것이 원인이 되어서 유전적 변화가 일어나게 된다는 말은 결국에 문화적 진화가 생물학적 진화를 이끌어간다는 말처럼 들릴 수 있다.

그렇지만 그는 결코 이 점에 있어서 모호한 태도를 보인 적이 없는데, 그렇다는 것은 우선 그의 진화론은 보통 생물학적 진화론으로 불리고 있다는 사실을 통해서 익히 확인될 수 있다. 또한 그의 진화론은 으레 「자연적 도태(선택)이론」으로 불리고 있는데, 이런 사실은 이 이름의 두 개념 간의 관계로 보아서도 쉽게 확인될 수 있다. 우선 자연이라는 단어는 생물학적 진화는 반드시 일정한 자연이나 환경 안에서 일어나게 된다는 사실을 대변하고 있고, 그다음으로 도태라는 단어는 생물학적 진화의 주체자는 어디까지나 인간과 같은 생명체라는 사실을 대변하고 있다. 그러니까 그의 이론의 이름을 통해서 우리는 문화적 진화 없이 생물학적 진화만 일어날 수 있는 예는 있을 수 없다는 점은 확실하지만 그렇다고 해서 그것이 생물학적 진화보다 우위에 있다는 것을 의미하지는 않는다는 것을 분명히 읽을 수 있는 것이다.

2) 원형언어설의 경우

그런데 사실은 지금까지 제안된 원형언어설들은 일종의 거의 다가 생물학적 진화론의 빛깔보다는 오히려 문화적 진화론의 빛깔을 더 많이 띤 것들이다. 다시 말하면 이들이 그동안에 진화론적 언어기원설로 불리게 된 것은 최근 촘스키의 도전과 참여가 계기가 되어서 지금의 언어진화 연구의 학세를 진화론자들에 의한 것과 언어학자들에 의한 것으로 양분하는 식의 편의주의적 이분법 때문이었지, 사실은 이들은 대부분이 다윈의 진화론과는 별 관계가 없는 학설이었다. 그게 그렇다는 것은 먼저 3대 원형언어설 중 가장 기상적이고 이채로운 학설로 평가되는 가창설의 실체를 파악해 봄으로써 익히 확인될 수 있다. 이 학설은 물론 문자 그대로 원형언어를 일종의 운율적 언어로 본 것이니까 반 촘스키적 언어진화설의 대표주자의 자격을 충분히 가지고 있음을 누구도 부인할 수 없다. 그렇다고 해서 이것을 하나의 진화론적 언어기원설로 분류하는 것은 크게 잘못된 일이다.

이런 주장의 근거로 내세울 수 있는 사실로는 크게 두 가지가 있는데, 그중 첫 번째 것은 역사적으로 보아서 다윈에 이어서 이 학설을 내세웠던 사람은 철학자인 H.Spencer이었는데, 그가 자기 이론의 근거로 제시했던 근거가 다윈의 진화론과는 아무런 관련성이 없는 것이었다는 사실이다. 하기야 다윈의 가창설도 특별히 생물학적 근거를 바탕으로 한 것은 아니다. 일정한 수준까지의 지능의 발달에 이어서 노래를 모방하는 능력이 생겨났고, 마지막에는 성적 선택의 절차에 의해서 언어가 태어났다는 것이 그가 내세운 근거의 전부였으니까, 인간의 원래 이지적 존재가 아니라 감정적 존재였다는 그의 인간관을 언어의 경우에 반영한 것이 바로 그의 가창설이었다.

그런데 Speneer는 실증주의자답게 오직 언어학적 증거만이 이 학설을 제대로 뒷받침할 수 있는 정당한 근거가 될 수 있다고 생각했는데, 이렇게 되면 가창설에 대한 생물학적 근거를 찾으려는 노력은 더 이상 필요 없게 되는 셈이었다. 구체적으로 그가 내세운 근거는 첫 번째로 야만인이나 미개민족의 언어는 모두가 지극히 운율적이라는 사실과 두 번째로는 개화된 민족들의 언어도 모두 억양이나 강세와 같은 운율적 특성이 있어서 특히 이런 특성은 언어사용자의 비애나 분노 표출의 수단으로 으레 쓰이게 된다는 사실이었다. 굳이 따지면 이런 언어적 근거들은 인간은 원래 일정한 생물학적 진화과정을 밟았다는 주장을 내세우는 데 쓰일 수 있는 것이 아니라, 오히려 인간은 원래 일정한 문화적 진화과정을 밟았다는 주장을 내세우는 데 쓰일 수 있는 것이다.

그런데 그중 두 번째 것은 20세기에 이르러 이 학설을 하나의 현대적 학설로 만드는 데 결정적 역할을 한 예스페르센은 전문적으로는 분명히 하나의 언어학자임에도 불구하고 이 학설을 내세우는 데는 Spencer식의 근거보다는 다윈식의 근거를 제시했다는 사실이다. 물론 그가 제시한 근거 가운데는 Spencer식의 것이 많았다고 볼 수 있다. 예컨대 그는 어린이들이 언어습득 시 배우는 문장들은 어휘 중심적인 것들이라는 사실이나 라틴어나 영어와 같은 서구어들의 지난날 발달의 역사가 일종의 통합적 언어로부터 일종의 분석적 언어로의 변천과정이었다는 사실, 미개민족의 언어가 개화된 민족의 언어보다 훨씬 더 운율적이고 은유적이라는 사실 등을 자기 이론의 근거로 내세웠다.

그러나 그의 "원시적 언어에서 나는 서로가 다른 성의 주의를 끌기 위하여 경쟁을 하는 선남선녀의 희열의 웃음소리를 듣는다."와 같은 말을 언어학적 근거라고 말할 수는 없다. 우선 이런 주장은 그가 바로 앞에서 제시한 언어학적 근거들과는 아무런 관계가 없다. 그러니까 그의 가창설은 어디까지나 하나의 과학적 이론이 아니라 추리적 이론인 셈이다. 그런데 무엇보다도 중요한 사실은 그의 이런 말은 일찍이 다윈이 내세웠던 3단계설의 타당성을 강조하는 데 쓰일 수 있는 말이라는 점이다. 그리고 그보다 더 중요한 사실은 그가 제시한 근거들은 하나같이 인간의 언어는 원래 인간이 일정한 문화적 진화과정을 밟다 보니까 생겨난 것이라는 주장을 하기에 딱 어울리는 것들이라는 사실이다. (Jespersen, 1964, p.434)

일찍부터 가창설과는 전혀 다른 차원에서 원형언어설의 원조의 자리를 지켜온 것이 바로 몸짓설인데, 그동안의 이 학설의 발전 과정이 익히 드러내고 있듯이 결국에 이것의 배경에는 으레 지금으로부터 200만 년 전인 '호모 하빌리스'인이 100만 년 전인 '호모 에렉투스'인 때를 거쳐서 10만 년 전에 '호모 사피엔스'로 진화하게 되는 과정이 설정되어 있어야 하므로 이것만큼 생물학적 진화과정은 문화적 진화과정과 병진하게 되어 있다는 것을 미리 전제하고 있는 것은 없다. 그런데 최근에는 몸짓언어의 인성적 근거가 되는 것은 모방력이라는 점에 착안한 Rizzolatti Arbib는 '거울신경이론'이라는 신경생물학적 이론을 내세우고 있는데, 그렇다고 해서 인간 언어의 진화는 생물학적 진화과정과 문화적 진화과정이 같이 만들어낸 결과라는 사실이 달라지는 것은 아니다. 왜냐하면 모방이란 두 사람 간에 이루어지는 문화적 행위이기 때문이다.

이런 판단이 크게 잘못된 것이 아니라는 사실을 웅변적으로 드러내

주고 있는 것이 바로 Corballis의 몸짓설이다. 1970년대에 Hews는 몸짓설의 근거로 이른바 '발성기관설'로 불리는 일종의 반증적 사실을 들었다. 유인원이나 원시인들의 화석을 분석해본 결과, 이들의 두뇌의 용량은 인간의 것만큼 커져 있음에도 불구하고 발성기관만은 그렇지 못했다는 사실이 밝혀졌는데, 이런 사실로 미루어보아서 인간의 최초의 언어는 음성언어가 아니라 몸짓언어였다는 것을 추리할 수 있다는 것이 그의 주장이었다. 이런 의미에서 볼 때 그의 몸짓설은 일종의 생물학 및 고고학적 학설이었다.

그러나 1990년대에 등장한 Corballis의 몸짓설은 '손으로부터 입으로까지'의 언어진화의 전 과정을 거시적으로 설명하려는 이론이라는 점에서 Hews의 것과 크게 달랐다. 우선 이것의 첫 번째 특징은 촘스키의 언어학적 내재설에 대한 하나의 진화론적 대안으로서 제안되었다는 점이다. 촘스키가 말하는 생성성은 반드시 언어에서만 발견될 수 있는 것이 아니라, 도구 제조의 과정에서도 쉽게 발견될 수 있다는 것이 그의 의견이었으니까, 결국에는 촘스키의 언어진화 이론은 완전히 허구적인 것에 지나지 않는 것이라고 본 것이다.

그런데 일단 언어의 출현 과정은 인류의 전 진화과정을 거시적인 배경으로 삼은 상태에서만 제대로 밝혀질 수 있다는 입장을 취하게 되면 그의 이론은 일찍이 Lumsden과 Wilson이 제안했던 '유전자와 문화의 공진화이론'과 유사한 것이 될 수밖에 없었다. 예컨대 그는 언어가 탄생된 첫 번째 요인으로 인간의 두뇌의 크기와 구조가 지금의 것처럼 달라진 점을 들 정도의 철저한 다윈의 자연적 선택이론의 신봉자였다. 그러나 언어진화의 전 역사로 보았을 때는 이런 생물학적 진화과정은 으레 일정한 문화적 진화과정과 서로 엉킨 상태에서 진행되었다는 것이 분명한데 그가 이런 판단의 근거로 내세운 사실은 크게 두 가지였다.

이중 첫 번째 것은 '호모 하비리스'가 '호모 에렉투스'로 진화한 무렵부터 어린이의 유아기가 지금처럼 길어졌다는 사실이었다. 어린이의 양육 기간이 길어졌다는 것은 곧 그만큼 그로서는 부모로부터 사회문화적 가치나 지식을 전수할 수 있는 기간이 길어졌다는 의미였다. 이 중 두 번째 것은 '호모 하비리스' 때부터 '호모 사피엔스 사피엔스' 때까지 도구문화가 꾸준히 발달되어왔다는 사실이었다. 굳이 따지면 그는 언어진화에 결정적인 영향을 준 것은 이들 중 두 번째 것인 도구문화의 발달로 보았는데 그동안의 고고학이나 인류학적 연구 결과가 그의 판단의 정당함을 익히 드러내고 있었다.

도구문화는 첫 번째로는 인간에게는 원래부터 인간 특유의 지력을 가지고 있었다는 것을 사실적으로 실증하는 것이고, 두 번째로는 언어의 진화과정은 일종의 문화적 진화과정이었다는 것을 실증하는 것일 수 있었다. 인간의 도구문화는 인간의 시작과 함께 시작되었다는 특징 이외에 지금으로부터 7만 년 전에서 3만5천 년 전 사이, 즉 구석기 시대로부터 신석기시대로 이행되는 사이에 이른바 '진화적 폭발'이 일어났다는 특징도 가지고 있었다. 이런 사실로 미루어보았을 때 인간의 생리적 특성과 정신적 능력은 오랜 기간에 걸쳐서 서로 간에 긍정적 피드백의 영향을 주면서 공진화적으로 발달했음이 분명했다.

Corbalis의 이론은 겉으로 내건 이름과는 다르게 결국에 지력이나 지능의 발달을 언어진화의 전 단계로 보는 이론인 셈인데, 그동안에 나온 원형언어설 가운데는 겉으로 내건 이름 자체에 이런 발상법을 명시한 것들도 적지 않게 있었다. 우선 이런 원형언어설 중 가장 대표적인 것으로 볼 수 있는 것이 바로 Dunbar의 '손질과 사회적 잡담설'이다. 이름 그대로 그의 이론은 쉽게 말해서 손질은 원래 원숭이와 같은 영장류들이 일정한 사회적 집단을 유지하는 데 사용하는 기본적인 수단이라는 사실에 착안해서 만들어진 것이다. 그러니까 그의 이론의 특징 중 한 가지가 접근법이나 연구 방법이 다분히 비교동물학적이고 생물학적이라는 것을 누구나 익히 알아차릴 수 있다.

그러나 그의 이론의 진짜 특징은 그 이름에 명시되어 있듯이 인간에 있어서는 손질의 기능을 사회적 잡담이 수행하게 되었다고 본 점이었다. 그의 이론에서는 사회적 잡담이라는 술어에 못지않게 사회적 두뇌라는 술어도 자주 쓰이고 있는데, 간단히 말하면 인간의 두뇌가 지금의 것처럼 커진 것은 환경적이거나 생리적 압력 때문이 아니라 이들은 일찍부터 일정한 사회적 집단을 유지해야 했기 때문이었다는 것이었다. 인간의 두뇌는 원래가 '생태적 도구가 아니라 사회적 도구'였다는 것이다. 이렇게 보면 그의 이론은 쉽게 유례를 찾을 수 없을 만큼의 특별한 특이성에도 불구하고 하나의 진화론적 이론임이 분명하다.

그런데 그가 사회적 잡담설의 타당성을 실증하는 데 일종의 인류학적이거나 사회학적인 접근법을 사용하고 있는 점으로 미루어보아서는 그의 이론은 전통적인 다윈의 이론이 아니라 생물학적 진화과정은 처음부터 으레 문화적 진화과정과 밀접히 엉킨 상태에서 진행되었다고 보는 식의 일종의 신진화론적 이론에 가까운 것이라고 보는 것이 맞는 것 같다. 예컨대 그는 인류가 손질 대신에 사회적 잡담의 형식으로 언어가 사회적 집단 유지의 기능을 수행하게 된 이유로 크게 두 가지를 내세우고 있는데, 이들 모두가 따지고 보면 생물학적인 이유가 아니라 문화적인 이유이다. 이들 중 첫 번째로 인류는 사회적 집단이 점점 커짐에 따라서 손질에는 시간이나 신체적 능력상에 상한선이 있음을 깨닫게 되었고, 그래서 언어라는 대안적 도구를 만들어내게 되었다는 것인데, 이런 진화과정은 어떤 의미로 보아서나 하나의 생물학적 진화과정이 아니라 하나의 문화적 진화과정이다.

이들 중 두 번째 것은 인류는 일찍부터 언어에는 손질에서는 찾을 수 없는 장점들이 있다는 것을 알아차리게 되었다는 것인데, 따지고 보면 이런 언어적 장점들은 모두가 언어 특유의 것이지 생물학적 진화과정과는 아무런 관계가 없는 것이다. 이런 장점 중 첫 번째 것은 언어를 쓰게 되면 시간과 노력이 크게 절약될 수 있다는 점이었다. 그의 계산에 따르면 사회적 집단의 크기를 150명으로 잡았을 때 그들이 손질에 사용하게 될 시간은 낮시간 전체의 40%였는 데 반하여, 오늘날 인간이 서로 간의 대화에 쓰고 있는 시간은 깨어있는 시간의 20%밖에 되지 않았다.

이런 장점 중 두 번째 것은 언어는 사회적 집단을 유지하는 기능을 훨씬 더 효율적으로 수행하게 된다는 점이었다. 예컨대 언어를 사용하게 되면 손질을 할 때보다 으레 서로 간의 의견표시나 감정전달이 더 쉬워지게 마련이고, 따라서 서로 간에 구애하거나 유대를 맺는 일도 더 쉬워질 수 있었다. 특히 언어를 쓰게 되면 현장에 없는 제3자에 관한 정보도 쉽게 교환할 수 있게 되어서, 결과적으로는 사회적 집단을 더 크게 확장할 수도 있고, 또한 그전보다 더 커진 사회적 집단을 제대로 유지할 수도 있었다.

그런데 따지고 보면 그의 이론의 실체를 드러내는 술어나 개념 중 가장 중요한 것은 역시 '사회적 잡담'이란 말이다. 이 말에는 크게 두 가지의 그의 특이한 발상법이 표출되어 있는데, 그중 한 가지는 언어는 사회적 집단 유지의 기본 수단이라고 본 점이고, 다른 한 가지는 언어의 기본 기능이 그러므로 자연히 그것은 원래 어휘나 문장의 형식이 아니라 잡담의 형식으로 쓰였다고 본 점이다. 물론 사회학적 언어관치고서 이만한 것은 있을 수 없다. 그러나 이것과 관련해서 무엇보다도 중요한 사실은 잡담을 언어로 보는 그의 견해는 반드시 원형언어를 두고서 만의 것이 아니라는 점이다. 그 자신이나 Emler 등이 최근에 실시한 친구 간의 회화의 유형의 연구 결과가 그것의 60 내지는 70%가 사회적 잡담 성격의 인식으로 결론 지어진 점으로 미루어보아서, 그의 사회학적 언어관은 결코 잘못된 것이 아님을 익히 알 수 있다고 그는 주장하고 있다.

그런데 사실은 그의 언어진화 이론은 정확하게 하면 이상과 같은 '손질과 사회적 잡담설'과 '마음의 이론설'의 두 가설로 구성되어 있다고 보는 것이 맞는 일인데, 1998년의 그의 논문의 제목이 「Theory of mind and the evolution of Language(마음의 이론과 언어의 진화)」처럼 되어 있는 점으로 미루어보아서는 이들 중 두 번째 것이 첫 번째 것보다 더 핵심적인 가설로 내세워지고 있다고 볼 수도 있다. 이런 의미에서 보면 그의 이론을 '사회적 지능 발달설'로 부르는 대신에 '인지적 지능발달설'로 부르는 것이 맞는 일인듯하다. (Dunbar, 1998)

그가 말하는 마음의 이론이란 간단히 말해서 다른 개인의 정신상태를 이해하는 일종의 인지적 기구인데, 그동안에 어떤 인지심리학자도 이런 특이한 인지적 기구를 설정한 바가 없었다는 점만으로도 그의 이론이 얼마나 독창적이고 특이한 것인가를 익히 알아차릴 수 있다. 특히 그가 이와 관련해서 "이 기구는 오직 인간에게만 있는 것"이라는 말과 "만약에 인간에게 이것이 없었더라면 오늘날 우리가 알고 있는 것과 같은 언어는 존재하지 않았을 것"이라는 말 등을 하는 점으로 미루어보아서는 가능하다면 이제라도 그의 이론의 이름을 '손질과 사회적 잡담이론'으로부터 '마음의 이론의 이론'으로 바꾸는 것이 마땅한 일인 것 같다.

다른 사람의 정신상태를 이해하는 능력이 곧 언어능력의 기본이 되었다는 자기주장을 입증할 수 있는 사실로 그는 다음과 같은 네 가지 사실을 들고 있는데, 따지고 보면 이런 사실이야말로 언어는 생물학적 진화과정만의 결과물이 아니라 그것과 문화적 진화과정이 공동으로 만들어 낸 결과물이라는 사실을 가장 웅변적으로 증거하고 있는 것이다. 첫 번째로 그는 일찍이 Grice가 찾아낸 화용론적 사실을 자기 이론의 근거로 내세웠다. 예컨대 Grice는 일찍이 한 문장의 의미에는 어휘에 의해서 표현되는 명제적 의미 외에 화자의 의도나 대화의 상황 등에 의해서 표현되는 함축적 의미도 있다는 사실을 찾아냈는데, 그가 보기에는 이런 사실만큼 대화 시 기본적으로 작동되는 능력은 어휘나 문법적 능력이 아니라 상대방의 마음을 읽어내는 능력이라는 것을 분명하게 증거하고 있는 것도 없었다.

두 번째로 그는 그 후에 '관련성의 이론'을 주장하고 나선 Sperber와 Wilson이 찾아낸 화용론적 사실을 자기주장의 근거로 내세웠다. 예컨대 이들은 화자와 청자 간의 대화는 말로 표현된 것을 단서로 해서 최대한 관련된 의미를 추리해내는 일종의 인지적 게임 같은 것이라고 내세웠는데, 그가 보기에는 만약에 우리에게 타인의 정신상태를 읽을 수 있는 능력이 없다면 이런 추리적 절차는 절대로 이루어질 수 없었다. 이렇게 볼 것 같으면 Grice의 것이든지 Sperber와 Wilson의 것이든지 간에 모든 화용론적 이론은 결국에는 그가 내세우는 마음의 이론의 타당성을 언어학적으로 실증하고 있는 것이었다.

세 번째로 그는 최근에 Lakoff나 Langacker와 같은 인지언어학자들이 찾아낸 은유에 관한 사실들을 자기주장의 근거로 내세웠다. 이들은 예컨대 최근에 우리가 일상적으로 사용하는 표현 가운데는 「take the rough with the smooth(어려움을 태연하게 받아들이다)」와 같은 은유적인 것이 대단히 많은 점으로 미루어보아서 은유적 능력은 시인과 같은 특출한 사람에게만 있는 것이 아니라 인간 모두에게 있는 것임이 분명하다는 점이나, 은유적 의미를 파악하는 절차는 비은유적 의미를 파악하는 절차보다 훨씬 고차원적이라는 점, 인간의 사고방식 자체가 은유적이라는 점, 은유력이 없이는 정상적인 언어사용이 불가능하다는 점 등을 지적했었는데, 그가 보기에는 이들이 말하는 은유력의 기본이 되는 것이 바로 자기가 내세우는 마음의 이론이었다.

네 번째로 그는 자폐증 환자들의 비정상적인 언어능력을 자기주장의 근거로 내세웠다. 자폐증 환자의 언어능력은 정상인의 것과 같지 않은데, 이런 차이점 중 제일 큰 것이 바로 문장의 의미 중 직접적이고 축자적인 것만 파악할 수 있고, 간접적이고 함의적인 것은 파악할 수 없다는 점이었다. 그러니까 이들에게 있어서는 "Close the window, please.(창문을 닫아요)"라는 직접 명령문 대신에 "It's rather cold here(여기는 약간 춥구나)"라는 간접명령문을 쓴다는 것은 불가능한 일이었다. 그뿐 아니라 이들은 예컨대 "All nature smiled.(만물이 미소지었다)"와 같은 은유문들을 전혀 사용할 수 없었다. 이것은 곧 이들에게는 유명한 시인이 쓴 시를 제대로 감상할 수 있는 능력이 없다는 의미이었다. 그가 보기에는 이런 비정상적인 현상들은 모두 그들에게 마음의 이론의 능력이 없는 데서 비롯된 것이었다.

지능이나 지력의 발달을 언어 탄생의 전 단계로 보려는 발상법을 이론의 이름 자체에 직접적으로 명시한 원형언어설 중에는 Deacon의 '상징지시설'도 있는데, 이것에서는 인간의 두뇌와 언어가 오랜 기간에 걸쳐서 공진화할 수 있었던 것은 결국에 이들이 '볼드윈적'인 진화과정을 밟았기 때문이라고 보고 있다는 사실이 작게는 언어의 진화과정이고 크게는 인간의 진화과정 자체가 바로 생물학적인 진화과정과 문화적 진화과정의 일종의 합작품이라는 것을 웅변적으로 실증하고 있다고 볼 수 있다. 예컨대 그는 '말씀이 곧 육신이 되었다'라는 성경 구절을 자기 책의 제11장의 제목으로 내세울 만큼의 보기 드문 언어우위론자인데, 이런 의미에서 보면 역사상 그만큼 문화적 진화과정의 중요성을 강조한 사람은 없었다고 볼 수 있다.

그의 이론의 첫 번째 지주는 인간의 언어는 원형언어 때부터 일종의 상징체계였다고 보는 상징체계설이다. 흥미롭게도 그는 자기의 책에서 "상징지시체계를 규제하고 유지하는 것은 고차원적인 조립의 논리, 즉 문법"이라고 말할 만큼의 특이한 언어관을 내세우고 있는데, 결국에 이런 견해가 노리는 바는 촘스키의 통사론 기저적의 언어진화설을 무력화하려는 데 있다는 것은 더 말할 나위가 없다. 그런데 사실은 그의 상징지시체계설의 진짜 특징은 상징체계를 생성하고 조작하는 능력, 즉 상징력은 인간 특유의 통찰력에 의해서 생겨난 것으로 본 점이다. 물론 인간의 직관력이나 통찰력은 선천적으로 내재한 것이지 후천적 학습이나 경험으로 얻어진 것이 아니다. 따라서 이것은 곧 그는 인간의 언어적 능력을 학습된 것이 아니라 내재한 것으로 보는 하나의 내재주의자임을 의미한다.

그의 이론의 두 번째 지주는 그의 이론 자체를 뇌생리학적이론으로 불리기에 부족함이 없게 한 두뇌발달설이다. 그의 두뇌발달설은 크게 두뇌의 크기에 관한 이론과 치환의 절차에 관한 이론, 전액골의 대뇌피질의 발달에 관한 이론 등의 세 이론으로 구성되어 있는데, 이중 가장 핵심적 이론으로 볼 수 있는 것이 바로 치환의 절차에 관한 이론이다. 그런데 사실은 치환의 절차야말로 두뇌의 생물학적 진화과정은 으레 일정한 문화적 진화과정과 밀접하게 엉킨 상태에서만 진척되게 되어 있다는 것을 가장 웅변적으로 실증하고 있는 절차이다.

그의 설명에 따르면 인간의 두뇌가 동물의 그것과 특별히 구별되는 점은 전액골의 대뇌피질이 특별히 발달하였다는 점인데, 이런 결과를 가져오게 한 것이 바로 200만 년이라는 긴 세월에 걸쳐서 꾸준히 지속되어온 치환의 절차이었다. 치환의 절차는 크게 세 단계로 나뉘어 있는데, 그중 첫 번째 것은 생존이나 환경상의 이유로 어느 특정한 영역이나 종류의 정보에 대한 처리나 저장의 양이 특별히 늘어나게 되면서 그 일을 담당하는 부위의 신경세포의 수가 증가하고 그 부위의 크기가 커지는 단계이고, 그중 두 번째 것은 증가한 신경세포가 힘이 되어서 결과적으로는 이 부위가 여러 신경세포 간의 신경색과 이것과 주변적 신경체계를 연결해주는 축삭돌기를 더 많이 갖게 되는 단계이고, 그중 세 번째 것은 증가한 축삭돌기 간에 일종의 자연적 선택의 경쟁이 일어나는 단계로서, 구체적으로는 상대적으로 적은 기능밖에 하지 못하는 신경체계를 연결하는 축삭돌기는 그 수가 주는 반면에 보다 큰 기능을 수행하는 신경체계를 연결하는 축삭돌기는 그 수가 늘어나는 단계이다.

그런데 무엇보다도 중요한 점은 그는 이런 치환의 절차를 일방적인 절차가 아니라 일종의 양방적인 절차로 본다는 점이다. 그의 설명에 따르면 이 절차의 첫 번째 국면에서는 생존이나 환경상의 이류로 어느 한 특정 영역이나 종류의 정보처리나 저장의 양이 늘면서 그 일을 담당하는 부위가 특별히 발달하게 되지만, 이 절차의 두 번째 국면에서는 이렇게 더 발달한 부위가 이런 영역이나 종류의 정보처리의 양을 늘리는 역할을 담당하게 된다. 이것은 곧 입력된 정보의 양과 담당 부위의 발달 간에는 일종의 선순환관계가 유지된다는 말인데, 이런 식의 선순환관계가 성립된다는 사실은 바로 두뇌의 생물학적 진화과정은 으레 문화적 진화과정과 밀접히 엉킨 상태에서 이루어졌다는 것을 드러내 주는 가장 확실한 증거 일 수 있다.

그의 이론의 세 번째 지주는 지난 200만 년에 걸친 크게는 인류 자체의 진화과정이고 작게는 언어의 진화과정을 일종의 볼드원적인 과정으로 보는 볼드원적인 진화 절차설인데, 앞의 두 지주이론과 달리 이것은 볼드원이 일찍이 제안했던 이론을 다시 원용한 것이라는 점이 그 특징이다. 원래 제안될 당시부터 이 이론은 많은 사람의 특별한 주목을 받기에,

충분한 소지를 지니고 있었는데, 그 이유는 이것은 다윈의 진화이론을 수정한 일종의 신진화이론이었기 때문이었다. 예컨대 이 이론에서는 학습된 행동적 융통성은 자연적 선택절차를 어느 한쪽으로 편향하게 만든다고 보았으니까, 이로써 드디어 다윈의 진화이론으로는 쉽게 설명될 수 없는 현상을 합리적으로 설명할 수 있는 돌파구가 마련된 셈이었다.

그런데 굳이 따지면 그가 이 이론을 자기의 언어진화 이론의 한 지주로 삼음으로써 그 이득은 볼드윈과 그가 모두 갖게 되었다고 볼 수 있다. 우선 볼드윈의 입장에서 볼 것 같으면 이 이론이 그동안에 그의 것과 같은 유수한 언어진화 이론의 일부로 원용된 적이 없었다. 간단히 말하면 이번에 그의 이론은 정식으로 그 위상과 가치를 인정받게 된 것이다. 그에 반하여 그의 입장에서 볼 것 같으면 그의 이론을 원용함으로써 자기가 내세우는 상징적 지시설과 두뇌발달설을 한꺼번에 정당화 시킬 수 있었다. 그리고 무엇보다 중요한 사실은 이렇게 함으로써 자기의 이론은 결국에 하나의 진화론적 이론임이 만천하에 알려지게 된다는 점이었다.

그런데 사실은 볼드윈의 이론만큼 생물학적 진화과정은 으레 문화적 진화과정과 밀접히 엉킨 상태에서 진척되게 되어 있다는 것을 강조하고 있는 이론도 없다. 따라서 그가 자기의 언어진화 이론의 핵심적 이론으로 그것을 내세웠다는 것은 그는 궁극적인 의미에서 하나의 복합적 진화론자임을 선언한 것이나 다름이 없다. 그런데 엄밀한 의미에서 보면 그의 복합적 진화관의 특징은 생물학적 진화를 주된 것으로 보면서 문화적 신화를 부차적인 것으로 보는 식의 일반적인 것이 아니라 거꾸로 문화적 절차를 주된 것으로 보면서 생물학적 진화를 부차적인 것으로 보는 점일는지도 모른다. "아주 먼 조상들의 최초의 상징적 체계의 사용이 그 후 인과의 두뇌가 어떤 자연적 선택 절차에 의해서 진화하게 될 것인가를 결정지었다."와 같은 그의 말이 이런 판단의 정당함을 익히 증거하고 있다.

7.5 거시적 접근법의 한계성

돌이켜보면 언어진화과정을 구명하는 데 있어서 어느 한 접근법이 아니라 복수의 접근법을 적용하는 것이 바람직하다는 발상법을 가지고 있던 사람은 한둘이 아니다. 또한 인류는 아주 오랜 기간에 걸쳐서 자연적 및 문화적 환경과의 상호교섭 속에서 진화해왔다는 사실을 명심하는 사람치고서 언어진화과정은 예컨대 생물학적 접근법이나 언어학적 접근법과 같은 어느 한 접근법에 따라서 익히 밝혀질 수 있다고 생각하는 사람은 없을 것이다. 그리고 그동안의 연구실적이 잘 드러내 주고 있듯이 아직은 어느 한 단일접근법에 따라서 그럴듯한 학설이 내세워진 경우도 드물다. 이런 점 하나만을 보아서도 역시 언어진화과정을 제대로 구명하는 일은 '난제 중의 난제'인 것이다.

그런데 사실은 이런 깨달음을 바탕으로 해서 하나의 학설을 만들어내는 데 있어서 두 가지 접근법을 적용하는 사례가 그와는 대조적으로 단 하나의 접근법만으로 하나의 학설을 만들어내는 사례보다도 더 많다고 볼 수 있는데 그 근거가 될 수 있는 사실이 그동안에 널리 알려진 언어진화설 가운데는 이른바 공진화설이 꽤 많다는 점이다. 바로 앞에서 살펴본 Dunbar의 학설이나 Deacon의 학설도 사실은 언어와 두뇌는 같이 진화했다고 보았다는 의미에서나, 아니면 언어와 지력은 같이 진화했다고 보았다는 의미에서 분명한 공진화설이다.

그런데 그동안에 공진화설을 내세운 사람들은 두말할 필요도 없이 모두가 진화론자들이다. 그에 반하여 언어학적 이론이나 지식을 기반으로 해서 만들어진 언어진화설 가운데는 공진화설이 있을 리가 없다. 이런 의미에서 볼 것 같으면 진화론적 학설과 언어학적 학설을 구별 짓는 중요한 기준의 하나가 바로 단일진화설이냐 아니면 공진화설이냐라고 볼 수도 있다. 물론 엄밀히 따지면 발성기관설을 내세운 Lieberman같은 진화론자가 전혀 없는 것은 아니다. 그러나 그동안에 제안된 대부분의 진화론적 학설들이 일종의 공진화설이라는 것은 의심할 여지가 없다.

이런 시각에서 볼 것 같으면 최근에 화제가 되는 「HCF」 논문의 가치와 한계성도 그 내용을 이런 기준에 의해서 분석해봄으로써 당장 드러나게 된다고 볼 수 있다. 예컨대 이것의 가장 큰 특징으로 역사상 처음으로 언어를 '광의의 언어'와 '협의의 언어'로 구분하는 데 성공했다는 사실을 내세우는데, 사실은 이런 구분은 언어관에는 '진화론적 언어관'과 '언어학적 언어관'의 두 가지가 있을 수 있다는 말도도 표현될 수 있다. 원래 진화론자들은 언어의 진화는 응당 '외부적 환경'과 '생태적', '물리적', '문화적', '사회적' 요소들이 복합적으로 작용한 결과로 보아왔는데, 반하여 언어학자들은 그것을 언어적 규칙과 원리의 자율적 발전 과정으로 보아왔다.

그런데 사실은 이런 식의 이분법적 언어관 자체에 이 논문의 한계성이 이미 내재하여 있다고 볼 수 있다. 여기에서의 합의점은 크게 두 가지였는데, 아쉽게도 이들 중 어느 것도 지금의 생물학이나 언어학의 수준으로는 쉽게 실현할 수 있을 만한 것은 없었다. 예컨대 이것의 저자들은 첫 번째로 협의의 언어기능은 인간만의 것이지만 광의의 그것 중 많은 것은 다른 종들과 공유하는 것이기에 앞으로는 언어의 실체를 파악하기 위해서 비교적 연구가 더 많이 실시되어야 한다는 점과 두 번째로는 이런 연구를 통해서 궁극적으로는 더 그럴듯한 언어진화설이 만들어질 수 있을 것을 합의했는데, 그 후의 발전양상은 아쉽게도 전적으로 부정적이 없다.

또한 이런 시각에서 볼 것 같으면 그동안에 이 연구에서 가장 근본적인 주제 중 하나로 등장한 '후성설'의 타당성에 대한 검토도 그동안처럼 반드시 고답적인 차원에서 할 필요가 없다는 것이 분명해진다. 간단히 말해서 후성설이란 생물의 발생은 점진적 분화절차에 의한다는 학설이어서, 주로 진화론자들이 이것을 내세우는 데 반하여 언어학자들은 이것을 으레 반대하는 것은 너무나 당연한 일이다. 예컨대 진화론자들은 하나의 유전자는 으레 환경적 요인에 의해서 다양한 표현성을 산출하게 되어 있으므로 환경적 영향에 관한 고려 없는 유전자형에 관한 연구는 무의미하다고 생각하는 데 반하여, 언어학자들은 그와는 반대로 생물의 실체는 그것의 유전자에 관한 연구에 의해서만 밝혀질 수 있다고 생각한다.

아울러 이런 시각에서 볼 것 같으면 그동안에 이 연구에서 중요한 논쟁거리의 하나로 등장한 전능의 이론도 결국에는 주장이나 반대하는 사람이 진화론자냐 언어학자냐에 따라서 결론이 이미 결정되어있는 것이라고 볼 수도 있다. 전능이란 쉽게 말해서 자연적 적응의 절차에 따라서 뇌의 체계나 조직이 바뀌게 되는 것이 아니라 그것의 기존의 체계나 조직이 새로운 기능을 수행하게 되는 현상이다. 그러니까 다윈의 진화론의 아킬레스건인 돌연변이의 문제를 해결하는 이론치고서 이것만 한 것이 있을 수 없는 것이다. 그런데 너무나 당연한 일이지만 두뇌가 이런 가소성을 발휘하게 되는 것은 그것이 새로운 기능과 맞닥뜨리게 되었기 때문이다. 따라서 진화론자들의 입장에서 볼 것 같으면 전능의 현상을 그들의 이론 일부로 받아들이는 일은 그다지 큰일이 아니다. 그러나 언어학자들의 입장에서 보면 이런 현상은 있을 수 있는 현상으로 받아들일 수 없다.

이런 의미에서 볼 것 같으면 결국에 진화론자치고서 언어진화의 문제를 연구하는 데는 일종의 거시적 접근법을 채택하는 것이 너무나 당연한 일이라고 생각하지 않은 사람은 없을 것임이 분명하다. 이들 중 대부분은 우선 그 대상이 무엇이 되었든지 간에 생물학적 진화과정에는 으레 일정한 문화적 진화과정도 포함되게 되어 있다고 생각했다. 그다음으로 이들 중 일부분은 일부러 생물학적 진화과정이라는 말 대신에 공진화과정이라는 말을 쓰기도 했는데, 여기에서의 공진화란 예컨대 언어와 두뇌나 언어와 지능과 같은 두 가지 기구의 동시적 진화를 가리키는 것이었다. 그런데 이들의 공통점은 어떤 경우에나 생물학적 진화과정을 기본으로 본다는 점이었는데, 그 가운데는 이런 주류적 흐름에서 크게 벗어난 사람도 나타나게 되었다.

이런 사람 가운데서 가장 대표적인 사람이 바로 일종의 언어와 지능의 공진화설을 내세운 Tomasello이다. 그는 우선 손가락질을 최초의 원형언어로 내세울 만큼의 철저한 진화론자임이 분명하다. 예컨대 이런 주장의 근거로 원숭이나 어린이의 경우를 들 정도이었다. 그러나 그는 음성으로 된 규약언어가 기존의 몸짓언어에 '업혀서' 탄생하기 위해서는 일정한 수준의 사회적 인지력이 발달되어 있어야 했다고 내세움으로써, 결국에는 언어와 지능은 공진화적 과정을 밟았다는 점을 강조했다. 특히 언어에 관해서는 Grice의 협조성의 이론이 으레 언어적 분석의 기본이 되어야 한다는 말이나, 문법적 체계는 문법화의 절차에 의해서 생겨났다는 말 등을 했는데, 이들은 하나같이 촘스키의 언어이론을 무력화하는 데 결정타가 될 수 있는 것들이었다.

그러나 그는 이런 과정에서 공진화 과정에 있어서는 생물학적 진화과정과 문화적 진화과정 간의 주종관계가 뒤집힐 수 있다는 가능성을 보여주게 되었다. 다시 말하면 그의 이론에서는 언어의 탄생과정에 있어서 으레 문화적 진화과정이 생물학적 진화과정을 주도해 왔다는 식의 인상을 주기에 족할 만큼 문화적 진화과정의 역할을 중요시했다. 그런데 문제는 이러다 보니까 자연히 그의 이론에서는 언어라는 말 대신에 의사소통체계라는 말을 더 쓰는 결과가 나타나게 된 데 있었다. 이렇게 되면 궁극에 가서는 언어진화 이론의 초점이 흐려지는 결과를 가져오게 마련이었다. 예컨대 그의 2008년의 책의 이름은 『*Origins of Human Communication*(인간의 의사소통체계의 기원)』처럼 되어 있는데, 따지고 보면 이것만큼 거시적 접근법의 한계성을 노골적으로 드러내고 있는 것도 없다.

그동안에 일종의 '제3의 입장'을 대변하는 이론으로 주목을 받아온 Gould의 '공복설(spandrel)'도 따지고 볼 것 같으면 생물학적 진화과정과 문화적 진화과정 간의 관계에 대한 지금까지의 일반적 관념을 거꾸로 뒤집은, 일종의 역발상적 발상법에 따른 이론이라고 볼 수 있다. 공복 또는 삼각소간은 원래 건축학에 쓰는 용어로써 "인접한 아치가 천장과 기둥과 함께 이루어내는 세모꼴면"을 가리키는 말인데, 그가 보기에는 이 용어야말로 언어적 능력이나 기능은 자체적으로 생겨난 것이 아니라 다른 능력이나 기능 발달의 여파로 우연히 생겨난 것이라는 사실을 직재적으로 드러내는 데 쓰일 수 있는 최적의 말이었다. 그는 또한 1982년에 Vrba와 함께 전능이론을 내세우기도 했다. 그러니까 그의 공복설은 전능이론의 일부로 볼 수도 있는 것이다.

공복설은 그 후 촘스키의 단발적 돌연변이설을 전폭적으로 지지하고 나선 Piattelli-Palmarini가 제창하면서 일종의 비연속성의 대표적 이론으로 평가되기도 했다. 그러나 그가 이 이론에서 강조하고 있는 것은 생물학적 진화과정은 결국에 문화적 진화과정의 후속적인 과정에 지나지 않는다는 점이다. 다시 말해서 언어진화과정은 마땅히 여러 가지 기구들의 종합적인 진화과정으로 보아야 한다는 반진화론적인 발상법을 구체화한 것이 바로 그의 공복설인 것이다. 좋게 말하면 그러니까 그는 이번에 기존의 생물학적 모형 대신에 일종의 문화적 발전모형을 제시하게 된 셈인데, 문제는 그 모형의 실체가 구체적으로 밝혀져 있지 않다는 점이었다. 이런 의미에서 볼 때 공복설이야말로 거시적 접근법의 한계성을 가장 웅변적으로 드러내주고 있는 이론이라고 볼 수 있다.

또한 1997년에 Aribib와 Rizzolatti가 제안한 '거울신경체계의 가설'도 언어진화의 일곱 단계의 마지막 단계를 '인지적 및 언어적 복합성의 공진화' 단계로 잡은 사실이 익히 실증하고 있듯이 일종의 공진화설인데, 다른 공진화설과 마찬가지로 이것 역시 겉으로 보기에는 가장 그럴싸한 이론 같으면서도 실제에 있어서는 거시적 접근법의 한계성을 여실히 드러낼 수밖에 없는 것이 공진화설이라는 것을 잘 보여주고 있다. 물론 이것의 기저에는 적응적 가치를 위한 진화과정을 손짓언어라는 원형언어가 탄생하는 기본과정으로 보는 식의 생물학적 진화사상이 깔려있다. 그러나 거울신경체계를 언어탄생의 원천영역으로 볼 뿐만 아니라 모든 행동과 정서적 활동을 포함한 '사회적 상호교섭'의 원천영역으로까지 보려다 보니까 이것은 일종의 언어진화 이론이 아니라 문화발전이론의 모습을 띠게 되었다.

다원적 공진화이론의 맹점은 일원화된 체계성을 유지하기가 어렵다는 점인데, 이 이론의 내용을 파악해보면 그게 그렇다는 것을 어렵지 않게 확인할 수 있다. 예컨대 여기에서 내세우는 언어진화의 일곱 단계 간에는 논리적 비약성은 아닐는지 모르지만, 논리적 빈약성이 있음을 누구나 쉽게 확인할 수 있는데, 그중 대표적인 것이 바로 손짓언어가 음성적 기호언어로 바뀌게 된 절차나 동사논항적 구조에서 통사론과 의미론이 태어난 절차 등에 대한 자세한 설명이 없다는 점이다. 이런 논리적 빈약성의 백미로 볼 수 있는 것은 "손짓동작의 모방과 성음체계의 모방은 나선처럼 진행되었다"와 같은 설명법이다.

그런데 이 이론의 그보다 더 큰 문제점은 바로 거울신경체계로부터 유래하는 모방력을 언어진화의 원동력으로 삼았다는 점이다. 예컨대 이것에서는 "거울신경체계는 잡기만을 위한 것이 아니라 음운체계와 통사체계를 위한 것이기도 하다"와 같은 주장을 아무 거리낌 없이 하고 있는데, 틀림없이 언어학자 가운데는 이런 주장에 동의하는 사람은 하나도 없을 것이다. 그리고 이 이론을 자기네 주장대로 일단 '인지적 및 언어적 복잡성의 공진화설'로 치면 그것을 '모방적 및 언어적 복잡성의 공진화설'로 바꾸어야 할 처지에 놓이게 되는데, 그 이유는 이것에서는 모방력을 인지력의 전부로 간주하고 있기 때문이다. 아마도 심리학자치고서 누구도 모방력을 인지력의 전부로 보지는 않을 것이다.

그런데 궁극적인 의미에서 보면 이 이론은 문화적 진화과정을 생물학적 진화과정보다 더 앞세우는 이론이다. 아무리 우리의 두뇌 안에 모방력의 원천영역이 존재함을 강조한다고 해도 모방적 행위는 결국에 사회적 구성원 간에 이루어지는 문화적 행위라는 사실을 부인할 수는 없다. 또한 이 이론에서는 모방을 언어뿐만 아니라 모든 행동의 획득절차의 기본으로 삼다 보니까, 언어 진화과정에 초점을 맞추려는 전통적 관례가 깨지는 결과가 나타나기도 했다. 나쁘게 말해서 이 이론은 본의 아니게 언어진화 이론이 아니라 문화진화이론으로 탈바꿈하게 된 것인데, 결국에 이것은 대부분 사람이 거시적 이론의 유혹을 뿌리치고서 미시적 학설의 설정에 집착하게 되는가를 반면교사적으로 해명하고 있는 셈이다.

7.6 결론

1) 동상이몽적인 동기

이 책의 목적은 일부 사람들이 주장하듯이 2002년에 발표된 「HCF」 논문이 과연 언어진화 연구에 있어서 이정표적인 역할을 수행하게 될 것인가를 가늠해보는 것이었는데, 지금까지의 제1장으로부터 제6장까지의 긴 논의가 익히 드러내 주고 있듯이 안타깝게도 그렇게 되지 않을 가능성이 매우 크다는 것이 우리가 내릴 수 있는 결론이다. 우리가 여기에서 이런 부정적 결론을 내릴 수밖에 없게 된 근거로는 크게 세 가지를 들 수 있는데, 그중 첫 번째 것은 세 명의 저자들이 이 논문을 공동으로 쓰게 된 동기가 비유적으로 말해서 동상이몽적인 것이 없다는 사실이 그 후의 이들의 반응 때문에 명백히 드러나게 되었다는 점이다. 한마디로 말해서 이 논문이 발표된 이후 촘스키의 반응은 다분히 진취적이었는데, 반하여 하우저와 피치의 반응은 의외로 소극적이었다. 결국에 저자들의 동기가 이렇게 서로 다른데, 그 글의 기능만은 제대로 작동하게 되리라고 기대한다는 것 자체가 일반적인 이치나 논리에 맞지 않는 일이었던 것이었다.

그렇다면 우리로서는 우선 여기에서 원래 이 논문의 작성을 주도했던 사람은 촘스키였고 나머지 두 사람은 그것에 그대로 끌려갔을 것이라는 추측을 해볼 수 있는데, 만약에 이 추리가 맞는다면 촘스키는 일찍부터 이런 식의 역사상 초유의 연합적 노력까지도 시도해 보아야 할 학문적 절박감이나 필요성을 느끼고 있었을 것이라는 추측까지도 해볼 수 있다. 지혜롭게도 그는 최소주의라는 자기의 마지막 언어이론을 궁극적으로 정당화할 수 있는 길은 오직 그것의 타당성을 진화론적으로 실증하는 것이라는 것을 잘 알고 있었다. 아울러 그는 이런 일을 하기 위해서는 진화론의 주무자격인 생물학자나 진화론자들에 대한 일종의 설득작업이 먼저 이루어져야 한다는 것도 익히 알고 있었는데, 그것의 첫 번째 노력이 바로 이 논문의 출현이었다.

물론 이때 그는 진화론의 현황이나 학문적 능력에 대해서 자기 나름의 평가를 하고 있었는데, 문제는 그것이 그로 하여금 결국에 생물언어학이라는 새로운 학제적 학문의 창설을 시도하게 만든 데 있었다. 단도직입적으로 말해서 그는 이런 작업의 첫 단계로 진화론뿐만 아니라 그것을 주된 학문적 원리로 삼는 생물학까지를 전근대적이고 비과학적인 학문으로 매도해버리는 만용을 부리게 된 것이다. 두말할 필요도 없이 그는 '새 술은 새 부대에 담아야 한다'라고 생각했던 것인데, 안타깝게도 헌 부대의 한계성이나 부적절성을 지적하는 일보다 그 대신으로 쓰게 될 새 부대를 만들어내는 일이 몇 배 어려운 일이라는 것을 깊이 인식하지 못하고 있었다.

우선 다윈의 진화론이나 그것을 주된 학문적 원리로 삼는 생물학은 그의 매도나 폄훼와 같은 단 한 번의 바람으로 뿌리가 뽑힐 수 있을 만큼의 어린 학문이 아니다. 다윈의 『종의 기원』이 나온 해가 1859년이었으니까, 진화론이나 생물학은 어림잡아 수령이 150년이나 된 '거목'으로 보는 것이 마땅한 일인데, 그는 이런 사실을 무시했다. 또한 그의 진화론은 그동안의 인간을 포함한 모든 생물에 대한 탐구의 역사를 진화론 이전의 시대와 진화론 이후의 시대로 나눌 만큼의 분수령적 기능을 수행하기도 했다. 그의 진화론은 그동안에 하나의 '거대이론'으로 굳게 자리를 잡은 것이다. 그런데 촘스키는 놀랍게도 이렇게 현실적 사실로 드러난 진화론이나 생물학의 학문적 능력과 업적마저도 모두 무시해버렸다.

예컨대 그는 『우리는 어떤 존재인가?』라는 2016년의 책에서 "언어는 변화는 하지만 진화는 하지 않는다."라는 것과 같은 폭탄적 선언과 함께 "그동안에 제안된 언어진화설들은 모두가 스토리텔링(story telling)"이다. 와 같은 극언을 했는데 지금까지 언어진화 연구에 매진해온 진화론자나 생물학자에게는 이 이상의 모욕은 없었다. 이들은 틀림없이 이런 극단적 평가가 자기네 동료 간의 분쟁 결과로서가 아니라 국외자의 타 학문에 대한 내부 간섭으로 내려지게 되었다는 사실에 심한 분노까지도 느끼게 되었을 것이다. 아마도 지금으로부터 5만 내지는 10만 년 전에 언어는 두뇌의 신경조직상의 '재연결' 절차에 의해서 태어났다는 자기의 이론은 하나의 과학적 언어진화 이론이고, 그동안에 진화론자들이 내세웠던 언어진화설은 모두가 '스토리텔링'일 따름이라는 그의 주장 앞에 이들은 유구무언일 수밖에 없었을 것이다.

그런데 그의 이번 시도에서의 제일 큰 장애물은 역설적으로 생물언어학의 실체이었다. 나쁘게 말하면 그가 내세우는 이 학제적 학문은 자기의 목적을 달성하기 위해서 급조된 일종의 가건물 같은 것이어서 아직은 그 실체가 언제쯤 드러나게 될지는 아무도 모른다. 그의 2010년의 논문에 따르면 그가 내세우는 생물언어학은 결국에 일찍이 1974년에 Piatelli-Palmarini가 제안했던 '생물언어학(Biolinguistics)'을 말하는 것인데, 따지고 볼 것 같으면 그 당시에 이것을 '언어학과 진화생물학, 신경학, 철학' 등으로 구성된 하나의 학제적 학문으로 정의한 것 자체에 이것은 언제라도 쉽게 무너질 수 있는 일종의 가건물에 지나지 않는다는 사실이 시사되어 있었다고 볼 수 있다. 우선 이들 중 첫 번째 자리를 차지하고 있는 것은 언어학인데, 두말할 필요도 없이 여기에서의 언어학은 촘스키의 최소주의 이론이다. 그러니까 이점 하나만으로써 우리는 이 학문의 목적은 촘스키의 최소주의 이론의 타당성을 생물학적으로나 신경학적으로 실증하는 것임을 익히 알아차릴 수 있는데 문제는 현재로서는 과연 언제쯤에 그런 생물학적 내지는 신경학적 실증작업이 제대로 이루어질 수 있을지 알 수 없다는 점이다.

또한 그 당시에 Piatelli-Palmarina가 생각했던 진화생물학이 촘스키가 앞으로 새로 탄생되어야 할 것으로 생각하는 생물학과 같은 것인지도 분명치가 않다. 우선 현재의 생물학에서는 그것의 하위나 분화학문으로서의 진화생물학의 존재를 인정하고 있지 않다. 그러니까 우선은 촘스키가 말하는 '진화 발달'의 이론이 주축이 된 신생물학이 그가 말하는 진화생물학과 같은 것인지 아닌지가 문제일 수 있는데, 일단 같은 것으로 본다고 해도 일반적인 학문발달의 원리로 보아서 가까운 장래에 이런 유의 생물학이 새로 생겨날 리가 없다는 것은 너무나 뻔한 일이다. 물론 이와 관련해서 무엇보다도 중요시해야 할 사실은 기존의 다윈의 진화이론은 예컨대 Sean Caroll이나 Francois Jacob가 내세우는 '진화발달'이론으로 충분히 대체될 수 있고 또한 마땅히 대체되어야 한다고 그가 주장하고 있다는 점이다. 그동안의 업적이나 영향만으로도 다윈의 진화이론의 무게가 그렇게 가볍지 않다는 것은 누구나 쉽게 알아차릴 수 있는데, 놀랍게도 촘스키만은 예외이었다.

그리고 어차피 자기의 언어진화설이 뇌신경조직이나 체계상의 돌연변이적 변화를 염두에 둔 것인 이상, 촘스키는 앞으로 새로 태어날 생물학은 으레 이미 하나의 유망한 첨단학문으로 출발한 분자생물학이나 유전학이 중심이 된 생물학이어야 한다고 생각했을 텐데, 이런 희망 역시 앞으로 쉽게 이루어질 수 없다는 데 문제점이 있었다. 물론 Piatelli-Palmarini도 신경학을 진화생물학과 별도의 학문으로 내세울 만큼 이 점을 중요시했다. 그리고 촘스키는 「최근에 이 분야에서 이종 간의 상동성 발견이나 모체 유전자의 발견규제 기구와 조직원리의 발견, 진화발달적 절차상 제약의 발견」 등과 같은 큰 업적이 이루어진 점으로 미루어 보아서 분자생물학이나 유전학의 미래는 꽤 밝을 것임이 분명하다고 생각했다. 그렇지만 그는 안타깝게도 이 정도의 발견을 할 수 있는 능력이 결코 몇만 년 전에 일어났을 두뇌의 신경체계에 있어서의 '재연결'의 현상을 실증할 수 있는 능력은 될 수 없다는 것은 미처 깨닫지 못했다.

이렇게 보면 촘스키가 2002년의 「HCF」 논문에서는 전혀 거론되지 않았던 내용, 즉 그의 최소주의 이론과 자기 나름의 특이한 돌연변이적 언어진화설을 그 후에 가서 보란 듯이 주장하고 나서게 된 데서 그가 이 논문을 쓰게 된 동기를 알아보는 것이 맞는 일인듯하다. 간단히 말해서 그는 자기의 최소주의 이론의 타당함을 보증하는 궁극적인 방법은 진화론적인 실증작업을 하는 것인데, 이런 작업의 청사진격인 자기의 언어진화설은 기존의 언어진화설들과는 너무나 판이한 것이기에 이것을 널리 알리는 일이 「HCF」 논문 다음에 자기가 할 일이라는 것을 잘 알고 있었다. 그러니까 그는 「HCF」 논문은 일종의 서론이고 2010년이나 2011년의 논문은 일종의 본론으로 본 것이다.

그런데 그가 제시한 최소주의 이론과 그것에 근거해서 만들어진 언어진화설은 그 자신이 지금의 생물학이나 진화론으로는 도저히 실증될 수 없는 것임을 잘 알고 있을 만큼 특이하고 생경한 것이었다. 예컨대 그는 언어를 일단 병합의 규칙이 순환적으로 적용되는 일종의 컴퓨터적 기구로 보게 되면 그것은 지금으로부터 10만 년 전과 5만 년 전 사이에 두뇌의 신경적 재연결 절차에 의해서 돌연변이적으로 태어났다고 볼 수 있다고 주장했는데, 어떤 의미로 보아서나 이런 주장은 그동안에 제안된 언어진화설들과는 판이한 것이었다. 특히 그는 최소주의 이론의 타당성을 증명하는 근거로 "John is ready to eat an apple"은 그렇지 않은 데 반하여 "John is ready to eat"는 일종의 중의문이라는 사실을 밝히기 위해서는 그것의 구조표시를 "John is ready [O[to eat x]"처럼 하면 된다는 사실을 내세우고 있는데, 생물학자나 진화론자들에게는 물론 이런 식의 설명은 일종의 알 수 없는 '그리스어'이거나 겁주기일 수밖에 없다.

그렇다면 나쁘게 말하면 촘스키 자신은 여기에서 자기의 최소주의 이론을 근거로 해서 하나의 어엿한 언어 진화설을 만들어질 수 있다는 사실을 알리는 것만으로 이미 자기의 의도나 목적은 충분히 달성되었다고 보고 있는지도 모른다. 논리적으로 따지면 그가 내세우는 언어진화설과 최소주의 이론은 각각 별도의 이론들이어서 뒤엣것을 앞엣것의 근거로 삼는 것 자체가 다분히 비논리적인 일인데, 여기에서 그는 이런 비논리적인 일을 마치 가장 논리적인 일인 듯이 저지르고 있는 것이다. 이런 용기는 물론 적어도 당분간은 누구도 자기의 언어진화설의 타당성이나 허구성을 검증하는 일에 손을 댈 수 없다는 것에 대한 그의 확신에서 비롯된 것이다. 결국에 그는 이렇게 해서 자기의 최소주의 이론이 맞는 이론이라는 것을 널리 알리는 데 성공을 한 셈이다.

2) 평행선적인 현황

2002년에 발표된 「HCF」 논문의 역할에 대해서 우리가 여기에서 부정적인 결론을 내릴 수밖에 없는 근거 중 두 번째 것은 그 후 촘스키가 본격적으로 도전과 자기 선전 작업을 전개한 결과, 언어진화 연구의 학계는 전통적인 진화론자들의 진영과 그를 중심으로 한 언어학자들의 진영이 서로 대립하는 모양새를 띠게 되었다는 사실이다. 물론 이렇게 언어진화 연구의 양태가 바뀌게 된 것은 분명히 촘스키 도전의 결과이었으니까, 사람에 따라서는 이런 사실을 「HCF」 논문이 드디어 일종의 이정표적인 기능을 수행하게 되었다는 것을 뒷받침하는 사실로 내세울 수도 있을 것이다. 그러나 상식적인 의미에서라면 누구도 그의 도전의 결과로 언어진화 연구의 학계가 둘로 나뉘게 된 것을 놓고서 이 학문에 드디어 이정표적인 변화가 오게 되었다고 말할 수는 없다. 다시 말해서 그의 도전으로 기존의 언어진화 연구가 발전에 일정한 제동을 받게 되었는데, 그가 이런 결과를 얻으려고 「HCF」 논문을 썼던 것은 아니다.

어떤 의미에서 보면 그의 도전은 이 연구의 발전에 긍정적인 영향이 아니라 부정적인 영향을 끼치게 되었다고 말할 수도 있는데, 이렇게 말할 수 있는 근거로는 그의 도전으로 이 연구의 학계는 적어도 다음과 같은 네 가지의 기본적인 문제에 있어서 상호 정반대적인 이론을 내세우게 되었다는 사실을 들 수 있다. 이들 중 첫 번째 것은 언어진화 과정을 연속적인 것으로 볼 것이냐, 아니면 비연속적인 것으로 볼 것이냐의 문제이었는데, 이것은 결국에 다윈의 진화이론을 맞는 것으로 보아야 하느냐 아니면 그렇지 않다고 보아야 하느냐의 문제이었기에, 어느 쪽도 쉽게 양보할 수 없는 사생결단의 문제이었다.

우선 연속성을 내세우는 쪽에서는 언어진화과정을 오랜 기간에 걸친 느리고 누진적인 발전과정으로 보는 데 반하여, 비연속성을 내세우는 쪽에서는 그것을 비교적 가까운 과거에 단발적으로 일어난 것으로 보는 식으로 이들 간의 의견의 대립성은 팽팽했다. 그러나 이런 대립성은 결국에 언어진화 연구의 학계를 원형언어설을 내세우는 진영과 그것에 반대하는 진영으로 양분시키는 결과를 가져오기도 했는데, 촘스키가 최근에 모두가 '스토리텔링'이라고 매도했던 지난날의 언어진화설들은 사실은 모두가 원형언어설이라는 사실을 상기한다면 이런 양분화의 결과가 이 연구의 건전한 발전을 위해서는 결코 바람직할 수 없는 것이라는 것을 누구나 익히 알아차릴 수 있다.

이들 중 두 번째 것은 언어의 기능을 무엇으로 보아야 하느냐의 문제이었는데, 결국에 이 문제에 의해서 언어를 의사소통의 도구로 보려는 진영과 그것을 사고의 도구로 보려는 진영으로 언어진화 연구의 학계가 양분되는 현상이 나타나게 되었다는 사실만으로써 우리는 이것이 첫 번째 문제에 못지않게 중요한 문제라는 것을 쉽게 알아차릴 수 있다. 그런데 따지고 보면 이 문제는 첫 번째 문제의 부차적인 것으로 다루는 것이 마땅하다고 보아야 할 만큼 첫 번째 문제와 불가분하게 연관되어있다. 예컨대 언어진화의 연속성과 원형원어설을 내세우는 사람은 으레 언어의 기능을 의사소통적인 것으로 보는 데 반하여 언어 진화의 연속성과 원형언어설에 반대하는 사람은 으레 그것을 사고적인 것으로 보니까, 누구나 일단은 굳이 언어의 기능의 문제를 따로 설정하는 것보다는 언어진화의 연속성의 문제 일부분으로 다루는 것이 합리적이라고 생각할 수도 있다.

그러나 그렇게 하다 보면 자칫 지금의 언어진화 연구의 학계의 양분성의 심각성을 제대로 드러내지 못하는 잘못을 저지를 수 있다. 분명히 언어의 기능을 어떤 것으로 보느냐의 문제는 원형언어의 존재를 인정하느냐 하지 않느냐의 문제보다 더 기본적이고 우선적인 문제인데, 그 이유는 전자는 언어진화설에서만 제기되는 것인데 반하여, 후자는 언어연구의 모든 영역에서 제기되는 것이기 때문이다. 간단히 말해서 언어의 기능을 어떤 것으로 보느냐의 문제는 언어이론이나 언어관의 문제이기 때문에 원형언어의 존재의 문제보다 이것이 상위적인 문제라는 것은 의심할 여지가 없는 것이다. 그러니까 일단 지금의 언어진화 연구의 학계가 안고 있는 문제 중 제일 큰 것을 대립성이나 양분성으로 잡은 이상, 이것을 첫 번째 것과는 별도의 독립적인 문제로 내세우게 되는 것은 너무나 당연한 일이다. 아마도 지금의 언어진화 연구의 현황을 파악하는 데 진화론자와 언어학자는 근본적으로 서로 다른 언어관을 가지고 있다는 점을 부가시키는 일보다 우선적인 일은 없을 것이다.

이들 중 세 번째 것은 언어의 여러 조직 중 어떤 것을 기본적인 것으로 보아야 하느냐의 문제인데, 이것 역시 연구자의 언어이론이나 언어관과 직접적으로 관련된 것이기에 이것을 놓고서 두 진영 간에 첨예한 대립성이 드러내게 되는 것은 너무나 당연한 일이었다. 첫 번째와 두 번째 문제의 경우와 마찬가지로 이것에서도 도전자는 촘스키이고 응전자는 진화론자이었는데, 그보다 더 중요한 사실은 이 문제는 촘스키가 최소주의 이론을 자기의 언어진화설의 기저이론으로 내세우게 되면서 자동으로 야기될 수밖에 없는 것이라는 점이다.

구체적으로 말하면 촘스키는 최소주의 이론을 내세움으로써 언어의 여러 조직 중 중핵적인 것은 문법적 조직이라는 점을 분명히 밝혔던 것인데, 어떻게 보면 일종의 상식적인 판단만으로도 누구나가 이런 견해의 타당성을 인정할 수 있을 만도 한데, 실제에 있어서는 이런 견해는 그동안의 모든 언어진화설을 한꺼번에 무의미화 내지는 무력화할 수 있는 일종의 '원자탄'과 같은 것이었다. 그게 그렇다는 것은 그동안에 제안된 언어진화설 중 문법조직의 진화에 초점을 맞춘 것은 하나도 없었다는 사실로써 익히 알 수 있었다. 예컨대 Lieberman같은 사람은 성도체계의 발달로 언어는 시작되었다고 보았고, Bickerton 같은 사람은 그것은 낱말의 발달로부터 시작되었다고 보았다.

그런데 촘스키가 말하는 문법체계란 일반적으로 알고 있는 기구와는 판이한 것이라는 데 더 큰 문제가 있었다. 그는 'I-언어'와 '보편문법', '병합규칙의 순환성', '내재성', '연산성', '최소주의' 등의 개념을 중심으로 해서 역사상 유례를 찾아볼 수 없는 독특한 문법이론을 제안했는데, 두말할 필요도 없이 이런 문법이론에 친숙한 사람은 그의 학파에 속하는 언어학자뿐이었다. 그의 문법이론은 곧 그의 언어이론이었기에 그가 문법체계를 언어의 여러 조직 중 중핵적인 것으로 보는 것은 너무나 당연한 일이었다. 그러나 피치를 위시한 대부분의 생물학자나 진화론자들은 어느 한 체계나 조직을 중심적인 것으로 보려는 언어관 자체에 동의할 수 없었다.

이들 중 네 번째 것은 언어진화의 연구에 있어서 하나의 접근법을 적용하는 것이 바람직한가 아니면 하나 이상의 접근법을 적용하는 것이 바람직한가의 문제인데, 이 점에서도 진화론자와 언어학자 간에는 첨예한 대립성을 드러내게 되었다. 우선 이 연구에 있어서 이런 대립성이 생겨날 가능성은 다윈의 진화론에 잉태되어 있었다고 볼 수 있는데, 이 이유는 그것은 결국에 인간을 위시한 모든 생명체의 진화과정에 관한 이론이지, 언어와 같은 그의 특정한 기구나 자질에 관한 이론은 아니었기 때문이다. 특히 이것에서는 생물학적 진화는 으레 문화적 진화와 같이 이룩되게 되어 있다는 점을 중요시했다. 따라서 엄밀하게 따지면 그동안에 생물학자나 진화론자들은 누구나가 언어진화를 연구하는 데도 일종의 다원적인 접근법을 적용하는 것은 너무나 당연한 일이라고 생각해왔다.

물론 모든 연구자가 그동안에 다원적이라는 말을 똑같은 비중으로 중요시하지는 않았는데, 이런 기준에 의할 것 같으면 이들은 크게 일원적 접근법을 적용한 집단과 다원적 접근법을 적용한 집단, 문화적 접근법을 적용한 집단 등의 세 가지 집단으로 나뉠 수 있었다. 먼저 일원적 접근법을 적용한 사람들은 생물학적 접근법을 일단 주된 접근법으로 채택하게 되면 그것에는 으레 일종의 문화적 접근법도 포함되게 되어 있다는 것을 전제로 한 것이기에, 굳이 접근법의 일원성이나 다원성의 문제를 거론할 필요가 없어진다고 생각했다. 이런 의미에서 보면 그동안에 생물학자나 진화론자 중 대부분이 일원적 접근법의 적용을 당연한 일로 여겨왔던 셈이다.

 그렇지만 그들 중 일부는 그렇게 하다가는 자칫 문화적 접근법의 채택 여부는 일종의 선택적 사항으로 전락할 위험이 있다는 것을 인식한 나머지 문화적 접근법은 생물학적 접근법과 궁극적으로 대등한 것이라는 점을 부각하기 위해서는 그들이 채택한 접근법은 일원적인 것이 아니라 다원적이라는 사실을 명시적으로 밝혀두어야 한다고 생각했다. 이들은 보통 공진화론자로 불리게 되었는데, 엄밀하게 따지면 공진화의 대상을 두뇌와 언어처럼 두 가지로 한정하는 사람들과 그것을 두뇌와 지능, 도구 발달, 문화처럼 여러 가지로 잡는 사람들로 나뉘게 되었다.

 그런데 이들 가운데는 언어의 진화과정을 이렇게 다양한 기구들의 종합적인 진화과정으로 보다 보면 결국에는 문화적 진화과정을 생물학적 진화과정보다 더 중요시해야 한다고 생각하는 사람들도 나타났다. 이런 사람들은 으레 사회적 지능의 발달이 언어발달의 기초가 된다고 생각했다. 그러나 이런 발상법보다 더 극단적인 발상법을 갖게 된 사람도 나타났는데 문화적 진화 때문에 언어진화의 양태는 결정되게 되었다는 생각이 바로 그런 발상법이다. 물론 이런 사람은 생물학자나 진화론자가 아니라 인류학자일 가능성이 컸다. 아무튼 다원적 접근법의 사용을 고집하는 사람 가운데는 자기의 접근법을 의도적으로 문화적 접근법으로 부르는 사람도 들어있었다.

 두말할 필요도 없이 언어학자 측에서 볼 것 같으면 접근법의 일원성이나 다원성의 문제가 거론된다는 사실 자체가 이 연구가 아직도 과학적 탐구의 기본자세마저 갖추고 있지 못하다는 것을 드러내는 하나의 산 증거일 따름이었다. 이들이 보기에는 그동안에 과학적 탐구들은 필요에 따라서 연역적인 것과 귀납적인 것, 절충적인 것 등으로는 나누어져 왔지만, 일원적인 것과 다원적인 것으로 나뉜 적은 없었다는 사실이 과학적 탐구에서는 모름지기 단 하나의 최선의 접근법만이 쓰이게 되어 있다는 것을 웅변적으로 실증하고 있었다. 이들의 생각에는 과학의 생명은 역시 연구의 일관된 체계성이었다.

물론 생물학자나 진화론자들의 입장에서 볼 것 같으면 촘스키의 언어진화설에서도 엄격하게 따지면 일원적 접근법의 사용이 아니라 일종의 다원적 접근법의 사용을 전제하고 있겠느냐고 항변할 수 있다. 예컨대 이것에서는 언어학에서 찾아낸 사실을 생물학적인 증거로써 확인하는 것을 언어진화의 연구법으로 보았으니까, 결국에 언어학적 접근법과 생물학적 접근법이 같이 적용되고 있다고 볼 수 있는 것이었다. 그러나 틀림없이 언어학자 측에서는 자기네 연구에서는 생물언어학적 접근법이라는 단 하나의 접근법만이 쓰이게 될 것이라고 내세울 것이다.

3) 진화론의 굳건한 전통

2002년의 「HCF」 논문의 역할에 대해서 우리로 하여금 여기에서 부정적인 결론을 내리게 하는 세 번째 근거는 촘스키의 최근의 거센 도전과 자기 선전에도 불구하고 언어진화 연구는 예전의 진화론 기저적인 모습을 그대로 유지하게 되었다는 사실이다. 돌이켜 보면 파리 언어학회에서 언어기원론(glottogenesis)에 관한 논의를 금지할 것을 결정한 것이 1866년이었고, 'Evo Lang'이라는 국제학회에서 다양한 현대적 언어진화설이 발표된 것은 그로부터 130년이 지난 1996년이었으니까, 하나의 학문치고서 이것처럼 기구한 운명을 가진 학문도 없다는 점이 언어진화 연구의 제일 큰 특징이다. 그리고 굳이 따지면 1세기 이상의 긴 공백기 다음에 이것이 맞이하게 된 첫 번째 과제는 촘스키가 내세우는 언어학적 언어진화설을 결국에 어떻게 받아들여야 하느냐와 같은 역사상 초유의 난제였다는 점이 이것의 제일 큰 특징이라고 볼 수도 있다.

앞에서 이미 살펴보았듯이 촘스키의 의도대로라면 그의 도전으로 기존의 언어진화 연구는 더 이상 그 자리를 유지할 수 없게 되어 있었다. 물론 사람에 따라서는 만약에 이번에 촘스키의 도전이 없었더라면 이 연구가 오랜만에 새로운 국제학회를 개최하게 될 만큼 활기를 띠게 되었을 리가 없다고 볼 수도 있으니까, 그의 도전은 기존의 이 연구의 발전에 부정적인 영향이 아니라 긍정적인 영향을 미쳤다고 보는 것이 맞는 일인지도 모른다. 또한 앞에서 검토한 몇 권의 최근에 나온 언어진화 이론서들이 하나같이 「HCF」 논문을 비롯한 촘스키의 후속논문들을 중심으로 한 것들이라는 점도 이런 주장의 근거가 될 수 있다.

그러나 그의 도전과 관련해서 무엇보다도 중요한 사실은 그것으로 말미암아 기존의 이 연구가 하나의 학문으로서의 능력과 위상을 잃게 된 것이 아니라 어떤 의미에서는 그것을 더 강화하게 되었다는 점이다. 「HCF」 논문이 발표된 후 오늘까지의 20여 년에 걸쳐서의 촘스키의 끈질긴 공격과 비판은 그의 의도와는 반대로 역설적으로 대부분의 연구자가 기존의 진화론 기저적 연구의 전통을 더 확고하게 고수하도록 만들었다. 바로 앞에서 살펴보았듯이 그동안에 진화론자와 언어학자는 적어도 네 가지의 기본적인 면에 있어서 서로 간에 첨예한 대립성을 드러내 왔는데, 따지고 보면 이렇게 이 연구의 연구자들이 두 개의 진영으로 나뉘게 되었다는 것은 각각이 저마다의 목적을 추구해왔다는 말이나 같은 말이다.

앞에서 이미 말이 나왔듯이 우선 촘스키와 그의 학파는 지난 20년에 걸쳐서 최소주의 이론을 중심으로 한 그의 변형생성문법의 실체를 알리는 데 최선을 다해왔는데, 이들이 이렇게 한 것은 물론 겉으로는 이렇게 하다 보면 자연적으로 진화론은 마땅히 언어적 조직이나 구조에 대한 정확한 지식으로부터 시작되어야 한다는 것이 진화론자들에게 알려지게 된다고 말해왔지만, 속으로는 이렇게 하다 보면 머지않아서 기존의 이 연구 자리에 생물언어학이 들어서게 되어서 이들이 내세우는 변형생성문법과 언어진화설의 타당성이 생물학적으로 실증되게 되리라고 믿고 있었기 때문이었다.

그러나 지금까지 이 연구를 관장해오던 생물학자나 진화론자가 보기에는 언어학자의 그런 생각은 완전히 일방적인 것에 지나지 않았다. 먼저 그들에게는 아직은 어떤 이론도 생물학의 발전에 그것만큼 결정적인 이바지한 적이 없는 다윈의 진화론이 있었다. 그다음으로 아무리 그것에는 현대언어의 과학적 구명도 포함된다고 해도 모든 언어진화설의 초점은 결국에 어떤 것을 원형언어로 보아야 할 것인가에 맞추어지게 마련인데, 이런 의미에서 보면 그들이 그동안에 이룩한 업적은 결코 사소한 것이 아니었다.

그들의 생각으로는 언어진화 연구에 관한 한 촘스키와 같은 언어학자는 어디까지나 하나의 국외자이지 이것의 주관자는 오직 그들 뿐이었다. 특히 그들이 보기에는 촘스키가 그동안에 그들 앞에서 보란 듯이 한일은 언어학적 작업이지 진화론적 작업은 아니었다. 설사 그의 비평으로 다윈의 진화이론의 문제점이나 한계성이 뚜렷이 드러나게 되었다고 해도 사실은 그전에도 그것에 돌연변이설을 추가시킨 신진화이론이 전혀 없었던 것도 아니었다. 아울러 그는 그들이 내세운 원형언어설들을 모두다 '스토리텔링'일 따름이라고 폄하하는데, 어차피 언어적 화석은 있을 수 없게 되어 있는 이상, 100만 년이나 200만 년 전의 이야기가 추리적인 것이 되는 것은 너무나 당연한 일이었다. 그들이 보기에는 현대언어의 출현을 지금으로부터 5 내지는 10만 년 전으로 본 그의 언어진화설도 하나의 추리적 이야기에 불과했다.

결국 지난 20년 동안에 이렇게 도도한 고자세를 유지해온 그들이 가까운 장래에 그것을 갑자기 저자세로 바꿀 확률은 거의 없다고 볼 수 있다. 분명히 그들은 지금까지 뚜렷한 주인의식을 가져왔듯이 앞으로도 뚜렷한 주인의식을 갖게 될 것이다. 그리고 아마도 언어진화 과정을 구명하는 일은 어떤 차원에서 보아서나 분명히 학문적 난제 중 난제에 해당하는 것이기에, 자기네들의 앞날이 길고 험난한 것임을 그들은 잘 알고 있을 것이다. 또한 이런 의미에서 보면 2014년에 촘스키가 하우저와 Yang, Berwick, Tattersall, Ryan, Watumull, Lewontin과 함께 쓴 「The Mystery of Language evolution(언어진화의 신비성)」이라는 논문은 그들에게 두 가지 중요한 시사점을 던져주고 있었다. 그중 첫 번째 것은 이것의 제목대로 언어진화의 과정은 일종의 신비스러운 과정으로 보아야 한다는 것이고, 그중 두 번째 것은 따라서 그것을 구명하는 일은 어느 한 개인의 일이 아니라 여러 전문가의 공동의 일일 수밖에 없다는 것이었다. 이들 저자 본래의 의도와는 다르게 이 논문이 그들에게 가르쳐주고 있는 것은 결국은 겸손과 인내가 학자가 지녀야 할 최고의 미덕이라는 점이었다. (Hauser, et al, 2014)

돌이켜 볼 것 같으면 지난 반세기 동안에 촘스키는 크게 두 가지의 학문적 지각변동을 시도했었다고 볼 수 있는데, 1960년대의 이성주의로의 회귀와 2000년대의 진화론의 공격이 그들이었다. 그런데 그들 간에는 첫 번째 것은 다분히 성공적이었는 데 반하여, 두 번째 것은 그렇지 못한 것이었다는 식의 큰 차이점이 있었다. '끝이 좋은 것이 좋은 것'이라는 셰익스피어의 명언을 굳이 빌리지 않더라도 이런 평가는 분명히 촘스키에게는 커다란 충격이 될 수밖에 없는데, 냉정하게 따지면 이것이 그의 학문적 능력의 바로 한계점이었다. 다시 말하면 그는 틀림없이 이 두 번째 시도의 성공으로 자기는 드디어 학문적으로 천하통일을 이룩하게 된다고 믿었기에, 이일에 있는 힘을 다했음에도 불구하고, 결과는 안타깝게도 자기의 꿈이 너무 컸었다는 것을 확인하는 것으로 끝난 것이다.

객관적으로 보았을 때 그의 첫 번째 시도가 상대적으로 성공적일 수 있었던 것은 시도의 대상 자체에 그럴 수 있는 소지가 있기 때문이었다. 누구나 익히 알고 있듯이 지난 2500여 년에 걸친 서구의 학문의 역사는 이성주의와 경험주의 간의 '널뛰기'의 역사이었는데, 우연히도 그가 변형생성문법이론을 제안하고 나선 1960년대는 구조주의라는 경험주의적 언어이론이 행동주의라는 경험주의적 심리학과 함께 한참 득세를 하고 있을 때였다. 그러니까 널뛰기의 원리에 의하면 구조주의라는 경험주의적 언어이론의 앞날에는 이성주의적 언어이론에 떠밀려서 밑으로 내려가는 길만이 남아있었던 것인데, 이 변곡의 시기를 제대로 포착한 것이 그였던 셈이다.

그런데 그는 일부 학자들이 그동안에 지난 2,500여 년에 걸친 이성주의와 경험주의 간의 경쟁 역사를 일종의 널뛰기의 역사로 보아온 사실 자체에 반기를 들었다. 간단히 말하면 그는 일찍이 희랍의 Platon이 학문의 기본원리로 내세운 이래 이성주의는 끊임없이 학문의 발전을 주도적으로 이끌어 왔다고 생각한 것인데, 그 근거로 17세기에 서구의 학문 전체가 Descartes와 Leibnitz와 같은 대이성주의자의 활약으로 크게 도약했다는 사실을 들었다. 특히 이들 두 철학자는 모두 유수한 수학자이기도 했는데, 촘스키의 문법이론이 원래 대수학적 원리를 원용한 것이라는 점을 고려한다면 그가 이들을 자기 학문의 '멘토(mentor)'처럼 내세우게 된 것은 하등 이상한 일이 아니었다. 그는 또한 이렇게 하는 것이 결국에 자기가 이성주의자들의 대오의 일원이 되는 길이라는 것도 잘 알고 있었다.

그의 이런 거시적 책략이 제대로 효력을 발휘하게 되면서 그는 아주 짧은 기간 내에 이른바 '촘스키적인 혁명'을 언어학계에서 일으키는 데 성공을 했다. 그의 표준이론이 완성된 1965년경에는 생성변형이론이라는 그의 문법이론이 미국뿐만 아니라 전 세계의 언어학계의 주도권을 장악하게 되었으니까, 일단 언어학계에서 기왕에 경험주의가 차지하던 왕좌를 이성주의가 차지하게 되는 대변혁이 일어났다. 그런데 그의 혁명은 머지않아서 모든 학문이 '언어학적 전향의 시대'를 맞이하게 했다. 예컨대 그가 내세운 내재주의적 언어습득이론은 그동안의 행동주의적 심리학이나 경험주의적 철학의 학문적 근간을 송두리째 무력화해버렸고, 또한 문법을 인지적 연산절차로 보는 그의 문법이론은 인지과학이나 컴퓨터 공학의 모형을 언어학에서 찾도록 만들었다. 물론 이 무렵에는 전 학계에 있어서 귀납적 연구법 대신에 연역적 내지는 '유괴적' 연구법이 대세를 잡는 변혁도 일어났었다. 결국에 이렇게 보면 1960년대에 시도되었던 그의 첫 번째 학문적 지각변동의 기도는 성공적이었던 것으로 볼 수 있다.

그러나 아쉽게도 2000년대에 시도된 그의 두 번째 학문적 지각변동의 기도는 그렇지를 못했는데, 그 원인 중 첫 번째 것은 우선 변혁의 대상이 크게 이질적인 데 있었다. 촘스키는 일단 그의 최소주의 이론의 학리적 타당성을 최종적으로 실증할 방법은 그것에 근거한 언어진화설의 타당성을 이 분야의 연구자들에 의해서 검증받는 것이라고 생각을 했다. 그런데 그의 생각으로는 자기가 제안하는 언어진화설은 다윈의 진화이론을 기저로 한 기존의 언어진화 연구의 학풍과는 전혀 맞지 않는 것이기에, 그것의 자리에 이른바 '생물언어학'이 들어서게 하는 것이 그의 첫 번째 과제이었다.

그의 이런 생각은 크게 두 가지 문제점을 지니고 있었는데, 그중 첫 번째 것은 다윈의 진화이론을 적절한 대안이 나오면 언제라도 당장 대치

될 수 있는 소이론으로 평가했다는 점이었다. 이것은 어떤 의미로 보아서는 하나의 소이론이 아니라 하나의 대이론이었다. 예컨대 아직은 '반진화론'과 같은 대척이론이 나오지 않았기 때문에 이 이론은 이성주의 대 경험주의 간의 '널뛰기'와 같은 선택적 틀의 역사를 경험한 적이 없었다. 한마디로 말하면 이 이론은 역사상 처음으로 이번에 '전부냐 전무냐' 식의 도전에 직면하게 된 것인데, 문제는 그동안에 이미 이것은 이런 도전에 흔들리지 않을 만큼의 학리적 타당성이나 '존재 이유'를 실증 받은 데 있었다. 오늘날의 생물학이나 언어진화 연구의 기저가 될 만큼 이것이 그동안에 학문의 발전에 미친 영향은 대단한 것이었다.

 그중 두 번째 것은 그가 구상하는 '생물언어학'은 기껏했자 일종의 '가건물'과 같은 것이어서 그것의 실체가 구체적으로 어떤 것인지에 대해서는 그 자신을 포함해서 아직은 누구도 알 수 없게 되어 있다는 점이었다. 우선 이것이 일정한 모습을 갖추려면 분자생물학이나 유전학과 같은 신생물학들이 예컨대 뇌조직의 진화과정을 밝힐 수 있는 수준까지 발달해야 하는데 그 일이 생각만큼 쉬운 일이 아니라는 것은 모두가 익히 알고 있었다. 그보다도 더 큰 문제점은 물론 이것에는 결국에 생물학이 앞에서 언어학을 이끌어가는 것이 아니라 반대로 언어학이 생물학을 앞에서 이끌어가게 되어 있다는 점이었다.

 그런 원인 중 두 번째 것은 기존의 생물학자나 진화론자들의 반응이 의외로 차가왔다는 데 있었다. 하기야 그가 제기한 문제는 궁극적으로는 자기네 학문의 명운이 걸린 문제일 뿐만 아니라 자기네들의 그동안의 연구 업적을 모두 휴지 조각으로 만들어버리는 것이기에 이들의 반응이 이렇게 냉랭한 것은 너무나 당연한 일이었다. 그리고 이들이 보기에는 언어진화 연구의 본거지는 자기네들에 의해서 이미 만들어져 있어서, 이런 기득권을 포기하라는 위협은 학자적 도의에 어긋나는 일 일 따름이었다. 그리고 무엇보다도 중요한 것은 이들이 보기에는 그의 언어진화설도 일종의 추상적 추리에 지나지 않는다는 점이었다.

이렇게 보면 2000년대에 시도된 그의 두 번째 학문적 지각변동의 기도는 1960년대의 첫 번째 것만큼 성공적이지 못했다는 것은 더 이상 의심할 여지가 없는 것 같다. 여기에서 굳이 실패라는 말 대신에 성공적이지 못했다는 표현을 쓰는 것도 일종의 예의상 배려일 뿐이지, 엄격히 따지면 그의 이번 시도는 분명히 하나의 실패로 끝난 것이다.

아쉽게도 그는 원래 이것으로써 드디어 학문적 천하통일의 대업을 이루게 될 것이라고 믿었던 것인데, 그 꿈이 한낱 '나르시스'적인 야망에 불과한 것임이 드러나게 된 것이다.

참고문헌

Arbib, M. 2005. The mirror system Hypothesis: how did protolanguage evolve? In Tallerman, M.(ed), *Language origins: perspective on evolution*. Oxford: Oxford Univ. Press.

_____, 2006 The mirror system hypothesis on the linkage of action and languages. In Arbib, M.(ed), *Action to Language Via the mirror neuron system*. Cambridge: Cambridge Univ. Press.

_____, (ed) 2006. *Action to Language via the mirror neuton system*. Cambridge: Cambridge Univ. Press.

Armstrong, D., Stokoe, W., and Wilcox, S. 1995. *Gesture and the Nature of Language*. Cambridge: Cambridge Univ. Press.

Baron-Cohen, S., Ring, H., Moriarty, J., Schmitz, B., Costa, D. and Ell, P. 1994. Recognition of mental state terms-clinical findings in children with autism and a functional neuroimaging study of normal adults. *British Journal of Psychiatry* 165.

Beckner, M. 1967. Darwinism. In Edwards, P.(ed), *The Encyclopedia of Philosophy* Vol. 1 and 2 London: collier Macmillan Publishers

Bellaugi, U. 1983. Language Structure and Language breakdown in American Sign Language. In studdert-Kennedy, M.(ed), *Psychobiology of Language*. Cambridge, Mass: The MIT Press.

Berwick, R. 1998. *Language evolution and the minimalist program: the origin of syntax*, In Herford, J., Studdert-kennedy, M, and Knight, C. (eds). *Approaches to the evolution of Language*. Cambridge: Cambridge Univ. Press.

_____. and Chomsky, N. 2011. The biolinguistic Program: the current state of development. In Di Sciullo, A. and Boecks, C.(ed). The Biolinguistic Oxford: Oxford Univ. Press.

_____. 2016. Why only us: Language and evolution. Cambridge, MASS: The MIT Press.

Bever, T. and Montalbetti, M. 2002. Noam's Ark. Science No. 298.

Bickerton, D. 1990. Language and Species. Chicago: Univ. of Chicago Press.

_____, 1994. Origin and Evolution of Language. In Asher, R.(ed). The Encyclopedia of Language and Linguistics, Vol.5. N.Y.: Pergamon Press.

_____, 1998. Catastrophic evolution: the case for a single step from protolanguage to full human language. In Harford, J., Studdert-Kennedy, M. and Knight, C. (eds) Approaches to the evolution of language. Cambridge: Cambridge Univ. Press.

Birdwhistell, R. 1952. Introduction to Kinesics. Louisville, Ky: Univ of Louisville Press.

Blake, J. 2000. *Routes to child language* Cambridge: Cambridge Univ. Press.

Bochner, J. and Albertini, J. 1988. Language varieties in the deaf population and their acquisition by children and adults. In Strong, M.(ed). *Language learning and deafness*. Cambridge: Cambridge Univ. Press.

Bolinger, D. 1968. *Aspects of Language*. N.Y.: Harcourt, Brace & World, Inc.

Botha, R. and Everert, M. (eds) 2013. *The evolutionary emergence of Language*. Oxford: Oxford Univ. Press.

Brown, F., Harris, J., Leaky, R., and Walker, A. 1985 . Early homo erectus skelton from West Lake Turkmas Kenga. *Nature*. 316

Brown, S. 2000 The musilanguage model of music evolution. In, Wallis, E., Merker, B., and Brown, S. (eds). *The Origins of Music*. Cambridge, MA: MIT Press

Carstaire-McCarthy, A. 1998. Synonymy avoidance, phonology and the origin of syntax. In Hurford, J., Studdert-kennedy, M. and Knight, C. (eds), *Approaches to the evolution of language*. Cambridge: Cambridge Univ. Press.

Cecchetto, C. and Papagno, C. 2011. Bridging the gap between brain and syntax: a case for a role of the phonological loop. In Di Sciullo A. and Boeckc, C. (eds). *The Biolinguistic Enterprise* Oxford: Oxford Univ. Press.

Chomsky, N. 1962. Syntactic Structures. Mouton & Co. ′S-Gravenhage.

_____.1965. Aspects of the Theory of Syntax Cambridge, Mass: MIT Press.

_____. 1968. Language and Mind. N.Y.: Harcourt Brace Jovanovich, Inc.

_____. 1975. Reflections on Language. N.Y.: Pantheon Books.

_____. 1982. The Generative enterprise Dordredcht: Foris Publications.

_____. 1991. Linguistics and Cognitive Science: Problems and mysteries. In Kasher, Asa (ed) The Chomshyan turn: Generative linguistics, philosophy. Mathmatics, and Psychology. Oxford: Black well.

_____. 1995, 2015. The Minimalist Program. Cambridge, MA The MIT Press.

_____. 2005. Three factors in language design. Linguistic Inquiry 36.

_____, 2010. Some simple evo devo theses: how true might they be for language? In Larson, R. etc. (eds) The Evolutions of Human Language: biolinguistic perspectives. Cambridge: Cambridge Univ. Press.

_____. 2016. What kind of creature are we? N.Y.: Columbia Univ. Press.

Corballis, M. 1992. On the evolution of Language and generativity. Cognition 44.

_____. 2002. From hand to mouth: the origins of Language. N.J.: Princeton Univ. Press.

_____. 2010. Did language evolve before speech? In Larson, R., Deprez, V., and Yamakido, H. (eds). The Evolution of Human Language: Biolinguistic perspectives. Cambridge: Cambridge Univ. Press.

Damasio, T. 1992. Descrartes' Error: Emotion, Reason and the Human Brain. N.Y.:Grosset/Putnam.

Darwin, C. 1859,1949. On the Origin of Species by means of natural selection, or the preservation of favoured races in the struggle for life. N.Y.: Modern Library Edition

_____. 1871, 1981 Descart of man and selection in relation to sex. Princeton: Princeton Univ. Press.

_____. 1872, 1963. The expression of emotions in man and animals. Chicago: Univ. of Chicago Press.

Deacon, T. 1992. Brain-language coevolution, In Hawkins, J. and Gell-mann, M. (eds), The Evolution of Human language. Reading, MA; Addison-Wesley.

_____. 1997. The symbolic species: the co-evolution of language and brain. N.Y.: Norton

_____. 2003. Evolution and Language. In Frawley, W. (ed). International Encyclopedia of Linguistics. Vol.2. Oxford: Oxford Uni. Press.

Diller, K. and Cann, A. 2013. Genetics, evolution, and the innateness of language. In Botha, R. and Everaert, M. (eds). The evolutionary emergence of language. Oxford: Oxford Univ. Press.

Dissanayake, E. 1992. Homo aesthetic: where art comes from and why. N.Y.: Free Press.

Dunbar, R. 1998. Theory of mind and the evolution of Language. In Hurford, J., Studdert-Kennedy, M., and Knight, C. (eds). Approaches to the Evolution of Language. Cambridge: Cambridge Univ. Press.

Enard, W., Przeworski, M., Fisher, S., Lai, C., Wiebe, V., Kitano, T., Monaco, A. and Paabo, S. 2002. Moleccular evolution of FOX P2, a gene involved in speech and language. Nature, Vol. 418.

Fitch, W. and Hauser, M. 2004. Computational constraints on syntactic processing in a nonhuman Primate. Science, 303.

Fitch, W. 2010. The Evolution of Language. Cambridge: Cambridge Univ. Press.

Forsdyke, D. 2011. Evolutionary Bioinformatics. N.Y.: Springer.

Gardenfors, P. and Osvath, on. 2010. Prospection as a cognitive purcurser to symbolic communication. In Larson, R., Deprez, V. and Yamakido, H. (eds). The Evolution of Human Language, Biolinguistic perspectives. Cambridge: Cambridge Univ. Press.

Gardenfors. P. 2013. The evolution of semantics: sharing conceptual domains. In Botha, R. and Everaert, M. (eds). The evolutionary emergence of language. Oxford: Oxford Univ. Press.

Gibson, K. 2013. Talking about apes, brids, bees and other living creatures: Language evolution in light of comparative animal behavior. In Botha, R. and Evercert, M. (eds). The evolutionary emergence of language. Oxford: Oxford Univ. Press.

Golden-Meadow, S. and Morford, M. 1985. Gesture in early child language: studies of deaf and hearing children. Merill-Palmer Quarterly, Vol. 31.

Gopnik, A. and Wellman, H. 1992. Why the Child's theory of mind really is a theory. Mind and Languaes .

Gordon, R. 1986. Folk psychology as simulation Mind and Language, 1.

Goudge, T. 1978. Evolutionism. In Wiener, P. (ed), Dictionary of the History of Ideas. Vol. II. N.Y.: Charles Scribner's sons.

Haiman, J. 2003. Iconicity. In Frawley, W. (ed). International Encyclopedia of Linguistics. Vol. 2. Oxford: Oxford Univ. Press.

Hauser, M., Chomsky, N. and Fitch, W. 2002. The Faculty of Language: what is it? who has it? and how did it evolve? Science No. 298.

Hauser, M., Yang. C., Berwick, R., Tattersall, I., Ryan, M., Watumull, J., Chomsky, N., Lewonton, R. 2014. The Mystery of Language evolution. Frontiers in Psychology 5.

Heine, B. and Kuteva, T. 2007. *The Genesis of grammar*. Oxford: Oxford Univ. Press.

Herder, J. 1770, 2002. *Uber den Ursprung der Sparach*(조경식 역, 서울, 한길사)

Hobbs, J. 2006. The origin and evolution of Language a plausible strong-AI account. In Arbib, M. (ed), *Action to Language via the mirror neuron system*. Cambridge: Cambridge Univ. Press.

Hull, D. 1995. Darwinism. In Audi, R. (ed) *The Cambridge Dictionary of philosophy*. Cambridge: Cambridge Univ. Press.

Hurford, J. 2006. Origin and Evolution of Language. In Brown, K. (ed), *Encyclopedia of Language and Linguistics*. Vol. 9. Elsevier.

Jackendoff, R. 2002. *Foundations of Language*. Oxford: Oxford Univ. Press.

Jespersen, O. 1964. *Language: its nature. development and origin*. N.Y.: W.W. Norton & Co. Inc.

Lai, C. et al 2001. *A novel fork head-domains gene is mutated in a severe speech and language disorder Nature*, Vol. 413.

Langus, A., Petri, J., Nespor, M. and Scharff, C., 2013, FOX P2 and deep homology in the evolution of birdsong and human language. In Botha, R. and Everaert, M. (eds). *The evolutionary emergence of language*. Oxford: Oxford Univ. Press.

Larson, R., Deprez, V. and yamakido, H. (eds). 2010. *The Evolution of Human*

Language: Biolinguistic perspectives. Cambridge: Cambridge Univ. Press.

Lieberman, P., Klatt, D. H. and Wilson, W. 1969. Vocal tract limitations on the vowel repertoires of rhesus monkeys and other nonhuman primates. Science. 164.

Lieberman, P. 1984. *The Biology and Evolution of Language*. Cambridge, Mass: Harvard Univ. Press.

_____. 2010. The creative capacity of language, in what manner is it unique, and who had it? In Larson, R., Deprez, V. and Yamakido, H. (eds). The Evolution of Human language, *biolinguistic perspectives*. Cambridge: Cambridge Univ. Press.

MacNeilage, P. 1998. The frame/content theory of evolution of speech production. *Behavioral and Brain Sciences*. 21.

Mautner, T. (ed). 1996. *Dictionary of Philosophy*. Penguin Reference.

McNeill, D. 1992 *Hand and Mind*. Chicago: Univ. of Chicago Press.

Moores, D. 1974. Nonverbal Systems of verbal behavior. In R. Schiegelbusch and L. Lloyd (eds). *Language perspectives: acquistion, retardation, and intervention*. Baltimore: Univ. Park Press.

Nelson, K. 1996. *Language in cognitive development. energence of the mediated mind*. Cambridge: Cambridge Univ. Press.

Passingham, R, 1993. *The frontal lobes and voluntary action*. Oxford: Oxford Univ. Press.

Pfeiffer, J. 1985. *The Emergence of Humankind*. N.Y.: Harper & Row

Reece, Taylor, Simon, Dickey, Hogan: 2012. *Campbell Biology*. N.Y.: Pearson

Rizzolati, G. and Arib, M. 1998. Language within our grasp. *Trends in Neurosciences* Vol. 21.

Rousseau, J. 1764, 2001. *Essai sus l'origine des langues*. (이봉길 옮김. 인간언어 기원론, 서울:월인)

Schwartz, R. 1969. On knowing a Grammar In Hook, S. (ed), *Language and Philosophy*. N.Y.: New York Univ. Press.

Steklis, D. and Raleigh, J. 1973. *Comment on Livingstone current Anthropology* 14.

Studdert-Keneddy, M. 1998. The Partieulate origins of language generativity from syllable to gesture. In Hurford, J., Studdort-Kennedy, M. and Knight, C. (eds). Approaches to the evolution of language. Cambridge: Cambridge Univ. Press.

_____. 2005. *How did language go discrete?* In Tallerman, M. (ed) Language Origins: perspective on evolution Oxford: Oxford Univ. Press.

Tallerman, M. (ed). 2005. *Language origins: perspective evolution.* Oxford: Oxford Univ. Press.

_____. 2010. Language origins. In Malmkjar, K. (ed). *The Routledge Linguistic Encyclopedia.* N.Y. Routledee.

Tomasello, M. 2008. *Origins of Human communication.* Cambridge, MASS: The MIT Press.

Vauclair, J. and Cochet, H. 2013. Speech-gesture links in the ontogeny and phylogeny of gestural communications, In Botha, R. and Everaert, M. (eds), *The evolutionary emergence of language.* Oxford: Oxford Univ. Press.

Vygotsky, L. 1986. *Thought and Language.* (Kozulin, ed) Cambridge, MA: MIT Press.

Worden, R. 1998. The evolution of language from social intelligence. In Hurford, J., Studdert-Kennedy, M., and Knight, C. (eds). *Approaches to the evolution of Language.* Cambridge: Cambridge Univ. Pess.

한국생물과학협회편.『생물학사전』, 1997. 서울: 아카데미서적.